INTO THE
PHILOSOPHY

走 进 哲 学 丛 书

清理与超越

重读马克思文本的意旨、基础与方法（修订版）

聂锦芳　著

北京师范大学出版集团
BEIJING NORMAL UNIVERSITY PUBLISHING GROUP
北京师范大学出版社

目　录

引　言 ┃ **重新研究马克思文本的意旨与界域**

　　　　　对马克思文本的研究已经有 100 余年的历史了。置身于 21 世纪来重新观照和解读马克思 19 世纪的文本，显然绕不开 20 世纪所奠定的基础和积累。然而，穿越了一个多世纪的风雨征程，这些文本已经为数不清的人们所翻译、注释、解析和宣传之后，我们今天仍感到有重新研究的必要。暗含的一个前提是，过去的文本研究方式及其所取得的成就并不能完全令我们满意，或者说它尚有诸多需要改进、添补、转换和突破之处，需要一种全面而深刻的超越。学术研究是一个积累与超越的过程，今天的研究能达到什么样的水准，取决于我们在过去研究的基础上能超越到怎样的程度。鉴于过去马克思文本研究的特殊情形，这里拟对今天重新解读的意旨作以下的初步梳理。

一、回到学术层面

首先提出"回到学术层面"，并不意味着认定过去对马克思文本的解读、对马克思思想的阐释丝毫没有学术意味或专业成就。但同样需要指出的是，就 20 世纪而言，大多数论者理解和接受马克思主义，并不是把它当作一种单纯的学术对象，而主要是将其视为一种诠释时代问题和解决现实矛盾的策略、手段来考虑的。我们可以在对马克思思想毁誉不一的、往往是极端对立的不同的评论者那里看到解读马克思文本的相同方式：解读者往往根据当时现实状况生发、概括出的观点，从既有的政治立场出发，到马克思的文本中去寻找论据和支持、阙失和差池，然后又借助这些论据和支持、阙失和差池，强化对自己观点和策略的信念。这种情形下，解读者不仅不可能以文本本身为本位，而且必然会肢解文本的完整性，过分突出那些与现实观点契合或相近、疏离或相违的部分和思想，而忽略文本中的其余部分。这时，文本实际上已成为论证自己观点的一种工具，这样，对马克思文本的解读必然充满了意识形态色彩和政治性考量。不只是在苏联、中国等社会主义国家存在这种情况，就是在西方国家的政治家和学者那里亦是如此。比如，"西方马克思主义"和东欧"新马克思主义"对《1844 年经济学哲学手稿》的极端重视和突出强调，着眼点其实并不是这部著作本身以及从中体现的作为马克思一生思想演进历程中特定阶段的思考，而是对国际共产主义运动中的"斯大林模式"的强烈不满。而那些对马克思持激烈的批判态度的论者，更是动辄从特定的思想构架和政治观点出发作出情绪化的评判，而不是在对马克思文本做全面而精深研究的基础上提出公允而客观的见解。

考虑到 20 世纪时代的风云变幻和马克思学说的特殊性质，这种解读、研究方式的出现是不可避免且可以理解的。但必须指出，这种政治性和学术性纠缠不清的状况对马克思思想研究的危害性也是极为明显的，它使对马克思思想的阐释随着意识形态的转换忽左忽右、可左可右。比如对《共产党宣言》的解读，"冷战"时期将它的主旨意图概括为阶级斗争、"两个决裂"和"两个不可避免"，现在又从中"读出"世界历史理论、世界史观抑或全球化思想。这些对立的观点由同一文本中生发出来，严重割裂和肢解了原始文本的完整性和真实内涵，损害了马克思文本研究的严肃性、科学性和恒定性。

针对上述情形，笔者认为，今天的马克思文本研究必须首先强调要回到学术层面。也就是说，要真实地把握马克思的思想，必须把他、他的文本作为一个客观的对象来进行探究，而不应当人为地回避、舍弃某一部分，或过分突出、张扬某些方面。我们应当遵循学术研究的一般原则和路径，先把评判"悬置"起来，不预设结论，尽量排除主观因素的左右和影响，来进行客观性研究和分析；我们只遵从逻辑和理性，而不趋同于权威和时尚，在对马克思文本的解释上不定于一尊，允许有多种观点和论断。

二、填补研究空白

尽管研究马克思的著述确实可以说是汗牛充栋，但可能只有专业研究者知道，事实上迄今为止也没有一部囊括马克思全部著述的全集出

版。我们所熟悉的《马克思恩格斯全集》通行本俄文版 50 卷、中文第 1
版 50 卷、德文版 41 卷①其实并不"全"，这些版本的编辑原则很明确，
它"是供广大读者阅读的，它并不是供学术研究的包括卡·马克思和
弗·恩格斯全部著作的完整的版本"②，特别是马克思辞世时留下的数
千页亲笔手稿、笔记和书信，众多藏书中的眉批、评注等③，还没有全
部整理出版。早在 20 世纪 20 年代，苏联马克思恩格斯研究院院长达维
德·鲍里索维奇·梁赞诺夫（Давид Борисович Рязанов，1870—1938）力
图"按马克思的原始文稿刊出全部著作"以供专家、学者研究之用的"历
史考证版"（*Karl Marx/Friedrich Engels Gesamtausgabe*，MEGA）上
马后，便命途多舛，第 1 版（MEGA1）只出版了 12 卷 13 册就夭折了。
第 2 版（MEGA2）在 20 世纪 70 年代中期着手编辑后也历经坎坷，至
2023 年 5 月出版了纸质版 75 卷、数字版 5 卷，完成量不及计划的三分
之二。马克思原始手稿相当一部分没有面世，这意味着文本研究中尚存
在不小的空白需要填补。

退一步说，即便是对于通行本，过去也把主要的精力放在那些成型
的著述中，而对大量的笔记、札记、提纲、书信等研究得非常不够，有

---

① 包括正卷 39 卷和补卷 2 卷。

② Иститут Маркса-Энгельса-Ленина-Сталина при ЦК КПСС，《Сочинения К. Маркса
и Энгельса： предисловие ко второму изданию》，Москва，Государствнное издательство
политической литературы，1955，С. 6.

③ 马克思、恩格斯遗稿的原件约三分之二保存于现在的荷兰阿姆斯特丹国际社会
史研究所（Internation Institute of Social History）；苏共中央马克思列宁主义研究院
（Иститут Маркса-Ленизма при ЦК КПСС）搜集了世界上最全的手稿复制件以及约三分之
一的原件，现在它们保存于俄罗斯国家社会政治历史档案馆（Российский государственный
архив социально-политической истории）。

的仍是空白点。举例来说，马克思的著述中，三分之二是笔记，它们是马克思计划写作的著作的准备稿、过程稿和补充稿。要研究马克思的著作，离开对这些资料的分析，特别是正式稿与过程稿的比较，是不可能达到对马克思思想全面、准确而深刻的把握的。仅就笔者有限的了解，诸如 1839 年的 7 本"博士论文"笔记，1840—1841 年的 8 本"柏林笔记"，1841 年的 5 本"波恩笔记"，1843 年的 5 本"克罗茨纳赫笔记"，1843—1845 年的 7 本"巴黎笔记"，1844—1845 年的黑格尔现象学提纲，1845 年的 3 本"布鲁塞尔笔记"，1845 年的 9 本"曼彻斯特笔记"，1851—1853 年的 24 本"伦敦笔记"，1867—1883 年的大量摘录、笔记、札记和草稿等，对国内学者来说，研究都是非常薄弱的，甚至是没有涉足过的。

再退一步说，即便是那些曾经着力研究、宣传过的著作，也还有一些理应加以梳理、探讨的内容我们并没有认真研究过。比如，马克思文本中影响最大的无疑是《共产党宣言》，我们过去关注的主要是它的思想和策略，但对它的创作过程、正文四个部分的文体结构等的研究就非常不够。而离开由这些方面构成的当时的特定语境，孤立地阐发其思想，是极易造成误读和偏差的。又比如，对于《德意志意识形态》这部可以说是马克思哲学思想最重要的表征的文本，迄今为止也没有一部全面解读的著述出版。国内外学者都把注意力放在该书的第 1 卷关于费尔巴哈的论述部分，把占全书十分之七篇幅的"莱比锡宗教会议"，特别是马克思对施蒂纳《唯一者及其所有物》的解读部分和第 2 卷"搁置"起来，存而不论。而根据笔者的初步研究，后者无论思想的容量还是论证的方式都是前者替代不了的。再比如，《资本论》可以说是马克思毕生心血之所在，国内学界对它的研究也下了比较大的功夫，并取得了一些成绩。但我们的工作主要还是集中在成型的第 1 卷，而对该卷的不同版本的比较，对第 2、3 卷的正式版（恩格斯整理过的版本）和手稿本（马克思）、作为第 4 卷的《剩余价值理论》的正式版（考茨基整理过的版本和苏联文献专家整理过的版本）和手稿本（马克思）的比较，尤其是把透露马克思长达 40 余年艰辛创作历程的重要心迹的书信纳入《资本论》创作史的研究中等工作，我们基本没有触及。而这些是文本研究的内在要求。此外，过去的研究在有关资本的本质及其功能和作用的把握和理解方面，也存在简单化、极端化的状况。

由此可以知道，那种断言对马克思文本的研究已经过多、过时的论调，如果不是别有用心的，就是无知的。马克思文本研究尚有许多空白需要去填补，我们的工作可以说任重道远。

三、客观把握思想

必须说明的是，重新研究马克思文本也不是"为文本而文本""为研究而研究"，而是要通过对文本的悉心解读，客观地把握马克思本人的思想，接近其复杂的心灵世界。我们大概都有这样的看法：虽然马克思是 20 世纪人们谈论、研究最多的思想家之一，但关于究竟什么是马克思主义、"马克思之后的马克思主义"与马克思本人的思想相比发生了怎样的变化等问题，我们并没有梳理、甄别清楚。

在把握马克思本人的思想的时候，所凭依的文本不同，勾勒出的形象会有极大的差别。比如，20 世纪大多数论者仅仅依据《共产党宣言》《法兰西内战》《哥达纲领批判》等文本来理解马克思，往往把他的思想诠释为理论实质上的"斗争哲学"、社会形态演进中的单线论和直线论、具体革命中你死我活的专政策略。另一些论者则依据马克思的博士论文、发表在《莱茵报》《德法年鉴》《新莱茵报》等报刊上的文章、《1844年经济学哲学手稿》、"人类学笔记"等所构成的另一套文本系列，把马克思思想理解为理论实质上的人道主义思潮、社会发展问题上的相对主义和多元化选择论以及渐进式和平改造策略。

其实，这些著述都是由马克思本人在不同时期写作的，只有把它们全部纳入研究视野统摄起来考察，才能理解马克思思想的丰富内涵及其发展演进的曲折历程。如果只根据自己的先验看法，人为地撷取其中的几部就单纯地作出判断，是不可能完整而准确地把握马克思思想的实质和全貌的，相反，必然导致理解上的简单化和片面性。

"马克思之后的马克思主义"的发展，仅就理论研究而言真可以说是个荆棘丛生的领域，各种观点的论争相伴始终。要澄清这些理论纷争，回到马克思的原始文本是一条重要途径。仅就苏联瓦西里·叶夫格拉波维奇·叶夫格拉弗夫（Василий Евграфович Евграфов，1908—1982）主编的《苏联哲学史》①等大型资料集所罗列的对一些哲学问题的争论来看，诸如经济基础和上层建筑问题、社会制度和生产力关系问题、思维和存在的统一性问题、辩证法规律问题、主观能动性和客观规律性问题、"一分为二"与"合二为一"问题、人道主义与异化问题、生产力标准问

---

① Василий Евграфович Евграфов（ред.），《История философии в СССР》，Москва，Издательсво "Наука"，1968—1983. 该书是一套超大型的哲学史巨著，曾引起世界哲学界的广泛关注，共5卷6册。商务印书馆出版过第5卷的摘译（1998年版），但译出的部分不到该卷原文的一半。

题、哲学体系结构问题、哲学功能问题、哲学的基本问题等的探讨旷日持久。除了具体的时代背景，论者多以思辨的方式立论，尽管也引用过经典作家的话语，但多数是离开产生这些话语的特定语境而进行的抽象引用，因而最终难作决断。而如果回到经典作家的原始文本，就会清楚地看出这些问题在他们那里是在什么意义上提出来的，有什么样的具体含义，在其整个理论框架中占据怎样的位置，以及他们的观点具有什么特殊意义和超越性质，时代的发展对其学说能作出怎样的检视和判断，等等。通过这些工作，既可以使经典作家的真实思想及其意义得到澄明，也廓清了这些问题延展到当代的现实境域和新的内涵。

还必须指出，通过重新阅读马克思的文本把握其思想，重要的是要甄别属于马克思自己的问题、思路、论证方式和理论架构。对这些方面作出概述当然需要论者的抽象，但这种抽象必须是从文本中有逻辑地推导出来的。在笔者看来，通过对马克思文本的解读，我们至少应当可以甄别清楚三个层次的问题：一是显性层次的，诸如马克思思想的资源背景，不同时期的过渡环节和重要变化，马克思与恩格斯、黑格尔哲学、青年黑格尔派、共产主义者同盟等的关系等；二是在此基础上进行的初级抽象，诸如马克思对世界历史、社会结构、社会形态演变、人的现实境况与未来命运等问题的具体看法和论述，对资本主义和共产主义所作的解释、批判和论证等；三是最高层次的概括，即马克思理解现代社会的角度、理解历史和重构"历史编纂学"①的原则、观照和把握世界的方

---

① 针对施蒂纳等试图以观念诠释历史、构建社会的"历史编纂学"体系，马克思在《德意志意识形态》中提出了重建"历史科学"的主张以及一系列原则和原理。

式等。如果在这些问题上我们能获得基于对文本的扎扎实实的研究和严格的逻辑推断的新见识，那么我们的马克思研究必然会达到一个新高度、新境地。

四、公正评估价值

悉心解读马克思的文本，准确把握其思想，目的是对其作出客观、公正的评价，体现其所蕴含的当代价值。对于马克思这样的思想家，我们不需要为他作什么辩护。如果他思考的主题已经沦为人尽皆知的常识或者完全与时代背离，他提供的思维已无力诠释社会和历史，那他必然会自动退出历史舞台。在这种情况下，即便竭力为之辩护，也不能挽救其衰落的命运。相反，如果他对世界大势的把握仍然契合当代社会的发展，他观照历史的方式仍然是最有效和科学的，那么他就具有不可超越的优势。在这种情况下，任何抱有意识形态成见、力图贬低其价值的做法也只能是徒劳和虚妄。马克思思想已经经过了170余年的深刻检视，时至今日，我们已经不必为尊者讳、为贤者讳，当然更不能为了迎合潮流和时尚而失去公正和理性的判断。从文本解读的角度，处于今天的情势去观照170余年前的马克思，我们说，他的思考和探索有盲点、有错误，更有不可超越的价值。

就马克思当年理论思考的视野看，他的思想产生的基地是西方发达国家，主要是英、德、法三国。我们可以看出，他在言说这三个国家的历史、现状时表现得多么游刃有余、入木三分！但一越出这一界限，他就显现出他对其他国度、别的领域的研究并不都是行家里手。他对于美国所作的大量评论在深度上显然已经打了折扣，而东方国家和古代社会，诚如他自己也已经意识到的，一直是他理论思考的盲点。尽管他晚年作过一些补救，但从留存下来的材料看，对俄国村社制度解体后的社会发展趋向，他作不出肯定的判断；他编定的《印度史编年稿》，由于材料的缺乏，不仅失之简单，而且有重要的遗漏和谬失。对于中国这个东方大国，他也写过评论，但除了对英法联军火烧圆明园、英国人贩卖鸦片表示基于人道主义的谴责，他没有提出更多的真知灼见，中国对他来说的确是太不了解、太神秘了。马克思对自己的学说如果向前延展到古代是否还具有普适性也心存疑虑，摩尔根的《古代社会》出版后他如获至宝，作了大量摘录，但仅凭这部书，要勾勒出古代社会的图景及其发展，还是太不够了。马克思生前不知道克里特文明、迈锡尼文明、埃特鲁里亚文明，除了迦太基外，对欧洲海上文明也不甚了解；而撇开这些阶段，对古代社会的发展线索能有什么真正的把握呢？马克思在当时的情形下对一些问题的判断、处理也是值得商榷的，比如，他敲响了资本主义灭亡的警钟，但没有预见到资本主义可以通过自我调整和改革延长寿命；他确信社会主义只有在西方发达国家同时进行革命的情况下才能取得成功，而没有预见到全球各地区、各民族国家政治经济文化发展的不平衡会导致世界无产阶级革命道路和进程的多样化、曲折性和复杂性；在社会有机体结构系统中，他突出强调了经济因素和政治功能，而对于文化的作用估量得明显不足，对宗教的意义的理解也不全面，更没有预见到现代科技进步会成为推动生产力发展的首要因素，等等。

当然，尽管存在盲点、错误，但是从总体上看，马克思学说更具有不可超越的当代价值。在笔者看来，主要是马克思从实践的角度观照和把握世界的方式仍占据着当代思维的制高点。在方法论的意义上，马克思主义哲学既是实践的，也是辩证的和唯物的；或者确切地说，是实践基础上辩证法和唯物论的统一。实践不是凝固的点，不是僵化的实体，而是一种关系、一种过程、一种活动；实践是人类世界或现存世界存在的根据和基础，同时人又通过自己的实践活动使世界成为一个更大规模、更多层次的开放体系。因此，实践的思维方式就必然要求人们以联系的观点、运动的观点、发展的观点去认识事物、把握世界，而这正是实践论的辩证方法，因为"辩证法在考察事物及其观念上的反映时，本质上是从它们的联系、它们的联结、它们的运动、它们的产生和消逝方面去考察的"①。同时，实践的思维方式也必然是唯物的，它突出强调的是：研究任何问题都必须从事实出发，而不能把原则作为出发点，"在自然界和历史的每一科学领域中，都必须从既有的事实出发"②，"原则不是研究的出发点，而是它的最终结果；这些原则不是被应用于自然界和人类历史，而是从它们中抽象出来的；不是自然界和人类去适应原则，而是原则只有在符合自然界和历史的情况下才是正确的"③。

特别是在对社会历史领域的复杂现象进行诠释的时候，马克思主义实践论基础上的唯物论与辩证法相统一的哲学方法发挥了其他哲学派别

① 恩格斯：《反杜林论》，见《马克思恩格斯选集》第 3 卷，397 页，北京，人民出版社，2012。

② 恩格斯：《自然辩证法》，见《马克思恩格斯选集》第 3 卷，878 页，北京，人民出版社，2012。

③ 恩格斯：《反杜林论》，见《马克思恩格斯选集》第 3 卷，410 页，北京，人民出版社，2012。

无可比拟的有效性。人类社会是由许许多多按照自己的主观意愿行事的人构成的，它的发展规律和趋势深藏在无数意见、计划、情绪、意志、愿望之中或之后，摆在人们面前的迫切任务是游过这些意见、计划等构成的汪洋大海而到达彼岸。面对复杂的社会历史，马克思提出劳动实践以及生产力、生产关系、经济基础、上层建筑、社会存在、社会意识、社会革命等概念，真实地从理论上再现了各种社会现象之间的内在联系，揭示了社会生活发展、变化的原因、途径、趋向，使得纷繁复杂的社会生活显现出井然的秩序。这是迄今为止历史观上最重要的变革之一。

五、制约与界域

以上笔者只是根据自己的理解，对重新研究马克思文本的意旨作了简略的阐释。当然，任何事情都有两面性。一项研究虽然有它特殊的、不可替代的意义和价值，但如果放在更大范围内考察，又会显现出它的制约和界域。学者们通常有一种误区，会有意无意地夸大自己研究对象的重要性，认为自己研究的就是世界上最迫切、最重要甚至是唯一值得探讨的。其实这是一种盲目的自信，如果一味坚持下去而缺乏冷静的自省，必然会影响研究的客观性。因此，研究者必须对自己的研究工作有一个恰如其分的估量，明确其界域和难度。对于马克思文本研究而言，笔者想特别指出两点。

第一，仅就力图透视马克思复杂的心灵世界、把握马克思思想的实质而言，马克思文本是我们研究的重要依据，但不是唯一的依据；或者说，文本诚然是非常重要的，但仅有文本还是不完备的。一方面，要还原马克思当年思考的特定语境，我们不能仅从马克思本人的文本出发，而必须尽可能寻找同时代其他论者的著述和文献，通过对比把握马克思思想的渊源、思路、构架及其在当时的影响和地位。比如，离开整个青年黑格尔运动和德国宗教改革的背景，不可能理解青年马克思的变化；不了解施蒂纳的《唯一者及其所有物》而单纯研究《德意志意识形态》、不知道"魏特林纲领"而只探讨《共产党宣言》等，都不可能真正了解马克思思想的独特性。另一方面，更重要的是，相对于马克思极为复杂的思想、异常丰富的心灵来说，文本所表征的可能只是露出水面的巨大冰山的一角。虽然在马克思的一生中，理论著述是极为重要的工作，伴随了他绝大部分时间，但文本与作者的思想、心理及解读者之间并不总是存在一一对应的关系，不是什么心理嬗变都可梳理成明确的思想，也不是什么思想都会形诸笔墨，更不是什么文本都会被解读者完整地理解。对于我们这些解读者来说，要从白纸黑字的表层结构里读出蕴涵其中的深层意义，又要于"无字"处诠释坎坷的人生，殊为不易。

第二，从更大范围说，文本研究虽然是马克思研究的永恒性基础，但不是马克思主义研究的全部内容。首先，马克思主义创立至今的170余年，它所参与建构和直接影响的世界真正是沧海桑田、波澜壮阔，较马克思在世时的情形发生了非常大的变化。清理"马克思之后的马克思主义"的发展路径，辨析理论和实践中的具体变迁，是马克思主义研究的题中之义。我们要立足马克思的原始文本研究，同时应有更为展宽的视野、丰富的内容以及融会历史与现实的深刻分析。其次，马克思学说的要旨在于关注时代、关注实践，保持对社会发展重大问题及其趋向的敏感和热忱，时刻倾听实践的呼声。学术研究有自己的独立性，但它的基础与归宿是社会。只有把二者联系起来，才能体现马克思思想的根本价值。最后，马克思主义是一个发展着的学说，弄清楚它的原始状态和思想实质当然是重要的，但它不应当也不会永远停留和保持在 19 世纪的水准和形态。经过 20 世纪的实际发展和深刻变革之后，它在传承、反思和超越的基础上必然建构起 21 世纪的新形态，而这是更为繁难的工作。

第一章 ｜ 马克思文稿的构成及其命运

　　纵观以往的马克思主义研究，我们可以发现一个普遍的现象，对国内研究者而言尤其明显：看重对经典作家思想的阐释、宣传与发挥，却忽视对其文本版本的甄别及流传过程的考察。以致造成这样的后果：很多马克思主义研究者对马克思文本的保存、流传与刊布情况非常陌生，甚至几乎没有什么了解，当然更谈不上深入的研究了。现在看得很清楚了，正是由于缺乏后一方面的功夫，对经典作家原始思想的把握出现了相当大的偏差，为各种歧解、曲解甚至捏造提供了便利，也为后继者的正本清源增添了重重迷障。因此，在当代新的境域下，我们如果把马克思的文本及其思想真正作为一个学术对象来研究，非常重要的一件工作就是要纠正过去研究中的这一偏差，弥补马克思文本创作史和版本演变史清理和研究等方面的遗漏。

一、马克思文稿的组成及其保存情况

纵观马克思的全部著述，它们实际上由三个部分组成。

(一)马克思生前发表过的论著

这部分内容在马克思全部著述中所占的比重不到三分之一，主要是马克思发表在当时报刊上的时事评论，公开出版的著作只有《神圣家族》《哲学的贫困》《共产党宣言》及《资本论》第 1 卷等。他的哲学著作一本也没出版过，而散见于各报刊上的文章绝大多数当时也没能结集出版。

(二)马克思的遗稿

1883 年马克思去世时，留下数量极为庞大的藏书和手稿，手稿包括众多的著作原稿、笔记和书信。手稿的保存历经坎坷，先是恩格斯根据亡友的口头嘱咐接受了这些手稿。1895 年恩格斯逝世后，全部手稿交给马克思的法定私人代表爱琳娜·马克思-艾威林。1898 年爱琳娜·马克思-艾威林逝世，由她掌管的马克思的手稿转交给了德国社会民主党。1938 年，德国社会民主党将这些手稿正式出售给荷兰阿姆斯特丹国际社会史研究所。第二次世界大战期间该所被德国占领军劫收，手稿一度不知去向。1946 年春，人们在停泊于温德海姆河和威悉河交汇处的拖驳船上发现了这批无价之宝。1946—1947 年，马克思的手稿和部分藏书又被运回荷兰。

在此前的 1921 年，俄共(布)中央经过与德国社会民主党谈判，获得了复制所有手稿和书信的许可及发表权，从此开始了全面的照相复制工作。所以说，现存的马克思手稿主要保存在荷兰阿姆斯特丹国际社会史研究所，而苏共中央马克思列宁主义研究院中央党务档案馆保存着最全的马克思手稿复制件。在该档案馆中保存的马克思手稿计有 6750 个卷宗、8000 多件文献，其中将近三分之一是原件。苏联解体后，这些珍贵的文献保存于新成立的俄罗斯国家社会政治历史档案馆。

20 世纪 60 年代，荷兰阿姆斯特丹国际社会史研究所德国组组长维尔纳·布鲁门伯格(Werner Blumenberg，1900—1965)为该所所藏马克思手稿原件编过一份目录，分两部分：第一部分是"马克思的手稿"，计有 86 份，绝大多数是马克思的笔迹，另有一些是恩格斯、燕妮的笔迹以及不知名的人的笔迹；第二部分是"马克思的笔记"，数量更为庞大，计有 155 份，全部为马克思的笔迹。布鲁门伯格编定的这份目录没有包括书信，事实上马克思还留下 1542 封与恩格斯的通信以及 4400 封他人致他们的信，这些都是极为重要的原始材料。

(三)马克思藏书中的批注

在长达几十年的理论生涯中，这些藏书是给予马克思知识积累、创作灵感和资料来源的宝贵财富，其中绝大多数书籍的页面上有马克思阅读时写下的眉批、评注，特别是由书中史实或观点引发的对自己思想的概括、论证、补充和修正，乃至一些写作计划、要点和大纲等。这些藏书涉及德、英、法、俄①、意等十几种文字，有的是同一著作的不同版本，覆盖领域极为广泛，准确数量已经不可考证。马克思去世后，恩格斯接受了马克思的手稿和藏书。由于恩格斯感到手稿的甄别和出版②是最为急迫的事情，所以藏书便一直没有得到整理。1895 年恩格斯逝世，他本人的手稿以及他与马克思的私人藏书被运至柏林，赠送给德国社会民主党。可惜的是，历经磨难，这些藏书保存得已经很不完整，而且分散各地。已知分别收藏于伦敦大英博物馆及大英图书馆、俄罗斯科学院、德国特里尔马克思故居博物馆、荷兰阿姆斯特丹国际社会史研究所、波兰国家图书馆和东京图书馆等地，很多已经成为重要文物甚至是"镇馆""镇所"之宝。现在，已经很难将这些分散于各地的藏书归拢一处作分类编排、统筹研究了。

对于索解一个思想家的思考路径和理论内涵来说，最初的思想火花、朦胧的创作意向、阶段性的观点提炼和不断进行的修正，可能较最后的定论和完整的表述更具史料价值。就基本职业和身份来说，始终是学者的马克思一生中绝大部分时间确实是在书斋里、在阅读中度过的，但恰恰是表征他这部分生命历程的素材没有或不能得到应有的重视和利用。迄今为止，在他的手稿和笔记还远没有甄别、整理完毕的情况下，对他的藏书中的材料的整理基本还没有提到议事日程上，也鲜有研究者利用这方面的材料，这不能不说是一个巨大的遗漏和缺憾。

---

① 马克思大约于 1881 年下半年写过一个清单《我的藏书中的俄国书籍》，计有各种书籍、资料汇编等 115 部。

② 特别是《资本论》第 2、3 卷手稿的整理。

二、马克思著述全集有独立价值的五种版本

把马克思所撰写的全部文字以全集的形式整理出版，是恩格斯晚年的夙愿。在整理《资本论》第 3 卷的过程中，恩格斯曾经设想，一旦结束这一工作就着手筹备马克思全集的编辑、出版事宜。然而，天不假年，在《资本论》第 3 卷正式出版的第二年，他就赍志辞世了。弗兰茨·梅林在编辑《卡尔·马克思、弗里德里希·恩格斯和斐迪南·拉萨尔遗著》时曾经提到编全集的事，但实际上并没有展开这项工作。此后，马克思主义的传播如火如荼，阅读和研究马克思著作的要求愈益迫切，各种形式的文集编纂计划纷纷上马。然而，谁也没有想到的是，"以原始文字刊出其全部文稿"的愿望历经一个多世纪，迄今为止仍然没有实现。

以下，我们介绍马克思著述全集有独立价值的版本。需要说明的是，这里所谓"有独立价值"指的是下列情形中的一种：首次以原始文字排印；虽非原始文字但翻译最早、最全者；编排体例方面有独特之处；其他文种版本的母本。可以发现，较之上述马克思留下的手稿和笔记，它们虽然冠以"全集"之名，但实际上并不"全"。

(一)俄文版

俄文版(Сочинения К. Маркса и Ф. Энгельса)是马克思著述全集最早的版本，其四次启动、两次夭折，编辑完成两版。1918 年至 1922 年第一次启动，只出版了 4 卷便停止了；1923 年至 1924 年第二次启动，同样只出版了 4 卷。造成这种状况的原因在于，随着马克思著述的陆续发现，在没有宏观、整体性把握的情况下，很难确定编纂原则和分清主

次。到 1924 年，俄共（布）第 13 次代表大会责成马克思恩格斯研究院尽快地出版俄文版和其他语种的《马克思恩格斯全集》，这一工程遂再次启动，1928 年至 1946 年用了 19 年时间共出版 29 卷 34 册（其中第 11、12、13、16、19 卷为两册），这就是俄文第 1 版。但是，随着研究的深入和新文献的发现，在俄文第 1 版出版接近尾声的时候就不得不酝酿编辑俄文第 2 版。经过大规模的准备工作之后，1955 年俄文第 2 版正式开始发行，至 1966 年共出版 39 卷 41 册，此为"正卷"，此后又于 1968 年开始出版"补卷"11 卷，二者共计 50 卷 53 册（其中第 26 卷为三册，第 46 卷为两册）。

俄文版迄今为止仍算得上马克思著述最完整的版本，它哺育了几代马克思主义研究者，成为中文版、朝鲜文版、罗马尼亚文版、塞尔维亚文版、波兰文版、保加利亚文版、捷克文版、匈牙利文版、乌克兰文版等文种的母本，对德文版、英文版、日文版、意大利文版、法文版以及"历史考证版"也有相当大的影响。但是，"正卷"和"补卷"的分离、编辑体例的不统一，版本选择、译文质量上的问题等，特别是重视完成稿而不重视过程稿和修正稿、不重视笔记（如《资本论》的不同版本及"历史学笔记""数学手稿"等重要著述都没有收入）等问题，使它很难满足研究者更高的要求。

（二）德文版

德文版（*Karl Marx/Friedrich Engels Werke*）是根据德意志民主共和国统一社会党（Sozialistische Einheitspartei Deutschlands）中央的决定，由统一社会党中央马克思列宁主义研究院从 1957 年开始编辑出版

的，到 1968 年编辑完成，共 39 卷 42 册。1973 年、1974 年，又出版了
"补卷"(Ergänzungsband)两卷。它是在俄文第 2 版基础上编辑的，但鉴
于马克思、恩格斯的著作绝大部分是用德文写成的，因此德文版在编辑
出版时，作者用德文写的就按原文刊印，作者用其他语种写的则根据作
者审定的版本译成德文。所以，德文版为马克思著作的研究和翻译提供
了一个较俄文版文字更为忠实、不可替代的版本。此外，与俄文第 2 版
相比，这个版本在编排体例和卷次划分等方面也作了些微的调整和改
变。比如，一些重要的著作(像《共产党宣言》等的序言)除按写作日期排
在相应的卷次外，还在该著作所在的卷次中重排了一次；对于作者分几
次写完的文章(如《关于雅科比提案的辩论》)，德文版改变了按写作日期
顺序分开编排的原则，采取按第一篇写作的日期，用一个标题集中编排
的方法。这样的安排显然更便于阅读和研究。个别文章在分卷时也作了
调整，比如《"真正的社会主义者"》一文，俄文第 2 版编在第 3 卷，德文
版则编在第 4 卷。更重要的是，德文版比俄文第 2 版"正卷"多收入 16
篇文章和 16 封书信，这是在这两个版本编辑出版过程中发现的。

德文版的主要缺点是收文不全，总收文量比俄文版要少得多。

(三)英文版

英文版(*Collected Works Karl Marx/Frederick Engels*)由英国伦敦
劳伦斯-威沙特出版社、美国纽约国际图书出版公司和苏联进步出版社
共同编辑出版，1975 年出版第 1 卷，共 50 卷。英文版基本上是以俄文
第 2 版和德文版为基础编辑出版的，收入俄文第 2 版和德文版"正卷"和
"补卷"中的全部著作和书信，包括马克思、恩格斯生前发表的全部著作

和一部分遗稿——生前未发表的手稿，未完成的著作、提纲、草稿等。此外，还部分收入马克思和恩格斯所作的提要、读书摘录和批语，这些材料以及个别著作的初稿、译文和草稿放在所在卷次后面的“准备材料”中。附录包括传记性的文件和材料，如马克思写的正式申请书及其他法律文件：未经他们本人审定的演说和谈话的新闻报道和记录、他们帮助各个组织起草或参与起草的文件及他们委托其他人写的信件。

英文版的编排结构和分卷有自己的特点。它由 3 个部分组成：第 1 部分是马克思、恩格斯的哲学、经济学、历史和政论著作，第 2 部分是马克思的《资本论》及其手稿以及与之有关的著述，第 3 部分是从 1844 年开始的书信。分卷情况是：第 1 部分为第 1 至 28 卷，第 2 部分为第 29 至 37 卷，第 3 部分为第 38 至 50 卷。收入英文版的著作和书信按作者的写作时间顺序排列，只有连续性的著作或作者生前在报刊上连载的文章集中编在一卷时才不按时间顺序排列。

由于马克思、恩格斯的著述有一部分是用英文写成的，所以英文版的编辑出版在一定意义上也提供了马克思著作的原文基础。特别是由于世界上马克思的研究者中以利用英文者居多，所以英文版的出版为扩大马克思著作的影响和吸引更多研究者的参与提供了便利。但这一版本的编辑出版耗时几十年，编辑体例、收文原则几经修改、变动，英译的质量也不能保证篇篇准确、水准上乘，已经受到研究者的一再责难。

(四)历史考证版第 1 版

“历史考证版”又称“国际版”或“原文版”。对于那些生前著述甚丰但没能全部出版，或者手稿仍处于散乱状态，没有完成或保留着几份过程稿，以及留存着大量不供发表但在其中明显透露或表达了自己的观点、思路甚至情感历程等的笔记、札记和书信等的思想家，西方学术界有编纂其著述"历史考证版"（Historisch-Kritische Gesamtausgabe）的传统，即"按原始文稿刊出全部著作"，特别着眼于定稿以外的准备稿、过程稿、修正稿和补充稿等。据笔者有限的了解，在哲学研究领域，已经或者正在编定的就有亚里士多德集、斯宾诺莎集、洛克集、休谟集、康德集、黑格尔集、尼采集等。

《马克思恩格斯全集》历史考证版第 1 版（*Karl Marx / Friedrich Engels Gesamtausgabe*，MEGA1）是与俄文第 1 版同时开始编辑的，但两者的编纂原则、方针完全不同。前者要求以最大的准确性有系统地再现马克思、恩格斯的全部精神遗产，也就是说，编入该版的全部著作都按作者写作时所使用的文字刊布，除已经完成的著作和书信，还要收入未完成的手稿及其准备材料，其目的是供专业研究者学术研究之用，为出版其他语种的马克思著作全集提供最原始的文字、最基础性的版本。

当年主持此事的是苏联马克思恩格斯研究院的创立者和首任院长梁赞诺夫，他不仅确立了"历史考证版"的编辑原则，而且为大量手稿和相关文献的搜集、重要文本原始手迹的辨认和具体编排付出了极其艰辛的劳动。诚如有的论者所说，"马克思研究之所以成为一种特殊的科学，首先是因为有了梁赞诺夫的科学工作、编辑工作和组织工作"，"是他为马克思研究打开了真正无限广阔的历史和国际视野"，他"在了解和再现马克思和恩格斯的著作时力求有条理和尽可能地完善"。① 据梁赞诺夫的传记作者说，有一次，在校订印刷稿时，为了确定马克思原始手稿中是否有一个标点符号，在寒冷的冬日，他连夜坐着没有暖气的火车从维也纳赶到伦敦取证。

"历史考证版第 1 版"于 1927 年开始出版，到 1935 年共出版了 12 卷 13 册(其中第 1 卷为两册)。与俄文第 1 版相比，这一版收入了当时还没有引起研究者注意的很多重要论著，诸如《〈黑格尔法哲学批判〉导言》、《德意志意识形态》、1848 年欧洲革命期间马克思的 40 多篇文章、马克思青年时代的诗歌、恩格斯的《反杜林论》《自然辩证法》及其有关的准备材料、恩格斯写给妹妹玛丽·恩格斯的书信等。此外，各卷还附有不同种类的参考材料、附录、著作说明、人名索引、著作索引等。

"历史考证版第 1 版"为马克思著作权威版本的编纂积累了极其宝贵的经验，后来由于梁赞诺夫在苏联肃反运动中被"清洗"，这一巨大的工程便夭折了。

(五)历史考证版第 2 版

随着作为"大众阅读版本"的俄文第 2 版的陆续刊行，编辑专门为学术研究之用、囊括"德意志人民的两个伟大儿子的全部著作遗产"②的新的"历史考证版"的必要性更显突出，呼声也愈加高涨。到 20 世纪 60 年

---

① 参见《达·梁赞诺夫和〈马克思恩格斯全集〉历史考证版第 1 版》，蒋仁祥摘译，见《马克思恩格斯研究》第 20 期，20 页，北京，中央编译局，1995。

② 参见民主德国统一社会党中央第一书记乌布利希 1964 年 1 月 18 日给苏共中央第一书记赫鲁晓夫的信。(《马列著作编译资料》第 4 辑，北京，人民出版社，1979。)

代末，苏共中央马克思列宁主义研究院和民主德国统一社会党中央马克思列宁主义研究院达成协议，决定共同编辑、出版历史考证版第 2 版（*Karl Marx/Friedrich Engels Gesamtausgabe*，MEGA2）。1972 年出版试编版，1975 年正式出版了第 1 卷，到 1990 年，共出版 43 卷。东欧剧变、苏联解体使这一工作遭受重创。为了避免像第 1 版那样重蹈夭折的覆辙，经过多方讨论，除了柏林和莫斯科的两个研究院（民主德国统一社会党中央马克思列宁主义研究院和苏共中央马克思列宁主义研究院）之外，荷兰阿姆斯特丹国际社会史研究所和德国特里尔马克思故居研究所等作为主要力量加入，特别是重新确定了编辑原则：一是国际化，即这项工程只能在国际范围内展开，要吸收更多的国家和研究机构参加；二是学术性，即为了各方能进行合作，必须放弃任何政治目的和特定的意识形态。1990 年 5 月，上述四家机构商定，建立"国际马克思恩格斯基金会"（Internationale Marx-Engels-Stiftung，IMES）；10 月，基金会的理事会在阿姆斯特丹成立，并接受了历史考证版第 2 版的出版权。

按照全集总前言和调整后的编辑方针，这一版本将所有已发现的马克思、恩格斯的文字材料（当时还没有录音）一律收入，包括读书批注、边页上打的记号、赠书题字等；全部文献都以原著文字刊出，这就避免了转译带来的歧义及其他弊端。同一著作的不同稿本一律刊出，某些著作的译本凡经作者审阅的也一律收入。比如，《资本论》第 1 卷不但刊出通行的恩格斯整理的德文第 4 版，而且收入马克思生前整理的德文第 1、2 版与法文版、英文版，以及恩格斯整理的德文第 3 版；《资本论》第 2、3 卷不但刊出恩格斯和考茨基辨认、整理的过程稿和正式刊印的版本，而且收入马克思的原始手稿。此外，这个版本每一卷都分正卷（"文本卷"）和与正卷相应的副卷（"学术资料卷"）。后者内容包括对原著写作经过和历史背景及文中重要名词概念、史实的注解，原著流传情况简介，手稿原貌描述和版本演变的情况介绍，原著异文详介，人物简介和文献索引、名目索引，等等。

这个版本如果编辑完成，才可真正称得上马克思著述的"全集"。

三、马克思重要文本的刊布、流传和研究史上的重要事件

诚如前文已经指出过的，马克思生前发表过的论著在其全部著述中所占的比重不到三分之一。马克思文本传播史的特殊性在于，他的著作之中只有很少一部分是其生前公开出版的，大部分是他去世之后才首次陆续面世，而其中 20 世纪出版的又占了绝大多数。由于各种各样的复杂原因，这些文本的保存、面世历经坎坷，迄今为止也没有一部囊括马克思所有著述的全集出版。这里根据笔者自己所搜集到的显然还不完备的资料，将马克思身后其重要文本首次刊布情况列表如下（表 1-1）。

表 1-1　马克思身后其重要文本首次刊布情况

文本篇目	首次刊布时间	整理者编辑者	刊布处
《资本论》第 2 卷	1885 年	恩格斯	汉堡奥托·迈斯纳出版社
《关于费尔巴哈的提纲》	1888 年	恩格斯	斯图加特（作为恩格斯《路德维希·费尔巴哈和德国古典哲学的终结》单行本的"附录"）

续表

文本篇目	首次刊布时间	整理者编辑者	刊布处
《资本论》第 3 卷	1895 年	恩格斯	汉堡奥托·迈斯纳出版社
《工资、价格和利润》	1896 年	爱琳娜·马克思-艾威林	伦敦
《给父亲的信》	1897 年	不详	《新时代》第 16 年卷(1897)第 1 卷
《德谟克利特的自然哲学和伊壁鸠鲁的自然哲学的差别》("博士论文")	1902 年	梅林	《卡尔·马克思、弗里德里希·恩格斯和斐迪南·拉萨尔遗著》
给库格曼的一批书信	1902 年	不详	《新时代》
《〈政治经济学批判〉导言》	1903 年	考茨基	《新时代》第 21 年卷(1902—1903)第 1 卷
《巴师夏和凯里》	1904 年	考茨基	《新时代》第 22 年卷(1903—1904)第 2 卷
《剩余价值理论》	1904—1910 年	考茨基	汉堡奥托·迈斯纳出版社
《马克思恩格斯书信集》(给左尔格和丹尼尔逊)	1906 年	不详	
《马克思恩格斯通信集》(4 卷 1386 封信)	1913 年	倍倍尔伯恩施坦	
《巴枯宁〈国家制度和无政府状态〉一书摘要》	1926 年	不详	《马克思主义年鉴》杂志第 2 期
《黑格尔法哲学批判》	1927 年	苏联马克思恩格斯研究院	
《自然哲学提纲》	1929 年	苏联马克思恩格斯研究院	《马克思恩格斯全集》历史考证版第 1 版（MEGA1）第 1 部分第 1 卷第 2 分册

文本篇目	首次刊布时间	整理者编辑者	刊布处
《流亡中的大人物》	1930 年	苏联马克思恩格斯研究院	《马克思恩格斯文库》第 5 卷
《1844 年经济学哲学手稿》	1932 年	朗兹胡特迈耶尔	《马克思恩格斯全集》历史考证版第 1 版（MEGA1）第 1 部分第 3 卷；《卡尔·马克思历史唯物主义早期著作集》
《德意志意识形态》	1932 年	联共（布）中央马克思恩格斯列宁研究院	《马克思恩格斯全集》历史考证版第 1 版（MEGA1）第 1 部分第 5 卷
"数学手稿"	1933 年	联共（布）中央马克思恩格斯列宁研究院	《在马克思主义旗帜下》（刊物）；《马克思主义与自然科学》（论文集）
《〈法兰西内战〉草稿》（初稿、二稿）	1934 年	联共（布）中央马克思恩格斯列宁研究院	《马克思恩格斯文库》第 3、8 卷
《编年摘录》（*Chronologiche Auszüge*）（"历史学笔记"）	1938—1940 年、1946 年	联共（布）中央马克思恩格斯列宁研究院	《马克思恩格斯文库》第 5～8 卷
《政治经济学批判（1857—1858 年手稿）》（《政治经济学批判大纲》）	1939—1941 年	联共（布）中央马克思恩格斯列宁研究院	莫斯科政治书籍出版社（单行本）
"摩尔根笔记"	1941 年	联共（布）中央马克思恩格斯列宁研究院	《马克思恩格斯文库》第 9 卷
"关于伊壁鸠鲁哲学的笔记"	1956 年	苏共中央马克思列宁主义研究院	《马克思恩格斯早期著作选》

续表

文本篇目	首次刊布时间	整理者编辑者	刊布处
"柯瓦列夫斯基笔记"	1958 年 1959 年 1962 年	苏共中央马克思列宁主义研究院	《苏联东方学》杂志第 3、4、5 期；《苏联东方学》杂志第 1 期；《亚非人民》第 2 期
"菲尔笔记""拉伯克笔记""梅恩笔记"	1972 年	劳伦斯·克拉德	《卡尔·马克思的民族学笔记》(阿森版)

在上述马克思著作断断续续的刊布中，差不多每一部重要文献的发表都引起了极大的轰动和持久的争论。概言之，我们将其文稿流传和研究过程中的最为重要的事件罗列如下。

(1)马克思辞世时留下数量极为庞大的手稿和藏书，其中手稿包括数千页原稿、1542 封马克思与恩格斯的通信和 4400 封他人致他们的信，藏书中则有马克思众多的眉批、评注等。历经磨难，藏书保存已经不太完整且较为分散，幸运的是手稿比较完整而集中地保存下来了，原件主要保存在荷兰阿姆斯特丹国际社会史研究所，苏共中央马克思列宁主义研究院中央党务档案馆保存着最全的手稿复制件(苏联解体后保存于俄罗斯国家社会政治历史档案馆)。

(2)表征马克思"新世界观"基础、核心、纲领和重要思想构架的文本《关于费尔巴哈的提纲》《德意志意识形态》于 1888 年、1932 年发表。

(3)作为马克思毕生用心之所在的《资本论》第 2、3、4 卷及其手稿的整理、出版。

(4)《1844 年经济学哲学手稿》于 1932 年发表，引发了对马克思思想作人本主义化解释的思潮，孕育了"西方马克思主义"。

（5）被称为"历史学笔记"的《编年摘录》(*Chronologiche Auszüge*)和"人类学笔记"(包括"摩尔根笔记""菲尔笔记""拉伯克笔记""梅恩笔记""柯瓦列夫斯基笔记")的发表拓展了对马克思研究视域的认识，但也提出一个新的问题：马克思晚年为什么不集中精力完成《资本论》的实际写作，而关注起古代与东方的情况？

（6）表露马克思复杂的心灵世界和重要心迹的书信陆续刊布。

（7）由梁赞诺夫主持、旨在供专家学者研究所用、力求全面囊括马克思全部手稿的《马克思恩格斯全集》历史考证版第 1 版（MEGA1）于 1924 年开始编辑，1927 年正式出版。原定 4 个部分共 40 卷，实际共出版 12 卷 13 册，中途夭折。《马克思恩格斯全集》历史考证版第 2 版（MEGA2）1972 年出版试编版，1975 年由柏林狄茨出版社正式开始出版。原计划 100 卷，20 世纪 90 年代出齐。后来，卷数扩大至 120～170 卷，完成时间推延到 21 世纪。在东欧剧变、苏联解体后，MEGA2 的出版受到严重影响，后来转由新成立的"国际马克思恩格斯基金会"组织出版。1995 年，在该基金会的领导下制订了新的出版计划，卷数确定为 114 卷。MEGA2 历经坎坷，目前尚未编竣。

（8）旨在供宣传、学习所用的马克思恩格斯著作集俄文第 1 版 1928 年起出版，1946 年出齐，共 29 卷；俄文第 2 版 1955 年出版，至 1969 年出齐，共 50 卷。以此为蓝本，参照、翻译出版了德文版 39 卷、中文版 50 卷。此外，《马克思恩格斯选集》(有 2 卷本、4 卷本、6 卷本等)和众多成型著述的单行本大量问世，并被译成世界上的主要语种，广为传播。

（9）法国巴黎社会学研究中心研究员马科斯米里安·吕贝尔（Maximilien Rubel，1905—1996)创办《马克思学研究》杂志，认为"马克思的大宗思想遗产、他的大量社会活动、他的众多门徒、他的著作发表的曲折历史，加上至今尚无一个包括了他的全部著作的可靠版本，以及各种马克思主义流派之间的巨大意识形态分歧，使马克思学的存在成为必要"，而《马克思学研究》第一步就是"要把加在马克思著作上的宗教灵光去掉，使它不再成为一个国家的意识形态"。[①]

(10)对由《共产党宣言》《法兰西内战》《哥达纲领批判》《路易·波拿巴的雾月十八日》及《资本论》第 1 卷构成的一套文本系列和由马克思的博士论文、《莱茵报》《德法年鉴》《前进报》《新莱茵报》等报刊上的文章、《1844 年经济学哲学手稿》、《关于费尔巴哈的提纲》、《神圣家族》、《德意志意识形态》、《资本论》手稿、"历史学笔记"、"人类学笔记"等构成的另一套文本系列的解读，形成两个不同的马克思形象、两套解释模式、两种现实策略。

可以说，以上事件构成了马克思文本传播史和研究史的大致架构和脉络。

四、历史考证版第 2 版(MEGA2)收文、出版情况

"历史考证版第 2 版"包括四个部分：第 1 部分是除《资本论》及其准

---

① *Etudes de Marxiologie*，Editions Universitaires de France，Premier Numéro en 1959，p. 3.

备材料以外的全部著作和草稿，共计 32 卷，已出版 25 卷；第 2 部分是《资本论》及其准备材料（手稿）卷，共计 15 卷（23 册），已全部出齐；第 3 部分是通信卷，共计 35 卷，已出版 17 卷，包括数字版 3 卷；第 4 部分收录马克思、恩格斯的摘录、笔记和批注等，共计 32 卷，已出版 18 卷，包括数字版 2 卷。到 2023 年 5 月为止共出版了纸质版 70 卷、数字版 5 卷，其刊布情况如下（未出版的卷次用仿宋体标出）。

第 1 部分　著作、文章和草稿

第 1 卷：收入马克思从中学作文至 1843 年 3 月的著作、文章、文学习作等，主要包括博士论文《德谟克利特的自然哲学和伊壁鸠鲁的自然哲学的差别》、在《莱茵报》等报刊上发表的文章以及马克思本人编订的诗集《爱之书》《歌之书》《献给父亲的诗册》等，于 1975 年出版。

第 2 卷：收入马克思 1843 年 3 月至 1844 年 8 月的著作、文章、草稿等，主要包括《黑格尔法哲学批判》《论犹太人问题》《〈黑格尔法哲学批判〉导言》《1844 年经济学哲学手稿》以及 1842—1843 年马克思、卢格、巴枯宁、费尔巴哈等相互之间围绕创办《德法年鉴》而展开的通信等，于 1982 年出版、2009 年再版。

第 3 卷：收入恩格斯 1844 年 8 月以前的著作、文章、手稿等，主要包括《普鲁士出版法批判》（手稿）和《大陆上社会改革的进展》《大陆上的运动》《国民经济学批判大纲》等，于 1985 年出版。

第 4 卷：收入马克思、恩格斯 1844 年 8 月至 1845 年 12 月的著作、文章、草稿等，包括《英国工人阶级状况》《神圣家族》等，于 2022 年出版。

第 5 卷：收入马克思、恩格斯的《德意志意识形态》，于 2017 年出版。

第 6 卷：将收入马克思、恩格斯 1846 年 1 月至 1848 年 2 月的著作、文章、草稿等，包括《共产党宣言》等，未出版。

第 7 卷：收入马克思、恩格斯 1848 年 2 月至 9 月的著作、文章、手稿等，主要包括在《新莱茵报》等报刊上发表的时事评论，于 2016 年出版。

第 8 卷：收入马克思、恩格斯 1848 年 10 月至 1849 年 2 月的著作、文章、草稿等，于 2020 年出版。

第 9 卷：将收入马克思、恩格斯 1849 年 3 月至 7 月的著作、文章、草稿等，未出版。

第 10 卷：收入马克思、恩格斯 1849 年 7 月至 1851 年 6 月的著作、文章、草稿等，主要包括马克思的《1848 年至 1850 年的法兰西阶级斗争》《1848 年 11 月 4 日通过的法兰西共和国宪法》、恩格斯的《德国维护帝国宪法的运动》《革命的两年：1848 年和 1849 年》《德国农民战争》，以及马克思和恩格斯合著的《〈新莱茵报。政治经济评论〉出版启事》、1850 年 3 月和 6 月的《中央委员会告共产主义者同盟书》等发表在《新莱茵报》《新德意志报》《民主评论》等报刊上的著作、文章、评论以及手稿，于 1977 年出版。

第 11 卷：收入马克思、恩格斯 1851 年 7 月至 1852 年 12 月的著作、文章、草稿等，主要包括马克思的《路易·波拿巴的雾月十八日》《各个政党和政局展望》《建立新反对党的尝试》、恩格斯的《德国的革命和反革命》以及马克思和恩格斯合著的《流亡中的大人物》等发表在《纽约每日论坛报》《科隆日报》等报刊上的文章、评论以及手稿，于 1985 年出版。

第 12 卷：收入马克思、恩格斯 1853 年 1 月至 12 月的著作、文章、草稿等，主要包括马克思的《中国革命和欧洲革命》《政治动态——欧洲缺粮》《西方强国和土耳其。——日益迫近的经济危机。——印度的铁路建设》《土耳其宣言。——法国经济状况》《战争问题——金融状况——罢工》《战争。——罢工。——缺粮》和恩格斯的《俄军在土耳其》《神圣的战争》等发表在《纽约每日论坛报》《人民报》《改革报》等报刊上的评论以及手稿，于1984年出版。

第13卷：收入马克思、恩格斯1854年1月至12月的著作、文章、草稿等，主要包括马克思的《东方战争》《议会的战争辩论》《西班牙的革命。——希腊和土耳其》《革命的西班牙》、恩格斯的《欧洲战争》以及马克思和恩格斯合著的《欧洲战争》等发表在《纽约每日论坛报》《人民报》等报刊上的评论以及手稿，于1985年出版。

第14卷：收入马克思、恩格斯1855年1月至12月的著作、文章、草稿等，主要包括马克思的《英国工商业危机》《工商业危机》《英国的危机》《法兰西战争考证》《法国和英国的最近前途》《关于改革运动》《伟大的议会争论》、恩格斯的《笼罩在欧洲的战争阴影》《拿破仑的最后逃亡》《拿破仑的道歉》以及马克思和恩格斯合著的《英法对俄战争》等发表在《纽约每日论坛报》《新奥得报》等报刊上的评论以及手稿等，于2001年出版。

第15卷：将收入马克思、恩格斯1856年1月至1857年10月的著作、文章、草稿等，未出版。

第16卷：收入马克思、恩格斯1857年10月至1858年12月的著作、文章、草稿等，于2018年出版。

第17卷：将收入马克思、恩格斯1859年1月至10月的著作、文章、草稿等，未出版。

第18卷：收入马克思、恩格斯1859年10月至1860年12月的著作、文章、草稿等，主要包括马克思的《对华贸易》《德国的动荡局势》《法国在裁军》《英国的政治》《皇帝拿破仑第三和普鲁士》《福格特先生》、恩格斯的《不列颠的国防》《步枪史》《奥地利革命的发展》等发表在《纽约每日论坛报》《郎卡郡和柴郡志愿兵杂志》等报刊上的评论以及手稿，于1984年出版。

第19卷：将收入马克思、恩格斯1861年1月至1864年9月的著作、文章、草稿等，未出版。

第20卷：收入马克思、恩格斯1864年9月至1867年9月的著作、文章、草稿等，主要包括国际工人协会（第一国际）创立初期的文献（如《国际工人协会成立宣言》）和《普鲁士军事问题和德国工人政党》《工资、价格和利润》（又称《价值、价格和利润》）等著述，于1992年出版、2003年再版。

第21卷：收入马克思、恩格斯1867年9月至1871年3月的著作、文章、草稿等，主要包括国际工人协会的文献和《爱尔兰史》《战争短评》等著述，于2009年出版。

第22卷：收入马克思、恩格斯1871年3月至11月的著作、文章、草稿等，主要包括马克思的《法兰西内战》《国际工人协会的共同章程和组织条例》、恩格斯的《再论"福格特先生"》《论工人阶级的政治行动》《关于国际在意大利和西班牙的成就》等发表在《晨报》《每日新闻》等报刊上的文章、评论以及手稿等，于1978年出版。

第23卷：将收入马克思、恩格斯1871年11月至1872年12月的著作、文章、草稿等，未出版。

第 24 卷：收入马克思、恩格斯 1872 年 12 月至 1875 年 5 月的著作、文章、草稿等，主要包括马克思的《国际工人协会不列颠联合会关于1871 年巴黎公社的正式宣言》《政治冷淡主义》、恩格斯的《论住宅问题》《普鲁士"危机"》《关于国际在大陆上活动情况的报道》《国际劳工运动新闻》《欧洲大陆贸易信息》《卡尔·马克思关于"国际工人协会"论"新社会民主党人"的文章》《英国的选举》以及马克思和恩格斯合著的《西班牙共和国》《社会主义民主同盟和国际工人协会》等发表在《人民国家报》《国际先驱报》等报刊上的文章、评论以及手稿等，于 1984 年出版。

第 25 卷：收入马克思、恩格斯 1875 年 5 月至 1883 年 5 月的著作、文章、草稿等，主要包括马克思的《哥达纲领批判》《乔治·豪威耳先生的国际工人协会史》《帝国国会关于反社会党人法的辩论（文章草稿）》《工人调查表》、恩格斯的《1877 年的欧洲工人》《评卡尔·布林德〈拿破仑亲王与欧洲民主〉一文》《做一天公平的工作，得一天公平的工资》《雇佣劳动制度》《美国食品和土地问题》《反谷物法同盟的工资理论》《工人政党》《俾斯麦和德国工人党》《必要的和多余的社会阶级》《在燕妮·马克思墓前的讲话》《卡尔·马克思的逝世》以及马克思和恩格斯合著的《布赫尔先生》等发表在《每日新闻》《工人状况》《社会民主党人报》等报刊上的文章、评论以及手稿，于 1985 年出版。

第 26 卷：收入恩格斯 1873 年至 1882 年撰写的《自然辩证法》手稿，于 1985 年出版。

第 27 卷：收入《反杜林论》及其相关文献，包括恩格斯的《反杜林论》及其准备工作、笔记、手稿和《"现代社会主义"〈反杜林论〉引论初稿》《〈反杜林论〉第三版序言》、《社会主义从空想到科学的发展》（1880

年法文版)、《社会主义从空想到科学的发展》(1882 年德文版),以及马克思的《〈反杜林论〉第 2 章的准备材料》《有关杜林〈国民经济学批判史〉一书的边注、摘记、手稿》等,于 1988 年出版。

第 28 卷:将收入马克思 1878 年至 1881 年撰写的数学手稿,未出版。

第 29 卷:收入恩格斯的《家庭、私有制和国家的起源》,于 1990 年出版。

第 30 卷:收入马克思、恩格斯 1883 年 3 月至 1886 年 9 月的著作、文章、草稿等,主要包括《路德维希·费尔巴哈和德国古典哲学的终结》,于 2011 年出版。

第 31 卷:收入恩格斯 1886 年 10 月至 1891 年 2 月的著作、文章、草稿等,主要包括《欧洲的政局》《美国工人运动——〈英国工人阶级状况〉美国版序言》《〈暴力在历史中的作用〉提纲》《暴力在历史中的作用》《关于马克思的〈资本论〉第四卷》《〈共产党宣言〉英文版序言》《〈路德维希·费尔巴哈和德国古典哲学的终结〉一书序言》《保护关税制度和自由贸易:卡尔·马克思的小册子〈关于自由贸易的演说〉的序言》《美国旅行印象》《1889 年鲁尔矿工的罢工》《俄国沙皇政府的对外政策》《论反犹太主义》《伦敦的 5 月 4 日》《卡·马克思〈哥达纲领批判〉序言》等发表在《社会主义者报》《新时代》《劳动旗帜》《纽约人民报》等报刊、书籍上的文章、评论以及手稿,于 2002 年出版。

第 32 卷:收入恩格斯 1891 年 3 月至 1895 年 8 月的著作、文章、草稿等,于 2010 年出版。

第 2 部分 《资本论》及其准备材料

第 1 卷第 1 册：收入马克思的《经济学手稿（1857—1858 年）》（上），于 1976 年出版。

第 1 卷第 2 册：收入马克思的《经济学手稿（1857—1858 年）》（下），于 1981 年出版。

以上两册合为一册《政治经济学批判大纲》，于 2006 年再版。

第 2 卷：收入马克思的《经济学手稿（1858—1861 年）》和著作《政治经济学批判。第一分册》、恩格斯的《卡尔·马克思〈政治经济学批判。第一分册〉》，于 1980 年出版。

第 3 卷第 1 册：收入马克思的《政治经济学批判（1861—1863 年手稿）》第 1 部分，于 1976 年出版。

第 3 卷第 2 册：收入马克思的《政治经济学批判（1861—1863 年手稿）》第 2 部分，于 1977 年出版。

第 3 卷第 3 册：收入马克思的《政治经济学批判（1861—1863 年手稿）》第 3 部分，于 1978 年出版。

第 3 卷第 4 册：收入马克思的《政治经济学批判（1861—1863 年手稿）》第 4 部分，于 1979 年出版。

第 3 卷第 5 册：收入马克思的《政治经济学批判（1861—1863 年手稿）》第 5 部分，于 1980 年出版。

第 3 卷第 6 册：收入马克思的《政治经济学批判（1861—1863 年手稿）》第 6 部分，于 1982 年出版。

以上第 1～3 册合为一册，第 4～6 册合为一册，第 3 册的"学术资料卷"作为单独一册，于 2013 年再版。

第 4 卷第 1 册：收入马克思的《经济学手稿(1863—1867 年)》第 1 部分，主要包括《资本论》第 1、2 册的 1864—1865 年手稿、《工资、价格和利润》演说稿等，于 1988 年出版。

第 4 卷第 2 册：收入马克思的《经济学手稿(1863—1867 年)》第 2 部分，主要包括《资本论》第 3 册的 1863—1865 年手稿，于 1993 年出版。

第 4 卷第 3 册：收入马克思的《经济学手稿(1863—1867 年)》第 3 部分，主要包括《资本论》第 2、3 册的 1863—1868 年手稿，于 2012 年出版。

第 5 卷：收入马克思的《资本论。政治经济学批判》第 1 卷，1867 年汉堡版，即《资本论》第 1 卷德文第 1 版，于 1983 年出版。

第 6 卷：收入马克思的《资本论。政治经济学批判》第 1 卷，1872 年汉堡版，即《资本论》第 1 卷德文第 2 版，于 1987 年出版。

第 7 卷：收入马克思的《资本论》1872—1875 年巴黎版，即《资本论》第 1 卷法文版，于 1989 年出版。

第 8 卷：收入马克思的《资本论。政治经济学批判》第 1 卷，1883 年汉堡版，即《资本论》第 1 卷德文第 3 版，于 1989 年出版。

第 9 卷：收入马克思的《资本论。对资本主义生产的批判性分析》，1887 年伦敦版，即《资本论》第 1 卷英文版，于 1990 年出版。

第 10 卷：收入马克思的《资本论。政治经济学批判》第 1 卷，1890 年汉堡版，即《资本论》第 1 卷德文第 4 版，于 1991 年出版。

第 11 卷：收入马克思的《资本论》第 2 册 1868—1881 年手稿，于 2008 年出版。

第 12 卷：收入马克思的《资本论。政治经济学批判》第 2 册，恩格斯 1884—1885 年整理稿，于 2005 年出版。

第 13 卷：收入马克思的《资本论。政治经济学批判》第 2 卷，恩格斯编辑，1885 年汉堡版，即《资本论》第 2 卷正式刊印稿，于 2008 年出版。

第 14 卷：收入马克思的《资本论》第 3 册马克思手稿和恩格斯 1871—1895 年整理稿，于 2003 年出版。

第 15 卷：收入马克思的《资本论。政治经济学批判》第 3 卷，恩格斯编辑，1894 年汉堡版，即《资本论》第 3 卷正式刊印稿，于 2004 年出版。

第 3 部分　通信

第 1 卷：收入马克思、恩格斯 1846 年 4 月之前的书信，正文包括马克思和恩格斯致他人的信、马克思和恩格斯分别致他人的信、马克思与恩格斯之间的相互通信，附录包括马克思家人致马克思的信、他人致马克思的信、他人致恩格斯的信、他人相互之间的通信等，于 1975 年出版。

第 2 卷：收入马克思、恩格斯 1846 年 5 月至 1848 年 12 月的书信，正文包括马克思、恩格斯与别人一起致他人的信、马克思致他人的信、恩格斯致他人的信、恩格斯和他人致马克思的信、马克思与恩格斯之间的相互通信等，附录包括他人致马克思的信、他人致恩格斯的信、他人致马克思和恩格斯的信、他人相互之间的通信，于 1979 年出版。

第 3 卷：收入马克思、恩格斯 1849 年 1 月至 1850 年 12 月的书信，正文包括马克思和恩格斯致他人的信、马克思致他人的信、恩格斯致他人的信、马克思与恩格斯之间的相互通信等，附录包括他人致马克思的信、他人致恩格斯的信、他人致马克思和恩格斯的信、他人相互之间的通信，于1981年出版。

第4卷：收入马克思、恩格斯1851年1月至12月的书信，正文包括马克思和恩格斯致他人的信、马克思致他人的信、恩格斯致他人的信、马克思和燕妮致他人的信、马克思与恩格斯之间的相互通信等，附录包括他人致马克思的信、他人致恩格斯的信、他人致马克思和恩格斯的信、他人相互之间的通信，于1984年出版。

第5卷：收入马克思、恩格斯1852年1月至8月的书信，正文包括马克思和恩格斯致他人的信、马克思致他人的信、恩格斯致他人的信、马克思和燕妮致恩格斯的信、马克思致燕妮的信、马克思与恩格斯之间的相互通信等，附录包括他人致马克思的信、他人致恩格斯的信、他人致马克思和恩格斯的信、他人相互之间的通信，于1987年出版。

第6卷：收入马克思、恩格斯1852年9月至1853年8月的书信，正文包括马克思和恩格斯致他人的信、马克思致他人的信、恩格斯致他人的信、马克思与恩格斯之间的相互通信等，附录包括他人致马克思的信、他人致恩格斯的信、他人致马克思和恩格斯的信、他人相互之间的通信，于1987年出版。

第7卷：收入马克思、恩格斯1853年9月至1856年3月的书信，正文包括马克思和恩格斯致他人的信、马克思致他人的信、恩格斯致他人的信、马克思与恩格斯之间的相互通信等，附录包括他人致马克思的信、他人致恩格斯的信、他人致马克思和恩格斯的信、他人相互之间的通信，于1989年出版。

第 8 卷：收入马克思、恩格斯 1856 年 4 月至 1857 年 12 月的书信，正文包括马克思和恩格斯致他人的信、马克思致他人的信、恩格斯致他人的信、马克思与恩格斯之间的相互通信等，附录包括他人致马克思的信、他人致恩格斯的信、他人致马克思和恩格斯的信、他人相互之间的通信，于 1990 年出版。

第 9 卷：收入马克思、恩格斯 1858 年 1 月至 1859 年 8 月的书信，正文包括马克思和恩格斯致他人的信、马克思致他人的信、恩格斯致他人的信、马克思与恩格斯之间的相互通信等，附录包括他人致马克思的信、他人致恩格斯的信、他人致马克思和恩格斯的信、他人相互之间的通信，于 2003 年出版。

第 10 卷：收入马克思、恩格斯 1859 年 9 月至 1860 年 5 月的书信，正文包括马克思和恩格斯致他人的信、马克思致他人的信、恩格斯致他人的信、马克思与恩格斯之间的相互通信，附录包括他人致马克思的信、他人致恩格斯的信、他人致马克思和恩格斯的信，于 2000 年出版。

第 11 卷：收入马克思、恩格斯 1860 年 6 月至 1861 年 12 月的书信，于 2005 年出版。

第 12 卷：收入马克思、恩格斯 1862 年 1 月至 1864 年 9 月的书信，正文包括马克思和恩格斯致他人的信、马克思致他人的信、恩格斯致他人的信、马克思与恩格斯之间的相互通信，附录包括他人致马克思的信、他人致恩格斯的信、他人致马克思和恩格斯的信，于 2013 年出版。

第 13 卷：收入马克思、恩格斯 1864 年 10 月至 1865 年 12 月的书信，正文包括马克思和恩格斯致他人的信、马克思致他人的信、恩格斯致他人的信、马克思与恩格斯之间的相互通信等，附录包括他人致马克思的信、他人致恩格斯的信、他人致马克思和恩格斯的信、他人相互之间的通信，于 2002 年出版。

第 14 卷：收入马克思、恩格斯 1866 年 1 月至 1867 年 12 月的书信，于 2002 年出版数字版。

第 15 卷：收入马克思、恩格斯 1868 年 1 月至 1869 年 2 月的书信，于 2002 年出版数字版。

第 16 卷：收入马克思、恩格斯 1869 年 3 月至 1870 年 5 月的书信，于 2002 年出版数字版。

第 17 卷：将收入马克思、恩格斯 1870 年 6 月至 1871 年 6 月的书信，未出版。

第 18 卷：将收入马克思、恩格斯 1871 年 7 月至 11 月的书信，未出版。

第 19 卷：将收入马克思、恩格斯 1871 年 12 月至 1872 年 5 月的书信，未出版。

第 20 卷：将收入马克思、恩格斯 1872 年 6 月至 1873 年 1 月的书信，未出版。

第 21 卷：将收入马克思、恩格斯 1873 年 2 月至 1874 年 8 月的书信，未出版。

第 22 卷：将收入马克思、恩格斯 1874 年 9 月至 1876 年 12 月的书信，未出版。

第 23 卷：将收入马克思、恩格斯 1877 年 1 月至 1879 年 5 月的书信，未出版。

第 24 卷：将收入马克思、恩格斯 1879 年 6 月至 1881 年 9 月的书信，未出版。

第 25 卷：将收入马克思、恩格斯 1881 年 10 月至 1883 年 3 月的书信，未出版。

第 26 卷：将收入恩格斯 1883 年 4 月至 1884 年 12 月的书信，未出版。

第 27 卷：将收入恩格斯 1885 年 1 月至 1886 年 8 月的书信，未出版。

第 28 卷：将收入恩格斯 1886 年 9 月至 1888 年 3 月的书信，未出版。

第 29 卷：将收入恩格斯 1888 年 4 月至 1889 年 9 月的书信，未出版。

第 30 卷：收入恩格斯 1889 年 10 月至 1890 年 11 月的书信，于 2013 年出版。

第 31 卷：将收入恩格斯 1890 年 12 月至 1891 年 10 月的书信，包括恩格斯致他人的信、他人致恩格斯的信、恩格斯和他人致他人的信，未出版。

第 32 卷：将收入恩格斯 1891 年 11 月至 1892 年 8 月的书信，未出版。

第 33 卷：将收入恩格斯 1892 年 9 月至 1893 年 6 月的书信，未出版。

第 34 卷：将收入恩格斯 1893 年 7 月至 1894 年 8 月的书信，未出版。

第 35 卷：将收入恩格斯 1894 年 9 月至 1895 年 7 月的书信，未出版。

未出版的第 3 部分的各卷将以数字版出版。

第 4 部分　摘录、笔记、批注

第 1 卷：收入马克思、恩格斯截至 1842 年的摘录、笔记，主要包括马克思的"关于伊壁鸠鲁哲学的笔记"、研究伊壁鸠鲁的片段、"柏林笔记"（亚里士多德、莱布尼茨、休谟、斯宾诺莎、罗森克朗茨等人著作的摘录）、"波恩笔记"（包括艺术和宗教史摘录、意大利研究、宗教历史批判等）、《黑格尔法哲学批判》《手稿索引》，恩格斯的《新约批判》和布鲁诺·鲍威尔、路泽尔伯格（E. C. J. Lüzelberger）等人著述摘录、笔记，附录部分还收入了马克思的父亲亨利希·马克思的文章《关于科隆教派的斗争》（上面有马克思的修改和笔记）和恩格斯中学时期的有关材料，于 1976 年出版。

第 2 卷：收入马克思、恩格斯 1843 年至 1845 年 1 月的摘录、笔记，主要包括马克思的"克罗茨纳赫笔记"〔"法兰西历史笔记"（1 册），"英国历史笔记"（3 册），"法国、德国、英国、瑞典历史笔记"（4 册），"德国和美国历史笔记和国家、宪法著作摘录"（5 册）〕，亚当·斯密《国民财富的性质和原因的研究》摘录和笔记，恩格斯《国民经济学批判大纲》摘录和笔记，以及恩格斯关于阿其巴尔德·艾利森《人口原则及其与人类幸福关系》的摘录和笔记，于 1981 年出版。

第 3 卷：收入马克思 1844 年夏至 1847 年年初的摘录、笔记，主要包括"1844—1847 年笔记"、"巴黎笔记"（1844—1845 年）、"布鲁塞尔笔记"（1845 年，6 册），于 1998 年出版。

第 4 卷：收入马克思、恩格斯 1845 年 7 月至 8 月的摘录、笔记，主要包括马克思的"曼彻斯特笔记"(1845 年，第 1～9 册)、恩格斯的"曼彻斯特笔记"(1845 年，第 1～3 册)，于 1988 年出版。

第 5 卷：收入马克思、恩格斯 1845 年 8 月至 1850 年 12 月的摘录、笔记，于 2015 年出版。

第 6 卷：收入马克思、恩格斯 1846 年 9 月至 1847 年 12 月的摘录、笔记，主要包括居利希(G. V. Gülich)《关于现时代重要商业国家的商业、手工业和农业历史阐述》一书的摘录和笔记(第 1～3 册)，其中第 1～2 册涉及德国、丹麦、巴西、西班牙、美洲、土耳其、埃及、日本、中国、波兰、俄国、瑞士、奥地利等国家或地区的历史，第 3 册涉及英国、爱尔兰、美国、法国等国的状况，于 1983 年出版。

第 7 卷：收入马克思 1849 年 9 月至 1851 年 2 月的摘录、笔记，主要是"伦敦笔记"第 1～6 册中有关约翰·斯图尔特·穆勒《政治经济学原理》、约翰·富拉顿《论通货的调整。原理的分析，根据这些原理提出在某些固定的范围内限制英格兰银行和全国其他银行机构将来的货款发行活动》、托马斯·图克《价格史》、劳德·阿什伯顿《金融和商业危机》、詹姆斯·泰勒《关于钱币体制的观点》、理查德·摩尔《通货状况》、大卫·李嘉图《政治经济学原理》、查理斯·安德毕《钱币作为价值的象征》、亨利·查理斯·凯里《信用体制》、大卫·休谟《几个主题的随笔和论文》、约翰·洛克《工作》、约翰·弗朗西斯《英国银行史》、帕特里克·詹姆斯·斯特林《贸易哲学》、加文·玛森·贝尔(Gavin Mason Bell)《股份制合作银行的哲学》《国家银行和通货》等书的摘录，于 1983 年出版。

第 8 卷：收入马克思 1851 年 3 月至 6 月的摘录、笔记，主要是"伦敦笔记"第 7～10 册中有关詹姆斯·威廉姆·吉尔巴特《美国银行历史》《爱尔兰银行历史》、康迪·拉格特《论银行和通货》、特拉弗斯·特威斯《论政治经济学的进步》、李嘉图·理查德《高价的金条》、亚当·斯密《讲授货币》、约翰·莫敦《作为自然和财产的土地》、詹姆士·斯图亚特《政治经济学原理研究》、约翰·德贝尔·图克特《劳动人口过去和现在的历史》、乔治·波利特·斯克瑞普《政治经济学原理》、理查德·琼斯《论财富的分配和税收的源泉》、乔治·拉姆赛《论财富的分配》、托马斯·昆西《政治经济学逻辑》、亨利·查理斯·凯里《论工资率：世界劳动人民状况差别的原因的探讨》《政治经济学原理》《过去、现在和将来》、托马斯·罗伯特·马尔萨斯《政治经济学原理》等书的摘录，于 1986 年出版。

第 9 卷：收入马克思 1851 年 7 月至 9 月的摘录、笔记，主要是"伦敦笔记"第 11～14 册中有关托马斯·霍吉斯金《捍卫劳动反对资本的要求；或者证明资本的非生产性。一个劳动者》、罗伯特·欧文《对工厂制度效果的观察》、查理斯·温《议会证据揭示了工厂制度的罪恶》、詹姆斯·安德森《论农业和农村事物》、约翰·斯塔基·雷诺兹《对李嘉图先生政治经济学原理的实践观察》、托马斯·佩罗内特·汤普森《关于租金的真正理论》、托马斯·霍普金斯《地租及其对生存和人口的影响。兼论影响各国劳动阶级状况的原因》、大卫·李嘉图《论谷物底价对股份利润的影响》、约瑟夫·汤森《论贫困法》、大卫·休谟《政治程序》、托马斯·罗伯特·马尔萨斯《人口论》、乔治·帕维斯《格雷反对马尔萨斯：人口和生产原理研究》、威廉姆·托马斯·桑顿《过度生产及其对策》、托马斯·达伯雷德《人口的真正规律》、威廉姆·约翰斯顿《英国的政治、社会和工业》、爱德华·基贝·威克菲尔德《论现代不列颠帝国的殖民主义》、托马斯·霍奇金《论不列颠的非洲殖民社会》、托马斯·福韦尔·巴克斯顿《非洲奴隶贸易》、威廉姆·豪伊特《殖民主义和基督教》等书的摘录，于1991年出版。

第10卷：收入马克思1851年9月至1852年6月的摘录、笔记，主要是"伦敦笔记"第15～18册的内容，于2023年出版。

第11卷：将收入马克思1852年7月至1853年8月的摘录、笔记，主要是"伦敦笔记"第19～24册的内容，未出版。

第12卷：收入马克思、恩格斯1853年9月至1855年1月的摘录、笔记，主要包括马克思关于外交史和西班牙史的摘录、笔记，以及恩格斯军事书籍等文献，于2007年出版。

第13卷：将收入马克思、恩格斯1854年11月至1857年10月的摘录、笔记，未出版。

第14卷：收入马克思1857年11月至1858年2月的摘录、笔记，主要是统称为"危机笔记"的关于世界经济危机的著述摘录、简报和笔记，于2017年出版。

第15卷：将收入马克思、恩格斯1858年1月至1860年2月的摘录、笔记，未出版。

第16卷：将收入马克思、恩格斯1860年2月至1863年12月的摘录、笔记，未出版。

第17卷：将收入马克思、恩格斯1863年5月至6月的摘录、笔记，未出版。

第18卷：收入马克思、恩格斯1864年2月至1868年8月的摘录、笔记，于2019年出版。

第 19 卷：收入马克思、恩格斯 1868 年 9 月至 1869 年 9 月的摘录、笔记，于 2021 年出版数字版。

第 20 卷：将收入马克思、恩格斯 1868 年 4 月至 1870 年 12 月的摘录、笔记，未出版。

第 21 卷：将收入马克思、恩格斯 1869 年 9 月至 1874 年 12 月的摘录、笔记，未出版。

第 22 卷：将收入马克思、恩格斯 1875 年 1 月至 1876 年 2 月的摘录、笔记，未出版。

第 23 卷：将收入马克思、恩格斯 1876 年 3 月至 6 月的摘录、笔记，未出版。

第 24 卷：将收入马克思、恩格斯 1876 年 5 月至 12 月的摘录、笔记，未出版。

第 25 卷：将收入马克思、恩格斯 1877 年 1 月至 1879 年 3 月的摘录、笔记，未出版。

第 26 卷：收入马克思 1878 年 3 月至 9 月关于地质学、矿物学和农业化学的摘录、笔记，于 2011 年出版。

第 27 卷：收入马克思、恩格斯 1879 年至 1881 年的摘录、笔记，于 2023 年出版数字版。

第 28 卷：将收入马克思、恩格斯 1879 年至 1882 年的摘录、笔记，未出版。

第 29 卷：将收入马克思、恩格斯 1881 年年底至 1882 年年底的摘录、笔记，未出版。

第 30 卷：将收入马克思 1863 年、1878 年和 1881 年的数学摘录，未出版。

第 31 卷：收入马克思、恩格斯 1877 年中期至 1883 年年初的自然科学摘录、笔记，于 1999 年出版。

第 32 卷：收入马克思、恩格斯部分藏书目录及其说明，于 1999 年出版。

未出版的第 4 部分的各卷将以数字版出版。

第二章 | 马克思的文本世界

——53 部重要著述写作与出版情况梳理、
考证

通过"书志学"（bibliography）方面所进行的清理
与统计①，我们可以对马克思著述的总体状况有一个
宏观上的把握。但对于马克思文本研究来说，要对马
克思全部著述一一进行解读是不可能的，也没有必
要。当然，我们可以在这种清理与统计工作的基础
上，从中选取出那些最能表征马克思思想特质、内涵
以及发展历程的重要篇章，作为我们进一步重点研究
的对象。我们根据马克思文本撰写的时间、主题、体
裁等因素进行归拢和合并，有关"巴黎笔记"和《关于
费尔巴哈的提纲》《德意志意识形态》《共产党宣言》以
及《资本论》及其手稿的文献学问题，我们从下一章开

① 参看聂锦芳：《马克思著述知多少？——从"书志学"方面进行的清理、考证与统
计》，载《哲学动态》，2005(5)。

始渐次展开叙述，这里将对除此之外其他重要著述的写作与出版情况进行梳理与考证。至于对这些著述中所阐发的思想的详尽解读和评论，笔者将在另外的书中处理。

一、按题材、专题分类与按时间先后顺序编排

我们所考证的著述按题材、专题分类，包括以下几类。

1. 少年习作(5 部)

中学文献(9 份，1833—1835)

马克思与父亲相互之间的通信(17 封，1835—1838)

《献给燕妮的诗册》(3 册，1836)

《献给父亲的诗册》(1837)

保存在索菲娅纪念册和笔记本里的作品(1833—1837)

2. 笔记世界(11 部)

"古希腊晚期哲学笔记"(1838)

"克罗茨纳赫笔记"(1843)

"巴黎笔记"(1843—1845)

"布鲁塞尔笔记"(1845)

"曼彻斯特笔记"(1845)

"伦敦笔记"(1850—1853)

"美学笔记"(1857)

"危机笔记"(1857—1858)

"人类学笔记"(1879—1882)

"历史学笔记"(19世纪70年代末至80年代初)

"数学手稿"(1881)

3. 时事评论(17部)

《莱茵报》时期的政治评论(1842—1843)

"1842—1843年通信"

《1848年至1850年的法兰西阶级斗争》(1850)

《路易·波拿巴的雾月十八日》(1851—1852)

《流亡中的大人物》(1852)

《揭露科隆共产党人案件》(1852)

《帕麦斯顿勋爵》(1853)

《革命的西班牙》(1854)

《十八世纪外交史内幕》(1856)

《福格特先生》(1860)

《给临时中央委员会代表的关于若干问题的指示》(1866)

《法兰西内战》(1871)

《所谓国际内部的分裂：国际工人协会总委员会内部通告》(1872)

《社会主义民主同盟和国际工人协会》(1873)

《哥达纲领批判》(1875)

关于俄国社会发展道路问题的一组文献(1877、1881、1882)

关于爱尔兰问题的一组文献(1867—1869)

4. 思想创构(8部)

"博士论文"(1839—1841)

《黑格尔法哲学批判》（1843）

《论犹太人问题》（1843）

《神圣家族》（1844）

《关于费尔巴哈的提纲》（1845）

《德意志意识形态》（1845—1846）

《哲学的贫困》（1847）

《共产党宣言》（1847—1848）

5. 写作《资本论》的历程（12 部）

"巴黎手稿"（1844）

《评弗里德里希·李斯特的著作〈政治经济学的国民体系〉》（1844—1845）

《〈政治经济学批判〉导言》（1857）

《经济学手稿（1857—1858 年）》（1857—1858）

《政治经济学批判。第一分册》（1858—1859）

《经济学手稿（1861—1863 年）》（1861—1863）

《工资、价格和利润》（1865）

《经济学手稿（1863—1867 年）》（1863—1867）

《资本论》第 1 卷（1867[①]、1872、1872—1875、1883、1887、1890）

《资本论》第 2 卷（1885）

《资本论》第 3 卷（1894）

《剩余价值学说史》（1905—1910）

---

① 这里所列《资本论》各卷（包括《剩余价值学说史》）后面括号里的年代均为出版时间，其余篇目后面括号里的年代则为写作时间。此外，本书中除马克思的著述外，其他人的著述后面括号里的年代均为出版时间。

可以看出，以上按照题材或专题所进行的分类和罗列一定程度上打乱了马克思写作这些著述的先后顺序，因此这里有必要按时间先后重新编排如下：

中学文献（9 份，1833—1835）

马克思与父亲相互之间的通信（17 封，1835—1838）

《献给燕妮的诗册》（3 册，1836）

《献给父亲的诗册》（1837）

保存在索菲娅纪念册和笔记本里的作品（1833—1837）

"古希腊晚期哲学笔记"（1838）

"博士论文"（1839—1841）

《莱茵报》时期的政治评论（1842—1843）

"克罗茨纳赫笔记"（1843）

"1842—1843 年通信"

"巴黎笔记"（1843—1845）

《黑格尔法哲学批判》（1843）

《论犹太人问题》（1843）

"巴黎手稿"（1844）

《评弗里德里希·李斯特的著作〈政治经济学的国民体系〉》（1844—1845）

《神圣家族》（1844）

《关于费尔巴哈的提纲》（1845）

"布鲁塞尔笔记"（1845）

"曼彻斯特笔记"（1845）

《德意志意识形态》(1845—1846)

《哲学的贫困》(1847)

《共产党宣言》(1847—1848)

"伦敦笔记"(1850—1853)

《1848年至1850年的法兰西阶级斗争》(1850)

《路易·波拿巴的雾月十八日》(1851—1852)

《流亡中的大人物》(1852)

《揭露科隆共产党人案件》(1852)

《帕麦斯顿勋爵》(1853)

《革命的西班牙》(1854)

《十八世纪外交史内幕》(1856)

《〈政治经济学批判〉导言》(1857)

"美学笔记"(1857)

"危机笔记"(1857—1858)

《经济学手稿(1857—1858年)》(1857—1858)

《政治经济学批判。第一分册》(1858—1859)

《福格特先生》(1860)

《经济学手稿(1861—1863年)》(1861—1863)

《经济学手稿(1863—1867年)》(1863—1867)

《工资、价格和利润》(1865)

《给临时中央委员会代表的关于若干问题的指示》(1866)

关于爱尔兰问题的一组文献(1867—1869)

《资本论》第1卷(1867、1872、1872—1875、1883、1887、1890)

《法兰西内战》(1871)

《所谓国际内部的分裂：国际工人协会总委员会内部通告》(1872)

《社会主义民主同盟和国际工人协会》(1873)

《哥达纲领批判》(1875)

关于俄国社会发展道路问题的一组文献(1877、1881、1882)

"历史学笔记"(19 世纪 70 年代末至 80 年代初)

"人类学笔记"(1879—1882)

"数学手稿"(1881)

《资本论》第 2 卷(1885)

《资本论》第 3 卷(1894)

《剩余价值学说史》(1905—1910)

二、少年习作(5 部)

马克思漫长的写作生涯开始于少年时期。在人们通常的印象中，少年与思想幼稚是联系在一起的。然而，如果要联系马克思一生思想发展的轨迹，探寻那些深刻思考的最初源头，就不能忽视他留存下来的那些宝贵的少年习作了。

(一)中学文献

1. 诗作《人生》

为 7 段 28 行短诗，表达对时光流逝、生死转换、事业追索、现实困顿、夙愿难遂、命运多舛、意义空泛等永恒的人生议题的困惑和感喟。马克思很早就浸润在欧洲人文经典的熏陶之中，尤好写诗。虽然那时他还谈不上对人生有什么实际的经验和体味，但他阅读了大量文学作品和历史书籍，书中展示的人生命运和个体境遇，构成了他最初写作时的原始素材和情感来源。姐姐索菲娅是他的知音，早在马克思有意识地把自己的诗作结集成册保存或馈赠他人之前，姐姐就悉心作了抄录，保存下来的一部分抄在一个笔记本里，另一部分抄在一本纪念册里。纪念册里的诗歌是马克思上大学之后的作品，笔记本里的诗歌绝大部分也是同一时期的作品，但开头的两首是例外：第二首（以下将要介绍的《查理大帝》）标明"（写）于 1833 年"，第一首则没有标明时间。但索菲娅基本上是按照马克思写作的时间顺序抄录的，再加上我们从马克思中学时期的课程安排中知道他在那时看过与诗歌主题、所述内容相关的许多文学作品，故此我们推断，《人生》可能是迄今为止发现的马克思最早的作品。

2. 诗作《查理大帝》

为 9 段 36 行短诗，称颂在欧洲古代艺术和文明被"野蛮人"无情地摧毁的情况下，查理大帝"让一切艺术重放光芒"以及"发挥教育的神奇力量"，使"可靠的法律成了安全的保障"。[①] 写于 1833 年。

以上两首诗于 1975 年首次刊发于 MEGA2 第 1 部分第 1 卷。

---

① 马克思：《查理大帝》，见《马克思恩格斯全集》第 1 卷，917 页，北京，人民出版社，1995；*Karl Marx/Friedrich Engels Gesamtausgabe*，Ⅰ/1，Berlin，Dietz verlag，1975，S. 760.

3. 高中毕业班功课表

课程设计包括语言、数学、物理和历史等科目；语言包括拉丁语、希腊语、德语、法语和希伯来语，数学包括代数、几何和三角，物理包括热学、光学、电学和磁学，历史包括罗马史、中世纪史和近代史。这是一个具有相当水准的教学计划，授课教师有的是很有声望的学者。这份功课表于1954年刊载于奥古斯特·科尔纽所著《马克思恩格斯传》第1卷(柏林建设出版社)。

4. 宗教作文《根据〈约翰福音〉第15章第1至14节论信徒和基督结合为一体，这种结合的原因和实质，它的绝对必要性和作用》

写于1835年8月10日。马克思的成绩在班里居第五名，老师居佩尔(Küpper)对这篇作文的评语认为它"思想丰富，叙述精彩有力"，不过对同基督结合为一体的实质和原因的论述不够充分。①

5. 德语作文《青年在选择职业时的考虑》

写于1835年8月12日。校长维滕巴赫(Wzttenbach)对这篇作文的评语认为它"相当好。文章的特点是思想丰富，布局合理，条理分明"，缺点是"过分追求罕见的形象化的表达"。②

6. 拉丁语作文《奥古斯都的元首政治应不应当算是罗马国家较幸福的时代?》

写于1835年8月15日。由维滕巴赫和勒尔斯(Loers)签署的评语

---

① *Karl Marx/Friedrich Engels historisch-kritische Gesamtausgabe*，Ⅰ/2，Berlin，Marx-Engels-Verlag G. M. B. H，1929，S. 174.

② *Karl Marx/Friedrich Engels historisch-kritische Gesamtausgabe*，Ⅰ/2，Berlin，Marx-Engels-Verlag G. M. B. H，1929，S. 167.

认为"这篇作文不论是在素材的处理方面，在显示出来的历史知识方面，还是在力求以通顺的拉丁语来表达思想方面，总的来说都是很不错的"①。

以上三篇作文于 1925 年首次发表于在莱比锡出版的《社会主义和工人运动史文库》第 11 年卷。

7. 拉丁语即席翻译、希腊语翻译和法语翻译

马克思在拉丁语方面被认为"从语言学方面看，作文说明该生做过许多练习，并力求用地道的拉丁语，虽然还不免有些语法上的错误"，而"在口语方面，达到了相当令人满意的熟练程度"；在希腊语方面被认为"他的知识和他对在校所学古典作家作品的理解能力，差不多和拉丁语一样好"；在法语方面则被认为"语法知识相当好；稍加帮助，他也能读较难的东西，口头表达方面也比较熟练"。②

8. 数学试卷

是对三道几何题的解答，马克思被认为"知识掌握得很好"③。

以上两份材料于 1929 年首次刊发于 MEGA1 第 1 部分第 1 卷第 2 分册。

9. 中学毕业证书（正式文本与原始副本）

是由王室委员布吕格曼、校长维滕巴赫等 8 人组成的王室考试委员

---

① *Karl Marx/Friedrich Engels historisch-kritische Gesamtausgabe*，Ⅰ/2，Berlin，Marx-Engels-Verlag G. M. B. H，1929，S. 170.

② 《特里尔中学毕业证书》，见《马克思恩格斯全集》第 1 卷，932～933 页，北京，人民出版社，1995。

③ *Karl Marx/Friedrich Engels historisch-kritische Gesamtausgabe*，Ⅰ/2，Berlin，Marx-Engels-Verlag G. M. B. H，1929，S. 182.

会于 1835 年 9 月 24 日签署的正式文本，对马克思的"操行""资质和勤勉情况""知识和技能"（包括"语言""各门学科""技能"）等方面一一作了评论，最后"希望他能发挥自己的才能，勿负众望"。除了正式文本，保存下来的还有证书的原始副本、毕业考试成绩摘录、评语摘录和参加考试的学生名单，其中原始副本对马克思的评价较正式文本要详尽一些。这些材料于 1925 年首次发表于在莱比锡出版的《社会主义和工人运动史文库》第 11 年卷。

(二)早期文学作品

在马克思的早期作品中，保留下来的有 6 册诗集和一些与父亲之间的通信。诗集中有 4 册是由马克思本人亲自编定的，另外 2 册是由他的姐姐索菲娅编定的。马克思编定的 4 册包括：《爱之书》第一、第二部，《歌之书》（3 册合为《献给燕妮的诗册》），《献给父亲的诗册》。

1.《献给燕妮的诗册》

计有 3 册，即《爱之书》第一、第二部以及《歌之书》。1836 年秋，马克思瞒着燕妮的父母同她秘密订婚，时光过了七年之后他们才结婚。这期间由于他们经常不在一起，马克思就把自己的离情别绪"浇铸在诗歌里"。所以，对这 3 册诗集马克思都加了副标题《献给我所倾慕的、永远爱恋的燕妮·冯·威斯特华伦》。这些诗集多半用十四行诗的形式写成。《爱之书》第一部写于 1836 年 10 月中旬至 11 月初，包括 12 首诗；《爱之书》第二部写于 1836 年 11 月，包括 22 首诗；《歌之书》写于 1836 年 11 月至 12 月，包括 23 首诗。虽然马克思亲自编定了这 3 册诗集，但其

中只有两首短诗《夜恋》和《小提琴手》在他生前以《狂歌》为总标题于 1841
年 1 月发表在《雅典神殿》杂志上，其余都是在其身后才出版的。这 3 册
诗集于 1975 年首次刊发于 MEGA2 第 1 部分第 1 卷和《马克思恩格斯全
集》俄文第 2 版第 40 卷。

2. 马克思与父亲相互之间的通信

父亲是青年马克思成长道路上最重要的启蒙老师之一。从上大学开
始，他就养成了给父亲写信的习惯，父亲则在接到他的信后常常很快就
会给予回复。通过书信往来，他们交流思想，倾诉心中的苦楚与欢悦。
可惜书信保存得很不完整，迄今为止收集到的只有马克思写给父亲的 1
封和父亲写给马克思的 16 封。马克思那封信是 1837 年 11 月 10 日写
的，它是马克思学生时代保存下来的唯一的也是最早的一封信。此信马
克思生前也没有发表过，1897 年他的女儿爱琳娜·马克思-艾威林首次
将其发表在《新时代》杂志上。由于马克思早期的书信保存下来的非常
少，现存的从 1835 年 11 月 8 日至 1838 年 2 月 16 日的总计 16 封父亲致
马克思的信就成为索解马克思思想发展初期父亲所发挥的影响的重要文
献材料。

3.《献给父亲的诗册》

1837 年 4 月 15 日是马克思的父亲 60 周岁寿辰。为表达祝贺之
意，马克思为其编定了一部诗集《献给父亲的诗册》，收集了从他青年
时代创作的诗歌中挑选出来的一些有代表性的作品，包括叙事诗、十
四行诗、抒情诗、歌剧奥维狄乌斯《哀歌》第一曲的译文、讽刺短诗和
诙谐诗，共 60 首，以及用诗体写的悲剧《乌兰内姆》的几场。此外，
马克思还把讽刺小说《斯考尔皮昂和费利克斯》中的一些篇章作为"附

录"收入。这些作品大多写于 1837 年 2—4 月。需要说明的是，这册诗集里的诗歌与《献给燕妮的诗册》里的一些作品是重复的。经对照，重复情况如下：与《爱之书》第一部重复的有《人的自豪》《苍白的姑娘》《卢欣妲》《凄惨的女郎》，与《爱之书》第二部重复的有《致星星之歌》《海上船夫歌》，与《歌之书》重复的有《和谐》《两个女竖琴手》《海妖之歌》。《献给父亲的诗册》于 1929 年首次刊发于 MEGA1 第 1 部分第 1 卷第 2 分册。

4. 保存在索菲娅纪念册和笔记本里的作品

除了《爱之书》第一、第二部和《歌之书》以及《献给父亲的诗册》，马克思创作的诗歌还保存在他的姐姐索菲娅的一本纪念册和一个笔记本里，也就是马克思早期诗集的第 5 册和第 6 册。纪念册里载有 26 首马克思没有收在他亲自编定的 4 册诗集里的诗，与它们重复的情况是：与《爱之书》第一部重复的有《两重天》《思念》《人的自豪》《歌手最后的歌》《卢欣妲》《歌手的爱情》《凄惨的女郎》《苍白的姑娘》，与《爱之书》第二部重复的有《感触》，与《献给父亲的诗册》重复的有《普斯特库亨（假冒的〈漫游时代〉）》《雇佣契约》《德意志人的鉴赏力》《和谐》《终曲：致燕妮》。在索菲娅的纪念册里只抄录了马克思的诗，但在其笔记本里除了马克思的作品还抄有其他人的诗，以及索菲娅自己作的笔记和她的朋友、相识的人写给她的东西。除了上文提到的马克思中学时代写的《人生》和《查理大帝》这两首诗作外（它们在马克思编定的 4 册诗集以及索菲娅的纪念册中都没有出现过），在索菲娅的笔记本里还有 9 首在她的纪念册中也有的马克思的诗，其中《两重天》《凄惨的女郎》也包括在《爱之书》第一部中，《凄惨的女郎》同样被收入《献给父亲的诗册》，其余 7 首重复的诗是：《莱茵河女神》《盲女》《父亲诞辰献诗》《结尾诗》①《席勒：十四行诗两首》《歌德：十四行诗两首》《女儿》。这两册诗集于 1929 年首次刊发于 MEGA1 第 1 部分第 1 卷第 2 分册。

三、笔记世界(11 部)

在马克思卷帙浩繁的著述中，笔记占了非常大的比重。它们有的是马克思读书时的零星札记，大部分是马克思计划写作或正式撰著的作品的准备材料、历史文献和论证资源。马克思在其笔记里展示了远比他那些定稿的文字更为曲折的思想进程、更为宽广的理论视野和更为深刻的人生感触，我们从中选择以下 11 部进行考证(详见本章第一部分)。

可以看出，对这些笔记的命名所依照的根据、标准并不统一：有的是就其内容、对象而言的，有的则着眼于其题材性质和学科范围，还有很多是根据马克思写作时的地点来命名的。我们这里采用的是学界比较流行或早已约定俗成的提法。

1."古希腊晚期哲学笔记"

1835 年 10 月马克思进入波恩大学读书，一年之后转入柏林大学，直到 1841 年 3 月毕业，他的大学生活长达 5 年半。诚如弗兰茨·梅林所说，大学时代的马克思"殚精竭虑地追求着真理，他无厌地渴求着知识，他的无穷的工作能力，他的无情的自我批评，以及控制情感的那种

---

① 在索菲娅的纪念册里，这首诗的题目是《写在诗成之后》。

残酷的斗争精神——只要情感似乎是在错误之中的时候"①。在思想探索的道路上，马克思作过各种各样的努力，他说："我学的专业本来是法律，但我只是把它排在哲学和历史之次当做辅助学科来研究。"②他尝试过各种题材、体裁的写作，但最终不得不承认它们都是"失败之作"，都成为不结果实的花朵。直到 1839—1841 年他钻研古代哲学、撰写博士论文时，这一境况才有了根本改观。

"关于伊壁鸠鲁哲学的笔记""关于希腊文学的初步札记"是马克思创作其博士论文《德谟克利特的自然哲学和伊壁鸠鲁的自然哲学的差别》的准备材料，马克思对于后者只是在后来的书信中提及，笔者迄今还没有见到全文，所以下文我们只谈"关于伊壁鸠鲁哲学的笔记"的情况。

很多马克思主义哲学史论著认为马克思的博士论文的选题主要受到青年黑格尔派的影响，实际上这是一种按照先验解释模式③判断具体思想行程的"粗疏"做法。就当时的具体情况来说，马克思为了选择博士论文的研究题目曾经犹豫了很长时间，最终才选中了古代哲学史中的一个题目。④ 1838 年年底，他为论文的正式写作开始了资料收集工作。这些

---

① ［德］弗·梅林：《马克思传》，樊集译，17 页，北京，人民出版社，1965。

② 马克思：《〈政治经济学批判〉序言》，见《马克思恩格斯选集》第 2 卷，1 页，北京，人民出版社，2012。

③ 这种解释模式认定，任何人的思想在青年时代都是"不成熟"的，最好的情况也只能是处于由"不成熟"向"成熟"转换的过程当中；而所谓"不成熟"就意味着没有自己自主的思想，只能从他当时所属派别中去寻找对其思想、观点的解释。这是哲学史写作和叙述的通常路径，但是如果深入哲学家或哲学流派的内部仔细考察，我们不得不说，这种解释在很多情况下是不符合实际状况的，青年马克思思想的发展即是如此。

④ 参看［苏］В. А. 马利宁、В. И. 申卡鲁克：《黑格尔左派批判分析》，曾盛林译，第二章第二节，北京，社会科学文献出版社，1987。

笔记虽然后来被命名为"关于伊壁鸠鲁哲学的笔记"，但马克思指涉的范围其实是整个古希腊晚期哲学和古罗马时期哲学，包括了斯多葛学派、怀疑学派和伊壁鸠鲁学派。笔记里大量摘录了和上述三个学派哲学有关的一些主要古代作家的著作（多数是希腊文和拉丁文作品），同时也阐述了马克思自己的观点。流传至今的手稿有 7 本笔记，其中除第五、六本笔记外的 5 本笔记的封面上标有"伊壁鸠鲁哲学"的标题；第二、三、四本笔记的封面上注有"1839 年度冬季学期"的字样；第五、六本笔记的封面没有完整保存下来，第六本笔记还缺少数页；第五本笔记的最后五页全是黑格尔的著作《哲学全书》的摘录，标题是"自然哲学提纲"。第一本笔记是对 1649 年在里昂出版的《皮埃尔·伽桑狄评第欧根尼·拉尔修（第 10 卷）：论述伊壁鸠鲁的生平、习惯和见解》的摘录和评论；第二本笔记除了上书外，还引用了 1621 年在日内瓦出版的塞克斯都·恩披里克文集中的《反数学家》和《皮浪学说概要》，以及 1599 年在美因河畔法兰克福出版的古·克西兰德版普鲁塔克所著的《伊壁鸠鲁实际上使幸福生活不可能》中的材料；第三本笔记摘录的是普鲁塔克《科洛特》部分；第四本笔记除了《科洛特》的内容外，更多地摘录了 1801 年在艾希施泰特出版的卢克莱修的《物性论》第 1～3 卷的内容；第五本笔记①继续引用《物性论》第 4～6 卷的内容，而该本笔记的最后五页的《自然哲学提纲》是对黑格尔《哲学全书》中论述自然哲学的一

① 德意志民主共和国的学者于 1972—1973 年弄清了：原先认为的"关于伊壁鸠鲁哲学的笔记"第五实际上是第六本，而原先认为的第六本实际上是第五（两本笔记的封面均未保存下来）。因此，与 1968 年在柏林出版的《马克思恩格斯全集》"补卷"上册相比，在 1976 年出版的 MEGA2 第 4 部分第 1 卷中，这些笔记的次序作了变动，即第五本改成第六本，而第六本则改成第五本。

些章节的简明摘录①；第六本笔记是对 1672 年在阿姆斯特丹出版的《鲁齐乌斯·安涅乌斯·塞涅卡全集》第 1～3 卷、1609 年在日内瓦出版的约·斯托贝的《箴言和牧歌》和 1688 年在科隆出版的《亚历山大里亚的克雷门斯全集》的摘录和评论；第七本笔记②是对西塞罗的《论神性》《论至善和至恶》的摘录。

"关于伊壁鸠鲁哲学的笔记"的部分内容第一次发表于 1928 年出版的俄文第 1 版《马克思恩格斯全集》第 1 卷，当时刊出的基本上是马克思本人所写的东西，没有他所作的摘录及对摘录的简短注释和评论。笔记全文于 1956 年第一次用俄文发表于《马克思恩格斯早期著作选》，于 1968 年第一次按德文原文(附有与拉丁文和希腊文引文相对应的德文译文)刊载于在柏林出版的德文版《马克思恩格斯全集》"补卷"上册。

2. "克罗茨纳赫笔记"

从 1843 年 6 月到达克罗茨纳赫到 1843 年 10 月底离开那里迁居巴黎，被称为马克思思想发展过程中的"克罗茨纳赫时期"。这是马克思从其思想此前发展的"《莱茵报》时期"的积极介入社会事务退回到书房，开始潜心读书的阶段。在不到 5 个月的时间里，与当时马克思思考的主题

---

①　可能此提纲系马克思在第五本笔记中研究伊壁鸠鲁自然哲学的性质和特点时编写的，旨在把它和当时包括黑格尔在内的对自然哲学的各种解释相对比。马克思的提纲有三个方案：第一方案包含黑格尔《哲学全书》第 252～334 节的内容，并且最接近于再现黑格尔对事物的阐述方式和表达方式；第二方案所概括的有关自然哲学的章节数目较少，但它的特点是在系统化和术语方面具有较大的独立性；最独特的是第三方案，它在更大程度上摆脱了黑格尔的专门术语，而且虽然很简要，却最充分地反映了黑格尔自然哲学的内容。

②　在保存下来的手稿原文中，没有马克思在第七本笔记的封面上所提到的西塞罗的著作《土斯库兰的谈话》的摘录。然而，在第七本笔记中却有封面上未提到的西塞罗的著作《论至善和至恶》的摘录。

有关，他阅读了大量历史著述，留下了 250 多页的近 24 本论著和其他文章的摘录。1981 年出版的 MEGA2 第 4 部分第 2 卷第一次刊出了这一时期的笔记，计有："历史—政治笔记"5 册、"法兰西历史笔记"1 册、"英国历史笔记"3 册、"法国、德国、英国、瑞典历史笔记"4 册、"德国和美国历史笔记和国家、宪法著作摘录"5 册。最后，马克思还写下了一个经过内容压缩的"主题索引"。这些笔记所论述的范围从公元前 600 年到 19 世纪 30 年代，涉及欧洲社会长达 2400 余年的历史。就其内容看，马克思自己独立的意见和评论很少，除去标题和索引，只是在第 4 册中有过一些简短的评述。但这些笔记本身涉及的问题却说明了马克思的思想发展到这一阶段所思考的重点，即试图理解并阐发一种"严格的"科学政治纲领的国家—社会理论基础。笔记涉及的问题至少包括（按马克思手稿正文中出现的顺序）：社会和国家的关系；国家本质的规定；立法权承担者的问题；从"人的幻想和关系"中推演出世袭君主政体的设置的任务；官僚制度本质的规定；革命的必然性；立法权和行政权的关系；黑格尔的等级既与中世纪的历史等级又与现代市民社会的社会结构所具有的矛盾；"批判黑格尔对市民社会的叙述"的任务；私有制和政权的关系；政治要求背后的利益问题；议会代表机构中私人利益和普遍利益的矛盾。很显然，为了理解并且解决这些关乎"历史之谜"和"社会之谜"的重大问题，通晓历史进程、掌握历史知识是必不可少的一项工作。

这里还需要提及的是，马克思有一篇"关于现代国家的著作的计划草稿"。它写于 1844 年 11 月，收录在马克思 1844—1847 年的笔记中。这一计划草稿的基本点同马克思为"克罗茨纳赫笔记"所编的名目索引的要点是一致的。1843 年秋天马克思抵达巴黎以后，重新研究了"克罗茨纳赫笔记"中所涉及的上述问题。可能是由于想写一部关于法国革命的著作《国民公会史》，他作了雅各宾党人勒瓦瑟尔回忆录的摘录①，同时草拟了这一计划草稿。当然，马克思在这篇草稿中并不是完全简单地重述他为"克罗茨纳赫笔记"所编的名目索引，在第 9 点中他还作了重要的补充，指出要"为消灭（Aufhebung）国家和市民社会而斗争"，也就是为废除作为剥削者的国家和整个现存的社会经济关系的体系而斗争。这篇草稿于 1932 年首次刊发于 MEGA1 第 1 部分第 5 卷。

3."巴黎笔记"

到巴黎去，到这座古老的哲学大学去吧……到新世界的新首府去吧！②

这是 1843 年 9 月马克思在给朋友的信中所发出的呼吁，其实也是他自己的想法和期盼。果然，一个月之后他就到了巴黎。

从 1843 年 10 月到 1845 年 1 月旅居巴黎期间，马克思写下了第一批关于政治经济学的笔记，这是他一生研究政治经济学、撰写政治经济学巨著的开始。"巴黎笔记"共 9 册，大部分是他研读同时代人以及前人政治经济学著作的摘录、批注和评论。这些笔记涉及的作者及其作品有：让·巴·萨伊《政治经济学概论》《实用政治经济学教程》、弗·斯卡

---

① 见《Сочинения К. Маркса и Энгельса》，40，Москва，Государствннное издательсво политической литературы，1972.

② 马克思：《致阿尔诺德·卢格（1843 年 9 月）》，见《马克思恩格斯全集》第 47 卷，63 页，北京，人民出版社，2004。

尔培克《社会财富的理论》、亚当·斯密《国民财富的性质和原因的研究》、勒奈·勒瓦瑟尔(德·拉·萨尔特)《前国民议会议员"回忆录"》、色诺芬《雅典的色诺芬著作集》、大卫·李嘉图《政治经济学及赋税原理》、詹·穆勒《政治经济学原理》、约·拉·麦克库洛赫《论政治经济学的起源、发展、特殊对象和重要性》、安·路·克德斯杜特·德·特拉西《意识形态原理》、弗·恩格斯《国民经济学批判大纲》、詹·罗德戴尔《论公共财富的性质和起源》、卡·沃·克·舒兹《政治经济学原理》、弗·李斯特《政治经济学的国民体系(第 1 卷)：国际贸易、贸易政策和德国关税同盟》、亨·弗·欧西安德尔《公众对商业、工业和农业利益的失望，或对李斯特博士工业力哲学的阐释。附一个来自乌托邦的祈祷》、比·布阿吉尔贝尔《法国详情：它的财富减少的原因以及救济的难易程度》《论财富、货币和赋税的性质》《论谷物的性质、耕作、贸易和利益》、约翰·罗《论货币和贸易》、欧仁·比雷《论英法工人阶级的贫困》等。马克思对上述著作所作的摘录和评述，涉及政治经济学原理、政治经济学史、经济史，以及现实经济生活中的一系列理论、体系和问题。他所作的评论不仅是对原著的分析和批判，也是他本人当时思想发展的真实记录。"巴黎笔记"可以说是马克思创作《资本论》最早的准备性工作，因为这样一部剖析资本主义社会复杂经济结构的巨著必然要求系统地研究和批判地继承前人和同时代经济学家的许多优秀成果，并在批判中初步形成自己对许多问题的独立见解，而包括"巴黎笔记"在内的一大批笔记就成为马克思日后正式着手创作《资本论》的必要的理论准备。

这里要特别提到的是"巴黎笔记"中关于穆勒《政治经济学原理》一书的摘录。这是马克思 1844 年上半年根据帕里佐的法译本(1823 年巴黎版)作的，保存在"巴黎笔记"9个笔记本中的第四个和第五个中。与"巴黎笔记"中许多类似的材料(札记、摘录)不同，在这个文献中，马克思个人的议论占了相当大的部分。这些议论按其内容来说与《1844年经济学哲学手稿》相衔接，而且先于这个手稿。

"巴黎笔记"于1932年首次刊发于MEGA1第1部分第3卷。

4."布鲁塞尔笔记"

1845年2月3日，马克思遭到巴黎当局的驱逐，被迫迁往比利时的布鲁塞尔。在离开巴黎的前两天，马克思同达姆斯塔德的出版商卡尔·威廉·列斯凯签订了出版两卷本的《政治和国民经济学批判》的合同，计划每卷印张都在20个以上。所以，到达布鲁塞尔之后，马克思就再一次全身心地投入政治经济学的研究之中。他继续研读大量的经济学著述，并对其作了摘录和评论。在马克思主义史上，他当时写的这些经济学材料被称为"布鲁塞尔笔记"。该笔记原始总共7册，MEGA2刊出时合并为6册，谨据荷兰阿姆斯特丹国际社会史研究所收藏的《马克思手稿、笔记目录》对其梳理如下。

马克思先于1845年2月写下了第一批摘录笔记，共3册。

第1册，八开纸，共64页(算上封面，下同)，其中有7页是空白，封面上有内容提要。这一册笔记的前13页属于"巴黎笔记"最后关于比雷《论英法工人阶级的贫困》一书摘录的后续内容。紧接着，马克思先作了西尼尔《政治经济学基本原理(讲义)》(阿里瓦本编，1838，巴黎版)的摘录，共15页；后作了西斯蒙第《政治经济学研究》第2卷的摘录，共28页。

第2册，八开纸，共44页，马克思写了20页，其余为空白，封面上也有内容提要。第一部分为萨伊《民族与个人的富裕和贫困的主要根源》(1818，巴黎版)的摘录，共 4 页。第二部分为西斯蒙第《政治经济学研究》第 1 卷(1838，布鲁塞尔版)的摘录，共 13 页。第三部分为德·尚博朗《论贫困，古代与今天的状况》(1842，巴黎版)的摘录，仅 1 页。第四部分为维·巴格蒙特《基督教的政治经济学，对法国和欧洲贫困性质和原因的考察及缓和与防御的对策》(1842，巴黎版)的摘录，也仅 1 页。

第 3 册，对折纸，共 36 页，其中有 2 页是空白。一是约·佩基奥《意大利政治经济学史》(1830，巴黎版)的摘录，共 7 页。二是"巴黎笔记"中出现过的麦克库洛赫《论政治经济学的起源、发展、特殊对象和重要性》一书的摘录，共 3 页。三是加尼尔《政治经济学的各种体系比较研究》(两卷本，1842，巴黎版)的摘录，共 6 页。四是布朗基的《欧洲政治经济学从古代到现代的历史》(1843，布鲁塞尔版)的摘录，仅 1 页。接下来是奈克尔、布里索、瓦茨的三本书的 4 页摘录。最后是"计算数字"，共 13 页。

1845 年 5—7 月，马克思写下了第二批摘录笔记，共 4 册。

第 1 册是对折本，共 32 页，马克思写了 29 页，1 页是对埃·吉拉丹"科学丛书"第 1 卷《机器》的摘录，8 页是对查·拜比吉《论机器和工厂的节约》(1833，伦敦版)的摘录，5 页是对安·尤尔《工厂哲学，或加工棉、毛、麻、丝的经济工业。附英国各工厂使用的各种机器的描述》(两卷本，1836，布鲁塞尔版)的摘录，14 页是对佩·罗西《政治经济学教程》(1843，布鲁塞尔版)的摘录。

第 2 册也是对折本，共 54 页，有 1 页是空白。其中，8 页是对弗·费里埃《论商业报告中令人关注的管理》(1805，巴黎版)的摘录，9 页是对亚力山大·德·拉博德《论共同体利益中的协作精神》(1818，巴黎版)

的摘录，2页是对刊登在《经济学者日报》1842年第2~3卷上的拉蒙·德·撒格拉《论卡达罗涅的棉纺工业及工人》的摘录，半页是对泰·费克斯《论在政治经济学中的进步与保守精神》的摘录，半页是对若耐《从四世纪到本世纪罗马的城邦生活和国内经济的统计》的摘录，31页是对亨利·施托尔希《政治经济学教程，或论决定人民幸福的原理。附让·巴·萨伊的注释和评述》（1823，巴黎版）的摘录，另外不到半页是对特里奥恩《论滥用公债的投机之风》（1844，布鲁塞尔版）的摘录。

第3册是二折本，共16页，是对劳德代尔《论公共财富的性质和起源》（1808，巴黎版）的摘录，最后一页是计算数字。

第4册也是二折本，共26页，其中4页半是对布阿吉尔贝尔《法国详情：它的财富减少的原因以及救济的难易程度》的摘录，10页是对布阿吉尔贝尔《论财富、货币和赋税的性质》的摘录，1页是对布阿吉尔贝尔《论货币与贸易》的摘录。

"布鲁塞尔笔记"刊登于1998年出版的MEGA2第4部分第3卷，编者将其合并为5个笔记本。

5."曼彻斯特笔记"

马克思浸润在经济学研究著述的浩瀚海洋中。1845年7月到8月他到英国旅行，其间在曼彻斯特图书馆又完成了一部笔记（9册）[①]，史称"曼彻斯特笔记"。在这些笔记中，马克思研究和摘录的大多是英国经济学家的著作。这些著作可以大致分为两大类：一类是17世纪的经济学

---

① 同一时期恩格斯也在曼彻斯特，他也作了很多笔记，现在流传下来的有3个笔记本。

家，即英国古典政治经济学家亚当·斯密和大卫·李嘉图的先驱，诸如爱德华·米塞尔登、威廉·配第、查理·戴韦南特以及匿名出版的小册子《女王陛下的礼节和对英国海上的统治》的作者罗伯特·克拉威尔等；另一类大多是李嘉图之后的英国资产阶级经济思想的代表，他们是斯密和李嘉图理论的解释者、追随者和反对者，诸如约翰·斯图尔特·穆勒、纳索·威廉·西尼尔、托马斯·库伯、威廉·阿特金森、约翰·拉姆赛·麦克库洛赫等。马克思后来按思想的本质把其中大多数人称作古典学派的"庸俗化者"。

谨据荷兰阿姆斯特丹国际社会史研究所收藏的《马克思手稿、笔记目录》对"曼彻斯特笔记"梳理如下。笔记共有 9 册。

第 1 册，对折本，共 48 页（17 页是空白），其中 6 页是对配第的《论人口的增长的研究》（1698，伦敦版）的摘录，16 页是对查·戴韦南特的《论公共收入和英国贸易》等四部著作的摘录，1 页半①是对詹·安德森的《关于导致不列颠目前粮荒的思考》（1801，伦敦版）的摘录，2 页半是对布朗宁的《大不列颠国内状况和财政状况》（1834，伦敦版）的摘录，4 页是对爱·米塞尔登的《自由贸易或贸易繁荣之道》等著作的摘录。

第 2 册，对折本，共 44 页，其中 13 页半是对托·库伯的《政治经济学原理讲义》（1831，伦敦版）的摘录，8 页半是对萨德勒的《人口的规律》（1830，伦敦版）的摘录，8 页是对托·图克的《1793—1837 年的价格和流通状况的历史》（1838，伦敦版）的摘录，11 页是对吉尔巴特的《银

---

① 半页在计算时均算 1 页。

行业的历史和原理》(1839，伦敦版)的摘录，2页是对托·洛·埃德门兹的《实践道德与政治经济学》(1828，伦敦版)的摘录。

第3册，主要是对麦克库洛赫《政治经济学文献。各科分类书目。附史评、评注和作者介绍》一书的摘录。

第4册，八开纸，共36页(7页是空白，1页为封皮)，其中17页是对威·科贝特的《纸币取代黄金》(1828，伦敦版)的摘录，1页半是从《都会百科全书》中摘录的《西尼尔的政治经济学》(1836，伦敦版)，9页是对威·汤普逊的《最能促进人类幸福的财富分配原理的研究》(1824，伦敦版)的摘录。

第5册，对折本，共50页(4页是空白)，其中6页是对威·阿特金森的《政治经济学原理》(1840，伦敦版)的摘录，1页半是对托莱尔的《宪章运动》(1840，伦敦版)的摘录，10页半是对麦克库洛赫的《政治经济学原理，这门科学产生和发展的概述》(1830，伦敦版)的摘录，11页半是对威德的《中等阶级和工人阶级的历史》(1844，伦敦版)的摘录，等等。

在"曼彻斯特笔记"的后四册中，非常重要的内容有：22页半对欧文的《新道德世界书》(1840—1844，伦敦版)的摘录，28页对欧文的《论人类性格的形成》等三篇论文的摘录，24页对勃雷的《对劳动的迫害及其救治方案》(1839，伦敦版)的摘录，对魁奈与格莱格、霍普有关农业和谷物法方面的论著的摘录。

"曼彻斯特笔记"刊发于1988年出版的MEGA2第4部分第4卷。

6. "伦敦笔记"

1850年9月到1853年8月，马克思为了撰写政治经济学巨著，再次博览群书，系统攻读政治经济学史和同时代许多经济学家的著作。在此过程中，他根据其所研究过的专著、官方文件和报刊作了摘录、札记和评论，总计 24 册，100 个印张以上。这就是著名的"伦敦笔记"。

1850 年夏季，马克思利用英国和欧洲大陆的价格史、银行制度史和经济危机等方面的专门著作，以及整套伦敦出版的《经济学家》杂志，开始系统地研究近 10 年的经济史。同年 9 月底至 10 月初，他为了撰写《政治和国民经济学批判》，又开始研读约·斯·穆勒、约·富拉顿、罗·托伦斯、托·威·雷登等经济学家的著作，如《政治经济学原理》《论通货的调整。原理的分析，根据这些原理提出在某些固定的范围内限制英格兰银行和全国其他银行机构将来的贷款发行活动》《罗·皮尔爵士法案原理》《价格和流通状况的历史》《欧洲各大国领土和人口关系的比较文化统计学》等，并作了摘录和笔记。10 月至 12 月，马克思继续进行理论经济学的研究，主要研读有关货币和通货方面的著作，如布莱克的《论调节交换过程的原理》、吉尔巴特的《银行论》《吉米尼书简》、加尔涅的《货币史》、西尼尔的《三篇演讲》、信克的《雅典人的国有经济》、赖特迈耶尔的《古代各民族的采矿业和冶金业》以及蒙德尔和毕舍等人的著作。

1851 年是这一时期马克思时间最集中、读书最多、写札记也最多的一年。这一年的头几个月，他继续阅读使他感兴趣的研究通货问题与货币流通等方面的著作，如杰科布的《贵金属生产和消费的历史研究》、贝利的《货币》、劳埃德的《再论通货现状》、凯里的《信用制义》、约翰·格雷的《关于货币的本质和用途的讲义》、李嘉图的《金银条块价格高昂是银行券贬值的证明》《答博赞克特先生关于金块委员会报告的具体意见》、博赞克特的《硬币、纸币和信用货币》《关于金块委员会报告的具体意见》、图克的《对货币流通规律的研究》、托伦斯的《论1844年银行法的实施对商业信贷的影响》等。此外，他还就农业、土地和地租问题进行了深入研究，对李嘉图关于土壤肥力随人口增加而递减的观点产生了怀疑，并同恩格斯以及丹尼尔斯通信讨论这个问题。大约在 5 月以后，他又开始系统研究政治经济学原理和政治经济学史方面的论著。6 月，他研读了凯里的《论工资率：世界劳动人民状况差别的原因的探讨》《政治经济学原理》《过去、现在和将来》《政治经济学论文集》、马尔萨斯的《人口原理》《价值尺度》、托伦斯的《论财富的生产》、莱文斯顿的《论公债制度及其影响》、霍吉斯金的《通俗政治经济学。在伦敦机械学学会的四次演讲》、琼斯的《1833 年 2 月 27 日在伦敦皇家学院讲述的政治经济学绪论。附工资讲座大纲》、拉姆赛的《论财富的分配》等。7 月，又阅读了霍吉斯金的《保护劳动反对资本的要求，或资本非生产性的证明》、欧文的《论工业体系的影响》、菲尔登的《工厂制度的祸害》、霍普金斯的《近四十年来的大不列颠》以及兰格、西尼尔、盖斯克尔等人的经济学著作。此外，在农业和地租方面，还读了李嘉图的《论农业的保护关税》、萨默斯的《苏格兰高地来信，或 1847 年的饥荒》、李比希的《化学在农业和生理学中的应用》以及詹·安德森等人的著作。8 月至 11 月，马克思继续在大英博物馆研究土地所有制的历史、殖民地、人口密度、信贷以及银行制度等问题。为此，他阅读或重新阅读了萨默斯、劳顿、威克菲尔德、普莱斯科特、伯克斯顿、威·豪伊特、霍吉斯金、塞姆佩雷、凯特勒、唐森、马尔萨斯、休谟、格雷、达布尔德、托伦顿、威·巴·艾利生、阿·艾利生、古·尤利马斯、哈德卡斯耳、约·亨·摩·波佩、贝克曼、普莱斯、孚赫、麦克库洛赫、罗·德·拉·马尔等人的著作，并作了大量摘录和评注。9 月底至 10 月，马克思重新阅读关于货币、银行以及工艺技术史方面的著作，如古·尤利乌斯的《银行业。德国的一个新幽灵》、哈德卡斯耳的《银行和银行家》、贝克曼的《发明史》、尤尔的《技术辞典》等，并作了札记。

1852 年，马克思由于研究其他问题以及联系出版政治经济学著作等事务的影响，未能像 1851 年那样集中全部精力和时间进行政治经济学的研究和写作。1853 年年初，马克思又恢复了政治经济学研究，研读了奥普戴克的《论政治经济学》、班菲尔德的《工业组织》、斯宾塞的《社会统计学》以及加利阿尼、瓦克斯穆特、考尔福斯、纽曼等人的著作和《经济学家》杂志，并作了摘录。此后，由于为《纽约每日论坛报》撰稿以及身体不适等原因，马克思暂时中断了对政治经济学原理和政治经济学史的系统研究，直到 1856 年下半年预感到经济危机和社会变革即将来临，他才恢复了这一方面的系统研究和写作。

"伦敦笔记"是研究《资本论》准备期马克思经济学观点形成、发展和完善的重要文献资料。这一笔记中比较集中地摘录、述评了几个专题的有关资料，诸如：①古典学派的经济理论，特别是亚当·斯密的《国民财富的性质和原因的研究》和大卫·李嘉图的《政治经济学及赋税原理》；②关于货币和货币流通；③关于土地和地租问题；④关于经济危机等。它们为马克思在 19 世纪 50 年代中期以后正式着手撰写《政治经济学批判》打下了坚实的理论基础。

"伦敦笔记"篇幅达24册之巨，1983年、1986年和1991年出版的MEGA2第4部分第7、第8和第9卷刊出了14册，其收文情况参看前一章的有关介绍。

7."美学笔记"

19世纪50年代后期，马克思对美学和艺术问题产生了较为强烈的兴趣。当时，人们正就拉萨尔的戏剧《弗兰茨·冯·济金根》展开热烈讨论，马克思感到自己在《〈政治经济学批判〉导言》(1857)中发表的关于艺术问题的重要见解还有待进一步深化。此外，还有一个现实动机促成了马克思的这一研究转向，这就是1857年马克思为《纽约每日论坛报》撰写文章的时候，查·安·德纳约请马克思为他编纂中的《美国新百科全书》写一篇关于"解释美学"的条目。马克思为其建议所动，从1857年上半年开始阅读并摘录弗·泰·费舍、埃·弥勒、图克、巴克迈斯特、麦克劳德等人的著作和迈耶尔的《麦克米伦艺术百科词典》，集中思考了一些涉及美学领域的问题，留下了一部非常重要的笔记。

马克思的"美学笔记"包含在1857年的笔记本中，共有55页，主要是对费舍《美学或美的科学》一书的摘录。此外，还包括：①摘自各科辞典的美学笔记；②摘自弥勒《古代各民族艺术理论史》(1834—1837年版)一书的不长的笔记(4页)；③摘自图克《价格史》、巴克迈斯特《彼得大帝史论丛》、麦克劳德《银行业的理论与实践》等的笔记，以及《独立报》《泰晤士报》《新闻报》等许多报纸的摘录。和马克思的很多手稿和笔记一样，苏共中央马克思列宁主义研究院中央党务档案馆收藏有该笔记本的复制件(苏联解体后保存于俄罗斯国家社会政治历史档案馆)，其原件存于荷兰阿姆斯特丹国际社会史研究所。

马克思对费舍《美学或美的科学》一书所作的摘录在"美学笔记"中占有极其重要的地位。马克思做笔记时，不是按照该书的章节顺序死板地摘抄，而是把费舍论述的内容划分为几个部分。除此之外，在摘录的结尾处，马克思根据费舍叙述的内容，自己编制了一个表格，这实际上就是马克思当时关于美学与艺术问题的思考大纲。这一切对于研究马克思美学思想的形成和发展具有很大的价值。

对马克思的"美学笔记"，卢卡奇在《马克思与费舍》一文中作过专门的研究和分析。他指出，这个笔记有三个重要特点。第一，马克思颇注意费舍的 4 卷著作《美学或美的科学》的结构和材料编排情况，他不仅对这部作品所涉及的各种美学问题感兴趣，而且认为费舍分 4 卷出版一部卷帙浩繁的著作的办法很值得仿效，设想把自己的经济学著作也以分册形式呈献给读者。第二，马克思着重研究的是费舍美学体系中艺术与生活关系最为密切的部分，是处于生活和艺术边缘的一些问题，如主观与客观的相互关系、"美的环节"、滑稽与丑陋等。这些问题促使马克思思考事物的本质及其审美价值的关系。马克思从费舍的著作中转录了康德对这些问题的论述，这样，他就以《美学或美的科学》为媒介，转入对康德的《判断力批判》的研究。第三，马克思的笔记中占很大篇幅的是费舍美学中讨论神话的部分。费舍作为一个黑格尔主义者，也把神话看作一个已经消失的特殊历史时期的表现。此外，关于"美的环节""崇高"和喜剧等问题在马克思的"美学笔记"中占有相当大的篇幅，这是此前马克思美学思想发展的延续。早年他曾接受过黑格尔美学的影响，早已注意到"崇高"以及与之有辩证关系的"量"和"度"的概念。在博士论文的准备材料中，他还对"尺度的辩证法"作过论述。关于"崇高"，马克思在《经济学手稿(1857—1858 年)》中也有一段非常精辟的论述，他说："一方面，稚气的古代世界显得较为崇高。另一方面，古代世界在人们力图寻求闭锁的形态、形式以及寻求既定的限制的一切方面，确实较为崇高。"①马克思在费舍《美学或美的科学》一书中发现了某些问题在历史上的具体实例，以及有关论述的丰富材料。在卢卡奇看来，马克思对费舍的两点见解颇感兴趣："一是费舍在某种程度上赞同历史地评价黑格尔美学的有关章节；二是费舍的现代'非宗教自由'幻想的观点与'宗教倾向'幻想的对立。"②卢卡奇指出："毫无疑问，马克思对费舍发生兴趣的主要因素是主体积极参与美的再现问题。"③其实，只要考虑到"实践"即人的主客体的生产活动这一范畴在马克思的经济学和哲学中起着什么样的作用，就不难理解马克思从费舍《美学或美的科学》一书中摘录的席勒的下述这段话的意义：

> 美既是客观事物，又是主观境界。美既是形式——当我们判断它的时候，又是生活——当我们感觉它的时候。它既是我们存在的状态，又是我们的创造。④

---

① 马克思：《经济学手稿(1857—1858 年)》，见《马克思恩格斯全集》第 30 卷，480 页，北京，人民出版社，1995。

② Георг Лукач，《 Литературные теории XIX века и марксизм 》，Москва，Издательство "НАУКА"，1937，С. 128.

③ Георг Лукач，《 Литературные теории XIX века и марксизм 》，Москва，Издательство "НАУКА"，1937，С. 83.

④ 转引自[英]希·萨·柏拉威尔：《马克思和世界文学》，梅绍武、苏绍亨、傅惟慈等译，354 页，北京，生活·读书·新知三联书店，1980。

我们知道，马克思在他的一生中作了卷帙浩繁的读书笔记。如果按学科划分，由于其中的经济学、哲学、人类学、历史学等方面的笔记发表较早，又有很多专家进行了程度不同的研究，因而人们比较熟悉；然而对于马克思所作的美学和文学史笔记，至今人们知道的还不多。马克思对费舍《美学或美的科学》一书所作的笔记也是直到1988年7月才由苏联《对话》杂志首次公之于世。

8. "危机笔记"

"危机笔记"是第一次世界性经济危机到来之时，马克思在创作《经济学手稿（1857—1858年）》的同时于1857年11月至1858年2月期间以摘录、剪报、笔记等形式所写的三个关于1857年危机的笔记本。它们是马克思对1857年危机的实证记录，包括"1857法兰西"（原稿40页）、"关于1857年危机的笔记本"（原稿72页）和"关于商业危机的笔记本"（原稿80页）。马克思在1857年12月18日致恩格斯的信中提到，写作政治经济学原理和考察当时的危机是他所面临的双重任务，而"危机笔记"和为《纽约每日论坛报》撰写的文章是关于危机问题所形成的文本。

马克思按照一定的主题，循时间顺序考察记录了法国、意大利、西班牙、英国、德国、奥地利、美国、中国、印度、埃及、澳大利亚和巴西等国家的金融市场、产品市场、生产市场、工业市场、劳动市场。"关于1857年危机的笔记本"与"关于商业危机的笔记本"主题布局类似，后者可以视为前者的延续。

"关于1857年危机的笔记本"的前言专门用了一节的篇幅，论述了它与书信、报刊文章、《经济学手稿（1857—1858年）》的密切关系。

在该笔记本中，马克思几乎为每页手稿都拟写了标题，可称之为"页标题"，简称"页标"。每个页标都是相应手稿页的主题，它们展示出各个笔记本的结构以及马克思对危机的认识，同时也反映出马克思的政治经济学方法。页标以不同的部分和层次构成了"危机笔记"的目录。

以上材料收入 MEGA2 第 4 部分第 14 卷，于 2017 年出版。

9."人类学笔记"

现在称为"人类学笔记"的马克思晚年手稿，主要指马克思对马·柯瓦列夫斯基的《公社土地占有制，其解体的原因、进程和结果》、路·亨·摩尔根的《古代社会》、约·菲尔的《印度和锡兰的雅利安人村社》、亨·萨·梅恩的《古代法制史讲演录》、约·拉伯克的《文明的起源和人的原始状态》等文化人类学著作的摘录。这些笔记题材很广，涉及许多领域。时间上涉及整个前资本主义社会，特别是史前社会；空间上包括除欧洲以外的广大亚非拉地区；内容上囊括了哲学、经济学、历史学、政治学、民族学、宗教、道德等学科；文化上涉猎东西方文化、史前文化与有史文化；方法上注重实证研究，强调分析、综合、比较、思辨的总体运用。"人类学笔记"具有很强的理论性、很高的理论价值，并不是马克思信手拈来、随意摘取的读书散记，而是他花费大量心血和精力，潜心进行研究工作取得的初步成果和结晶。"人类学笔记"里面不仅有许多经过仔细鉴别后摘录下来以备进一步研究和论述之用的正反面材料，还有许多经过淘汰、锤炼而得出的有待进一步加以发挥的精辟简练、内涵丰富的理论观点。

大体上说，"人类学笔记"可分为相互关联的两大类：一是关于古代社会的笔记，马克思通过摘录摩尔根、梅恩和拉伯克的著作探讨了原始社会的氏族组织、亲属制度和家庭婚姻形态、私有制的起源和发展及其如何产生出政治制度、法律制度、国家和政治组织；二是探讨东方国家的土地制度和村社结构及其生活，这在对柯瓦列夫斯基和菲尔的著作的摘录中占据中心位置。从马克思的笔记内容来看，这两个问题构成"人类学笔记"关注的焦点。

（1）"柯瓦列夫斯基笔记"

从 19 世纪 70 年代中期起，马克思特别加紧研究资本主义以前的各社会形态，并十分注意研究不同社会中的"公社形式"。1876 年 5—6 月，他对格·路·毛勒的关于日耳曼公社史的著作作了详细的摘录。同年 12 月，马克思阅读了格·汉森、弗·德默里奇、奥·乌提舍诺维奇、弗·卡尔德纳斯关于公社制度在塞尔维亚、西班牙和其他国家的演变情况的著作。柯瓦列夫斯基的著作受到马克思的注意，是由于它取材广泛，对公社在不同国家中的历史命运作了比较研究，用新的事实证实了马克思关于人类社会发展的最初阶段即原始公社的实质的结论。

柯瓦列夫斯基的著作《公社土地占有制，其解体的原因、进程和结果》于 1879 年夏出版，不久，就由他本人亲自送给马克思①。马克思阅读该书时，在书中作了许多批注和评语，这些批注和评语后来都反映在他写的摘录中了。引人注意的是，摘录的结构与该书的结构完

---

① 马克思同柯瓦列夫斯基从 1876 年起就保持着学术上的友好联系，1879 年柯瓦列夫斯基特意在其新著的扉页上写了赠书题词："赠给卡尔·马克思以表友谊和尊敬。"

全一致，而马克思在对其他作者的著作作摘录时往往是重新安排叙述次序的。他仅仅把本文作了更细致的划分，加上了用数字和字母做标记的题目。但马克思在这本摘录中也使用了从其他作者那里引来的材料，其中包括柯瓦列夫斯基没有提到的一些作者，以便对不同的观点及其事实根据加以对照。在摘录时，马克思力求确切叙述该书的内容，所以往往在进行翻译的同时还在原稿中保留着俄文的词语。摘录的手稿在大开本笔记本中位于第 19～40 页和第 59～83 页。摘录的原文版本于 1977 年由荷兰阿姆斯特丹国际社会史研究所出版，书名为《卡尔·马克思论前资本主义生产诸形式》(*Karl Marx über Formen vorkapitalistischer Produktion*)，［康普斯（Compass）出版社，法兰克福—纽约 1977 年版］。

这里我们还需要提及《印度史编年稿》，它穿插在"柯瓦列夫斯基笔记"的第 41～58 页，是马克思在摘录了柯瓦列夫斯基的著作的一部分以后又在同一个笔记本中写下的。从第 59 页起，又是对柯瓦列夫斯基著作的摘录。马克思在写编年稿时所使用的主要参考书是埃尔芬斯顿《印度史》（该书第一版于 1841 年在伦敦出版）和 R. 修维尔《分析的印度史》（1870，伦敦版），他之所以对印度史进行这种涉猎，同他研究柯瓦列夫斯基的著作一事直接相关。马克思在摘录中经常用编年稿中的材料同柯瓦列夫斯基的著作中的材料作对比，进行订正。《印度史编年稿》于 1947 年出版俄文单行本，其中也包括几页柯瓦列夫斯基的著作摘录中有关 17—19 世纪印度史的内容。

（2）"摩尔根笔记"

路·亨·摩尔根的《古代社会》于 1877 年在伦敦出版。在这本书中，摩尔根着重研究了氏族制度，提供了根据具体历史材料阐明的地区共同体和国家产生的途径，这为理解人类上古史提供了一把钥匙。据恩格斯说，马克思曾打算联系对摩尔根的研究写一部关于这一问题的书。

马克思是从柯瓦列夫斯基那里得到摩尔根的著作的，这一著作当时在欧洲很少为人所知，而坚持所谓"家长制"理论的学者对摩尔根的发现很少提及。马克思从 1880 年年底到 1881 年年初对摩尔根的著作作了摘录，他在摘录时，精心编辑了该书的体例，调整了该书的结构，还写了 106 条批语（其中 25 条是马克思自己的理论概括，27 条是对摩尔根观点的进一步阐述）。摩尔根的《古代社会》一书的章节顺序是：第一编"各种发明和发现所体现的智力发展"，第二编"政治观念的发展"，第三编"家族观念的发展"，第四编"财产观念的发展"。马克思在摘录时改变了顺序，把第三编放在第二编的前面，并对个别标题进行了改动。对照原著和"摩尔根笔记"的顺序，可以发现：马克思试图把原著的从"生产技术的发展"到"政治观念的发展"再到"家庭形式的变化和私有制的产生"的结构，改造成从"生产技术的发展"到"婚姻家庭形式的变化""氏族组织"再到"私有制和国家的产生"的结构。这个结构实际上是社会结构中各构成要素的相互关系的再现，也是马克思按照历史唯物主义的概念系统来规范史料的结果。所以，恩格斯特别强调用唯物主义的历史研究所得出的结论来阐述摩尔根的研究成果及其包含的全部意义的重要性，他说："如果只是'客观地'叙述摩尔根的著作，对它不作批判的探讨，不利用新得出的成果，不同我们的观点和已经得出的结论联系起来阐述，那就没有意义了。"①

　　摘录在大开本笔记本中位于第1～98页，出版的第一个版本是1941年俄文版，收在《马克思恩格斯文库》第9卷中。摘录的原文版本于1972年由荷兰阿姆斯特丹国际社会史研究所以《卡尔·马克思的民族学笔记》为名在阿森出版。

　　(3)"菲尔笔记"

　　"菲尔笔记"即马克思对约·菲尔1880年在伦敦出版的《印度和锡兰的雅利安人村社》一书所作的摘录和评论，写于1881年。它与对摩尔根和梅恩两书的摘录用的是同一个笔记本，写在第128～154页上。马克思摘录的内容主要包含四个方面。第一，经济问题。马克思尤为关注村社的经济状况和土地所有制关系的演变，对村社土地的灌溉、耕作、所有权等问题展开详细讨论，将东方社会特有的柴明达尔-马赫金制度与欧洲土地私有化进程进行详细对比。第二，文化问题。马克思在摘录过程中关注到教育、行礼和行乐等问题，展现出一幅异于西方社会的东方文化图景。第三，宗教问题。马克思重点关注了宗教仪式问题，论述了宗教在社会模式变迁中的重要作用。他详细对比了穆斯林和印度教徒的仪式特点，进而将宗教与社会变迁的分析联系起来，看到了经济关系之外影响社会发展的其他因素。第四，体制问题。马克思以农村犯罪和行政制度等问题为中心，看到了印度社会与西方社会相比更加注重集体利益。因此他得出的结论是，东方社会与

---

　　①　恩格斯：《致卡尔·考茨基(1884年4月26日)》，见《马克思恩格斯全集》第36卷，144页，北京，人民出版社，1975。

西方社会的运行体制是不同的：

> 在欧洲，与东方不同，代替了实物贡赋的是对土地的支配——耕作者被从他们的土地上赶走，沦为农奴或劳工……在东方，在村社制度下，人民实际上是自己管理自己的，贵族阶级的首领们的权力之争主要是争夺卡查里—塔比尔的控制权。①

此外，马克思批评了菲尔的一些明显错误。其一，菲尔将个体家庭作为社会的基础，不去考察它的历史形成过程，并且将印度和锡兰的村社视为"封建的结构"。② 针对这一问题，马克思指出，个体家庭的产生本身经历了一个漫长的过程，而将村社视为封建性质则犯了以西方社会的发展道路衡量东方社会的错误。在此，可以看出"柯瓦列夫斯基笔记"和"摩尔根笔记"对"菲尔笔记"的影响。其二，菲尔在著作中引用《孟加拉社会科学学报》上庇尔利·仲德·穆凯吉的观点，认为农民是"社会改革的最大敌人"。但马克思从柴明达尔、农民与马赫金的相互关系中分析出：东方社会长期停滞的原因是社会制度，而不是农民单方面的愚昧、无知与胆小。③

（4）"梅恩笔记"

亨·萨·梅恩是当时"父权制理论"的代表人物，他的重要著作《古

---

① 马克思：《马克思古代社会史笔记》，433 页，北京，人民出版社，1996。

② 参见马克思：《马克思古代社会史笔记》，385、429 页，北京，人民出版社，1996。

③ 参见马克思：《马克思古代社会史笔记》，386—387 页，北京，人民出版社，1996。

代法制史讲演录》于1875年在伦敦出版。马克思对这部著作所作的摘录写于1881年，位于"菲尔笔记"之后的第159～196页。马克思在摘录过程中基本上遵循原书的顺序，但他没有划分标题。①

首先，马克思以摩尔根的重大发现批判梅恩将父权制大家庭作为最原始的社会形式，没有看到人类历史上存在着氏族和母权制社会，也不考察家庭形式演变的漫长历史。② 其次，马克思进一步追踪了梅恩错误理论的根源。梅恩在《古代法制史讲演录》第一讲"古代法制史的新材料"中提到《古制全书》和《艾锡尔书》（原载于《爱尔兰的古代法律和法制》，共六卷，1865—1901年都柏林版），而马克思在"梅恩笔记"中则将批判的矛头进一步指向梅恩理论的来源，对这一系列法制史研究的错误进行清算。再次，马克思深刻批判了梅恩抽象的、超阶级的国家观，运用自身的研究成果分析了国家的起源、阶级的性质和二者必然消亡等问题。他指出：

> 梅恩忽略了深得多的东西：国家的看来是至高无上的独立的存在本身，不过是表面的，所有各种形式的国家都是社会身上的赘瘤；正如它只是在社会发展的一定阶段上才出现一样，一当社会达

---

① 马克思对梅恩《古代法制史讲演录》的摘录从第2章开始，到第13章结束。对应的标题是：古爱尔兰法、作为社会基础的血缘关系、部落和土地、首领及其等级、首领和土地、家族的古代划分、原始观念的发展和传播、原始法律的权利维护手段（一）、原始法律的权利维护手段（二）、已婚妇女的固定财产的早期历史、统治权、统治权和帝国。

② 参见马克思：《马克思古代社会史笔记》，437、443～444、498页，北京，人民出版社，1996。

到迄今尚未达到的阶段，它也会消失。①

与此同时，马克思反对梅恩思想中抽象的资产阶级人性观点，认为人性的具体内涵应该从历史发展过程中寻得解释。最后，马克思深化了对爱尔兰问题的研究。英国与爱尔兰的关系是马克思在19世纪60年代之后关注的重点，他在"梅恩笔记"中将批判梅恩的矛头延伸至专门研究爱尔兰法律的布雷亨法学家，再次揭穿了梅恩等人从法律角度为英国殖民主义辩护的立场，控诉了法学家在历史研究中的非历史性和不彻底性，表达了对爱尔兰解放的支持态度。

（5）"拉伯克笔记"

"拉伯克笔记"即马克思对民族学进化论学派的重要代表人物约·拉伯克于1870年在伦敦出版的《文明的起源和人的原始状态》一书所作的摘录，写于1882年。马克思摘录的内容较短，只有8页。②

马克思的摘录主要集中于两个问题：第一，婚姻问题。马克思利用研究《古代社会》得出的结论批评拉伯克及其理论主要来源约翰·麦克伦南关于外婚制、内婚制和群婚等问题的错误观点，指出他们"把群婚和淫乱等同起来"，并且对"存在于部落之内的氏族一点也不了解"，误将

---

① 马克思：《马克思古代社会史笔记》，510页，北京，人民出版社，1996。

② 拉伯克的著作由13章正文加2个附录构成。正文内容为：第一章"导论"，第二章"艺术与器具"，第三章"关于两性关系"，第四章"婚姻的起源"，第五章"两性关系的发展"，第六章"占卜、魔法与巫术"，第七章"关于最低级族群中宗教的缺失"，第八章"宗教：分类"，第九章"宗教（续）"，第十章"宗教（结论）"，第十一章"性格与道德"，第十二章"语言"，第十三章"法律"。附录内容为"关于人的原始状态"。

氏族外婚制说成部落外婚制。① 第二，宗教问题。马克思在摘录这一问题时首先记录了宗教观念演进的七个阶段：无神论、拜物教、自然崇拜或图腾崇拜、萨满教、偶像崇拜或拟人观、神成为超自然的造物主、将道德和宗教联系起来，进而对偶像崇拜问题给予了重点关注，为此特别摘引了古犹太智者所罗门的《智训》来说明偶像崇拜源于人的创造。由此出发，他借助偶像崇拜这一中介将对神的崇拜引申到对人的崇拜，并以此来说明宗教具有的复杂内涵。需要注意的是，史前社会的人类尚不具备完善的性格特点和道德标准，我们不能轻易以现代社会的价值予以褒贬。除此之外，马克思批评了拉伯克关于"科学为宗教立下巨大功劳"的观点。②

10. "历史学笔记"

"历史学笔记"写于 19 世纪 70 年代末至 80 年代初，可算马克思重要的遗著之一，包括 4 个笔记本。在这份手稿中，马克思利用了法国历史学家施洛塞尔的 18 卷本《世界史》、博塔的《意大利人民史》、科贝特的《英格兰和爱尔兰的新教"改革"史》、休谟的《英国史》、马基雅弗利的《佛罗伦萨史》、卡拉姆津的《俄罗斯国家史》、塞居尔的《俄国和彼得大帝史》、格林的《英国人民史》等材料，按编年顺序摘录了从公元前 1 世纪初到 17 世纪中叶世界各国特别是欧洲各国的政治历史事件。马克思去世后，恩格斯在整理这份手稿时给它加上"编年摘录"（Chronolosiche Auszüge）这一标题。

---

① 参见马克思：《马克思古代社会史笔记》，523、525 页，北京，人民出版社，1996。

② 参见马克思：《马克思古代社会史笔记》，541 页，北京，人民出版社，1996。

4 册笔记所涉及的历史时期与事件的情况如下。

第 1 册笔记(141 页手稿，从公元前 1 世纪到 14 世纪)：内容为从罗马帝国初期到意大利封建制度的形成，欧洲各民族的历史，5 世纪到 12 世纪的阿拉伯人、土耳其人、蒙古人、花剌子模人的历史以及 14 世纪中叶以前的北欧和东欧诸国的历史。

第 2 册笔记(145 页手稿，包括整个 14 世纪和 15 世纪前 70 年左右的时期)：是第 1 册的继续，这一时期城市的发展开始动摇封建制度的支柱，在封建主义的欧洲，阶级斗争异常激烈，多次爆发大规模的农民起义，马克思对此作了详细的记录。

第 3 册笔记(143 页手稿，从 15 世纪中叶到 16 世纪 70 年代)：这一时期在欧洲史和世界史中具有特别重要的意义。临近 16 世纪，资本主义时代开始了，经历了全盛时期的封建制度正在衰落。货币成为社会的主导力量，黄金热席卷西欧。随着对黄金的追逐，航海家们也有了不少地理发现。欧洲各国内部形成了资本主义生产发展的前提，王权同城市资产阶级联合起来粉碎了封建主义的势力，一些像英国那样的大的君主国形成了。

第 4 册笔记(116 页手稿，记述的是 16 世纪最后 25 年到 17 世纪中叶的重要事件)：其中三十年战争史是重点，许多章节详细地说明了这场战争前发生的各种事件，研究了参战各国的历史以及它们之间的相互关系，阐明了它们的对外政策、当时欧洲各国的发展和国际关系的发展过程。在这册笔记中，有关俄国的篇幅比前三册明显增多了，但马克思还是更多地注意英国史。他不仅注意英国的国内事件，而且注意它的对外政策。该笔记的最后部分是马克思阅读格林的《英国人民史》一书时所作的札记，从内容和写作时间看，这篇札记可以算作"历史学笔记"的直接补充。

这样，马克思就以极大的耐心梳理清了过去涉笔与研究甚少的这1800 余年的历史中的重要事件，为检视、拓展和深化唯物史观所揭示的社会发展规律积累了相当充分的史料。

11."数学手稿"

从 19 世纪 50 年代起，马克思配合政治经济学、哲学研究，开始钻研数学。以后，数学始终是马克思经常关心和从事研究的一个专门领域。在几十年间，他写下了许多笔记和研究手稿，其中对于微积分特别是微分学的发展过程、微分运算的辩证本质等作了精湛的研究，写下了数篇关于导函数、微分等问题的论文。现存的马克思的"数学手稿"除了关于切线问题的几页是马克思在 1865 年年底或 1866 年年初给恩格斯的一封信的附件外，绝大多数是他 1881 年写作并誊清后寄给恩格斯的，其中涉及的数学领域包括导函数、切线、微分和曲边形的面积等。当然，较之这些方面，马克思用力最勤的是对数学史的研究。比如，为揭开微分学的神秘外衣，马克思很注意弄清微分学的代数来源，因此他在二项式定理、泰勒定理、麦克劳林定理和拉格朗日的导函数理论方面查阅了大量的资料，写了许多提要和评注。马克思在自己的笔记本中系统地整理了上述方面的材料，他把内容概括为四个部分并加上标题："Ⅰ. 在代数基础上泰勒定理的拉格朗日推演（稍加修改）""Ⅱ. 泰勒定理建立在从二项式定理的代数语言到微分表达法的翻译上""Ⅲ. 麦克劳林定理也是从二项式定理的代数语言到微分语言的简单翻译""Ⅳ. 关于泰勒定理的其他事项"。以后，马克思又写下了两篇篇幅很长的重要手稿："泰勒定理、麦克劳林定理和拉格朗日的导函数理论"和"泰勒定理"。马克思还在一篇标题为"求曲边形的面积"（Quadraturen von Kurvenflächen）的手稿中，借摘录牛顿 1669 年给英国皇家学会会长的论述《运用无穷多项方程的分析学》（De analysi per aequationes numero terminorum infinitas）的机会对牛顿关于积分的论述作了详细的评注。

此外，在与恩格斯的通信中，马克思也多次谈到过数学问题，尤其是数学的社会功能及其在科学体系中的价值与地位。我们检索到的这类信件中，最早一封是 1858 年 1 月 11 日写的，最晚一封是 1882 年 11 月 22 日写的。

马克思去世前非常重视他的手稿，嘱咐女儿爱琳娜·马克思-艾威林要和恩格斯处理他的全部文稿。而在卷帙浩繁的手稿中，他特别提到其"数学著作"[①]。后来，恩格斯也曾经明确表示，希望有机会将自己在自然辩证法方面的研究成果汇集起来，"同马克思所遗留下来的极其重要的数学手稿一齐发表"[②]。但整理《资本论》等更紧迫的任务占去了他很多时间，这个愿望没有实现。直到 1933 年，马克思的"数学手稿"的部分重要内容（关于微分学的几篇论文和一些较完整的论述）的俄译本才首先发表于联共（布）的理论刊物《在马克思主义旗帜下》，随后又编入文集《马克思主义与自然科学》。

---

① 恩格斯：《致劳拉·拉法格（1883 年 6 月 24 日）》，见《马克思恩格斯全集》第 36 卷，42 页，北京，人民出版社，1975。
② 恩格斯：《反杜林论》，见《马克思恩格斯文集》第 9 卷，15 页，北京，人民出版社，2009。

四、时事评论(17 部)

在马克思的全部著述中，其生前公开发表的所占比重不到三分之一，而其中最重要的是马克思发表在当时的报刊上的时事评论。这些评论从特有的立场和角度评述了 19 世纪中后期发生的一系列事件，指涉范围涵盖了世界绝大多数国家和地区(当然主要是欧美)，论及社会结构的各个层次和方面，这些对或大或小的社会现象的分析展示了马克思把握时代脉搏、捕捉社会现象、透视深层缘由和发展趋向的强烈意向，是作为学者的马克思自觉"参与"社会变革，进而深刻检视其哲学观念和社会学说的普适性的重要体现。这里我们撷取其中内容重要、影响深远而篇幅又较大的 17 部进行梳理，名单详见本章第一部分。

1.《莱茵报》时期的政治评论

《莱茵报》(*Rheinische Zeitung*)的全称是《莱茵政治、商业和工业日报》(*Rheiniche Zeitung fur Politik，Handel und Gewerbe*)，它是由普鲁士莱茵省当时处于上升阶段、具有激进倾向的青年知识分子于 1842 年 1 月 1 日创办的，很快就成为德国自由主义思想发表的园地。马克思 1842 年 4 月开始为其撰稿，同年 10 月 15 日接任该报主编[①]，直至 1843 年 3 月退出。1843 年 4 月 1 日，该报被查封。由于这一时期马克思主要是以《莱茵报》为阵地发表他对世界的看法和政治观点的，所以论者通常把 1842 年 9 月—1843 年 3 月称为马克思思想发展的"《莱茵报》时期"。

---

① 马克思是《莱茵报》的第三任主编。该报首任主编是经济学家李斯特的学生赫夫铿，其因办报方针的温和色彩与持有激进倾向的该报筹办人荣克和赫斯发生矛盾而辞职。第二任主编是马克思推荐的被解除了中学教职的鲁滕堡，但他也不能胜任此项工作。这样，才能深受荣克和赫斯赏识的马克思便接任了主编一职。

这一时期马克思的主要活动不是在书斋中从事抽象的哲学理论的研究，而是研究现实问题，直接干预社会生活。在这段时间里，马克思遭逢了一些实际问题，其中有三个重要问题是他极为关注的。

一个是关于书报检查和出版自由问题。普鲁士政府在1819年颁布过关于书报检查的法令。1840年以后，自由主义反对派对新闻自由的要求日益强烈。为了适应形势的变化，1841年12月24日，国王弗里德里希·威廉四世又颁布了新的书报检查令，"承认公正的、合乎礼貌的公众言论是重要的而且必需的"，宣称"明确反对使写作活动受到各种无理的约束"。① 新的书报检查令表面上不赞成对作家的写作活动进行无理限制，实际上不仅保存了普鲁士以往的书报检查制度，而且加强了这种制度。比如，它主张一定程度上要对舆论严加控制，特别是要求人们的思想要带有官方的色彩。这个检查令发布后，一些自由主义知识分子曾由衷地高兴，以为它会带来真正的自由。针对这种情况，马克思先于1842年1月底至2月初写了《评普鲁士最近的书报检查令》，后又于3月26日至4月26日写了《第六届莱茵省议会的辩论②（第一篇论文）：〈关于新闻出版自由和公布省等级会议辩论情况的辩论〉》，尖锐地批判了书报检查令。前者发表在《德国现代哲学和政论界轶文集》1843年第1卷上，后者刊载于1842年5月5日、8日、10日、12日、15日和19日出

① 转引自马克思：《评普鲁士最近的书报检查令》，见《马克思恩格斯全集》第1卷，107页，北京，人民出版社，1995。
② 普鲁士各省的等级会议（省议会）建立于1823年。第六届莱茵省议会于1841年5月23日至7月25日在杜塞尔多夫举行，关于出版自由的辩论是由于讨论公布省议会记录的问题以及许多城市关于出版自由的请愿而展开的。马克思为第六届莱茵省议会写了三篇文章，其中公开发表的只有第一篇和第三篇。

版的《莱茵报》第 125、128、130、132、135 和 139 号附刊上。

　　另一个是关于林木盗窃法的辩论。在德国，随着资本主义的发展，土地私有化程度加剧，农民日益贫困。在这种情况下，盗窃林木、破坏猎场和牧地等"违法"行为成了常见的现象，而政府对这些行为的惩罚措施也越来越严厉。在普鲁士，1836 年因这类行为而受罚的达 15 万人，占全部刑事案件的 77%。即使这样，政府还觉得不够严厉。在莱茵省议会讨论林木盗窃法时，林木占有者还要求对贫苦农民采取更严厉的措施。为此，马克思于 1842 年 10 月撰写了《第六届莱茵省议会的辩论（第三篇论文）：〈关于林木盗窃法的辩论〉》，为"政治上和社会上备受压迫的贫苦群众"[①]进行辩护。

　　再一个是关于摩泽尔河沿岸农民的贫困状况。《莱茵报》于 1842 年 12 月 10 日、12 日和 14 日发表了该报记者写的三篇描述摩泽尔农民悲剧处境的通讯，批评政府对农民的悲惨生活以及他们的控诉置之不理。这引起了政府的不满，莱茵省总督把两篇反驳文章送到《莱茵报》，指责《莱茵报》教唆摩泽尔农民反对政府，说通讯作者的目的并不是为了增进摩泽尔农民的幸福，而是企图煽起不满情绪削弱当局和臣民之间的联系。由于记者拒绝答复官方的反驳，马克思就于 1842 年 12 月底至 1843 年 1 月中旬写了《摩泽尔记者的辩护》，对政府的责难进行了驳斥。这篇文章刊登在 1843 年 1 月 15 日、17 日、18 日、19 日和 20 日的《莱茵报》第 15、17、18、19 和 20 号上。

---

　　①　马克思：《第六届莱茵省议会的辩论（第三篇论文）：〈关于林木盗窃法的辩论〉》，见《马克思恩格斯全集》第 1 卷，141 页，北京，人民出版社，1956。

此外，这一时期马克思撰写的文章还有（按照写作的时间顺序梳理）：《集权问题：从问题本身和 1842 年 5 月 17 日星期二〈莱茵报〉第 137 号附刊谈起》（1842 年 5 月下旬）、《〈科隆日报〉第 179 号的社论》（1842 年 6 月 28 日至 7 月 3 日）、《历史法学派的哲学宣言》（1842 年 7 月底至 8 月 6 日）、《共产主义和奥格斯堡〈总汇报〉》（1842 年 10 月 15 日）、《〈莱茵报〉编辑部就有关共产主义的论争所作的说明》（1842 年 10 月 22 日）、《再谈谈奥·弗·格鲁培博士的小册子〈布鲁诺·鲍威尔和大学的教学自由〉1842 年柏林版》（1842 年 10 月底至 11 月初）、《〈莱茵报〉编辑部为〈评《汉诺威的自由主义反对派的失误》〉一文所加的按语》（1842 年 10 月 15 日至 11 月 7 日）、《区乡制度改革和〈科隆日报〉》（1842 年 11 月 7 日、11 日和 12 日）、《〈莱茵报〉编辑部为〈论新婚姻法草案〉一文所加的按语》（1842 年 11 月 6 日至 14 日）、《关于报刊的内阁指令》（1842 年 11 月 15 日）、《〈科隆日报〉的一个通讯员和〈莱茵报〉》（1842 年 11 月 16 日）、《论离婚法草案》（1842 年 12 月 18 日）、《奥格斯堡报的论战术》（1842 年 11 月 29 日）、《评奥格斯堡〈总汇报〉第 335 号和第 336 号论普鲁士等级委员会的文章》（1842 年 12 月 10 日、19 日和 20 日）、《〈莱比锡总汇报〉在普鲁士邦境内的查禁》（1842 年 12 月 31 日）、《关于奥格斯堡〈总汇报〉的论争》（1842 年 12 月 26 日至 1843 年 1 月 2 日）、《〈莱比锡总汇报〉的查禁和〈科隆日报〉》（1843 年 1 月 3 日）、《好报刊和坏报刊》（1843 年 1 月 5 日）、《答一家"中庸"报纸的攻击》（1843 年 1 月 7 日）、《驳奥格斯堡〈总汇报〉编后记》（1843 年 1 月 9 日至 11 日）、《答"邻"报的告密》（1843 年 1 月 9 日）、《〈科隆日报〉的告密和〈莱茵—摩泽尔日报〉的论争》（1843 年 1 月 11 日）、《莱茵—摩泽尔日报》（1843 年 1 月

15 日）、《评部颁指令的指控》（1843 年 2 月 4 日至 7 日）、《本地省议会议员选举》（1843 年 3 月 9 日）、《〈莱茵-摩泽尔日报〉是宗教法庭的大法官》（1843 年 3 月 11 日）、《〈莱茵-摩泽尔日报〉的修辞练习》（1843 年 3 月 13 日）等。

2."1842—1843 年通信"

在马克思文献学中，"1843 年通信"（Ein Briefwechsel von 1843）是一个约定俗成的称谓，它指的是马克思、阿尔诺德·卢格、费尔巴哈、巴枯宁等人之间为商讨在巴黎出版《德法年鉴》（*Deutsch-Französische Jahrbücher*）所进行的通信。可惜的是，这些信件的原件一封都没有保存下来，后人是根据以下线索知道这些信件的：①1844 年《德法年鉴》首次以"1843 年通信"为名编排、刊出其中的 8 封；②1847 年出版的《卢格全集》第 9 卷《论战书信集》隐去作者的名字刊出 7 封；③1902 年梅林在编辑《卡尔·马克思、弗里德里希·恩格斯和斐迪南·拉萨尔遗著》时发表了马克思的部分信件；④1927 年 MEGA1 第 1 部分第 1 卷第 1 册刊出更多的信件；⑤1975 年 MEGA2 第 3 部分第 1 卷提供了迄今为止数量最多的信件，计有马克思致卢格 5 封、致费尔巴哈 1 封、致尤利乌斯·福禄培尔 1 封、致威廉·圣保罗 1 封，卢格致马克思 12 封，费尔巴哈致马克思 3 封，格奥尔格·海尔维格致马克思 1 封、致卢格和马克思等 1 封，再加上此前《德法年鉴》刊出的巴枯宁致卢格 1 封、卢格致巴枯宁 1 封、费尔巴哈致卢格 1 封，共 28 封。

然而，如果对上述书信的思想内容进行梳理就会发现，年代上的分段只是文献编辑中的一种权宜之计。因为以此作为一个独立的单元，从 1843 年 1 月的信件展开讨论，不仅很多事件和观点显得非常突兀乃至

"无厘头"，就是马克思思想变迁的曲折进程及其渐趋深刻的思考也难以得到呈现。更何况这些信件本身的"内容和文风特征"还存在一些不小的"异议"，需要认真甄别和清理。这些复杂的情况要求我们放宽视野，将此前与"1843 年通信"论述的议题紧密相关的其他材料也纳入研读范围。最贴近的文献包括 1842 年的一批信件：马克思致卢格 5 封、致达哥贝尔特·奥本海姆 1 封、致尤斯图斯·威廉·爱德华·冯·沙培尔 1 封，卢格致马克思 6 封，计有 13 封。如果将这些材料与"1843 年通信"连缀起来通盘考察，这组由 41 封书信所构成的文献材料极为丰富而复杂的思想内涵乃至对当代社会发展不无价值的启迪也将得到彰显。鉴于以上考虑，笔者主张将这组文献材料的名称修正为"1842—1843 年通信"。

马克思借助"1842—1843 年通信"考察了当时德国的政治环境和社会氛围，剖析了"庸人及其国家"体制，清理了与先贤和同道之间在思路和策略上的分歧，进而显现出"思维着的人"对被其称为"愚人船"的德国命运的思索，以及为寻找新的社会变革之路所遭受的磨难和艰辛抉择的心理历程。由此所引发的一系列观点（诸如人与制度、被统治者与统治者之间的相互影响和塑造；"坏的政治"对哲学思维和思想生态的破坏；沉溺于思辨和自由、一味激进地批判和鲁莽地行事将一无所获；不能满足于现实的"时针的运动"，更在意"分针的运动"，等等）构成这一阶段马克思思想发展最精彩的篇章，它们就是在他以后的政治经济学研究中也没有失去光芒，更不曾被抛弃，而是构成其思想前后相续的一段彩练、其毕生社会批判的价值前提。即使在当代德国社会发展和政治哲学体系中，它们也是非常重要的卓见和建构。

3.《1848 年至 1850 年的法兰西阶级斗争》

这是马克思 1849 年年底至 1850 年 11 月 1 日专为《新莱茵报。政治经济评论》写的一组连载文章，当时的总题目叫《从 1848 年到 1849 年》，载于该刊 1850 年第 1、2、3、5、6 期。这部著作最初计划包括 4 篇文章：《1848 年的六月失败》《1849 年 6 月 13 日》《6 月 13 日在大陆上产生的后果》和《英国的现状》。但是在杂志的第 1、2、3 期上只发表了 3 篇，即《1848 年的六月失败》《1849 年 6 月 13 日》和《6 月 13 日在大陆上产生的后果》。1849 年的六月十三日事件对欧洲大陆的影响以及英国的状况在杂志的其他文章中部分得到了阐述，尤其是在马克思和恩格斯合写的国际述评中。1895 年，《1848 年至 1850 年的法兰西阶级斗争》以单行本的形式在柏林出版，书中载有恩格斯写的导言。在该版中，恩格斯特意增添了第四章，即《时评。1850 年 5—10 月》中有关法国事件的部分。恩格斯给这一章标的题目是"1850 年普选权的废除"，1895 年 2 月 13 日，他在给理查·费舍的信中说，只有第四章"使得这部著作完整了，否则小册子将显得残缺不全"①。前三章的标题也有所改变：第一章"从 1848 年 2 月到 1848 年 6 月"，第二章"从 1848 年 6 月到 1849 年 6 月 13 日"，第三章"从 1849 年 6 月 13 日到 1850 年 3 月 10 日"。

4.《路易·波拿巴的雾月十八日》

"雾月十八日"本来指的是 1799 年 11 月 9 日，这是拿破仑·波拿巴发动政变改行帝制、实行军事专政的日子。时间过去近 50 年后的 1848

---

① 　恩格斯：《恩格斯致理查·费舍(1895 年 2 月 13 日)》，见《马克思恩格斯文集》第 10 卷，685 页，北京，人民出版社，2009。

年 12 月 10 日，拿破仑的侄子路易·波拿巴经大选当选为法兰西共和国总统。1852 年 5 月，路易·波拿巴的总统任期届满。根据法国 1848 年宪法，每四年一次的总统选举应该在 5 月的第二个星期日举行，但路易·波拿巴拒绝下台。

如何看待路易·波拿巴的这一作为及其所引发的一系列历史事件呢？当时在法国出现了多种著作，作出了各种评论。马克思认为，其中值得注意的有两部，这就是雨果的《小拿破仑》和蒲鲁东的《政变》（全名为《从十二月二日政变看社会革命》）。在马克思看来，这两部著作论述的是同一个问题，但是由于它们的作者的立场和世界观的局限，作出的评论都是违背历史实际的。雨果是法国二月革命时期的左翼共和主义者、杰出的文学家，他同情人民群众，猛烈地抨击了路易·波拿巴的政变。但是，由于他不能从阶级关系上来看待这场政变的性质，把这一历史事件归结为路易·波拿巴个人的主动作用和暴力行为的结果，因而夸大了路易·波拿巴个人的作用。正如马克思所说的：

　　雨果只是对政变的主要发动者作了一些尖刻的和机智的痛骂。事变本身在他笔下被描绘成了一个晴天霹雳。他认为这个事变只是某一个人的暴力行为。他没有觉察到，当他说这个人表现了世界历史上空前强大的个人主动性时，他就不是把这个人写成小人物而是写成巨人了①。

① 马克思：《〈路易·波拿巴的雾月十八日〉1869 年第二版序言》，见《马克思恩格斯选集》第 1 卷，664 页，北京，人民出版社，2012。

　　蒲鲁东虽想把政变描述成以往历史发展的结果，但是由于他忽视了个人的主动作用，因而他对这次政变所作的历史说明不知不觉地变成了对政变主人公作用的历史辩护。这样，他就陷入了那些所谓"客观历史家"所犯的错误。

　　1851 年 12 月至 1852 年 3 月，马克思也通过撰写一本书对法国 1848—1851 年事件进行了分析。他特别用"雾月十八日"作书名，来讽刺和揭露路易·波拿巴的行为具有与拿破仑发动政变同样的性质。与雨果和蒲鲁东的分析不同，马克思从唯物史观出发，说明法国阶级斗争怎样造成一种条件和局势，使得路易·波拿巴这样一个平庸可笑的人物有可能扮演了英雄的角色。他"叙述了二月事变以来法国历史的全部进程的内在联系，揭示了 12 月 2 日的奇迹就是这种联系的自然和必然的结果"[①]。在写作过程中，马克思经常同恩格斯交换意见。除了报刊和官方的资料外，马克思还利用了一些寄自巴黎的个人通讯。

　　起初，《路易·波拿巴的雾月十八日》是准备在约·魏德迈在美国筹办的《革命》周刊上以文丛的形式发表的，但是这个杂志只在 1852 年 1 月出了两期，以后就由于经济困难而停刊了。马克思的文章到得太晚，所以在这两期中没有来得及发表。根据马克思的建议，魏德迈于 1852 年 5 月把这部著作以单行本出版，作为"不定期杂志"《革命》的第 1 期（也是唯一的一期）。魏德迈将书名改为《路易-拿破仑的雾月十八日》（没有用路易·波拿巴）。由于经济窘迫，第一次印刷的这个版本的大部分魏德迈都没有能

---

　　① 恩格斯：《〈路易·波拿巴的雾月十八日〉1885 年第三版序言》，见《马克思恩格斯选集》第 1 卷，666 页，北京，人民出版社，2012。

够从印刷厂主那里买回,运到欧洲去的册数不多,在德国或英国(用英文)再版的企图也没有成功。书的第二版到 1869 年才出版,这次出版时,马克思将原文又重新审阅了一遍。在 1869 年版的"序言"中,马克思就他对原文的校订作了如下的说明:"如果对本书加以修改,就会使它失掉自己的特色。因此,我只限于改正印错的字,并去掉那些现在已经不再能理解的暗示。"①该书的法文译本最先于 1891 年 1—11 月载于法国工人党机关报《社会主义者报》,同年又在法国利尔以单行本出版。

5.《流亡中的大人物》

1851 年 12 月的路易·波拿巴政变标志着 1848 年革命在欧洲大陆上的失败。在这种情况下,一些小资产阶级活动家尤其是德国流亡者便开始非议这场革命及其领导者,这产生了非常不好的影响,"这一切流亡者的吵嚷……给了各邦政府以其所希望的借口,在德国逮捕许多人,在全国各地镇压运动,并且把伦敦的可怜的草扫帚当作稻草人用来吓唬德国的小市民"②。这样,公开揭露这些流亡者的政治活动及其思想图谋就成为马克思及其同道在 1849 年秋至 1852 年年初这一时期的写作活动的一个组成部分。

《流亡中的大人物》的写作由此前的一系列工作铺垫而成:1851 年 2 月上半月,恩格斯开始为宪章派机关报《人民之友》撰写一组文章,斥责联合组建欧洲民主派中央委员会的朱泽培·马志尼、亚历山大·奥古斯

---

① 马克思:《〈路易·波拿巴的雾月十八日〉1869 年第二版序言》,见《马克思恩格斯选集》第 1 卷,664 页,北京,人民出版社,2012。

② 马克思、恩格斯:《流亡中的大人物》,见《马克思恩格斯全集》第 11 卷,386 页,北京,人民出版社,1995。

特·赖德律-洛兰和卢格的言论和行动（这组文章没有保存下来）；1851
年 4 月，恩格斯计划根据 1848 年到 1849 年的《新莱茵报》和议会记录编写
有关德国和法国庸俗民主派的档案；1851 年 6 月 27 日，马克思在致魏德
迈的信中痛斥了"'中央的'民主派卢格、豪格、隆格等人"及其机关报《宇
宙》；1851 年 7 月底，马克思在纽约的《德意志快邮报》上读到了海因岑和
卢格的文章，于是产生了一个想法，即"在适当时机把卢格的拙劣作品中
最滑稽可笑的东西汇集起来，给德国人看看，目前是谁在违反他们的意志
而任意摆布他们"①；1851 年 8 月，马克思用与以后的《流亡中的大人物》
类似的手法写了一篇情况概述，对金克尔在美国各地的鼓动旅行的初步结
果以及海因岑和卢格反对所谓"革命公债"的斗争都已经有所描述。

　　《流亡中的大人物》是这场争论的高潮，这部书稿的产生分为两个阶
段。1852 年 5 月 6 日至 27 日在伦敦为第一阶段，马克思和德朗克②共

---

　　① 马克思：《马克思致恩格斯(1851 年 7 月 31 日)》，见《马克思恩格斯全集》第 48
卷，328 页，北京，人民出版社，2007。

　　② 《马克思恩格斯全集》俄文第 2 版的编者认为这本书是"由马克思和恩格斯合写
的"，"参加选材和手稿整理工作的除马克思夫人外，还有共产主义者同盟盟员恩斯特·
德朗克"(《Сочинения К. Маркса и Энгельса》，том 8，Москва，Государствнное издательство
политической литературы，1957，С. 610-611。)。把德朗克排除在本书写作成员之外，只赋
予其选材和整理工作的说法与事实不符。德朗克堪当《流亡中的大人物》的写作者之一的
角色，这绝不是偶然的。他曾是《新莱茵报》编辑委员会的成员，熟悉马克思和恩格斯共
同写作的风格，他本人作为新闻工作者的文风也完全适应这一任务的需要。事实上，德
朗克不仅几乎认识书中所抨击的所有"大人物"(这在许多细节上对论战非常有益)，而且
还熟悉他们的许多文章。此外，他作为共产主义者同盟中央委员会的特使，1850 年曾在
美因河畔法兰克福、巴登和瑞士等地逗留过，1851 年还到过日内瓦，积累了与小资产阶
级冒险主义进行斗争的宝贵经验，而且他还是第一个在 1848 年就建议为像雅科布·费奈
迭和卢格这样的政治家"开设一个思想家画廊"的人。从这里甚至可以说，《流亡中的大人
物》一书的写作缘起以及之所以采取这样一种论述方式，很可能与德朗克的提议有关。

同写作。这一阶段完成了一份未能保存下来的总的提纲（"草稿"）和篇幅较长的第一篇，这一篇全部是德朗克的笔迹。在最后完成的马克思的手稿中，这一部分没有再作任何改动。根据现有资料无法明确断定，这一部分有多少可能是马克思口授的，有多少可能是德朗克自己起草的。有一个书写错误很可能是由于听错而造成的，这表明是马克思口授的。而第一篇的冗长描述和风格上的特点与其他各篇迥然不同，这又表明是德朗克自己起草的。5 月 28 日至 6 月 21 日左右在曼彻斯特为第二阶段，马克思和恩格斯合作撰写。马克思至迟在 5 月 28 日赶到了在曼彻斯特的恩格斯那里，至少逗留到 6 月 21 日。手稿的大部分即第二篇至第十五篇几乎都是由恩格斯执笔，可以设想，这些文字形成于当面讨论之中，并被马上记录下来。在成文的过程中，恩格斯直接进行了删改、补充和润色。马克思又对文章进行了审校，恩格斯所写的整个部分几乎都有马克思修改的痕迹。个别地方恩格斯事后再次作了修改。

这部论战性小册子在某种程度上画出了鲁道夫·施拉姆、古斯塔夫·司徒卢威、卢格、海因岑、哈罗·哈林、约翰奈斯·隆格、恩斯特·豪格、爱德华·梅因、亨利希·伯恩哈德·奥本海姆、尤利乌斯·孚赫、弗兰茨·济格尔、约瑟夫·菲克勒尔、阿曼德·戈克、卡尔·陶森瑙和奥古斯特·维利希的素描像，各篇生平概述用言简意赅的过渡性文字串联起来，并按照流亡者历史的时间顺序排列。之所以能够这样做，还因为这些传记的顺序基本上与当时那些被画像者到达伦敦的顺序相同。但是，也有个别生平概述分散在好几篇中。例如，在第五、八、十和十一篇中都对作为中心人物之一的卢格（首先还是因为与马志尼和赖德律-洛兰的联系）作了描述，极其简短的第七篇更具有向第八篇（卢格新的活动)过渡的性质。第十二篇在时间上恰逢 1851 年 5 月伦敦世界博览会开幕,从这一篇开始,不再是某个人的传记,而是各派流亡者一起出现。关于 1851 年 7 月和 8 月流亡者内部的争论(这在同一时期马克思和恩格斯的通信中也占有重要位置),第十三篇在这方面起了重要作用。关于美国德文报刊对这些争论的反应,第四篇专门作了描述。这些争论也是计划撰写的描述 1851—1852 年冬天在美国的斗争的续篇的出发点。

马克思至少在 1852 年 7 月和 8 月仍在积极地为已经计划好但尚未动笔的这部著作的续篇收集资料。因为续篇的情节主要发生在美国,所以在美国的共产主义者同盟盟员克路斯给马克思的信中所附寄的资料(主要有关于金克尔、戈克和其他参与主张所谓"革命公债"的人的活动的文件的抄件以及美国德文报纸的摘录)具有重要价值。克路斯了解马克思和恩格斯的意图,选择了相应的资料。他对资料的提供始于 1852年 6 月 20 日给马克思的信,信中详细描述了戈克在美国的活动。克路斯还将金克尔在辛辛那提诽谤马克思和恩格斯的言论告诉了马克思。马克思利用这个机会于 1852 年 7 月 22 日和 8 月初给在此期间回到伦敦的金克尔写了信,他想得到金克尔的又一个"表里不一的声明"的原始文件,作为计划中的续篇的素材。

《流亡中的大人物》原计划分几册出版,尽管马克思对原稿进行最后加工时删去了与此有关的所有说明,他在 1852 年 7 月 30 日给克路斯的信中仍然提到第 1 册。1852 年 6 月 21 日左右,马克思回到伦敦。由马克思按照原稿口述,燕妮和德朗克轮流笔录,整理出一份付印稿,同时还作了一些改动。6 月 28 日,他将付印稿交给了一个自愿效劳的匈牙利流亡者班迪亚在德国出版。后来发现这个人是警察局的暗探，他把小册子卖给了普鲁士警察局。马克思不久便在1853年4月所写的发表在美国报纸《美文学杂志和纽约刑法报》上的文章《希尔施的自供》中公开揭露了这个曾一时迷惑了他的班迪亚的行为。

马克思在世的时候，《流亡中的大人物》一直没有出版。伯恩施坦在1913年出版马克思和恩格斯的通信集的时候，没有刊出涉及马克思就该书同班迪亚谈判的信件，但此时这部书的手稿（前几页是德朗克执笔，以后都是恩格斯执笔，由马克思作了补充）就在他手里。1924年，保存马克思和恩格斯遗著的德国社会民主党档案库从伯恩施坦那里得到了手稿。1930年，这一著作第一次由苏联马克思恩格斯研究院译成俄文发表在《马克思恩格斯文库》中。最新刊登于MEGA2第1部分第11卷，于1985年出版。

6.《揭露科隆共产党人案件》

1852年10月4日至11月12日，普鲁士政府警察当局根据共产主义者同盟中央委员会会议的"原本记录"和从被同盟开除的维列希—沙佩尔集团成员处获得的文件以及其他人的证词，在科隆逮捕了共产主义者同盟的部分成员，其中的11名成员因被控告"密谋叛国"而受到起诉和审判，结果有7名被分别判处3年至6年的徒刑。这就是当时颇为轰动的"科隆共产党人案件"。

在马克思、恩格斯看来，这一案件是普鲁士警察当局精心策划的一次陷害，其罪证是普鲁士警探编造的，文件是伪造的，证词也是虚假的。案件的实质是普鲁士警察对共产主义运动的镇压，充分暴露了他们对付工人运动的种种强硬手段，同时这也证明共产主义者同盟的成员是无罪的。为了彻底揭露审判案策划者的诬陷手段,马克思决定写一本书来进行论战,书名就叫《揭露科隆共产党人案件》。

1852年10月底,当审判案还在科隆进行的时候,马克思就已经着手撰写这一著作,到12月初完成。当时要在德国发表此书是不可能的,在国外出版也是一件很冒险的事情。为此,马克思准备了两份手稿。12月6日,他把一份手稿寄给了瑞士的出版商小沙贝利茨,第二天,又把另一份手稿寄给了克路斯,以便如果一个地方不能出版,可在另外的地方寻找机会。1853年1月,这本小册子在瑞士的巴塞尔匿名出版。但是,当2000册书在3月运往德国时,几乎全部在巴登边境的一个小村子威尔被警察没收。在美国,这一著作最初在波士顿的民主报纸《新英格兰报》上陆续刊出,到1853年4月底,该报出版社出版了单行本。在波士顿出版的这本小册子也没有能够在德国流传,直到22年后即1875年,这本书才在德国再版并得以流传。这一版和1853年匿名出版的版本不同,它标上了作者的名字。马克思给这一版写了一个专门的"结束语",还把他于1860年写的小册子《福格特先生》的附录四《科隆共产党人案件》不加标题补充到这本书里面作为附录。马克思去世后,1885年,这本书经过恩格斯的编辑出了第三版,恩格斯为其写了一篇引言《关于共产主义者同盟的历史》,同时把1850年3月和6月两个中央委员会的《告共产主义者同盟书》加进了小册子。

《揭露科隆共产党人案件》最新刊登于MEGA2第1部分第11卷,于1985年出版。

7.《帕麦斯顿勋爵》

这组批评文章是马克思为揭露以帕麦斯顿为代表的英国寡头政治家

而写的，时间是 1853 年 10 月至 12 月底，是用英文写作的，共计 8 篇。在写作过程中，马克思广泛地查考了史料，首先是定期出版的卷帙浩繁的英国议会资料及外交部文件，即所谓《蓝皮书》(*Blue Books*)。此外，他还利用了关于议会会议的报告，主要是汉萨德出版的《议会辩论》(*Parliamentary Debates*)以及各种国际条约和外交文件汇集、评论集与大量报刊材料。

这些文章原先计划作为一组，在《纽约每日论坛报》上连续发表。1853 年 10 月初马克思动手写作之后，又同意在宪章派机关报《人民报》上同时发表。《人民报》刊出时用了一个总标题《帕麦斯顿勋爵》，并且在每篇文章之前加上"马克思博士为《纽约每日论坛报》而作，兼寄本报"这一句编者按语。而《纽约每日论坛报》编辑部则从第一篇文章起就不署作者姓名，把它作为社论刊登出来，这样，连续刊登的文章也就成了表面上互不关联的形式。《人民报》于 1853 年 10 月 22 日和 29 日，11 月 5 日、12 日和 19 日，12 月 10 日、17 日和 24 日的第 77、78、79、80、81、84、85 和 86 号共刊载了 8 篇，最后一篇也和前几篇一样在结尾附有"待续"字样。《纽约每日论坛报》并没有把马克思的文章全部发表，只在 1853 年 10 月 19 日、11 月 4 日和 21 日及 1854 年 1 月 11 日的第 3902、3916、3930 和 3973 号上发表了 4 篇，一律是社论形式，标题也各不相同。1853 年 10 月 19 日《纽约每日论坛报》发表的社论《帕麦斯顿》，相当于《人民报》发表的第一、二篇；1853 年 11 月 4 日发表的社论《帕麦斯顿与俄国》，相当于第三篇；1853 年 11 月 21 日发表的社论《现代史的一章》，相当于第四、五篇；1854 年 1 月 11 日发表的社论《英国与俄国》，相当于第七篇；第六、八篇《纽约每日论坛报》没有刊载。两家报纸所发表的原文也不尽相同。显然，马克思在给《纽约每日论坛报》和《人民报》寄原稿时，估计到这两家报纸发表这组批评文章的形式不同，稍微作了些文字上的修改。除此以外，《纽约每日论坛报》发表的文章还带有报纸编辑改动作者原文的痕迹。

从马克思在 1853 年 12 月 14 日给恩格斯的信中可以看出，他本想再写几篇文章来谈帕麦斯顿在 1840—1841 年"伦敦公约"签订期间的政策以及在 1848 年欧洲革命时期的立场，但这种想法没有实现。

这组抨击帕麦斯顿的文章传播很广。1853 年 11 月 26 日，《格拉斯哥哨兵》(Glasgow Sentinel) 连载了《帕麦斯顿与俄国》；1853 年 12 月，伦敦的出版者塔克尔以同一标题出版了这篇文章的单行本；1854 年年初，这个单行本再版，马克思参与了这次再版工作，他根据在《人民报》上发表的文章对这个单行本作了修改和补充。不久，塔克尔又出版了另一个单行本《帕麦斯顿与安吉阿尔-斯凯莱西条约》(扉页上的标题是《帕麦斯顿，他过去做了些什么》)，这个单行本是翻印《人民报》发表的第四篇(缺前四段)及第五篇，改动不大。这两种单行本作为第一、二号被编入塔克尔出版的《政治评论集》，并于 1855 年和其他作者的批评文章一起重版。1855 年 11 月 17 日和 1856 年 1 月 5 日，与帕麦斯顿对立的乌尔卡尔特派的报纸《设菲尔德自由新闻报》刊载了《帕麦斯顿勋爵》这组文章中的两篇(《人民报》发表的第三、六两篇)，前一篇还被单独重印，编为设菲尔德出版的"《自由新闻》小丛书"第 4A 号。差不多就在同时，所有 8 篇还刊载于乌尔卡尔特派的伦敦机关报《自由新闻》的 5 个号(1855 年 12 月 29 日、1856 年 1 月 5 日和 12 日、2 月 9 日和 16 日)上，并作为

"《自由新闻》小丛书"的第 5 号单独印行出版，标题是《帕麦斯顿勋爵传》。单行本刊出了作者的名字。

马克思的这组批评文章翻译成其母语——德文的情况是这样的：早在 1853 年 11 月 2 日，就在纽约的《改革报》上用德文发表，译文是由克路斯从《纽约每日论坛报》上节译的。《改革报》编辑部的前言说道："帕麦斯顿的名字现在又引起了人们很大的兴趣，所以我们决定从《论坛报》（《纽约每日论坛报》——引者注）上节译这些文字。这篇评论表明作者对于英国情况的了解非同一般，所以尽管没有署名，也不难猜出是谁写的。"①11 月 2 日、3 日、4 日、8 日和 9 日刊载在《改革报》上的《帕麦斯顿》一文，相当于《人民报》发表的第一、二篇。1855 年 2 月，马克思把题为《帕麦斯顿勋爵》的两篇文章寄给布雷斯劳(弗罗茨瓦夫)的《新奥得报》发表，内容基本上是《人民报》和《纽约每日论坛报》发表的文章的摘录。马克思的批评文章的摘录(有作者署名)还曾经由德国政论家爱·费舍在他于 1859—1860 年在柏林出版的《新公文集。现代史重要文件及材料汇编》(*Das Neue Portfolio. Eine Sammlung wichtiger Dokumente und Aktenstiicke zur zeitgeschichte*)第 1、2 卷中发表。

马克思逝世后，第三篇曾在 1893 年用波兰文刊载在同恩格斯有联系的波兰社会党人在伦敦出版的杂志《黎明》(*Przedswit*)第 7 期上，第七篇曾在 1897 年由马克思的女儿爱琳娜·马克思-艾威林根据《纽约每日论坛报》原文以同一标题《英国与俄国》收进她和爱德华·艾威林共同出版的马克思论东方问题的文集。1899 年，在伦敦又出版了由爱琳

① 《马克思恩格斯全集》第 12 卷，788 页，北京，人民出版社，1998

娜·马克思-艾威林编的 8 篇文章的汇编《帕麦斯顿勋爵传记》。《帕麦斯顿勋爵》刊登于 MEGA2 第 1 部分第 12 卷，于 1984 年出版。

8.《革命的西班牙》

马克思对近代以来的西班牙抱有浓厚的兴趣。诚如卡尔-弗里德·格鲁伯所说，"这个国家的矛盾性和变化莫测的历史对历史学家有着不可抗拒的诱惑力"[①]。马克思也认为，"整个欧洲，甚至包括土耳其和正在进行战争的俄国在内，没有一个国家像今天的西班牙这样使善于深思的观察家感到如此浓厚的兴趣"[②]。然而，现实情况是，"除了土耳其以外，恐怕没有哪一个国家像西班牙那样为欧洲了解得那么少，那么不正确。无数次的地方起义和军事叛乱，已经使欧洲习惯于把西班牙看成执政官时代的罗马帝国"[③]。在马克思看来，这种情况应当扭转过来。

1848 年欧洲革命失败后，马克思密切注视着重新引发革命运动的一切征兆。他把视线转向了西班牙，非常关注 1854 年夏季在西班牙发生的事件。他认为，西班牙的革命斗争能够推动欧洲其他国家革命运动的发展。为了更好地了解新的西班牙革命的特殊性质和特点，马克思仔细研究了 19 世纪上半叶的西班牙革命历史，主要是 1808 年到

---

① ［德］卡尔-弗里德·格鲁伯：《谈谈马克思的〈革命的西班牙〉组文的产生》，见《马克思主义研究资料》第 12 卷，516 页，北京，中央编译出版社，2015。

② 马克思：《革命的西班牙》，见《马克思恩格斯全集》第 13 卷，503 页，北京，人民出版社，1998。

③ 马克思：《马德里起义的细节。——奥地利和普鲁士的要求。——奥地利的新公债。——瓦拉几亚》，见《马克思恩格斯全集》第 13 卷，388 页，北京，人民出版社，1998。

1814 年、1820 年到 1823 年和 1834 年到 1843 年这三个时期的历史，作了有关英国、法国和西班牙作者的著作摘录，共 5 本笔记，此外还包括两篇自己的草稿和总计 49 篇摘录的目录。在这些摘录中，有 45 篇是同西班牙的历史有关的，它们分别摘自 35 部著作。马克思摘录的都是原文，因此 20 篇是英文的，17 篇是西班牙文的，8 篇是法文的。这些工作为马克思撰写《革命的西班牙》奠定了很扎实的文献和史料基础。

1854 年 8 月至 11 月，马克思用英文为《纽约每日论坛报》写了 11 篇涉及第一次（1808—1814）、第二次（1820—1823）和第三次（1834—1843）西班牙资产阶级革命时期的文章。《纽约每日论坛报》于 1854 年 9 月 9 日，10 月 20 日、27 日、30 日，11 月 24 日、25 日，12 月 2 日以及 1855 年 3 月 23 日刊载了前 8 篇（论述 1820 年以前的事件），其余 3 篇（论述 1820—1822 年事件和 1833 年事件）没有发表。在没有发表的文章中，目前保存下来的只有论述第二次西班牙资产阶级革命失败原因的手稿片断。

当然，马克思梳理和剖析历史的目的是剖析他所生活的时代，因此也可以说《革命的西班牙》产生于直接的实际政治的需要，是一些时事评论性质的文章。特别是随着这些文章的发表，马克思还打算继续剖析前一个革命时期，以说明当时正在进行斗争的各政党的性质以及决定这些政党的生存和斗争的社会关系。马克思理论研究的对象是历史还是时事问题，始终是由现实政治的需要决定的。这组关于西班牙的文章虽然没有最后写完，但其特点恰恰在于在一篇时事文章中把历史上各个不同时期关于同一问题的相关文献相互融合在一起。这组文章的纲领性质不是措辞明确的口号、声明和呼吁，而是令人信服地为正在开展的革命运动从以前的资产阶级革命的教训中寻找启示。

马克思曾经想把发表在《纽约每日论坛报》上的所有文章综合成一部有关时事问题的著作，虽然由于后来的政治经济学研究和《资本论》写作任务繁重等原因没有实现，但他留下的对当时复杂的社会状况及革命前景的深刻分析仍然具有重要的研究价值和现实意义。

此组文章刊登于 MEGA2 第 1 部分第 13 卷，于 1985 年出版。

9.《十八世纪外交史内幕》

这是马克思原计划撰写的一部关于 18 世纪英国和俄国外交关系史的著作的导言。

1856 年，马克思在翻阅英国博物馆保存的外交手稿时发现了一些鲜为人知的文件，涉及英国政府同俄国政府之间从彼得一世时代就已经开始的秘密交往的内幕。马克思当时就想利用这些文件撰写一部篇幅为 20 个印张的著作，来披露这些事实。但是这个计划没有实现，他只是以《十八世纪外交史内幕》为标题撰写了这部著作的导言。这篇导言共分六章，第一章摘录发表了 18 世纪英国外交官从彼得堡发回的四件秘密书函，第二、四、六章摘录发表了 18 世纪初英国出版的三本匿名小册子《北方危机》《防御条约》和《真理合乎时宜才是真理》。马克思认为这些历史资料是判断 18 世纪欧洲外交关系的重要依据，因此详加批注、重新发表，"以便对历史作出新的说明"。[1]

---

[1] 马克思：《马克思致查理·多布森·科勒特（草稿，1856 年 10 月 23 日）》，见《马克思恩格斯全集》第 29 卷，522 页，北京，人民出版社，1972。

《十八世纪外交史内幕》最初于 1856 年 6—8 月部分发表在《设菲尔德自由新闻报》上，后来于 1856 年 8 月—1857 年 4 月全文发表在于伦敦出版的《自由新闻》上。马克思在世时，这部著作没有出版过单行本。1899 年，伦敦的斯旺·桑南夏恩公司出版了由爱琳娜·马克思-艾威林编辑但未最后审定的单行本，书名是《十八世纪外交秘史》，其中第五章较《自由新闻》发表的全文少了一部分。1969 年，英国又出版了由莱斯特·哈钦森编辑的按照《自由新闻》补全了的单行本。

10.《福格特先生》

这部著作是对波拿巴主义的代理人卡尔·福格特（Karl Vogt，1817—1895）的著作《我对〈总汇报〉的诉讼》的答复。福格特的这本小册子出版于 1859 年 12 月，对马克思及其同道的思想提出了严厉的批评。1860 年 1 月，在柏林出版的《国民报》的编辑察贝尔很快就用两篇社论的形式转述了它的内容。马克思对此立即作出反应，一方面他决定用文字回答福格特，另一方面他认为《国民报》的行为及其社论所转述的内容是一种典型的"诽谤"，所以决定向法院对其提出控告。这样，从 1860 年 1 月底起，马克思就着手为写反对福格特的书和对《国民报》提出诉讼收集材料。为此，他写信给许多同他在政治活动和革命活动中有过联系的人，请他们提供揭露福格特的材料。从 1860 年 2 月中旬起，马克思开始把控告察贝尔的材料寄往在柏林的他的法律顾问韦伯律师。但是在 1860 年 6 月到 10 月期间，马克思的起诉却被普鲁士的各级司法机关拒绝了。马克思在准备和寄发诉讼材料的同时，继续撰写抨击福格特的著作。他研究了 18 世纪至 19 世纪的政治史和外交史，从论述外交政策问题的书籍和报纸中作了大量摘录，并且到曼彻斯特去找恩格斯，以便查阅由恩格斯保存的那些反映无产阶级革命家的活动以及他们同各种派别进行斗争的书信和文件。1860 年 9 月，马克思基本上写完了这一批评性著作。在普鲁士的各级司法机关驳回了他对察贝尔的控诉书之后，他又补写了《一件诉讼案》这一章，对普鲁士的司法制度进行了非常有力的批评。到 11 月，马克思彻底写完了这部著作，并将它命名为《福格特先生》。

《福格特先生》于 1860 年 12 月 1 日由伦敦佩奇出版社出版，并由著名的希尔施费尔德印刷厂印刷。此后，这本书在马克思和恩格斯在世时没有再版过。我们前面在考证《揭露科隆共产党人案件》一书时指出过，《福格特先生》的第四篇《科隆共产党人案件》曾被当作 1875 年出版的该书的第二版的附录。1885 年出版该书的第三版时，恩格斯对这一附录作了修改和补充。

11.《给临时中央委员会代表的关于若干问题的指示》

《给临时中央委员会代表的关于若干问题的指示》（以下简称《指示》）是马克思为国际工人协会第一次代表大会代表们写的关于若干问题的指示。

国际工人协会第一次代表大会于 1866 年 9 月 3—8 日在日内瓦举行。此前，总委员会在 1866 年 7 月 17 日的会议上通过一项决议，要求详细制定和讨论即将举行的代表大会的议程。7 月 31 日，马克思在中央委员会会议上代表常务委员会就议程问题作了一次报告。稍后，马克思据此用英文写成《指示》，并由保·拉法格译成法文。出席代表大会的共有 60 名代表，他们分别代表中央委员会、协会各支部以及英国、法国、德国和瑞士的工人团体。大会主席是海·荣克。《指示》作为中央委员会的正式报告，曾在大会上宣读。但是，掌握代表大会三分之一票数的蒲鲁东主义者反对《指示》，他们在一份专门的意见书中就议程的各个要点提出了自己广泛的纲领。《指示》共有 9 点，其中作为代表大会决议通过的有以下 6 点：关于国际联合行动、缩短工作日、儿童劳动与妇女劳动、合作劳动、工会、常备军。代表大会还批准了国际工人协会的章程和条例。

中央委员会受代表大会委托，正式公布了代表大会的材料，这些材料发表在 1867 年 2 月 20 日和 3 月 13 日的英文版《国际信使》、1867 年 3 月 9 日和 16 日的法文版《国际信使》以及其他刊物上。《国际信使》是周刊，1864 年 11 月至 1867 年 7 月用英文和法文在伦敦出版。英文版的名称是 The International Courier，法文版的名称是 Le Courrier International。在 1867 年，《国际信使》是国际工人协会（第一国际）的机关刊物。

1868 年 10 月，中央委员会决定以单行本的形式出版日内瓦代表大会的重要决议和刚刚举行过的布鲁塞尔代表大会的决议，马克思受委托编辑该书。正如他在单行本序言中所指出的，他在单行本里收进了必须看做是国际的纲领的组成部分的日内瓦代表大会的一些决议，即根据《指示》第二点、第三点、第五点和第六点所通过的决议。单行本于 1869 年在伦敦出版，书名是"The International Working Men's Associations Resolutions of the Congress of Geneva，1866，and the Congress of Brussels，1868"。

12.《法兰西内战》（包括初稿、二稿、定稿）

1871 年 3 月 18 日，巴黎爆发无产阶级革命，一度建立了自己的政权——巴黎公社，这一举动引起了马克思的高度关注。3 月 28 日，马克思在国际工人协会总委员会会议上提出建议，以国际工人协会的名义发表一篇告巴黎工人书，以表明国际工人协会对巴黎事件的态度。会议通过了这一建议，并委托马克思起草这一文件。马克思正准备起草时，巴黎的局势有了进一步发展：一是内战开始了，形势究竟怎样发展，还需要看一看；二是当时社会上有一种看法，说巴黎无产阶级的行动是根据国际工人协会总委员会的指示进行的。因此马克思认为，发表告巴黎工人书的时机不合适，需要再等一等。4 月上半月，经过一段时间的观察和研究，马克思自认为看清了巴黎公社的性质以及巴黎无产阶级革命的历史意义①，而且他觉得单单起草一篇告巴黎工人书已经不够了，应当写一篇面向全世界无产阶级的宣言。

4 月 18 日，马克思在总委员会会议上建议向整个国际工人协会发表一项关于斗争的总趋向的宣言，这个建议获得通过。会后，他就开始进行宣言的起草工作。马克思非常慎重，在起草正式宣言之前先写了两个草稿，即初稿和二稿。初稿大约是从 1871 年 4 月 18 日写起，到 5 月 9 日和 13 日之间完成。之后就开始写二稿，大约于 5 月 23 日之前写成。最后定稿是在 5 月 30 日之前写完的。这段撰写工作历时约两个月，写下的手稿计有初稿 22 页、二稿 13 张、最后定稿约 14 页。初稿和二稿写在大张的纸上。篇幅最大的初稿完整地保存下来了，它共占 11 张纸，

---

①　马克思在 1871 年 4 月 12 日给路德维希·库格曼的信中指出：巴黎公社是无产阶级专政的一种形式，是无产阶级国家的雏形。4 月 17 日，他在给库格曼的另一封信中又写道："工人阶级反对资本家阶级及其国家的斗争，由于巴黎的斗争而进入了一个新阶段。不管这件事情的直接结果怎样，具有世界历史意义的新起点毕竟是已经取得了。"（马克思：《马克思致路德维希·库格曼（1871 年 4 月 12 日、17 日）》，见《马克思恩格斯文集》第 10 卷，352～354 页，北京，人民出版社，2009。）

由于两面都书写，故共有 22 页，除了第 6 页和第 13 页以外都有马克思标的页码。根据马克思标的页码(不是每张纸上都有)，二稿共有 13 张，保存下来的有 11 张(其中 8 张是一面书写，3 张是两面书写)，在保存下来的第(5)节"内战的开始。3 月 18 日的革命。克列芒·托马。勒康特。旺多姆广场事件"之前的第(4)节丢失了。未标明页码的最后 3 张主要是对二稿的个别地方的修订。马克思在进行《法兰西内战》的定稿工作时，通常用垂直线和斜线把初稿和二稿中已利用过的地方画掉，所以初稿和二稿中的大部分地方都画有垂直线和斜线。初稿、二稿和最后定稿三者虽然有许多不同之处，但在结构上是基本一致的，如：揭露梯也尔政府的民族背叛政策，叙述巴黎无产阶级的革命行动，分析资产阶级国家的发展和证明建立无产阶级国家的客观必要性，阐明巴黎公社这个新型国家的主要特征，等等。最后定稿中的所有主要思想，在初稿、二稿中都已有所阐述。在有些问题上，初稿、二稿比最后定稿还要详细。初稿、二稿的内容极其丰富，大部分采用了文学著作形式。除了表达完整的章节外，还有许多片断的简讯、引文和评语。从初稿、二稿到最后定稿在文章结构上的变化可以看出，马克思逐步使这个文件具有宣言的形式，并且越来越确切地阐明公社的主要特点及其普遍适用的经验教训。

马克思撰写这份宣言是以大量史料为基础的。身处伦敦的马克思从巴黎公社起义的第一天起就注意收集各种报刊，每天从英文和法文报刊上作摘录。日积月累，他的笔记本收进了大量资料，包括从 1871 年 3 月 18 日至 5 月 1 日的几乎每天的报刊消息。当时巴黎周围被封锁，在伦敦要想得到巴黎的报刊是很困难的，因此马克思主要是利用在英国出版的英文和法文报刊，如自由派出版的《每日新闻》《回声报》《观察家报》、保守派出版的《每日电讯》《旗帜报》、大资产阶级出版的半官方机关报《泰晤士报》、爱尔兰民族主义者出版的报纸《爱尔兰人》以及在伦敦出版的波拿巴主义报纸《形势报》。此外，马克思还通过各种渠道弄到一些在巴黎出版的法文报纸，如支持巴黎公社的《口令报》《号召报》《波尔多论坛报》、新雅各宾派的《复仇者报》、布朗基主义者的《先锋报》以及资产阶级反动报刊《自由报》《费加罗报》《钟报》《小报》等。除报刊资料外，马克思还充分利用巴黎的国际会员和其他友人来信中的材料。经常来信的有列·弗兰克尔、路·欧·瓦尔兰、奥·赛拉叶、伊·鲁·托马诺夫斯卡娅（德米特里耶娃）等，以及公社其他领导成员。1871 年 4 月初，保尔·拉法格从波尔多到了巴黎。4 月 20 日以后，有些人给总委员会的信就是经拉法格转寄给伦敦和巴黎的奥·赛拉叶、俄国人彼·拉甫罗夫以及公社的其他一些参加者的。拉甫罗夫在 5 月初还从巴黎给马克思带来一批信件。除了收集一些具体资料外，作为写作宣言的重要思想理论基础的就是马克思以前所写的关于 19 世纪 40 年代以来法国阶级斗争和资产阶级国家历史演变的一些著作，诸如 1852 年发表的《路易·波拿巴的雾月十八日》中所阐述的论点。①

　　1871 年 5 月 23 日，已经完成了初稿和二稿的马克思向总委员会说明了他所起草的这份宣言的基本思想。他在谈到关于巴黎的斗争问题时说，他担心结局快要到来了，但是即使公社被搞垮了，斗争也只是延期

---

　　①　在《路易·波拿巴的雾月十八日》中，马克思曾经根据法国阶级斗争的发展情况得出了这样的重要结论：无产阶级必须彻底摧毁资产阶级的国家机器，而不能再像从前那样把官僚军事机器从一些人的手里转到另一些人的手里，这是真正的人民革命的先决条件。正因为对法国社会经济和政治发展有这样的基本认识，所以马克思能从公社的建立中看出公社的实质和意义，很快写出《法兰西内战》这样一部重要著作。

而已；公社的原则是永存的，是消灭不了的，在工人阶级得到解放以前，这些原则将一再表现出来。5 月 30 日，马克思又在总委员会会议上宣读了他所起草的宣言全文，获得全体委员的认同。会后，马克思又作了一些补充和加工，便形成了著名的《法兰西内战》这部著作。

《法兰西内战》的定稿最初于 1871 年 6 月 13 日左右在伦敦用英文印成 35 页的小册子发表，印数一千份。由于第一版很快销售一空，不久又出了第二版，印数两千份，在工人中间减价销售。马克思在这一版中更正了第一版的几个印刷错误，并在"附录"里增补了第二篇文件。宣言下面总委员会委员的署名作了如下的变动：抽掉工联主义者鲁克拉夫特和奥哲尔的名字（他们在有关报刊上表示不同意宣言，并且退出了总委员会），同时增添了总委员会新成员的名字。1871 年 8 月出了第三版，马克思在这一版中删除了前两版中个别不确切的地方。1871—1872 年，《法兰西内战》被译成德文、法文、俄文、意大利文、西班牙文和荷兰文在欧洲各国和美国的期刊上发表，并以单行本出版。德文本是由恩格斯翻译的，于 1871 年 6—7 月陆续发表于《人民国家报》（6 月 28 日，7 月 1 日、5 日、8 日、12 日、16 日、19 日、22 日、26 和 29 日的第 52—61 号），并于 1871 年 8—10 月在《先驱》杂志部分发表，此外还在莱比锡出版了单行本。恩格斯在译文中作了几个不大的改动。1876 年，为了纪念巴黎公社五周年，出版了《法兰西内战》的新的德文本，在文字上作了一些订正。1891 年，在为迎接巴黎公社二十周年而准备出《法兰西内战》的德文纪念版时，恩格斯重新校订了译文，并为这一版写了导言。在导言中，他强调巴黎公社经验和马克思在《法兰西内战》中对公社作的理论总结的历史意义，此外还作了一些有关加入公社的布朗基主义者和蒲鲁东主义者的活动的补充。恩格斯把马克思写的总委员会关于普法战争的第一篇和第二篇宣言收进了这一版，此后这两篇宣言在各种文字的单行本中也都通常与《法兰西内战》一起刊印。《法兰西内战》的法文译文最初于 1871 年 7—9 月在布鲁塞尔的《国际报》上刊出。1872 年在布鲁塞尔出了法文版单行本，译文曾由马克思加以校定。马克思在寄给他的校样上作了大量修改，把好些地方重新译过。1871 年，在苏黎世第一次出了《法兰西内战》俄文版，后来铅版印刷以及胶版翻印的许多版本都以这一版为依据。1905 年，出版了由列宁校订的《法兰西内战》俄文本（敖德萨"海燕"出版社版），这次是根据 1891 年德文版翻译的。列宁校订《法兰西内战》时，在译文中使用了精确的经济政治术语，去除了前一版的大量歪曲和不妥之处，恢复了那些在前一版被沙皇书报检查机关删去的地方，其中对第三章译文作的改动特别大。后来，列宁在他的《国家与革命》以及其他著作中引用《法兰西内战》时，又把所引用的很多地方重新译过（根据 1876 年和 1891 年的德文版）。像恩格斯所做的工作一样，列宁对《法兰西内战》俄文译文的修改以及他自己翻译的一些段落对后世理解马克思的思想起了很明显的导向作用。

《法兰西内战》草稿在马克思、恩格斯生前以及他们逝世后的很长一段时期内未发表过，初稿的一些片断最初发表在 1933 年 3 月 14 日、18 日《真理报》第 72、76 号上。初稿和二稿的全文第一次用原文（英文）和俄文译文发表是在联共（布）中央马克思恩格斯列宁研究院 1934 年出版的《马克思恩格斯文库》第 3(8) 卷中。《法兰西内战》刊登于 MEGA2 第 1 部分第 22 卷，于 1978 年出版。

13.《所谓国际内部的分裂：国际工人协会总委员会内部通告》

"斗争"成了一种思维惯性甚至处事方式，成了人类社会运行中一条"铁的规律"。不仅无产者与资产者之间进行着斗争，就是在无产者内部，工人阶级各团体之间、各政党内部不同观点和主张的代表者之间也在进行着形形色色的较量。1872年1月中旬至3月5日，马克思和恩格斯用法文写成的《所谓国际内部的分裂：国际工人协会总委员会内部通告》，昭示的就是他们在国际工人协会内部与巴枯宁分子之间的分歧与对立。

在关于工人运动的前景和出路等问题上，国际工人协会内部一直存在着分歧意见。鉴于国际工人运动中存在的高度组织化和集权化不仅没有带来实际的效果，反而容易暴露目标，遭到统治者的镇压，巴枯宁所领导的"社会主义民主同盟"主张工人运动的"无政府主义"化。在马克思、恩格斯看来，这种主张和行为是国际内部的一种破坏力量，所以必须坚决反对，并且这种反对无政府主义的斗争要长期化、不间断化。1871年9月召开的国际工人协会伦敦代表会议通过了关于必须建立无产阶级的独立政党和同宗派主义作斗争的决议，在马克思、恩格斯看来，这是给了无政府主义一次沉重的打击。但是会后巴枯宁分子的活动反而加强了，他们展开了反对国际工人协会的运动，首先是反对总委员会和马克思、恩格斯。在1871年11月召开的桑维耳耶代表大会上，无政府主义者通过了一个通告①，这个通告被马克思、恩格斯视为国际工

---

① 参看恩格斯：《桑维耳耶代表大会和国际》，见《马克思恩格斯全集》第17卷，516～522页，北京，人民出版社，1963。

人协会内部和外部各种敌视马克思主义的分子反对总委员会的信号。而且他们认为，无政府主义者的各种活动尤其是秘密活动，会使 1848 年欧洲革命失败以来国际无产阶级的最大成就——国际工人协会受到威胁。所以，马克思、恩格斯决定写作《所谓国际内部的分裂：国际工人协会总委员会内部通告》，揭露巴枯宁主义者在国际工人协会内部所进行的破坏活动，巩固伦敦代表会议反对无政府主义的斗争成果，并使这一运动达到一个新的阶段。

1872 年 3 月 5 日，马克思在国际工人协会总委员会会议上阐述了他与恩格斯所起草的通告的基本论点，并指出了这个描绘出了"协会的研究得非常透彻的原则和政策的历史发展图景"的文件的意义。这篇通告由总委员会全体委员署名，于 1872 年 5 月底第一次用法文印成单行本，并分发给协会的所有联合会。

14.《社会主义民主同盟和国际工人协会》

持续性的斗争不断取得阶段性成果，反对巴枯宁主义的运动在《社会主义民主同盟和国际工人协会》这一著作中达到了新的高潮。

这本书是马克思和恩格斯在拉法格的参与下完成的，写于 1873 年 4—7 月。与以往批判巴枯宁主义的书不尽相同的是，这一著作所引用的材料极其丰富，特别是它参阅了海牙代表大会秘密同盟活动调查委员会所提供的大量文件①，其中包括拉法格、梅萨等人从西班牙寄来的材料（在该书的第四章中作了引用），约·菲·贝克尔从瑞士寄来的材料（在该书的第三章中作了引用），丹尼尔逊和柳巴文从俄国寄来的材料以

---

① 这些材料在海牙代表大会上未能全部加以审阅。

及吴亭受伦敦代表会议的委托而写的长篇报告①（在该书的第八章中作了引用）。还有一部分文件是在海牙代表大会以后才交给马克思和恩格斯的（在该书的第七章中作了引用）。此外，对于同盟的几个说明它的目的和任务的文件，马克思和恩格斯在第十一章"文件"中也作了引用。这样所形成的《社会主义民主同盟和国际工人协会》一书的架构就是："一、引言""二、秘密同盟""三、同盟在瑞士""四、同盟在西班牙""五、同盟在意大利""六、同盟在法国""七、同盟在海牙代表大会以后""八、同盟在俄国""九、结语""十、补充""十一、文件"。

马克思、恩格斯旨在通过《社会主义民主同盟和国际工人协会》一书，彻底消解巴枯宁分子试图以自己的意见和理论支配欧洲工人运动的野心。书中所依据的大量实际材料，确实起到了揭露事实真相的目的。此外，这本书还在理论和组织层面总结了国际工人协会反对巴枯宁主义的斗争。

《社会主义民主同盟和国际工人协会》于 1873 年 8 月用法文印成单行本。1874 年，它以《一个反对国际工人协会的阴谋》（*Ein Complot gegen die Internationale Arbeite-Association*）为题在不伦瑞克用德文出版，恩格斯直接参加了德译本的审订工作。此外，在纽约出版的《工人报》也刊载过此书。

还需要特别说明的是，马克思和恩格斯在编写这本书时所使用过的文件的目录也保存下来了。根据这个目录可以看出，马克思和恩格斯掌握有吴亭寄来的许多俄文书刊的法译本。由此可以知道，有关巴枯宁的

① 参看《马克思恩格斯全集》第 18 卷，751 页，北京，人民出版社，1964。

文件的许多引文都是根据法文译文摘录的。刊登于 MEGA2 第 1 部分第 24 卷，于 1984 年出版。

15.《哥达纲领批判》

在第一国际后期特别是巴黎公社失败后，由于受到各国政府的镇压以及生产和资本集中的加剧等因素的影响，工人运动出现了新的情况与态势。关于工人运动如何进一步发展，第一国际内部不同流派的思路很不相同。19 世纪 60 年代以后，对德国工人运动产生了较大影响的是拉萨尔主义——一个被马克思称为"普鲁士王国政府的社会主义"①的思想流派。在与拉萨尔主义思路不一致的情况下，1869 年，李卜克内西、倍倍尔等人组建了德国社会民主工党。当年 8 月，在德国的爱森纳赫城举行的全德代表大会宣告了这个工人阶级政党的成立。这样一来，德国工人运动中就形成了两个不同的组织，一个是爱森纳赫派，一个是拉萨尔派。但是，形势的进一步发展表明，如果继续扩大不同派别之间的意见分歧，必然会使工人运动遭受到伤害。所以从工人运动发展的战略考虑，工人运动必须统一。为了实现这种统一，爱森纳赫派转换了策略，多次提出两派联合的建议，但起初没有得到拉萨尔派的同意。时间过去 5 年之后，1874 年，拉萨尔派出现了一些困难和危机，而在自身内部又找不到解决办法。这种情况下，他们也被迫调整了策略，主动找爱森纳赫派的领导人要求实行两派合并。

对于当时在这种特殊情形下马上实行两派合并，马克思、恩格斯是

---

① 恩格斯：《卡·马克思〈资本论〉第一卷书评——为〈观察家报〉作》，见《马克思恩格斯全集》第 16 卷，256 页，北京，人民出版社，1964。

不同意的。为此，他们一再提醒爱森纳赫派的领导人李卜克内西和倍倍尔，强调必须在一定的原则的基础上实行合并，不能拿原则做交易。恩格斯还特别提出，合并的第一个条件是"他们不再做宗派主义者，不再做拉萨尔派"[①]。但是，李卜克内西等人认为组织上、形式上的团结才更为重要，所以不顾马克思、恩格斯的告诫，很快与拉萨尔派开始协商合并。1874 年 11 月 2 日和 12 月 15 日，两派之间进行了两次会谈，最终形成了一个合并纲领草案。这一纲领草案于 1875 年 3 月 7 日在双方的机关报上发表。

马克思、恩格斯从报纸上看到这个合并纲领草案时非常气愤，认为它"充满了拉萨尔主义的论调"，是一个"会使党堕落"的纲领草案。为此，恩格斯首先给倍倍尔写了一封长信，初步批评了纲领草案的主要错误，指出它在理论上是一次倒退。接着，他又给李卜克内西写了一封短信，对纲领草案表示了同样的态度。当时，德国社会民主工党还有另一位领导人威·白拉克。1875 年 4 月初，白拉克请马克思对纲领草案发表意见。借此机会，马克思也开始对这一草案进行逐条评注，这成为写作《哥达纲领批判》的直接契机。4 月 21 日、23 日，李卜克内西先后给恩格斯写了两封回信，回答对纲领草案的批评。在前一封信中他说："您所指出的纲领的一切缺点，毫无疑问是存在的……但是，只要不想使关于合并的协商破裂，这些缺点在代表会议上就是不可避免的。"[②]在后一

---

① 恩格斯：《恩格斯致奥古斯特·倍倍尔（1875 年 3 月 18—28 日）》，见《马克思恩格斯全集》第 34 卷，120 页，北京，人民出版社，1972。

② Karl Liebknecht an Friedrich Engels（21.4.1875），*Beiträge zur Geschichte der Arbeiterbewegung*，Berlin，Dietz verlag，Ausgabe 6，Jahrgang，1976，S. 1041.

封信中他又说：“已经作出的让步即使在形式上也没有使新的纲领比起爱森纳赫纲领来是退步的。”为了实现合并，“即使再作一些让步我都是愿意的”。① 李卜克内西的这种态度，促使马克思决心尽快完成自己对这个纲领草案的系统批判。5 月 5 日，马克思抱病完成了《德国工人党纲领的批注》，即《哥达纲领批判》的主体部分。5 月 6 日，马克思把稿子连同一封附信一并寄给了白拉克，并请他转给爱森纳赫派的其他领导人阅读。

在这部著作中，马克思逐条批判了纲领草案中的拉萨尔主义观点，阐述了他的社会主义基本原理和主张。针对拉萨尔派离开生产关系空谈“劳动”和“公平分配”的错误观点，马克思指出：

> 消费资料的任何一种分配，都不过是生产条件本身分配的结果；而生产条件的分配，则表现生产方式本身的性质。例如，资本主义生产方式的基础是：生产的物质条件以资本和地产的形式掌握在非劳动者手中，而人民大众所有的只是生产的人身条件，即劳动力。既然生产的要素是这样分配的，那么自然就产生现在这样的消费资料的分配。②

即使在共产主义社会，劳动者也不可能得到拉萨尔所谓“不折不扣

---

① Karl Liebknecht an Friedrich Engels（23. 4. 1875），*Beiträge zur Geschichte der Arbeiterbewegung*，Berlin，Dietz verlag，Ausgabe 6，Jahrgang，1976，S. 1042-1043.

② 马克思：《哥达纲领批判》，见《马克思恩格斯文集》第 3 卷，436 页，北京，人民出版社，2009。

的劳动所得"，只有从社会总产品中扣除用于补偿生产资料、扩大再生产、建立后备基金、支付管理费用、满足共同需要、为丧失劳动能力的人设立基金等各部分之后，才谈得上在劳动者之间进行消费资料的分配。在阐述未来社会的分配方式时，马克思第一次区分了共产主义社会发展的两个阶段，并阐明了两个阶段的基本特征，指出：在共产主义社会的第一阶段，由于在经济、道德和精神上都还带着资本主义社会的痕迹，消费品分配只能遵循商品等价交换的原则，即实行按劳分配，"每一个生产者，在作了各项扣除以后，从社会领回的，正好是他给予社会的"①；只有到了共产主义社会的高级阶段，随着社会生产力高度发展，社会财富极大丰富和人本身的全面发展，"社会才能在自己的旗帜上写上：各尽所能，按需分配"②。马克思还批判了拉萨尔派所谓废除"铁的工资规律"的谬论，指出正确的提法应当是废除"雇佣劳动制度"。针对拉萨尔派的"依靠国家帮助建立生产合作社""自由国家"等错误观点，马克思阐明了历史唯物主义关于国家的基本观点，强调了国家的阶级性，指出现代国家"都建立在现代资产阶级社会的基础上"③，并明确提出："在资本主义社会和共产主义社会之间，有一个从前者变为后者的革命转变时期。同这个时期相适应的也有一个政治上的过渡时期，这个时期的国

---

① 马克思：《哥达纲领批判》，见《马克思恩格斯文集》第3卷，434页，北京，人民出版社，2009。
② 马克思：《哥达纲领批判》，见《马克思恩格斯文集》第3卷，436页，北京，人民出版社，2009。
③ 马克思：《哥达纲领批判》，见《马克思恩格斯文集》第3卷，444页，北京，人民出版社，2009。

家只能是无产阶级的革命专政。"①此外，这部著作还论述了工人阶级政党在教育和宗教等问题上的重要观点。

马克思、恩格斯原准备公开发表《哥达纲领批判》，但鉴于当时《哥达纲领》在工人中间造成的影响不大，所以未公开发表。到了 19 世纪 90 年代，德国社会民主党内出现了以福尔马为代表的思潮，认为可以和平实现社会主义，因而主张阶级合作。为了防止这股思潮的进一步发展，恩格斯不顾李卜克内西等人的反对，于 1891 年决定公开发表《哥达纲领批判》。当然，恩格斯也不得不同意"删去和修改"有人"提出异议的每一个地方"，"尽可能地考虑"某些最尖锐的提法。② 它当时刊登在德国社会民主党的理论性机关刊物《新时代》1890—1891 年第 1 卷第 18 期上，并附有恩格斯的说明，同时一并发表了直接同它有关的马克思在 1875 年 5 月 5 日给白拉克的信。《哥达纲领批判》刊登于 MEGA2 第 1 部分第 25 卷，于 1985 年出版。

16. 关于俄国社会发展道路问题的一组文献

与印度、中国和其他落后国家被西方资本主义强国用暴力、商品、自由贸易等手段强行纳入"世界历史"发展进程不同，19 世纪末期的俄国尚保持着独立性，走的是一条独特的道路。俄国社会的前后变化引起了马克思的很大兴趣，他认为应该对之进行认真的研究，作出理论和现实的双向反思。

---

① 马克思：《哥达纲领批判》，见《马克思恩格斯文集》第 3 卷，445 页，北京，人民出版社，2009。

② 参看恩格斯：《恩格斯致卡尔·考茨基(1891 年 2 月 23 日)》，见《马克思恩格斯文集》第 10 卷，603 页，北京，人民出版社，2009。

俄国是个东方专制主义国家，17—18 世纪在欧洲政治风云中一直扮演着扩张、侵略和镇压的角色。19 世纪初打败拿破仑统治的法国以后，它又成为欧洲大革命中民族解放运动的反对者，与美国共同被称为"欧洲现存秩序的支柱"。但到 19 世纪 70 年代前后，俄国后院起火，社会发生了巨大变化。1861 年实行的农奴制改革改变了原来野蛮落后的自然经济，建立起农业和手工业相结合的生产方式，与此同时，在政治体制上开始向资本主义君主立宪制转变。这种引进西方资本主义方式来改造社会内部结构的尝试，大大加剧了俄国社会的矛盾。1877 年 4 月爆发的俄土战争又进一步激化了这些矛盾，加剧了社会的冲突。这种内外夹攻的形势有可能产生革命的机会，大大加速革命进程。因此，马克思认为：

> 这次危机是欧洲历史的一个新的转折点。俄国——我曾经根据非官方的和官方的俄文原始材料……研究过它的情况——早已站在变革的门前，为此所必需的一切因素都已成熟了……俄国社会的一切阶层目前在经济上、道德上和智力上都处于土崩瓦解的状态。这一次，革命将从一向是反革命安然无恙的堡垒和后备军的东方开始。①

恩格斯也指出，"要是俄国发生革命，它就会拯救欧洲免遭全面战

---

① 马克思：《马克思致弗·阿·左尔格(1877 年 9 月 27 日)》，见《马克思恩格斯全集》第 34 卷，275 页，北京，人民出版社，1972。

争的灾难，并成为全世界社会革命的开端"①。

这是世界史上的重大转折：落后的俄国取代西方先进国家，破天荒地成为世界革命的突破口。为适应这样急剧变动的现实情况、解决理论上的是非问题，已年过半百的马克思于1869年开始学习俄文，系统地研究有关俄国土地关系和社会政治发展状况的官方文献和学术专著。用他自己的话说："为了能够对当代俄国的经济发展作出准确的判断，我学习了俄文，后来又在许多年内研究了和这个问题有关的官方发表的和其他方面发表的资料。"②此后十多年间，整箱整箱的俄文书籍往返于彼得堡和伦敦之间。在短短的几年内，马克思先后写了《给〈祖国纪事〉杂志编辑部的信》《给维·伊·查苏利奇的复信》(初稿、二稿、三稿、四稿和定稿)和《关于俄国一八六一年改革和改革后的发展的札记》等著名文章，大体构成了他对俄国社会的全面反思，形成了他关于俄国社会发展道路的系统思考。以下我们分别加以考察。

(1)《给〈祖国纪事〉杂志编辑部的信》

1877年，在莫斯科出版的《祖国纪事》杂志第10期"时评"栏目中登载了俄国民粹主义思想家尼·康·米海洛夫斯基的文章《卡尔·马克思在尤·茹柯夫斯基先生的法庭上》，对马克思的《资本论》作了自己的分析和批判。马克思对米海洛夫斯基的看法不以为然，看到这篇文章之后不久，他起草了《给〈祖国纪事〉杂志编辑部的信》，进行反驳和辩解。但

---

① 恩格斯：《致若·纳杰日杰(1888年1月4日)》，见《马克思恩格斯全集》第37卷，6页，北京，人民出版社，1971。

② 马克思：《给〈祖国纪事〉杂志编辑部的信》，见《马克思恩格斯选集》第3卷，728页，北京，人民出版社，2012。

这封信当时并没有寄出。马克思逝世后，恩格斯从他的文件中发现了这封信，将其复制后和 1884 年 3 月 6 日的信一起寄给了在日内瓦的俄国"劳动解放社"成员、女革命家维·伊·查苏利奇。这封信于 1886 年发表在日内瓦出版的《民意导报》第 5 期上。

(2)《给维·伊·查苏利奇的复信》(初稿、二稿、三稿和定稿)

1881 年 2 月 16 日，查苏利奇代表较迟加入"劳动解放社"的同道给马克思写了封信。在信中，查苏利奇谈到《资本论》在俄国极受欢迎的情形，并且特别请求马克思谈谈他对俄国历史发展的前景尤其是俄国农村公社的命运的看法。她说：

> 你比谁都清楚，这个问题在俄国是多么为人注意……特别是为我们的社会主义党所注意……最近我们经常可以听到这样的见解，认为农村公社是一种古老的形式，历史、科学社会主义，——总之，一切不容争辩的东西，——使它注定要灭亡。鼓吹这一点的人都自称是你的真正的学生，"马克思主义者"……假如你能说明，你对我国农村公社可能的命运以及世界各国由于历史的必然性都应经过资本主义生产各阶段的理论的看法，给予我们的帮助会是多么大。[①]

马克思这时住在伦敦西北区梅特兰公园路 41 号，他在收到查苏利奇的信后，就着手回复。马克思曾拟了四个草稿，把这四个草稿综合起来，就是一个内容极其丰富的关于俄国的农民公社、农业生产的集体形

① 《马克思恩格斯全集》第 25 卷，757 页，北京，人民出版社，2001。

式的综合性概述。马克思于 1881 年 3 月 8 日给查苏利奇发出了正式回信，较之草稿，正式回信很短，提法也很谨慎，是用法文写的。这些草稿（除了几乎完全与正式回信相一致的最后一稿外）第一次发表是在1924 年出版的俄文版《马克思恩格斯文库》第 1 卷上。

(3)《关于俄国一八六一年改革和改革后的发展的札记》

随着时间推移，马克思对俄国的研究兴趣愈加增强了。1881 年年底至 1882 年，他利用官方公布的材料以及俄国作者的许多著作，撰写了《关于俄国一八六一年改革和改革后的发展的札记》。与马克思专门研究俄国资料的其他手稿不同，这份札记不是写在笔记本上，而是写在单页纸张上，其中有题目和章节，用数字和字母标明。除了收集在许多笔记中的材料外，马克思还引用了已经系统化的实际资料，对俄国 1861 年改革和改革后的发展的一些根本问题作出了自己的重要结论。马克思这份札记的手稿第一次发表是在 1952 年出版的俄文版《马克思恩格斯文库》第 12 卷上。

(4)《我的藏书中的俄国书籍》

《我的藏书中的俄国书籍》(*Russische in my bookstall*)是马克思晚年整理自己的藏书时写下的一份"书目志"，写作时间大约在 1881 年下半年，写在保存下来的马克思平生最后一个笔记本（1881—1882 年）里。这是一个宽 10 厘米、长 16 厘米的小笔记本，共 108 页，这份"书目志"占了其中6 页半。马克思用相当清楚的笔迹列出 150 多种版本的俄国书籍，在书名下画了直线并编了 115 个书号。显然，在编写这份"书目志"时，这些书是马克思手头拥有的。收进"书目志"里的相当大一部分书属于 19 世纪 60—70 年代的作品，主要论述的是俄国 1861 年改革后的社会经济和政治发展情况，这正是马克思当时的兴趣所在和研究重点。在马克思的原始手稿中，这份"书目志"中的书名以及个别词句是用德文、英文和法文写的，但大部分内容说明是用俄文写的。《我的藏书中的俄国书籍》第一次用原文和俄文发表是在《苏联共产党历史问题》杂志 1975 年第 9 期上。

17. 关于爱尔兰问题的一组文献

在欧洲，除了波兰独立问题外，爱尔兰民族解放斗争也曾引起马克思、恩格斯的极大关注。爱尔兰问题与英国无产者的斗争关系密切，研究这一问题对无产阶级革命也同样具有政治意义和理论价值。恩格斯曾于 1856 年和 1869 年两次亲自到爱尔兰进行实地考察，他与马克思就爱尔兰问题写了大量的文章和通信，主要阐明的是民族解放斗争与无产阶级革命之间的关系。

近代的爱尔兰民族解放斗争有两次高潮。第一次高潮是在 1848 年前后。1801 年爱尔兰被合并到英国以后，农民状况恶化，特别是 1845—1846 年的马铃薯歉收导致大批农民饿死，增强了爱尔兰的反抗情绪。1847 年年初成立的爱尔兰同盟主张通过武装斗争脱离英国统治，建立独立的爱尔兰共和国。1848 年 7 月，爱尔兰同盟宣布起义，同英国军警发生冲突。由于组织不善和领导不力，最后被英国政府镇压下去。第二次高潮是在 1867 年。1848 年起义后，爱尔兰农民被从土地上赶走的进程仍在继续，大批农民移居大洋彼岸，加之人口死亡率极高，爱尔兰人口减少了二三百万，成了当时欧洲唯一人口减少的地区。19 世纪 50 年代末，秘密组织"爱尔兰革命兄弟会"成立，它的会员以传说中当年反抗英国兼并的英雄命名，自称为"芬尼党人"。芬尼党人的目标也是通过武装起义建立独立的爱尔兰共和国，1867 年他们组织武装起义，同样被英国当局镇压。

爱尔兰民族解放斗争发展的这两个阶段，使马克思在革命与民族斗争关系问题上的认识发生了重大的变化，这时他特别认识到了民族解放斗争对于无产阶级革命的意义。马克思曾认为，爱尔兰的解放只有借助英国无产阶级革命才能实现，没有英国工人阶级在本土给资产阶级以毁灭性的打击，爱尔兰的独立是根本不可能的。在这个意义上，马克思否定了爱尔兰与英国的分立，认为这是无法实现的事情。到了 1867 年以后，爱尔兰民族解放斗争的发展及英国的社会现实使马克思反省了自己原来的观点。1869 年 12 月 10 日，马克思在给恩格斯的一封信中详尽地说明了自己的看法的改变及其原因：

> 我长期以来认为可以借英国工人阶级的崛起来推翻统治爱尔兰的制度。我在《纽约论坛报》上总是维护这种观点。但是我更加深入地研究了这个问题以后，现在又得出了相反的信念。只要英国工人阶级没有摆脱爱尔兰，那就毫无办法。杠杆一定要安放在爱尔兰。因此，爱尔兰问题才对整个社会运动有这样重大的意义。[①]

马克思在给恩格斯的另一封信中也说："过去我认为爱尔兰从英国分离出去是不可能的。现在我认为这是不可避免的，即使分离以后还会成立联邦。"[②]

以下是我们对马克思关于爱尔兰问题的一组著述的考察。

---

① 马克思：《马克思致恩格斯(1869 年 12 月 10 日)》，见《马克思恩格斯文集》第 10 卷，316 页，北京，人民出版社，2009。

② 马克思：《马克思致恩格斯(1867 年 11 月 2 日)》，见《马克思恩格斯全集》第 31 卷，381 页，北京，人民出版社，1972。

（1）《在曼彻斯特被囚禁的芬尼社社员与国际工人协会》

1867年2—3月，"爱尔兰革命兄弟会"长期准备的武装起义遭到失败，在各郡分散举行的零星运动遭到镇压，许多领导人被捕并交由法庭审判。9月18日，为了营救两名被捕的芬尼社领导人凯利和迪西，在曼彻斯特组织了对囚车的武装袭击。凯利和迪西成功逃跑，在冲突中有一名警察被击毙。五名营救人员当场被捕，他们被控杀害警察并被判处死刑。其中一人（马圭尔）后来被赦免，另外一人（康登）由死刑改判为终身监禁，其余三人（拉金、艾伦和奥勃莱恩）于1867年11月23日被处决。判处芬尼社社员死刑的事件在爱尔兰和英国引起了广泛的抗议浪潮，国际工人协会总委员会委员、法国通讯书记杜邦参加了这一运动，并于1867年10月14日在巴黎报纸《法兰西信使报》上发表了一篇关于芬尼运动的文章。虽然声援芬尼社社员的行动没有得到总委员会英国委员的支持，但是马克思为了强调无产阶级在民族问题上的统一策略并在英国工人中间宣传无产阶级国际主义思想，坚持在总委员会就爱尔兰问题进行公开辩论，同时邀请英国报界的代表出席。辩论于1867年11月19日和26日进行。由马克思用英文起草的意见书《在曼彻斯特被囚禁的芬尼社社员与国际工人协会》，是总委员会在1867年11月20日举行的非常会议上批准的。由于工联领导人的反对，该意见书没有以英文发表，而是以法文发表在1867年11月24日的《法兰西信使报》上。

（2）《关于爱尔兰问题的发言提纲》

这是马克思为1867年11月26日在国际工人协会总委员会讨论爱尔兰问题时准备的发言提纲。根据马克思的提议，原定11月19日开始的在总委员会上对爱尔兰问题的讨论改在下一次会议上举行，马克思准备在这次会议上发言。但是在会议召开前不久的 11 月 23 日，三名被判处死刑的芬尼社社员在曼彻斯特被处决。马克思认为，在处决使群情激愤的情况下，这篇准备好的发言已经不适用了，于是他改让彼·福克斯发言。而且他认为，在这样一个严重的时刻，由总委员会英国委员出面对爱尔兰人表示同情并谴责英国政府的血腥行为更为合适。后来，马克思在准备于伦敦德意志工人共产主义教育协会就爱尔兰问题作报告时，利用了该提纲和准备报告时收集的材料。1936 年在莫斯科出版的普·凯尔仁策夫所著《爱尔兰为独立而斗争》一书，从《关于爱尔兰问题的发言提纲》中作了一些摘录。

(3)《1867 年 12 月 16 日在伦敦德意志工人共产主义教育协会所作关于爱尔兰问题的报告的提纲》

这是马克思于 1867 年 12 月 16 日在伦敦德意志工人共产主义教育协会会议上就爱尔兰问题所作的报告的草稿，出席这次会议的还有伦敦许多其他的工人团体的代表以及总委员会的一些成员。报告的时间是一个半小时，引起了会议参加者的极大兴趣，马克思还被邀请就同一题目在伦敦其他的德国工人团体中作报告。尽管这个提纲相当详细，但它还只是一个最初的草稿，没有包含马克思所作报告的全部内容。

(4)《从美国革命到 1801 年合并的爱尔兰。摘录和札记》

这是马克思再次对爱尔兰历史进行研究的产物。1869 年爱尔兰民族解放斗争的重新加剧和广泛开展的争取赦免爱尔兰的政治犯芬尼社社员的运动，促使马克思重新研究爱尔兰问题。1869 年 11 月初，他建议国际工人协会总委员会讨论如下问题：①英国政府在赦免问题上的表现；②英国工人阶级对爱尔兰民族解放运动的态度。第一个问题在总委员会受到了广泛的讨论，11 月 16 日、23 日和 30 日，马克思在讨论过程中多次发言。对第二个问题的讨论由于包括马克思生病在内的种种原因而改到 1870 年，可是后来根本没有进行讨论，因为由马克思制定的国际工人协会在这个问题上的政策已经表述在国际的其他文件里了，首先是 1870 年 1 月 1 日总委员会致瑞士罗曼语区联合会委员会的信①。这篇著作可能是马克思为在总委员会上再次讨论爱尔兰问题而进行的准备②，其手稿上附着的一张单页上有恩格斯写的"Hibernica"（"关于爱尔兰"）字样，并注有"1869 年"③。该著作由两部分组成：主体部分（第一部分）和以详细年表形式编写的与之相应的概要（第二部分）。这两部分手稿都自成一体，各有一套页码：第一部分有 54 页，第二部分有 12 页（缺第 9 页）。马克思的主要材料来源是约·米契尔的《里美黎克协定以来的爱尔兰史》（两卷本，1869，都柏林版）、约·菲·柯伦的《演说集》（1855，都柏林版）和乔·思索尔的《反对合并。爱尔兰应当是什么样的爱尔兰》（1831，纽里版），此外，马克思还使用了其他资料，特别是英国激进派科贝特的杂志《政治纪事报》和格拉坦的演说等。这本著作不是上述各书或其中某一本书的摘录，它的性质是一部由马克思预先设计好的材料选编，马克思的这一设计反映着他对所研究的这一时期爱尔兰史进程以及这段历史的内部时期划分的独特理解。在手稿中，直接摘引或

---

① 参看马克思：《总委员会致瑞士罗曼语区联合会委员会》，见《马克思恩格斯全集》第 16 卷，435～443 页，北京，人民出版社，1964。

② 这还可以从下述情况看出：该著作附有马克思从载有关于要求赦免运动材料的爱尔兰报纸《爱尔兰人报》上作的摘录，以及 1869 年 11 月 30 日通过的总委员会关于赦免问题的决议草案。

③ 这显然是恩格斯在马克思去世后整理马克思遗稿时写下的。

转述原著时用的是英文；作者加的评论一部分用的是英文，一部分用的是德文。

五、思想创构(8部)

就其基本职业和身份来说，马克思毕生都是一位学者、一位理论家，因此，他是以思想为武器、工具和手段来"征服世界"的。在一系列著述中，马克思阐发了他对历史、世界、时代的深邃思考，建构了自己独特的理论体系。这里我们考证的就是马克思表述自己思想、理论的一些著述的情况，至于马克思最重要的原创性巨著《资本论》的写作过程和出版情形，我们将在下一节和另外一章专门进行系统的梳理。

1."博士论文"

马克思1838年写下的"古希腊晚期哲学笔记"在他的博士论文《德谟克利特的自然哲学和伊壁鸠鲁的自然哲学的差别》中得到了部分利用①。1840年下半年马克思集中时间写作博士论文，到1841年年初完成。论文脱稿后，出于安全和保险方面的考虑，他并没有把论文送交他就读的

① 《马克思恩格斯全集》俄文第2版的编者所作的注解先是认为笔记在"博士论文"中得到"广泛的利用"，后又说"博士论文"只是"马克思在1839年计划对古希腊罗马哲学史进行全面研究工作的一部分"，前后有矛盾，前者显然是不准确的。还是 B. A. 马利宁和 B. И. 申卡卢克的说法较为公允，他们认为"马克思的博士论文是有关古希腊哲学和整个古代文化的更加广泛的材料中的一个经过逻辑加工的部分"。见《Сочинения К. Маркса и Энгельса》，том40，Москва，Государствнное издательсьво политической литературы，1975，C. 668/671，以及［苏］B. A. 马利宁、B. И. 申卡鲁克：《黑格尔左派批判分析》，曾盛林译，第二章，北京，社会科学文献出版社，1987。

柏林大学——因为柏林大学的学者们了解他的反政府情绪，也了解他同布鲁诺·鲍威尔和"博士俱乐部"其他成员的关系——而是送交还不怎么了解他的耶拿大学。耶拿大学哲学系主任巴赫曼教授读了论文以后，给予了肯定性评价，认为该篇著作最显著的特点是"论据极为充分"。他在评议书的最后写道，博士论文证明"该候选人才智高超、见解透彻、学识渊博"①。1841 年 4 月 15 日，马克思被耶拿大学授予博士学位。当时马克思还打算在报刊上发表他的论文，为此，他于 1841 年 3 月写了"献词"和"序"。此后，马克思于 1841 年年底和 1842 年年初又为论文的发表作过努力，但一直到他去世也未能如愿。这篇博士论文由两个部分组成，即《德谟克利特的自然哲学和伊壁鸠鲁的自然哲学的一般差别》和《论德谟克利特的物理学和伊壁鸠鲁的物理学的具体差别》。可惜的是，对理解当时马克思思想最为重要的第一部分的第四章"德谟克利特的自然哲学和伊壁鸠鲁的自然哲学的一般差别"和第五章"结论"遗失了。作者的手稿也未找到，现在保存下来的只有一份不知由何人抄录的不完整的副本，内有马克思亲笔作的修改和补充。此外，论文的附录②以及作者为附录所加的部分注释也未完整地保存下来。马克思的博士论文第一

---

① ［德］卡尔·弗里德里希·巴赫曼：《对卡尔·马克思的博士论文的推荐书》，见《马克思恩格斯全集》第 40 卷，899 页，北京，人民出版社，1982。

② 根据博士论文的目录，应当有两篇附录，但保存下来的只有两个片断，即第二篇第一节的开头和作者给第一篇所有三节加的注。这两个片断和"关于伊壁鸠鲁哲学的笔记"中第三本笔记里的文字几乎完全相同，是由无名氏抄在一张和笔记本里的纸一样的纸上的。据此有过一种意见，认为该片断与博士论文无关，它是一部失传的研究古希腊罗马哲学的著作的一部分，显然带有草稿的性质。同时，这两个片断的内容和其中摘录的普卢塔克著作的引文与保存下来的作者给附录加的注释有密切联系。根据现有的事实，要彻底解决这两个片断到底属于哪一部著作的问题，目前尚无可能。

次发表于《卡尔·马克思、弗里德里希·恩格斯和斐迪南·拉萨尔遗著》1902 年斯图加特版第 1 卷。在第一次发表时，作者注除了少数几个之外几乎全都删掉了，上述残页也删掉了。1927 年第一次全文（根据残存的那部分手稿）发表于 MEGA1 第 1 部分第 1 卷第 1 分册；刊登于 MEGA2 第 1 部分第 1 卷，于 1975 年出版。

2.《黑格尔法哲学批判》

理解纷纭复杂的历史、社会和时代，特别是诸如"国家的本质"这样的问题，令马克思苦恼。黑格尔是他绕不开的"死结"，既要进入其体系的迷宫，又必须超越这一体系，在体系之外对其进行批判。按照恩格斯的说法，"马克思从黑格尔的法哲学出发，得出这样一种见解：要获得理解人类历史发展过程的锁钥，不应当到被黑格尔描绘成'大厦之顶'的国家中去寻找，而应当到黑格尔所那样蔑视的'市民社会'中去寻找"[1]。"从黑格尔的法哲学出发"的工作就体现在《黑格尔法哲学批判》这本书的写作中，而"得出这样一种见解"的工作是由《〈黑格尔法哲学批判〉导言》来完成的。

《黑格尔法哲学批判》是马克思 1843 年 3 月到 9 月在克罗茨纳赫写作的，这本书最终没有完成。现存部分是对黑格尔的《法哲学原理》一书的第 261～313 节的分析和批判，这几十节是该书阐述国家问题的一章中的一部分。在马克思所写的手稿中，有的是对《法哲学原理》的任何一节或若干节逐字逐句地摘引，紧接着就写评注；有的则是先摘引黑格尔的原文或只作复述，留下空白页供以后写评注用。马克思的论述包含着

---

① 恩格斯：《卡尔·马克思》，见《马克思恩格斯全集》第 16 卷，409 页，北京，人民出版社，1964。

对黑格尔国家观所作的透彻的批判，他指责黑格尔从绝对观念出发，神秘地推导出各种国家要素，还指责黑格尔思辨地阐述"市民社会"同"国家"的"分离"关系。现在保留下来的手稿有 39 张，每张手稿上均有马克思标上的罗马数字，但没有标有"Ⅰ"的那一张。

马克思在克罗茨纳赫没有写完《黑格尔法哲学批判》一书，他携带手稿于 1843 年 10 月到了巴黎。他与当地的民主主义者、社会主义者以及流亡法国的德国正义者同盟盟员建立了联系，观察了那里的工人运动，研究了当时的各种政治思潮。从 10 月中旬到 12 月中旬，马克思撰写了《〈黑格尔法哲学批判〉导言》。这篇导言发表在 1844 年 2 月出版的《德法年鉴》上。

马克思本打算在发表《〈黑格尔法哲学批判〉导言》以后接着完成此前已经写作了一部分的《黑格尔法哲学批判》，并把它付印出版，但这个意图未能实现。对于这一曲折，马克思后来在《1844 年经济学哲学手稿》的序言中作了解释：

> 我在《德法年鉴》上曾预告要以黑格尔法哲学批判的形式对法学和国家学进行批判。在加工整理准备付印的时候发现，把仅仅针对思辨的批判同针对不同材料本身的批判混在一起，十分不妥，这样会妨碍阐述，增加理解的困难。此外，由于需要探讨的题目丰富多样，只有采用完全是格言式的叙述，才能把全部材料压缩在一本著作中，而这种格言式的叙述又会造成任意制造体系的外观。①

---

① 马克思：《1844 年经济学哲学手稿》，见《马克思恩格斯文集》第 1 卷，111 页，北京，人民出版社，2009。

马克思根据这些理由得出了一个结论：最好是先写几个小册子，对法、伦理、政治等分别进行讨论，最后以对唯心主义思辨哲学进行批判的综合性著作来完成这项研究工作。但由于清理青年黑格尔派以及德国各种思想体系的现实需要，马克思不得不改变自己最初的计划，在同制定其新世界观的基础密切结合起来的情形下对思辨哲学进行全面的批判。马克思在与恩格斯合著的《神圣家族》和《德意志意识形态》中完成了这一任务。

3.《论犹太人问题》

在 1844 年 2 月出版的《德法年鉴》上，除了《〈黑格尔法哲学批判〉导言》外，马克思还发表了《论犹太人问题》这篇很重要的文章。《论犹太人问题》写于 1843 年秋，是马克思对布鲁诺·鲍威尔于 1843 年在不伦瑞克出版的《犹太人问题》和格奥尔格·海尔维格于 1843 年在苏黎世和温特图尔出版的文集《来自瑞士的二十一印张》中布鲁诺·鲍威尔的《现代犹太人和基督徒获得自由的能力》中关于犹太人问题的论述的回应。布鲁诺·鲍威尔在这两部著述中把世俗问题归结为神学问题，认为之所以犹太人和基督徒的关系是对立的，就是因为他们的宗教是对立的。犹太人要想获得解放，必须放弃自己的宗教，他们只有首先从宗教中解放出来才能获得彻底解放。从宗教中解放出来是一个前提，只要犹太人和基督徒把他们互相对立的宗教看成人类精神发展的不同阶段，或者看成历史上蜕掉的不同的蛇皮，把人本身看成蜕皮的蛇，他们之间的关系就不再是宗教对立的关系，而是人与人的关系。正是基于这样一种看法，布鲁诺·鲍威尔认为，犹太人不放弃自己的宗教，就无权要求政治解放。马克思不赞同布鲁诺·鲍威尔的观点，他认为政治解放和宗教解放不是一回事，政治解放不要求以宗教解放为前提，它也达不到消灭宗教的结果。不能简单地把犹太人问题归结为神学问题，犹太人问题固然有时表现为神学问题，实际上是个世俗问题。在马克思看来，依据犹太人居住的国家的不同，犹太人问题也有不同的提法。在没有取得政治解放、没有资产阶级民主制度的德国，犹太人问题表现为纯粹的神学问题，表现为犹太人与基督教国家的对立。这实质上是政治解放问题，只在神学批判里兜圈子解决不了这一问题。而在作为立宪国家的法国，犹太人问题也以神学问题的假象出现，但它实质上是一个宪政问题，是政治解放不彻底的问题。只有在北美合众国，在政治国家十分发达的地方，犹太人问题才失去了神学意义，直接表现为世俗问题。在政治解放已经完成了的国家，宗教不仅存在，而且表现出很强的生命力和社会影响力。由此，马克思得出了一个十分重要的结论：宗教的存在是一个有缺陷的存在，这个缺陷的根源只应该到国家自身的本质中去寻找。

在我们看来，宗教已经不是世俗局限性的原因，而只是它的现象。因此，我们用自由公民的世俗束缚来说明他们的宗教束缚。我们并不宣称：他们必须消除他们的宗教局限性，才能消除他们的世俗限制。我们宣称：他们一旦消除了世俗限制，就能消除他们的宗教局限性。我们不把世俗问题化为神学问题。我们要把神学问题化为世俗问题。相当长的时期以来，人们一直用迷信来说明历史，而我们现在是用历史来说明迷信。①

---

① 马克思：《论犹太人问题》，见《马克思恩格斯文集》第 1 卷，27 页，北京，人民出版社，2009。

总之，论述宗教解放和政治解放的关系，提出宗教不是世俗狭隘性的原因而只是它的表现，人们的政治异化决定人们的宗教异化，要把对宗教的批判变成对政治、对国家和法的批判。这个观点是在《论犹太人问题》中提出来的，在《〈黑格尔法哲学批判〉导言》中得到了进一步论述。

4.《神圣家族》

这是马克思与恩格斯合著的第一部作品，全名是《神圣家族，或对批判的批判所做的批判。驳布鲁诺·鲍威尔及其伙伴》(*Der heilige Familie, oder Kritik der Kritischen Kritik. Gegen Bruno Bauer und Consorten*)，是他们针对由青年黑格尔派主办的《文学总汇报》所反映出的思想倾向和理论观点的一篇回应性、论战性的著作。

1843 年 10 月初，马克思迁居巴黎不久，就收到格奥尔格·荣克寄送的几期《文学总汇报》。《文学总汇报》(*Allgemeine Literatur-Zeitung*) 是布鲁诺·鲍威尔主编的集中反映青年黑格尔派思想、观点的德文月刊，于 1843 年 12 月—1844 年 10 月在沙洛顿堡发行。其实，早在 1842 年夏季柏林成立所谓"自由人"小组时，马克思就已同青年黑格尔派产生了分歧。1842 年 10 月马克思主编《莱茵报》时，参加报纸工作的还有一些柏林的青年黑格尔派成员，马克思与他们的意见也不一致。马克思反对在报上发表脱离实际生活和沉醉于抽象的哲学争论的"自由人"所撰写的既空泛又浮夸的文章。在和"自由人"决裂后的两年当中，马克思、恩格斯同青年黑格尔派之间在理论和政治上的分歧达到了非常严重的程度。在马克思、恩格斯看来，布鲁诺·鲍威尔及其同道在《文学总汇报》上背弃了"1842 年的激进主义"，特别是他们认为只有杰出的人物即"精神"的、"纯粹的批判"的体现者才是历史的创造者，而群众、人民只是毫无生气的东西，是历史发展的障碍，这是非常错误的。为了揭露这种有害的思想，同时也为了表述自己的"新唯物主义"和共产主义的观点，马克思和恩格斯决定合写一部著作。

马克思、恩格斯二人最初的计划是想凭借一部小册子，用幽默、讽刺的语调来回击《文学总汇报》的各种评论。该书书名最初叫《对批判的批判所做的批判。驳布鲁诺·鲍威尔及其伙伴》，后来定稿时，马克思在前面加上了"神圣家族，或"这几个字。《神圣家族》本来是 14 世纪到 17 世纪流行于欧洲各国的一幅名画的题目，画中的人物有圣婴耶稣和圣母玛利亚，还有玛利亚的丈夫圣约瑟，以及圣以利沙伯、圣约翰、圣亚拿和一些天使、神甫。马克思、恩格斯就以此来讽喻布鲁诺·鲍威尔及其同道，他们在恩格斯逗留巴黎的十天中就已拟定了全书的大纲、分好了章节，并合写了"序言"。

恩格斯在离开巴黎之前就写完了他所分担的几个章节，即前三章、第四章第（1）和第（2）部分、第六章第（2）部分（a）小节和第七章第（2）部分（b）小节。恩格斯执笔部分篇幅较小。第一章驳斥了卡·赖哈特的空洞辞藻，指责他在批评奥古斯特·文尼格尔的著作对工人的状况阐述得不够详尽和精确时，不但自己的观点叙述贫乏无力，而且用自己批判的观点来曲解和误导读者对工人贫困状况的理解。第二章对茹尔·法赫尔的翻译错误进行了讥讽，但是恩格斯主要是驳斥了他对十小时工作日和废除谷物类关税等进步制度的歪曲理解，他认为这些措施不会有助于改变工人的生活和命运。但是，恩格斯认为十小时工作日有利于对外竞争，进而可扩大英国的工业和贸易，而废除谷物类关税则会促进英国市场的扩大，这都是进步的措施。第三章讥笑了荣格尼茨对瑙威尔克被解职一事的评论。不过，这几章几乎没有进行深刻的理论探讨。第四章第（1）部分很重要，恩格斯把工人的创造性与批判的批判之无所作为相对比，指出批判的批判之实质只不过是以概念的公式来规整现实和歪曲工人的创造性劳动；第（2）部分仅有寥寥数句，几乎没有重要思想。在第六章第（2）部分（a）小节，恩格斯通过比较费尔巴哈哲学和布鲁诺哲学驳斥了批判的批判对黑格尔哲学的拙劣模仿和对费尔巴哈的攻击。第七章第（2）部分（b）小节对法国的社会主义和共产主义作了说明，指出批判的批判所持的观点已经是穷途末路，其实共产主义运动只不过是刚刚开始。

马克思撰写了《神圣家族》的大部分篇章。我们知道，在巴黎时期，马克思阅读了大量书籍并作了很多笔记，不但对法国革命及其思想基础有了深入的了解，而且系统地研究了政治经济学，开始从经济角度分析和寻找现实的基础。这次，马克思为了能够充分地驳斥以布鲁诺·鲍威尔为首的青年黑格尔派，在写作的过程中有效地利用了"巴黎笔记"的成果。这样，《神圣家族》的内容就涉及政治经济学、历史和哲学等很多方面，文本的篇幅扩大了很多，马克思执笔的那一部分就成了该书的主体部分。马克思执笔的第四章主要是针对埃德加尔·鲍威尔对蒲鲁东《什么是财产？》一书进行的述评，第五章和第八章评述的是施里加对欧仁·苏的《巴黎的秘密》的批判。[①] 第六章是内容最丰富、最集中的一章，该章谈论到的问题主要有布鲁诺·鲍威尔从精神出发来理解历史现实和群众运动的观照世界的方式、犹太人问题、法国革命以及法国唯物主义问

---

① 弗兰茨·梅林将这两章视为"荒芜的不毛之地"，认为没有必要如此拖沓冗长。

题。另外，马克思在该章还讨论了社会主义、自我意识哲学等问题。第七章是专门论述群众问题的，布鲁诺·鲍威尔对群众的作用进行了种种非议，而马克思则通过分析明确了群众在社会发展中的重要作用。马克思的写作一直持续到 1844 年 11 月底，全书大大超出了预定的篇幅，超过 20 印张。根据普鲁士某些邦当时的规章，它没有遭到书报检查机关的审查。该书于 1845 年 2 月在美因河畔法兰克福出版。

《神圣家族》是马克思、恩格斯确立其唯物史观过程中的一部非常重要的文本，其中包含了对他们自己此前思想的清理和反思以及很多新的重要思想的阐发和论证，标志着他们向表征其"新哲学"体系的唯物史观又迈进了一步。

5.《关于费尔巴哈的提纲》

《关于费尔巴哈的提纲》（以下简称《提纲》）写在马克思遗留下来的一个"1844—1847 年笔记本"里。1888 年，恩格斯把它附在《路德维希·费尔巴哈和德国古典哲学的终结》一书的单行本中第一次发表出来，并指出了它的写作时间是 1845 年春天，写作地点是布鲁塞尔。由于恩格斯与马克思的特殊关系，以后论者对恩格斯的说法几乎没有疑义。由此延伸开来，大多数人认为《提纲》是《德意志意识形态》的准备性文献或理论大纲，其中的 11 条内容集中体现了马克思哲学的旨趣、特征和体系架构。

然而，如果仔细研究马克思的原初手稿就会发现：离开《提纲》写作的语境和意旨，把马克思针对特殊情况而写下的一些想法、论点提升或夸大为马克思对世界、哲学的一般理解，是很不准确的。在这里，弄清《提纲》的写作时间和目的对客观解释《提纲》的思想至为关键。

马克思的这个笔记本里的内容虽然写于 1844—1847 年的不同时期，但《提纲》第一条前面紧靠着的四行文字却是与《提纲》同时写成的。关于这一点，20 世纪 60 年代较早研究了马克思手稿的格·亚·巴加图利亚①与 20 世纪 90 年代试图从手稿入手寻找对《提纲》的新解释的陶伯特②等人的看法是一致的。这四行文字是：

> 神灵的利己主义者同利己主义的人相对立。
>
> 革命时期关于古代国家的误解。
>
> "概念"和"实体"。
>
> 革命——现代国家起源的历史。③

抽象地看，这四行文字非常费解，与《提纲》下面内容的联系也不很清楚。然而了解《神圣家族》内容的人都知道，这些恰恰是《神圣家族》中评价法国和英国的唯物主义以及费尔巴哈的唯物主义和人道主义的那几小节的议题。比如，马克思在"对法国革命的批判的战斗"这一小节中批

---

① 参看［苏］Г. A. 巴加图利亚：《〈关于费尔巴哈的提纲〉和〈德意志意识形态〉》，单志澄译，见《马列主义研究资料》1984 年第 1 辑，19～36 页，北京，人民出版社，1984。遗憾的是，巴加图利亚虽然也看出《提纲》前面的文字与《神圣家族》有关，但他没有进一步深究二者到底是如何关联的，反而转换了思路，根据恩格斯编写的一份供研究用的书目确定《提纲》写于 1845 年 4—7 月，并进一步确定写作时间在 4 月初。这实际上是对恩格斯的说法即《提纲》写于 1845 年春的再度证实。

② 参看 Inge Taubert, » Wie entstand die Deutsche Ideologie von Karl Marx und Friedlich Engels? Neue Einsichten，Probleme und Streitpunkte«，*Schriften aus dem Karl-Marx-Haus*，Nr. 43，Trier 1990.

③ 马克思：《笔记中的札记》，见《马克思恩格斯全集》第 42 卷，273 页，北京，人民出版社，1979。

判过布鲁诺·鲍威尔关于革命的观点。在布鲁诺·鲍威尔看来，法国革命希望建立一种新的人类秩序，但是它所产生的思想并没有超出旧秩序的范围，革命不得不满足于民族的纯粹的利己主义甚至煽起这种利己主义，同时革命又不得不"承认最高的存在物……确认那应该把单个的利己主义原子连接起来的普遍国家秩序"①，靠这种办法来抑制这种利己主义。马克思对此评论说：

> 正是自然的必然性、人的特性（不管它们表现为怎样的异化形式）、利益把市民社会的成员彼此连接起来。因此，把市民社会的原子彼此连接起来的不是国家，而是如下的事实：他们只是在观念中、在自己的想像这个天堂中才是原子，而在实际上他们是和原子截然不同的存在物，他们不是神类的利己主义者，而是利己主义的人。②

至于笔记中有关"'概念'与'实体'"的内容，与"对法国唯物主义的批判的战斗"这一小节有关。马克思指出，布鲁诺·鲍威尔关于法国唯物主义的观点来自黑格尔的《哲学史讲演录》和《精神现象学》。③ 黑格尔把法国唯物主义说成斯宾诺莎的实体的实现，并得出结论：如果实体不

---

① 马克思、恩格斯：《神圣家族》，见《马克思恩格斯选集》第 2 卷，152 页，北京，人民出版社，1957。

② 马克思、恩格斯：《神圣家族》，见《马克思恩格斯全集》第 2 卷，154 页，北京，人民出版社，1957。

③ 马克思、恩格斯：《神圣家族》，见《马克思恩格斯全集》第 2 卷，168 页，北京，人民出版社，1957。

想在浪漫主义中遭到毁灭，就得进一步过渡为"概念"和"自我意识"。布鲁诺·鲍威尔则认为，18 世纪法国的启蒙运动在它向反动势力投降以后已经淹没在浪漫主义中了，批判的批判承认它有时以实体作为前提的矛盾之处。随后，马克思回顾了黑格尔关于实体与概念的关系的思想，提出了他对于施特劳斯和布鲁诺·鲍威尔的那个著名评价，即认为他们两个人都只是片面地发展了黑格尔体系的一个方面（实体或自我意识），"只有费尔巴哈才是从黑格尔的观点出发而终结和批判了黑格尔的哲学。费尔巴哈把形而上学的绝对精神归结为'以自然为基础的现实的人'，从而完成了对宗教的批判，同时也巧妙地拟定了对黑格尔的思辨以及一切形而上学的批判的基本要点"[1]。

以上这些议题的关联性表明，《提纲》的写作与《神圣家族》有关。我们知道，《神圣家族》试图从总体上评价法国的启蒙运动及该运动反对现存政治制度、反对宗教神学和形而上学的斗争，同时在思想史上对以黑格尔为集大成者的德国思辨哲学作出评价。在马克思看来，通过揭示自爱尔维修以来的唯物主义同从巴贝夫直到欧文的社会主义和共产主义的联系，就可以看出费尔巴哈的人道主义观念在法国和英国的唯物主义那里已经存在了。然而，对黑格尔的思想进行唯物主义批判是让德国哲学家学理解法国唯物主义的必要前提。正是这样一种考虑使马克思产生了一个计划，就是要"编纂一套社会主义史的资料汇编，或者毋宁说是一

---

① 马克思、恩格斯：《神圣家族》，见《马克思恩格斯全集》第 2 卷，177 页，北京，人民出版社，1957。

部用史料编成的社会主义史"①。很显然，《神圣家族》并没有完全实现这一计划，因为它对作为社会主义哲学基础的唯物主义的清理过多地叙述了法国唯物主义，而对同属于这一谱系的费尔巴哈哲学的剖析非常不够，这是一个缺憾。此外，在当时的德国社会思潮里，同属于青年黑格尔派的布鲁诺·鲍威尔思辨哲学与费尔巴哈哲学的关系也是需要甄别清楚的。《神圣家族》着眼并用力在布鲁诺·鲍威尔思辨哲学上，对费尔巴哈哲学的论述就理应成为《神圣家族》的后续工作。而且，上述缺憾从《神圣家族》出版以后人们对它所作出的反应和进行的争论中更加凸显出来。这样说来，《提纲》并不是为写作《德意志意识形态》作准备，理论工作和研究计划尚未完成以及当时围绕《神圣家族》所展开的争论可能才是写作《提纲》的直接动因。我们知道，这种争论是在《维干德季刊》1845年第2期上才展开的，而这一期出版于1845年6月底。所以，《提纲》不可能写于1845年5月中旬以前，而很可能是在1845年7月初写成的。

关于《提纲》的这样一种解释的意义在于以下两点。第一，它说明《提纲》与《神圣家族》在思想上同样有着密切联系。只能把《提纲》的思想视为马克思进一步论证新世界观的前提，而不能把《提纲》解释为写作《德意志意识形态》的直接契机，也不能把《提纲》看作《德意志意识形态》的写作提纲。第二，就内容而言，《提纲》是针对当时德国特定的思想形态进行阐述和评论的。其中的"哲学"绝不是指总体上作为社会意识形式的一般哲学，而是特指布鲁诺·鲍威尔、费尔巴哈等人的以观念解释和

---

① 恩格斯：《恩格斯致马克思（1845年3月17日）》，见《马克思恩格斯全集》第27卷，29页，北京，人民出版社，1972。

构建世界的青年黑格尔派哲学。因此，不能把诸如"哲学家们只是用不同的方式解释世界，问题在于改变世界"①等论断解释为马克思鄙视哲学，进而主张消解哲学，否认哲学在社会有机体系统和社会意识结构中可以有一席之地。认真分析马克思的原意就会明白，他所说的"哲学"只是当时德国独特的具体思想形态。

除了对写作动机、目的与时间的甄别外，对《提纲》内容的考证也关乎对马克思原始思想的把握。需要指出的是，"关于费尔巴哈的提纲"这个标题是苏共中央马克思列宁主义研究院根据恩格斯为其所著《路德维希·费尔巴哈和德国古典哲学的终结》写的"序言"加的。《提纲》的标题在该书附录中是"马克思论费尔巴哈"，而在马克思的"1844—1847年笔记本"中是"关于费尔巴哈"。恩格斯在1888年发表《提纲》的时候对其内容作了某些修改，谨将马克思的原文与恩格斯的修改对照如下②：

第一条

马克思：从前的一切唯物主义（包括费尔巴哈的唯物主义）的主要缺点是：对对象、现实、感性，只是从**客体**的**或者直观**的形式去理解，而不是把它们当做**感性的人的活动**，当作**实践**去理解，不是从主体方面去理解。因此，和唯物主义相反，唯心主义却把**能动的**方面抽象地发展了，当然，唯心主义是不知道现实的、感性的活

---

① 马克思：《关于费尔巴哈的提纲》，见《马克思恩格斯文集》第1卷，502页，北京，人民出版社，2009。

② 《马克思恩格斯选集》第1卷，133～140页，北京，人民出版社，2012。

动本身的。费尔巴哈想要研究跟思想客体确实不同的感性客体，但是他没有把人的活动本身理解为**对象性的**［gegenständliche］活动。因此，他在《基督教的本质》中仅仅把理论的活动看做是真正人的活动，而对于实践则只是从它的卑污的犹太人的表现形式去理解和确定。因此，他不了解"革命的"、"实践批判的"活动的意义。

恩格斯：从前的一切唯物主义——包括费尔巴哈的唯物主义——的主要缺点是：对对象、现实、感性，只是从**客体**的或者**直观**的形式去理解，而不是把它们当做**人的感性活动**，当做**实践**去理解，不是从主体方面去理解。因此，结果竟是这样，和唯物主义相反，唯心主义却把**能动的**方面发展了，但只是抽象地发展了，因为唯心主义当然是不知道现实的、感性的活动本身的。费尔巴哈想要研究跟思想客体确实不同的感性客体，但是他没有把人的活动本身理解为**对象性的**［gegenständliche］活动，因此，他在《基督教的本质》中仅仅把理论的活动看做是真正人的活动，而对于实践则只是从它的卑污的犹太人的表现形式去理解和确定。因此，他不了解"革命的"、"实践批判的"活动的意义。

第二条

马克思：人的思维是否具有客观的［gegenständliche］真理性，这不是一个理论的问题，而是一个**实践的**问题。人应该在实践中证明自己思维的真理性，即自己思维的现实性和力量，自己思维的此岸性。关于思维——离开实践的思维——的现实性或非现实性的争论，是一个纯粹**经院哲学的**问题。

恩格斯： 人的思维是否具有客观的［gegenständliche］真理性，这不是一个理论的问题，而是一个**实践的**问题。人应该在实践中证明自己思维的真理性，即自己思维的现实性和力量，自己思维的此岸性。关于离开实践的思维的现实性或非现实性的争论，是一个纯粹**经院哲学**的问题。

第三条

马克思： 关于环境和教育起改变作用的唯物主义学说忘记了：环境是由人来改变的，而教育者本人一定是受教育的。因此，这种学说必然会把社会分成两部分，其中一部分凌驾于社会之上。环境的改变和人的活动或自我改变的一致，只能被看做是并合理地理解为**革命的实践**。

恩格斯： 有一种唯物主义学说，认为人是环境和教育的产物，因而认为改变了的人是另一种环境和改变了的教育的产物，——这种学说忘记了：环境正是由人来改变的，而教育者本人一定是受教育的。因此，这种学说必然会把社会分成两部分，其中一部分凌驾于社会之上。（例如，在罗伯特·欧文那里就是如此。）环境的改变和人的活动的一致，只能被看做是并合理地理解为**变革的实践**。

第四条

马克思： 费尔巴哈是从宗教上的自我异化，从世界被二重化为宗教世界和世俗世界这一事实出发的。他做的工作是把宗教世界归结于它的世俗基础。但是，世俗基础使自己从自身中分离出去，并在云霄中固定为一个独立王国，这只能用这个世俗基础的自我分裂和自我矛盾来说明。因此，对于这个世俗基础本身应当在自身中、从它的矛盾中去理解，并在实践中使之发生革命。因此，例如，自从发现神圣家族的秘密在于世俗家庭之后，世俗家庭本身就应当在理论上和实践中被消灭。

恩格斯：费尔巴哈是从宗教上的自我异化，从世界被二重化为宗教的、想象的世界和现实的世界这一事实出发的。他做的工作是把宗教世界归结于它的世俗基础。他没有注意到，在做完这一工作之后，主要的事情还没有做。因为，世俗基础使自己从自身中分离出去，并在云霄中固定为一个独立王国，这一事实，只能用这个世俗基础的自我分裂和自我矛盾来说明。因此，对于这个世俗基础本身首先应当从它的矛盾中去理解，然后用消除矛盾的方法在实践中使之发生革命。因此，例如，自从发现神圣家族的秘密在于世俗家庭之后，对于世俗家庭本身就应当从理论上进行批判，并在实践中加以变革。

第五条

马克思：费尔巴哈不满意**抽象的思维**而喜欢**直观**；但是他把感性不是看做**实践的**、人的感性的活动。

恩格斯：费尔巴哈不满意**抽象的思维**而诉诸**感性的直观**；但是他把感性不是看做**实践的**、人的感性的活动。

第六条

马克思：费尔巴哈把宗教的本质归结于**人的**本质。但是，人的本质不是单个人所固有的抽象物。在其现实性上，它是一切社会关系的总和。费尔巴哈没有对这种现实的本质进行批判，因此他不得不：(1)撇开历史的进程，把宗教感情固定为独立的东西，并假定有一种抽象的——**孤立的**——人的个体。(2)因此，本质只能被理解为"类"，理解为一种内在的、无声的、把许多个人**自然地**联系起来的普遍性。

恩格斯：费尔巴哈把宗教的本质归结于人的本质。但是，人的本质不是单个人所固有的抽象物。在其现实性上，它是一切社会关系的总和。费尔巴哈没有对这种现实的本质进行批判，因此他不得不：(1)撇开历史的进程，把宗教感情固定为独立的东西，并假定有一种抽象的——**孤立的**——人的个体；(2)因此，他只能把人的本质理解为"类"，理解为一种内在的、无声的、把许多个人纯粹**自然地**联系起来的普遍性。

第七条

马克思：因此，费尔巴哈没有看到，"宗教感情"本身是社会的产物，而他所分析的抽象的个人，是属于一定的社会形式的。

恩格斯：因此，费尔巴哈没有看到，"宗教感情"本身是**社会的产物**，而他所分析的抽象的个人，实际上是属于一定的社会形式的。

第八条

马克思：全部社会生活在本质上是**实践的**。凡是把理论引向神秘主义的神秘东西，都能在人的实践中以及对这种实践的理解中得到合理的解决。

恩格斯：社会生活在本质上是**实践的**。凡是把理论诱入神秘主义的神秘东西，都能在人的实践中以及对这种实践的理解中得到合理的解决。

第九条

马克思：直观的唯物主义，即不是把感性理解为实践活动的唯物主义，至多也只能达到对单个人和市民社会的直观。

恩格斯：**直观的**唯物主义，即不是把感性理解为实践活动的唯物主义，至多也只能做到对"市民社会"中的单个人的直观。

第十条

马克思：旧唯物主义的立脚点是市民社会；新唯物主义的立脚点则是人类社会或社会的人类。

恩格斯：旧唯物主义的立脚点是"**市民**"社会；新唯物主义的立脚点则是**人类**社会或社会化的人类。

第十一条

马克思：哲学家们只是用不同的方式**解释**世界，问题在于**改变**世界。

恩格斯：哲学家们只是用不同的方式**解释**世界，而问题在于**改变**世界。

通过对照可以发现，恩格斯对于每一条表述都作了程度不同的修改。

如果再悉心比较一下《路德维希·费尔巴哈和德国古典哲学的终结》与作为其附录发表的《关于费尔巴哈的提纲》之间在核心范畴、理论架构和论证思路上的不同，就可以看出，同样作为马克思主义创始人的恩格斯与马克思，在哲学思维所达及的深度、理论视野所展示的领域以及表述方式的侧重点方面表现出程度不同的差别。

6.《德意志意识形态》

鉴于《德意志意识形态》的写作、流传和编辑是马克思文献学中最具典型性意义的课题之一，本书将在第四、五章专门予以详细的梳理。

7.《哲学的贫困》

《哲学的贫困》全名是《哲学的贫困。答蒲鲁东先生的〈贫困的哲学〉》（Misère de la Philosophie. Rèponse à la philosophie de la misère de M. Proudhon. Paris, Bruxelles 1847），是马克思反对蒲鲁东的主要作品。

比埃尔·约瑟夫·蒲鲁东（Pierre Joseph Proudhon，1809—1865）是法国小资产阶级思想家、庸俗的经济学家和无政府主义者，他虽未受过系统的教育，但靠自学读了很多书。蒲鲁东的主要著作之一是 1840 年写的《什么是财产？或关于法和权力的原理的研究》，他在这本书中站在自己特有的立场批判资本主义，提出了"财产就是盗窃"的著名观点。蒲鲁东的另一部主要著作是 1846 年写的《贫困的哲学》，他在这本书中借助黑格尔思辨哲学说明经济范畴体系，力图通过对现代政治经济学的分析来回答什么是财产的问题。蒲鲁东维护生产资料私有制，力图建立一个以个人所有为基础的互助制社会。在这个社会中，每个人制造出各自的产品，所有人的产品的价值都能得到实现。为了实现自己的理想社会，蒲鲁东用改良主义和无政府主义来反对无产阶级的政治斗争和革命，主张建立由劳动人民入股的"人民银行"，对工人发放无息贷款，协助工人建立合作社、作坊或工厂，实行无货币的交换。他认为，这是劳动人民不受剥削、获得解放的唯一途径。他攻击"政权是暴政工具和堡垒，而政党则是它的生命和思想"，认为必须打倒政党、打倒政权。他认为"没有政权、没有政府，哪怕是最人民的政府，这就是革命"，革命必须是"和平的和不流血的"。

马克思 1844 年在巴黎居住时与蒲鲁东有过私人交往，曾和他在一起讨论过黑格尔主义。在马克思创立自己的新世界观之前，他对蒲鲁东的学说是很重视的。在《共产主义和奥格斯堡〈总汇报〉》《1844 年经济学哲学手稿》《神圣家族》《德意志意识形态》等著作中，马克思对蒲鲁东的思想给予过肯定性评价。但很明显，他们的思想在哲学基础与革命策略上都隐含着分歧。

1846 年 5 月 5 日，马克思从布鲁塞尔写信给蒲鲁东，要求他参加共产主义通讯委员会。蒲鲁东拒绝了，他在给马克思的信中说：

> 我认为，为了取得胜利根本不需要这样，因此我们也就用不着提出革命的行动作为社会改革的手段，因为，这个轰动一时的手段并不是别的，而是诉诸强力，诉诸横暴。我对问题的提法是这样：通过经济的组合把原先由于另一种经济的组合而逸出社会的那些财富归还给社会。换句话说，在政治经济学中使财产的理论转过来对财产，以便产生您们——德国社会主义者称之为共产主义而我在目下只称之为自由、平等的那种东西……据我看来，用文火把私产烧掉总比对它施加新的力量实行大屠杀要好些。①

---

① 转引自[苏]卢森贝：《政治经济学史》第 3 卷，郭从周、北京编译社译，218～219 页，北京，生活·读书·新知三联书店，1960。

1846 年 6 月，蒲鲁东发表了系统阐述他的思想的《贫困的哲学》，在当时有很大影响。在法国和其他一些国家，小资产阶级占人口大多数，他们在资本主义条件下处于风雨飘摇之中，饱尝资本主义发展所带来的灾难。但因自身地位的局限，他们又不能从中找到革命的出路，日益陷入矛盾与空想之中。而蒲鲁东主义正适合他们的口味，反映了他们的要求与愿望，因而得到他们的拥护。用马克思的话说：

> 蒲鲁东造成了很大的祸害。受到他对空想主义者的假批判和假对立的迷惑和毒害的……首先是"优秀的青年"，大学生，其次是工人，尤其是从事奢侈品生产的巴黎工人。①

马克思 1846 年 12 月底读了《贫困的哲学》后，就决定批判蒲鲁东的观点。12 月 28 日，马克思给俄国文学家巴·瓦·安年柯夫写信，表明了许多极重要的思想，这些思想后来成为马克思为反驳蒲鲁东而写的著作的基础。从恩格斯在 1847 年 1 月 15 日给马克思的信中可以看出，1847 年 1 月，马克思就已经着手回答蒲鲁东。至 4 月初，马克思的这部著作基本完成并付印。6 月 15 日，马克思为该书写了一篇简短的序言。

《哲学的贫困》于 1847 年 7 月初在布鲁塞尔和巴黎出版，在马克思生前它没有再版过。该书德文版第一版于 1885 年出版，译文经恩格斯校订，他专门为德文版写了一篇序言并加了许多注释。在校订德文版过

---

① 马克思：《马克思致路德维希·库格曼（1866 年 10 月 9 日）》，见《马克思恩格斯文集》第 10 卷，243 页，北京，人民出版社，2009。

程中，恩格斯参考了马克思在 1876 年 1 月 1 日送给娜塔丽雅·吴亭娜（国际工人协会俄国支部委员尼·伊·吴亭的妻子）的一本法文版第一版上的修正。德文版第二版于 1892 年出版，恩格斯又写了一篇简短的序言，纠正原文中某些不准确的地方。恩格斯逝世以后，马克思的女儿劳拉·拉法格整理的法文版第二版于 1896 年出版，该版也根据马克思送给吴亭娜的那本法文版第一版上的修正作了更正。

8.《共产党宣言》

鉴于《共产党宣言》的写作、编辑和传播是马克思文献学中最具典型性意义的课题之一，本书将在第六章专门予以详细的梳理。

六、写作《资本论》的历程(12 部)

《资本论》是马克思一生最重要的作品。其创作时间跨度长达四十余年，而且最终也没有全部完成和出版。过去，论者主要把《资本论》的研究重点放在马克思生前定稿并且公开出版的第 1 卷。现在看来，《资本论》有一个极为庞大的过程稿与手稿群。与这个过程稿与手稿群相比，无论就篇幅、内容还是思想的广度、深度而言，第 1 卷对于把握《资本论》来说都是非常不够的。因此，对《资本论》创作史、过程稿的甄别和梳理就成为再现马克思的思考与写作历程的非常关键的一步，也是《资本论》研究得以深化的必然要求。这里谨把《资本论》的过程稿分为 12 部，考察的顺序详见本章第一部分。

1."巴黎手稿"

鉴于"巴黎手稿"的写作、编辑是马克思文献学中最具典型性意义的课题之一，本书将在第三章专门予以详细的梳理。

2.《评弗里德里希·李斯特的著作〈政治经济学的国民体系〉》

这是马克思借评论李斯特的《政治经济学的国民体系（第 1 卷）：国际贸易、贸易政策和德国关税同盟》一书而写下的文章的草稿。

弗里德里希·李斯特（Friedrich List，1789—1846）是德国近代著名的经济学家，曾任图宾根大学经济学和政治学教授，于 1841 年发表的《政治经济学的国民体系》是其代表作。按照李斯特本人的说法，在这本书中，他要对政治经济学中流行的国际贸易理论、贸易政策理论的错误的实质和原因进行研究，他主张既要反对德国国内的封建经济关系，又要抵抗外国老牌资产阶级社会势力的侵入。该书问世时在德国引起巨大反响，俨然成了追求财富、渴望统治地位的年轻的德国资产阶级的宣言书，被当成在政治、经济上推动德国的"福利、文化和力量"的良方。

李斯特的这本书同样引起了马克思、恩格斯的注意，最初提出对其进行批判的是恩格斯。1844 年 11 月 19 日，恩格斯在致马克思的信中提到要写"特别是反对李斯特的小册子"，揭露德国资产阶级"和英国的资产阶级一样可恶，只是在榨取方面不那么大胆、不那么彻底、不那么巧妙罢了"。① 1845 年 1 月 20 日，恩格斯在另一封信中又谈到想"腾出手

---

① 恩格斯：《恩格斯致马克思（1844 年 11 月 19 日）》，见《马克思恩格斯文集》第 10 卷，23 页，北京，人民出版社，2009。

来写一些针对当前形势和德国资产阶级的更有说服力、更有用的东西"①，这指的还是李斯特的思想。2月15日，恩格斯在爱北斐特集会上的演说中从德国经济发展的实际状况及出路方面直接批判了李斯特保护关税的观点。② 3月17日，恩格斯又告诉马克思，他从皮特曼处得知马克思也不谋而合地想到要对李斯特进行批判，但恩格斯预计马克思"是想从实际方面对付李斯特，阐明他的体系的实际结论"，而马克思则可能"批判他的理论前提会比批判他的结论更着重一些"。③

这一理论纠葛的结果是：恩格斯并没有写出评论李斯特的小册子；马克思虽然写出了初稿，但也没有将其付印。现在保存的马克思的这篇手稿也是不完整的：一共有24印张，缺第1印张，上面可能有作者所拟的标题；第10～21印张以及第23印张也未找到。就内容看，马克思的这篇手稿分为四章：第一章是对李斯特经济学的一般评述（第1印张遗失，苏联编译者在第2印张开始加了"1. 李斯特的一般评述"的标题），其中共有四节，第一节和第二节的开始部分遗失；第二章的题目是马克思的原题"生产力理论和交换价值理论"，其中第一节是对李斯特生产力理论的详细批判，接下去有一节的题目为"力量，生产力，原因"，但到第9印张第4页后就遗失了12印张（第10～21印张），其中包括第二章的后半部分和第三章的大部分，加之

---

① 恩格斯：《恩格斯致马克思（1845年1月20日）》，见《马克思恩格斯文集》第10卷，29页，北京，人民出版社，2009。

② 恩格斯：《在爱北斐特的演说》，见《马克思恩格斯全集》第2卷，619～623页，北京，人民出版社，1957。

③ 恩格斯：《恩格斯致马克思（1845年3月17日）》，见《马克思恩格斯全集》第27卷，30页，北京，人民出版社，1972。

又丢了第 23 印张，所以第三章只剩下一个片断；第四章的标题是"李斯特先生和费里埃"，其中三节倒是全的，可读起来还像是未完成的撰写要点。

这篇手稿是 1971 年在马克思的长女燕妮·龙格的孙子长期保存的马克思遗稿中被发现的。

3.《〈政治经济学批判〉导言》

在断断续续的经济学研究和经济学著作的撰写过程中，马克思多次改变自己的计划，并按照一再修改的方案，最终留下了《政治经济学批判》第 1 册和《资本论》三卷四册的初稿。

如果从马克思 1844 年在巴黎开始研读政治经济学著述、写作"巴黎笔记"和"巴黎手稿"算起，那么到 1857 年，已经有 14 年的历程了。此前的不同形式的努力，为马克思后来的工作奠定了扎实的基础。1857 年下半年，马克思打算把自己在 14 年经济学研究中形成的思想加以整理、总结，系统地撰写自己的政治经济学著作。

1857 年 7 月，马克思曾想借评论巴师夏《经济的和谐》一书来系统地阐发自己头脑中长期酝酿的思想，但未达到目的，只写了短稿《巴师夏〈经济的和谐〉1851 年巴黎第 2 版》[①]。

《巴师夏〈经济的和谐〉1851 年巴黎第 2 版》的写作中断之后，马克思为了总结自己的经济学研究，于 1857 年 8 月下旬写了另一个手稿——《〈政治经济学批判〉导言》。他当时打算从《〈政治经济学批判〉导言》开始，再度着手撰写自己的政治经济学著作。

---

① 俄文版编者将此短稿命名为《巴师夏和凯里》。

在《〈政治经济学批判〉导言》的现存稿本的封面上有马克思标注的字母"M"，并附有日期"1857 年 8 月 23 日"，此外还写明了《〈政治经济学批判〉导言》的标题目录。目录如下：

A. 导言

1. 生产一般

2. 生产、分配、交换和消费的一般关系

3. 政治经济学的方法

4. 生产资料（生产力）和生产关系，生产关系和交往关系等等。①

这个目录中，《〈政治经济学批判〉导言》的分节标题与《〈政治经济学批判〉导言》文本中相应的标题略有不同。由于这些标题比《〈政治经济学批判〉导言》正文中某些节的标题更确切地反映出《〈政治经济学批判〉导言》的一般逻辑结构，所以可以设想，这是马克思在起草完《〈政治经济学批判〉导言》正文以后才写上的。

从正文内容看，标题为"Ⅰ. 生产、消费、分配、交换（流通）"的这一部分，在马克思在封面上标注"M"的稿本的目录中是没有的。这个标题严格地说只包括《〈政治经济学批判〉导言》的前两节，即"生产"（在稿本的封面上，这一节有一个更确切的标题"生产一般"）和"生产与分配、

---

① 马克思：《〈政治经济学批判〉导言》，见《马克思恩格斯全集》第 30 卷，21 页，北京，人民出版社，1995。

交换、消费的一般关系"。马克思在"生产、消费、分配、交换（流通）"前面标明罗马数字"Ⅰ"，但在《〈政治经济学批判〉导言》往后的正文中再也没有相应的罗马数字和"Ⅰ"相连接。《〈政治经济学批判〉导言》正文标明的页码是从第 1 页到第 22 页，但第 9 页之后有一个重复的第 9 页，因此它实际上共 23 页。

《〈政治经济学批判〉导言》大约写了一周，最终也没有完成，马克思到 1857 年 8 月末又中断了这一工作。《〈政治经济学批判〉导言》为什么没有写完呢？原因之一是马克思在写作的过程中又形成了新的想法：在巨著之首不宜设讨论"生产一般"问题的总导言。马克思大概在写《〈政治经济学批判〉导言》第一节论"生产一般"和"生产特殊"的关系的内容以及评资产阶级经济学家在政治经济学著作之首设总论的时髦做法的时候，就萌发了这种想法。《〈政治经济学批判〉导言》的写作放下不久，1857 年 10 月，马克思在《政治经济学批判（1857—1858 年手稿）》第Ⅰ笔记本第 5 页上写道："关于流通同其余的生产关系的关系这个一般性的问题当然只能在结束部分提出来。"①很明显，马克思这时已经主张，对流通与生产、分配等的一般关系的论述（这正是《〈政治经济学批判〉导言》的重要内容之一）不应当作为总导言放在整个巨著之首，这种以纯粹形式提出来的最一般的问题应当放在巨著的结尾来阐述。1859 年，马克思在《〈政治经济学批判〉序言》中指出："我把已经起草的一篇总的导言压下了，因为仔细想来，我觉得预先说出正要证明的结论总是有妨害的，

---

① 马克思：《政治经济学批判（1857—1858 年手稿）》，见《马克思恩格斯全集》第 30 卷，70 页，北京，人民出版社，1995。

读者如果真想跟着我走，就要下定决心，从个别上升到一般。"①这时，他最终决定不设总导言，理由同上引第Ⅰ笔记本第 5 页上的那句话完全一致。

《〈政治经济学批判〉导言》是 1902 年在马克思的文稿中发现的，1903 年在柏林由《新时代》(*Neue Zeit*)杂志用德文发表。1922 年，彼得格勒出版的马克思的《政治经济学批判》一书中第一次用俄文刊载了这一导言。1939 年联共(布)中央马克思恩格斯列宁研究院用原文又发表过一次，编者在发表时加上了这样一个标题：Grundrisse der Kritik der politischen Oekonomie(Rohentwurf)。

4.《政治经济学批判(1857—1858 年手稿)》

停止了《〈政治经济学批判〉导言》的写作之后，1857 年 10 月，马克思又回到原来写作《巴师夏〈经济的和谐〉1851 年巴黎第 2 版》的思路上，想借评论路易-阿尔弗勒德·达里蒙(Louis-Alfred Darimon，1819—1902)的《论银行改革》一书来系统地阐发自己头脑中长期酝酿的思想。这次与前两次不同，他一直写了下去。

达里蒙的著作比较集中地讨论了银行系统中的货币问题，这给了马克思将自己关乎这一问题的系统见解表述出来的机由。这样，马克思就决定把对达里蒙的著作的评论改为自己的政治经济学著作中的"货币章"，之后接着再写"资本章"和"价值章"。这次写作从 1857 年 10 月持续到 1858 年 5 月底，结果是形成了篇幅巨大的《政治经济学批判

---

① 马克思：《〈政治经济学批判〉序言》，见《马克思恩格斯选集》第 2 卷，1 页，北京，人民出版社，2012。

（1857—1858 年手稿）》。

《政治经济学批判（1857—1858 年手稿）》写在七个笔记本上，马克思给它们标上了从Ⅰ到Ⅶ的号码，共 309 页。它由三章组成，即第一章"价值"、第二章"货币"、第三章"资本"。但根据前面的介绍，我们知道马克思是从"货币"开始写作的，因此手稿一开始就是第二章（从第Ⅰ笔记本第 1～48 页到第Ⅱ笔记本第 7 页），后面接着是篇幅很大的第三章（包括第Ⅱ笔记本第 1～7 页以外的部分，第Ⅲ、Ⅳ、Ⅴ、Ⅵ笔记本的全部和第Ⅶ笔记本[①]前 63 页）。在第Ⅶ笔记本第 63 页，马克思只对第一章作了扼要的叙述，起草了一个开头[②]。在第Ⅰ笔记本的封面上，马克思没有写标题。其后，有的笔记本封面丢失了。在第Ⅶ笔记本的封面（第二封页）上留有马克思写的"Political Economy Criticism of（Fortsetzung）"，即《政治经济学批判（续）》。"续"这个词表示第Ⅶ笔记本是前六个笔记本的继续，而"政治经济学批判"则可以说是马克思撰写的全部手稿的标题。因此，"政治经济学批判"就是《政治经济学批判（1857—1858 年手稿）》的标题，也

---

①　在这七个笔记本中，第Ⅶ笔记本是最厚的，马克思给它编的页码是 1～227。它的第 1～62 页属于《政治经济学批判（1857—1858 年手稿）》的"资本"；它的第 63 页属于《政治经济学批判（1857—1858 年手稿）》的"价值"；它的第 64 页是属于《政治经济学批判（1857—1858 年手稿）》的摘录《称量金的机器》；它的第 63a、64a、65～277 页是不属于《政治经济学批判（1857—1858 年手稿）》的摘录部分，这个摘录部分的写作时间开始于 1859 年 2 月 28 日，结束于 1863 年 6 月左右。大约在写作这个摘录部分的同时，马克思在另一个笔记本上又写了"引文笔记"，这个摘录部分和"引文笔记"是为《政治经济学批判》第二分册准备的材料。参看 Karl Marx, *Ökonomische Manuskripte* 1857/58, Zu den Kapiteln vom Geld und vom Kapital, Seite 64 des Heftes Ⅶ Gold-weighing Machines, *Karl Marx/Friedrich Engels Gesamtausgabe*, Ⅱ/1.2, Berlin, Dietz Verlag, 1981, S. 744-747.

②　在这以后不久，马克思就认为他的著作的第一章不应当是"价值"，而应当是"商品"。

就是马克思创作中的巨著的标题，这是由他 19 世纪 40 年代签订了合同、准备撰写的两卷本著作《政治和政治经济学批判》的标题演变来的。

在《政治经济学批判（1857—1858 年手稿）》中，"资本"占有中心地位，篇幅也最大。马克思在这里第一次研究了资本运行的整个机制和过程，这种运行的条件、性质、后果、发展趋势以及加以变革的不可避免性。在这本手稿中，马克思对政治经济学的基本范畴，诸如剩余价值（不同于其派生形式）、作为商品的劳动力（或领导能力）、必要劳动和剩余劳动、绝对剩余价值和相对剩余价值、不变资本和可变资本、资本主义的生产过程和流通过程、剩余价值和利润之间的交替关系等，第一次展开较为深入的分析。当然，阐释还不系统，有些理解也有缺陷。

由于手稿不是按照马克思预先想好的内容写作的，所以其结构是在写作过程中逐渐形成的。马克思曾在几个地方加了"＊"，琢磨其著作的结构问题。"货币章"这个标题是他后来补加的，最晚是在写到第Ⅱ笔记本的时候，因为这个笔记本的第 1 页上已经写上了"货币章（续）"的标题。马克思最初把"资本章"称为"作为资本的货币章"，后来他在第Ⅱ笔记本中继续写作时写为"资本章（续笔记本Ⅱ）"。马克思直到写第Ⅲ笔记本时还没有给各章编号，只是在手稿的最末尾处及第Ⅶ笔记本第 63 页上起草了标明数字"Ⅰ"的"价值章"的开头部分，并特别注明"这一篇应补充进去"①。也许，他这时才在第Ⅰ笔记本中的"货币章"前面加上数字"Ⅱ"。"资本章"的分篇情况也是如此，该章分为三篇，即"资本的生产过程""资本的流通过程""资本

① 马克思：《政治经济学批判（1857—1858 年草稿）》，见《马克思恩格斯全集》第 46 卷（下），411 页，北京，人民出版社，1980。

是结果实的东西(利息、利润、生产费用等等)"。马克思在最后一篇才标明"第三篇",前面各篇既没有标明数字,也没有写上标题。

尽管非常庞大的"资本章"在写作时没有明确分篇,对资本的整个研究在该手稿中还是明显分为如下三部分:①资本的生产过程;②资本的流通过程;③结尾部分。马克思在1858年3月11日给拉萨尔的信中把这一部分称为资本的生产过程和流通过程"两者的统一,或资本和利润、利息"①。在"资本的流通过程"以及"资本和利润"中,马克思论述了与研究对象无直接关系的题目(在"资本的生产过程"中已经部分地出现了这种情况)。他没有结束"资本和利润"就开始写作"货币章"和"资本章"的各个补充部分,最后起草了"价值章"(不久他又命名为"商品")的开头部分。

1939年,联共(布)中央马克思恩格斯列宁研究院首次用德文全文发表了《政治经济学批判(1857—1858年手稿)》,用的标题是"政治经济学批判大纲(手稿)"。采用这个标题的依据是马克思1857年12月8日致恩格斯的信中的一句话:"我现在发狂似地通宵总结我的经济学研究,为的是在洪水之前至少把一些基本问题搞清楚。"②这句话中的"一些基本问题",就是德语"Grundrisse"这个词的复数,它也可以译为"大纲"。1968—1969年,《马克思恩格斯全集》俄文第2版第46卷上下册首次全文发表了《政治经济学批判(1857—1858年手稿)》的俄译文,用的标题

---

① 马克思:《马克思致斐迪南·拉萨尔(1858年3月11日)》,见《马克思恩格斯全集》第29卷,534页,北京,人民出版社,1972。

② 马克思:《马克思致恩格斯(1857年12月8日)》,见《马克思恩格斯文集》第10卷,140页,北京,人民出版社,2009。

是"政治经济学批判（1857—1858 年手稿）"。马克思在 1858 年 11 月 29
日致恩格斯的信中谈到自己的"1857—1858 年手稿"时把它叫作"草
稿"①，因为它确实具有明显的草稿性质。在 1858 年 5 月 31 日致恩格斯
的信中，马克思也指出这个手稿"很乱，其中有许多东西只是以后的篇
章才用得上"②。1976 年、1981 年先后出版的 MEGA2 第 2 部分第 1 卷
第 1、2 册发表《政治经济学批判（1857—1858 年手稿）》时，该版编者又
用"政治经济学批判大纲"作为标题，其理由是自从 1939 年采用"大纲"
的提法以来，"这个标题已闻名于全世界"③。我们认为，《马克思恩格
斯全集》俄文第 2 版和中文版采用的标题"政治经济学批判（1857—1858
年手稿）"是比较妥当的，原因在于：第一，马克思给自己的"1857—
1858 年手稿"加的标题是"政治经济学批判"；第二，马克思 1857 年 12 月
8 日的那封信中的"Grundrisse"一词并不是在给草稿命名，因此没有必要
根据它把草稿称为"政治经济学批判大纲"。

5.《政治经济学批判。第一分册》

通过《〈政治经济学批判〉导言》和《政治经济学批判（1857—1858 年
手稿）》的实际写作，马克思更加详细地拟定了自己的写作计划。他在
1858 年 4 月 2 日写给恩格斯的信中谈到要按照"六册结构"出版自己的著

---

① 马克思：《马克思致恩格斯（1858 年 11 月 29 日）》，见《马克思恩格斯全集》第 29
卷，358 页，北京，人民出版社，1972。

② 马克思：《马克思致恩格斯（1858 年 5 月 31 日）》，见《马克思恩格斯全集》第 29
卷，317 页，北京，人民出版社，1972。

③ 参阅 Karl Marx，»Ökonomische Manuskripte 1858-1861«，Index zu den 7 Heften，
Entstehung und Überlieferung，*Karl Marx/Friedrich Engels Gesamtausgabe*，Ⅱ/2，Ber-
lin，Dietz Verlag，1980，S. 303-304.

作《政治经济学批判》，初步的计划是：第 1 册研究"资本"①，第 2 册研究"土地所有制"，第 3 册研究"雇佣劳动"，第 4 册研究"国家"，第 5 册研究"对外贸易"，第 6 册研究"世界市场"。在此之前，大约是 1858 年 3 月，马克思又通过拉萨尔的介绍同柏林的出版商敦克尔达成协议，决定先出版《政治经济学批判》的第 1、2 册②。他当时拟订的具体纲目是：第 1 册"资本章"包括"a. 资本一般"（第一篇）与"b. 竞争""c. 信用""d. 股份公司"，"a. 资本一般"（第一篇）又包括"1. 价值""2. 货币""3. 资本一般"。其中"1. 价值""2. 货币"构成第一分册，"3. 资本一般"构成第二分册。由此可见，"资本一般"是这部正在撰写的巨著的第 1 册"资本章"的第一篇，这一篇的内容包括下述三章："价值章""货币章""资本一般章"。

在《政治经济学批判（1857—1858 年手稿）》的基础上，马克思大约从 1858 年 8 月开始进行《政治经济学批判。第一分册》的编写工作。但由于严重的肝病的折磨以及穷困和债务的干扰，写作过程常常被打断。在 1858 年 11 月 29 日写给恩格斯的信中，他叙述了当时的情况，可以说那是一种非常"凄惨"的景况："我的妻子正在誊抄手稿③，恐怕月底以前寄不出去。拖延的原因是：长时期身体不适，现在天气冷了才好了。家务和钱财上的麻烦事太多。"④所幸的是，贫苦的写作带来了丰硕

---

① 马克思还设想在阐述"资本"之前先写若干绪论性章节。

② 马克思：《马克思致恩格斯（1858 年 3 月 29 日）》，见《马克思恩格斯全集》第 29 卷，296～297 页，北京，人民出版社，1972。

③ 这里指的是《政治经济学批判。第一分册》。

④ 马克思：《马克思致恩格斯（1858 年 11 月 29 日）》，见《马克思恩格斯全集》第 29 卷，358 页，北京，人民出版社，1972。

的精神成果：第一篇内容更充实了，因为头两章比原来计划的要写得更详细。其中第一章"商品"，在草稿①里根本没有写，第二章"货币或简单流通"只有一个简单的轮廓。② 1859 年 1 月底，这两章手稿终于写好了，马克思校订了手稿的最后定稿，加上了"政治经济学批判"的标题。但这时他却无法把它寄走，"因为身边一分钱也没有，付不起邮资和保险金"③。直到收到恩格斯的两英镑赠款后，马克思才于 1859 年 1 月 26 日将书稿寄出。第一分册远远超过计划中的 5～6 个印张，扩大到 22 个印张，并且不像预计的那样包括三章，而是只有两章："商品"和"货币或简单流通"。

在寄走书稿前，马克思还特别补写了序言。在《〈政治经济学批判〉序言》一开头，他就进一步把"六册结构"具体化为两大部分（前三册、后三册），共六册。马克思写道：

> 我考察资产阶级经济制度是按照以下的顺序：资本、土地所有制、雇佣劳动；国家、对外贸易、世界市场。在前三项下，我研究现代资产阶级社会分成的三大阶级的经济生活条件；其他三项的相互联系是一目了然的。④

---

① 这里指的是《政治经济学批判(1857—1858 年手稿)》。

② 参见马克思：《马克思致恩格斯(1858 年 11 月 29 日)》，见《马克思恩格斯全集》第 29 卷，358 页，北京，人民出版社，1972。

③ 马克思：《马克思致恩格斯(1859 年 1 月 21 日)》，见《马克思恩格斯全集》第 29 卷，370 页，北京，人民出版社，1972。

④ 马克思：《〈政治经济学批判〉序言》，见《马克思恩格斯选集》第 2 卷，1 页，北京，人民出版社，2012。

这里关于"六册结构"的论述，是对 1858 年 2 月 22 日致拉萨尔的信中提到的"三部六册"结构的第一部即"对经济学范畴的批判"的进一步说明。在这个说明中，他明确指出了对资本、土地所有制、雇佣劳动的分析，也就是对资本主义社会三大阶级之间经济关系的分析。在《政治经济学批判〉序言》中，马克思还用极为凝练的语言概括了他在批判黑格尔法哲学的过程中创建的历史唯物主义的基本原理：

> 人们在自己生活的社会生产中发生一定的、必然的、不以他们的意志为转移的关系，即同他们的物质生产力的一定发展阶段相适合的生产关系。这些生产关系的总和构成社会的经济结构，即有法律的和政治的上层建筑竖立其上并有一定的社会意识形式与之相适应的现实基础。物质生活的生产方式制约着整个社会生活、政治生活和精神生活的过程。不是人们的意识决定人们的存在，相反，是人们的社会存在决定人们的意识。社会的物质生产力发展到一定阶段，便同它们一直在其中运动的现存生产关系或财产关系（这只是生产关系的法律用语）发生矛盾。于是这些关系便由生产力的发展形式变成生产力的桎梏。那时社会革命的时代就到来了。随着经济基础的变更，全部庞大的上层建筑也或慢或快地发生变革。①

《政治经济学批判〉序言》重申这些原理，表明马克思正在撰写的政

---

① 马克思：《政治经济学批判〉序言》，见《马克思恩格斯选集》第 2 卷，2～3 页，北京，人民出版社，2012。

治经济学巨著是运用历史唯物主义的理论和方法解剖资本主义生产关系的产物。在《〈政治经济学批判〉序言》中，马克思还简要地叙述了他和恩格斯自 19 世纪 40 年代初以来，特别是 1850 年定居伦敦以后研究政治经济学的经过，最后不无感慨地以下述警句结束全文：

> 在科学的入口处，正像在地狱的入口处一样，必须提出这样的要求：
> "这里必须根绝一切犹豫；
> 这里任何怯懦都无济于事。"①

1859 年 2 月，马克思把《〈政治经济学批判〉序言》也寄给了出版社。同年 6 月，《政治经济学批判。第一分册》问世。

马克思在世时，《政治经济学批判。第一分册》没有再版过。只有《〈政治经济学批判〉序言》是个例外，它于 1859 年 6 月 4 日发表在伦敦出版的德文报纸《人民报》上，但作了一些删节。第二章中批判格雷关于劳动货币的空想主义理论的部分，被恩格斯作为附录列入马克思《哲学的贫困》一书的 1885 年和 1892 年德文版。马克思去世时留下的材料中，与《政治经济学批判。第一分册》有关的有两份：一是他给这本书的校正本所作的修改和注，二是他在 1859 年 8 月 19 日赠给威廉·沃尔弗的书上所作的修改和注。恩格斯在 1894 年付印《资本论》第 3 卷时，将马克

---

① 马克思：《〈政治经济学批判〉序言》，见《马克思恩格斯选集》第 2 卷，5 页，北京，人民出版社，2012。

思所作的一部分修改和全部注加了进去。

6.《经济学手稿(1861—1863 年)》

1859 年 1 月，马克思把《政治经济学批判。第一分册》付印稿寄给敦克尔出版社之后，立即为写第二分册做准备工作。上文已叙述过，第一分册包括了他计划中的《政治经济学批判》"六册结构"中第 1 册"资本"里的第一篇"资本一般"的头两章，即第一章"商品"和第二章"货币或简单流通"。第二分册预计将包括第一篇"资本一般"的第三章"资本一般"，但是马克思的写作没有持续下去。不久，因为要在报刊上回应卡·福格特对他的责难和应付其他急事，他停止了这项工作达一年半之久。

到 1861 年 6 月，马克思重新回到第二分册的写作上来①。6—7 月，他续写了《政治经济学批判(1857—1858 年手稿)》的第 Ⅶ 笔记本中的第 63a、64a、65～192 页②的摘录部分。大约在同时，马克思在另一个笔记本的第 21～27 页上写了《引文笔记索引》，在同一笔记本的第 28～36 页上写了《我自己的笔记本的提要》③，还在一个小笔记本上写了《政治经济学批判》第三章"资本章计划草稿"④。"资本章计划草稿"把第三章"资本一般"分为"Ⅰ. 资本的生产过程""Ⅱ. 资本的流通过程""Ⅲ. 资本和利润"以及"其他"。进一步的研究使马克思再度改变了原定计划，他

---

① 马克思在 1861 年 6 月 10 日致恩格斯的信中写道："一星期以来，我在认真写我的著作。"(《马克思恩格斯全集》第 30 卷，172 页，北京，人民出版社，1975。)

② 第 Ⅶ 笔记本共 227 页，第 63 页后摘录部分的写作开始于 1859 年 2 月 28 日，大约结束于 1863 年 6 月。

③ 马克思：《我自己的笔记本的提要》，见《马克思恩格斯全集》第 31 卷，605～623 页，北京，人民出版社，1998。

④ 马克思：《资本章计划草稿》，见《马克思恩格斯全集》第 31 卷，583～593 页，北京，人民出版社，1998。

决定先完成三卷《资本论》，以代替六册书的出版计划（详细情况我们后面仔细讨论）。因此，马克思不再准备出版第二分册和其他各册，而是着手写作《资本论》。《政治经济学批判》一书的某些基本原理经加工后，也被纳入《资本论》中。

这样，从1861年8月到1863年7月，马克思完成了篇幅巨大的《经济学手稿(1861—1863年)》。这一手稿写在23个笔记本上，约200个印张。马克思给它标上了通贯全稿的页码：1～1472页。《经济学手稿(1861—1863年)》可以分为三个阶段：第一阶段为第I～V笔记本（头5个笔记本），属于"I. 资本的生产过程"；第二阶段为第VI～XV笔记本（中间10个笔记本），属于《剩余价值学说史》，即《剩余价值理论》；第三阶段为第XVI～XXIII笔记本（后8个笔记本），包括对第一、第二阶段的补充和"III. 资本和利润"以及"其他"等。这一手稿的绝大部分（第VI～XI笔记本和第XVIII笔记本）是阐述经济学说史的，构成《剩余价值学说史》即"剩余价值理论"。在头5个笔记本以及部分地在第XIX～XXIII笔记本中，叙述了《资本论》第1卷的问题。马克思在这里分析了货币向资本的转化，阐述了绝对剩余价值和相对剩余价值的学说，并涉及了一系列其他问题。第XX笔记本和第XX笔记本为第1卷第十三章"机器和大工业"奠定了坚实的基础，引用了极其丰富的技术史资料，对资本主义工业中机器的使用作了十分详细的经济分析。第XIX～XXIII笔记本阐述同《资本论》各卷（包括第2卷）有关的各种问题。第XVI笔记本和第XVII笔记本专门阐述第3卷的问题。因此，《经济学手稿(1861—1863年)》对四卷《资本论》的所有问题多少都触及了。

必须指出的是，在马克思的写作过程中，理论和理论史的部分是密不可分的。比如,《政治经济学批判。第一分册》在每个理论部分之后都有一个理论史附论:在第一章"商品"之后有"A. 关于商品分析的历史",在第二章"货币或简单流通"的"1. 价值尺度"之后有"B. 关于货币计量单位的学说",在第二章全章末尾有"C. 关于流通手段和货币的学说"。同样,在原先预期要作为《政治经济学批判》第二分册的"资本章计划草稿"的"Ⅰ. 资本的生产过程"中,马克思也考虑要在"剩余价值理论"之后设剩余价值理论史附论。后来形成的《经济学手稿(1861—1863 年)》的大部分也是整理得最细致的部分,构成《剩余价值学说史》,即理论部分的"历史部分、历史批判部分或历史文献部分"。比如,对于"Ⅰ. 资本的生产过程",此前马克思设想包括"(1)货币转化为资本""(2)绝对剩余价值"和"(3)相对剩余价值",后来他又决定设"(4)绝对剩余价值和相对剩余价值的结合"①。1862 年 3 月,马克思在写"(3)相对剩余价值"的"(c)机器。自然力和科学的应用"时,中断了"(3)相对剩余价值"的写作。他把第 V 笔记本的第 211~219 页留空不写,开始在第 Ⅵ 笔记本上写《剩余价值学说史》。第 Ⅵ~ⅩⅤ 笔记本属于《剩余价值学说史》,写于 1862 年 3 月到 11 月。这 10 个笔记本的封面上都写着标题"(5)剩余价值学说史"内容目录②,分为(a)(b)(c)……(o),共 14 个部分[其中缺(j)],外加

---

① 马克思在第 V 笔记本第 184 页上写道:"在相对剩余价值之后,应该把绝对剩余价值和相对剩余价值结合起来考察。"[马克思:《经济学手稿(1861—1863 年)》,见《马克思恩格斯全集》第 32 卷,355 页,北京,人民出版社,1998。]

② 马克思此时关于《资本论》第一篇"资本和利润"和第一篇"资本的生产过程"的"计划草稿"见 Karl Marx, »Zur kritik der politischen Ökonomische (Manuskript 1861-1863)«, Theorien über den Mehrwert, Heft ⅩⅧ, *Karl Marx/Friedrich Engels Gesamtausgabe*, Ⅱ/3.5, Berlin, Dietz Verlag, 1980, S. 1861-1862.

一个补充部分"收入及其源泉"。"(5)剩余价值理论"是马克思给这 15 个部分加的总标题。这样，继"(4)绝对剩余价值和相对剩余价值的结合"之后就是"(5)剩余价值理论"（中间 10 个笔记本）。(1)到(4)是"Ⅰ.资本的生产过程"的理论部分，它们阐述剩余价值理论；(5)是"Ⅰ.资本的生产过程"的理论史附论，它阐述剩余价值理论史。

下面，我们再详细讨论由"六册"到"三册"再到"四册"的演变过程。

前面说过，1862 年年底，马克思在写作《经济学手稿（1861—1863年）》的过程中，首次产生了把《政治经济学批判》第 1 册"资本"第一篇"资本一般"的第三章"资本一般"作为独立著作《资本论》出版的想法。1862 年 12 月 28 日，他在致路德维希·库格曼的信中写道：

> 第二部分终于脱稿，只剩下誊清和付排前的最后润色了。这部分大约有 30 印张。它是第一分册的续篇，将以《资本论》为标题单独出版，而《政治经济学批判》只作为副标题。其实，它只包括本来应构成第一篇第三章的内容，即《资本一般》。这样，这里没有包括资本的竞争和信用。这一卷的内容就是英国人称为"政治经济学原理"的东西。这是精髓（同第一部分合起来），至于余下的问题（除了不同的国家形式对不同的社会经济结构的关系以外），别人就容易在已经打好基础上去探讨了。①

---

① 马克思：《马克思致路德维希·库格曼（1862 年 12 月 28 日）》，见《马克思恩格斯文集》第 10 卷，196 页，北京，人民出版社，2009。

按照原先的《政治经济学批判》六册结构计划，第 1 册"资本"分为四篇："资本一般""资本的竞争""资本的信用""股份资本"，第一篇"资本一般"分为三章："商品""货币或简单流通""资本一般"，第三章"资本一般"分为三部分："资本的生产过程""资本的流通过程""资本和利润"。把第三章"资本一般"作为独立著作《资本论》，第三章的三部分便成为《资本论》的三册，即第 1 册"资本的生产过程"、第 2 册"资本的流通过程"，第 3 册"资本和利润"。这样，《资本论》三册结构计划就出现了。

1863 年 1 月，马克思在《经济学手稿(1861—1863 年)》第 XⅧ 笔记本中写了一个将"资本的生产过程"划分为九章的计划。这个计划的第一章是"导言：商品，货币"，这表明马克思把《政治经济学批判》第 1 册"资本"第一篇"资本一般"的第一章"商品"和第二章"货币或简单流通"也列入了《资本论》第 1 册"资本的生产过程"，就是把《政治经济学批判》第 1 册"资本"第一篇"资本一般"作为独立著作《资本论》。

1862 年年末至 1863 年年初形成的《资本论》三册结构计划，还把理论史部分分散安插在三册之中。例如，1863 年 1 月提出的"资本的生产过程"九章结构计划中，第八章"剩余价值理论"、第九章"关于生产劳动和非生产劳动的理论"就是理论史附论；1863 年 1 月提出的"资本和利润"十二章结构计划中，第三章"亚·斯密和李嘉图关于利润和生产价格的理论"、第五章"所谓李嘉图地租规律的历史"、第七章"利润理论"、第十一章"庸俗政治经济学"等就是理论史附论。看来，这时马克思还打算把《经济学手稿(1861—1863 年)》中间 10 个笔记本的各个部分分别插入"资本的生产过程""资本和利润"等相应的地方。例如，把中间 10 个笔记本中的剩余价值理论史、地租理论史、利润理论史分别附在《资本论》第 1 册和第 3 册的剩余价值理论、地租理论、利润理论之后。1863 年 5 月，在《经济学手稿（1861—1863 年）》第 XXII 笔记本里，马克思写了"历史部分：配第"，对配第关于价值、工资、地租、土地价格、利息等方面的观点作了考察。这时，马克思很可能已经有了把理论史部分从《资本论》第 1、2、3 册中分离出来的想法。

1863 年 7 月，马克思结束了《经济学手稿（1861—1863 年）》的写作，他从这时起进入《资本论》的编辑和继续写作的时期。1863 年 8 月 15 日，他写信给恩格斯说："现在我看着这整个庞然大物①，而且回想起我曾不得不把一切统统推翻，而历史部分甚至要根据一部分以前根本不知道的材料去加工。"②这里的"历史部分"是指《经济学手稿（1861—1863 年）》的理论史部分。这时，马克思很可能已经想在《资本论》第 1、2、3 册之外设专门考察理论史的第 4 册。

到 1865 年，马克思明确形成了《资本论》四册结构计划。1865 年 7 月 31 日，他写信告诉恩格斯：

> 至于我的工作，我愿意把全部真情告诉你。再写三章就可以结束理论部分（前三册）。然后还得写第四册，即历史文献部分；对我来说这是最容易的一部分，因为所有的问题都在前三册中解决了，最后这一册大半是以历史的形式重述一遍。③

---

① 指《经济学手稿（1861—1863 年）》。

② 马克思：《马克思致恩格斯（1863 年 8 月 15 日）》，见《马克思恩格斯全集》第 30 卷，364 页，北京，人民出版社，1975。

③ 马克思：《马克思致恩格斯（1865 年 7 月 31 日）》，见《马克思恩格斯文集》第 10 卷，230～231 页，北京，人民出版社，2009。

这里首次把《资本论》分为理论部分三册和理论史部分一册。1866年 10 月 13 日，马克思在致库格曼的信中写道：

> 全部著作分为以下几部分：
> 第一册 资本的生产过程。
> 第二册 资本的流通过程。
> 第三册 总过程的各种形式。
> 第四册 理论史。①

这时，《资本论》四册结构计划最终固定下来了。

有一个时期，马克思想把《资本论》第 1 册"资本的生产过程"和第 2 册"资本的流通过程"作为一卷出版。之后，当他决定第 1 册作为第 1 卷出版之后，又想把第 2 册和第 3 册作为第 2 卷出版。最后的结果是每一册作为单独一卷发表，《资本论》四册结构计划就是《资本论》四卷结构计划。

上述梳理表明，《资本论》四卷结构是《政治经济学批判》六册结构的一个局部，是按《政治经济学批判》第 1 册"资本"第一篇"资本一般"展开的。《资本论》四卷是《政治经济学批判》六册的精髓，《政治经济学批判》六册结构在《资本论》四卷结构产生之后仍然保持着充分的科学意义。

7.《工资、价格和利润》

1848 年欧洲革命的失败导致了很长一段时间内国际工人运动的低

---

① 马克思：《马克思致路德维希·库格曼(1866 年 10 月 13 日)》，见《马克思恩格斯文集》第 10 卷，246 页，北京，人民出版社，2009。

迷，也成为那场革命的筹划者、参与者和幸存者心中"永久的痛"。为了酝酿新的运动高潮，各国工人运动领袖决定成立新的国际工人组织。此前，他们组成了国际工人协会（第一国际）第一次代表大会总委员会。然而，不断变迁的社会境况给工人运动的未来发展带来了难以预测的难题，总委员会的成员在革命的方式与出路等问题上并没有取得一致的看法，歧见纷纷、争论不断。不能置身其外的马克思①也就一系列问题发表了他自己的看法，在这些看法中，关乎资本主义社会的"工资、价格和利润"方面的思考也构成了《资本论》写作过程的一个环节。

1865 年 5 月至 6 月，第一国际总委员会不定期地召开了许多次会议。其中，总委员会委员约翰·韦斯顿在 5 月 22 日和 23 日的发言引起了马克思的注意。韦斯顿在发言中企图证明货币工资水平的普遍提高对工人没有好处，并由此得出工会"有害"的结论。为此，马克思于 6 月 20 日和 27 日举行的会议上用英语作报告进行回应，《工资、价格和利润》就是马克思报告的原始手稿。现在保存下来的报告稿上是马克思的原始笔迹，内容包括"引言""1. 生产和工资""2. 生产、工资、利润""3. 工资和通货""4. 供给和需求""5. 工资和价格""6. 价值和劳动""7. 劳动力""8. 剩余价值的生产""9. 劳动的价值""10. 利润是按照商品的价值出卖商品获得的""11. 剩余价值分解成的各个部分""12. 利润、工资和价格

---

① 马克思毕生进行理论探索和思想建构的主旨虽然是工人阶级的解放，但笔者不能同意这样一种看法：马克思就是当时国际工人运动的筹划者、设计者和实际领导人。就实际情况看，他的思想和建议对当时的革命运动的确有影响，有时还可以说影响很大，他在整个运动的进程中确实不能也没有置身其外。但他根本不是主导者，只是一个参与者、思考者，至多一度算是领导者之一。马克思的地位甚至不能与其身后恩格斯在工人运动中的作用相比，因为就基本职业和身份而言，他毕其一生只是一个学者、一个理论家。

的一般关系""13. 争取提高工资或反对降低工资的几个主要场合""14. 资本和劳动的斗争及其结果"。

这份报告由马克思的女儿爱琳娜·马克思-艾威林以"价值、价格和利润"为题于 1898 年首次在伦敦发表，并附有爱德华·艾威林写的序。手稿中引言和前 6 节没有标题，也由艾威林加上了标题。

8.《经济学手稿(1863—1867 年)》①

马克思在 1863 年 6 月完成了篇幅巨大的《经济学手稿(1861—1863 年)》之后，立即整理手稿准备付印。从此开始了他写作《资本论》的一个新阶段，也就是为出版《资本论》而写作最后手稿的阶段。1863 年 8 月 15 日，马克思写信给恩格斯说：

> 我的工作(整理手稿，准备付印)，一方面进行得很好。我觉得这些东西在最后审订中，除了一些不可避免的 G—W 和 W—G 以外，已经变得相当通俗了。另一方面，虽然我整天整天地写，但是进展得并不象我久经磨炼的耐心所希望的那样快。②

那么，从 1863 年 7 月至 1867 年 9 月《资本论》第 1 卷出版的这段时

---

① 这里我们没有按照成说将其称为《经济学手稿(1863—1865 年)》，而是叫作《经济学手稿(1863—1867 年)》，详细的论证见下文。

② 马克思：《马克思致恩格斯(1863 年 8 月 15 日)》，见《马克思恩格斯全集》第 30 卷，364 页，北京，人民出版社，1975。写作进展不快的原因是多方面的。首先，马克思以极严格的态度对待自己的著作，他下决心把整个著作都写好以后才拿去付印，结果这一时期又写成了包括《资本论》前三卷在内的新手稿。其次，马克思在这一时期不断受到疾病的折磨，而且在 1864 年下半年至 1865 年上半年，由于参加第一国际的工作，他几乎花去了全部的时间。

间内，马克思还写了哪些经济学手稿呢？写作过程是怎样的呢？学者们一直在讨论这个问题，有些问题迄今为止也还没有最后的定论。流传至今天的属于这个时期的手稿有：①第六章"直接生产过程的结果"，手稿上标明的页码是从第 441 页至第 495 页，它是属于《资本论》第 1 卷的手稿，另外还有第 1 册的一些零星单页；②第 2 卷的第Ⅰ稿，共标明 149 页，另外还有一份第 2 卷的写作计划；③第 3 卷的草稿，共标明 575 页，恩格斯后来就是以这个手稿为基础编辑出版了《资本论》第 3 卷；④第 2 卷的第Ⅲ稿（共 12 页）和第Ⅳ稿（共 58 页）。这些手稿大多没有注明写作日期，这就引起了人们的研究和考证。

过去，几乎所有研究这个问题的人都同意这样一种见解，就是马克思在 1863 年 7 月到 1865 年底依次撰写了《资本论》第 1、2、3 册的草稿。因此，人们称它为《经济学手稿（1863—1865 年）》或者《资本论》第三稿[1]［第一稿为《经济学手稿（1857—1858 年）》，第二稿为《经济学手稿（1861—1863 年）》］。《马克思恩格斯全集》俄文第 2 版的编者就是根据这样的见解来确定马克思这些手稿的写作日期的。例如，《马克思恩格斯全集》第 49 卷把第 1 卷的手稿写作时间确定为 1863 年 7 月至 1864 年 6 月（第六章就是属于这个手稿的），把第 2 卷的第Ⅰ稿写作时间确定为 1864 年或 1864 年下半年至 1865 年春天。然后，从 1866 年年初到 1867 年，马克思重新写了《资本论》第 1 卷的手稿并付印。[2] 按照这种见解，马克思在这一时期除了写完《资本论》全三卷的《经济学手稿（1863—1865

---

[1] 参看［苏］维·索·维戈茨基：《〈资本论〉创作史》，周成启等译，111～130 页，福州，福建人民出版社，1983。

[2] 《马克思恩格斯全集》第 49 卷，529、537 页，北京，人民出版社，1982。

年)》外，从 1866 年起又写了《资本论》第 1 卷的一个手稿，也就是说写了两个第 1 卷的手稿。

苏联学者鲍尔迪列夫在《经济问题》杂志 1980 年第 2 期上撰文，对上述看法提出了异议。他的看法大致如下①：①马克思在写完《经济学手稿(1861—1863 年)》之后，由于生病等原因，工作停顿了一段时间，直到 1864 年 8 月才重新开始写作；②从 1864 年 8 月到 1865 年年底，马克思只写了第 3 册的手稿；③1865 年年底或 1866 年 1 月 1 日，马克思才开始写第 1 册，大约到 1866 年秋天写完第六章而结束；④从 1866 年 10 月到 12 月，马克思写了第 2 册的第 I 稿；⑤1867 年开始，马克思写了第 1 册的第一章"商品和货币"；⑥马克思本来的打算是《资本论》第 1 卷包括第 1 册和第 2 册，因此第六章是从第 1 册过渡到第 2 册的一个环节。最后，在手稿付印前，马克思决定第 1 卷只包括第 1 册，并且写了第一章"商品和货币"，于是就把第六章剔除出来，没有包括进第 1 卷中。因此，鲍尔迪列夫认为，《经济学手稿(1863—1865 年)》的说法是值得重新研究的。

鲍尔迪列夫的文章在苏联引起了激烈的讨论。米兹凯维奇、捷尔诺夫斯基、切普连科和维戈茨基四人联名著文，先是发表在《经济问题》杂志 1981 年第 8 期上，后来经过修改，又发表在《马克思恩格斯年鉴》第 5 卷上。他们部分地接受了鲍尔迪列夫的观点，即认为第六章没有被收进《资本论》第 1 卷同马克思决定第 1 卷只包括第 1 册有关，也同马克思最

---

① ［苏］鲍尔迪列夫：《1863—1867 年马克思对〈资本论〉的创作》，陈征译，见陈征、严正编：《〈资本论〉创作史研究——〈资本论〉教学研究参考资料(一)》，160～178 页，福州，福建人民出版社，1983。

后补写了第一章"商品和货币"有关。另外，他们不再坚持认为存在《经济学手稿(1863—1865 年)》即《资本论》第三稿，而是认为 1863—1867 年的工作是连续性的。但是，他们仍然坚持如下观点：①马克思最先写的是第 1 册的手稿，大约到 1864 年夏天写完第六章"直接生产过程的结果"以后，第 1 册的写作结束了第一阶段。直到 1866 年 1 月才开始继续整理第 1 册的手稿并付印，这是第 1 册的写作的第二阶段。②1864 年夏天，马克思开始写第 3 册，这一工作至少进行到 1865 年年底。正如马克思 1866 年 2 月 13 日致恩格斯的信所说的："说到这本'该死的'书，情况是这样：12 月底已经完成。单是论述地租的倒数第二章，按现在的结构看，就几乎构成一本书。"① ③在写作第 3 册的过程中，大约在 1865 年的某一时间，马克思考虑到流通也影响利润率的问题，就暂时放下第 3 册手稿，而写了第 2 册的第 I 稿，然后才继续写第 3 册第四章以后的手稿。因此，第 2 册和第 3 册手稿是交叉着写的。④马克思在 1865 年年底以前写的第 1 册手稿不包括"商品和货币"这一章，他引证商品和货币问题的论述时还直接引用 1859 年出版的《政治经济学批判。第一分册》，这些都证明了后来的第一章"商品和货币"在当时还不存在。大约在 1865 年 6 月，马克思在第一国际总委员会里参加了关于工资性质问题的讨论，作了著名的报告《工资、价格和利润》。也许这时，考虑到工人运动的实际需要，马克思才决定补写"商品和货币"这一章，收入第 1 卷作为第一章。⑤在这个时期，除了第 2 册的第 I 稿以外，马克思

---

① 马克思：《马克思致恩格斯(1866 年 2 月 13 日)》，见《马克思恩格斯文集》第 10 卷，234 页，北京，人民出版社，2009。

还写了第 2 册的第 Ⅱ 稿和第 Ⅳ 稿。这两个手稿写于 1865 年 6—7 月和 1867 年 4 月之间的某一时期，其中后一个手稿写于 1867 年 6—8 月。米兹凯维奇等四人的文章包含有较详细的考证，对各册手稿的写作过程作了具体说明，同时也指出对某些具体问题仍需要进一步研究。①

从 1863—1867 年马克思停留在《资本论》的思考、撰写、编辑上的工作和时间的连续性上考虑，笔者认为，将这一时期的手稿称为《经济学手稿(1863—1867 年)》比《经济学手稿(1863—1865 年)》更适宜。

9～11.《资本论》

鉴于《资本论》及其手稿的写作、流传和编辑是马克思文献学中最具典型性意义的课题之一，本书将在第七章专门予以详细的梳理。

12.《剩余价值学说史》

(1)马克思：把理论史部分单独作为一册出版

在马克思 1862 年年末至 1863 年年初形成的《资本论》三卷结构计划中，准备把《经济学手稿(1861—1863 年)》中间 10 个笔记本的各个部分按其不同内容作为《资本论》理论部分的"附录"，分别插入"资本和生产过程""资本和利润"等册中论述剩余价值理论、地租理论和利润理论的有关章节之中，而并未考虑把理论史部分单独出版。后来马克思确定把理论史部分单独作为一册出版的时间，是在 1863 年 7 月结束了《经济学手稿(1861—1863 年)》的写作之后，即三卷四册结构的设想形成的时期。马克思在 1863 年 8 月 15 日致恩格斯的信中谈到，刚刚结束的

———————————

① ［苏］维·维戈德斯基、拉·米西凯维奇、米·捷尔诺夫斯基、亚·切普连科：《论马克思 1863—1867 年写作〈资本论〉工作的时期划分》，载《经济学译丛》，1982(1)。

经济学手稿的"历史部分""甚至要根据一部分以前根本不知道的材料去加工"①，可见这时马克思已产生了把理论史部分集中起来进行加工的想法。在 1865 年 7 月 31 日致恩格斯的信中，他更加明确了把理论史部分作为《资本论》三卷本的第 4 册单独出版的计划：

> 至于我的工作，我愿意把全部实情告诉你。再写三章就可以结束理论部分(前三册)。然后还得写第四册，即历史文献部分；对我来说这是最容易的一部分，因为所有的问题都在前三册中解决了，最后这一册大半是以历史的形式重述一遍。但是我不能下决心在一个完整的东西还没有摆在我面前时，就送出任何一部分。②

在 1866 年 10 月 13 日致库格曼的信中，马克思也重申了把理论史部分作为《资本论》第 4 册的设想。③ 由上可见，马克思生前十分明确地决定把理论史部分即《剩余价值学说史》作为《资本论》第 4 册出版。

(2)恩格斯：把《资本论》的第 4 册变为第 4 卷

马克思去世后，恩格斯改变了马克思原定的三卷四册结构中拟把《资本论》第 2、3 册合为第 2 卷出版的打算，将其分为第 2、3 卷。这

---

① 马克思：《马克思致恩格斯(1863 年 8 月 15 日)》，见《马克思恩格斯全集》第 30 卷，364 页，北京，人民出版社，1975。

② 马克思：《马克思致恩格斯(1865 年 7 月 31 日)》，见《马克思恩格斯文集》第 10 卷，230～231 页，北京，人民出版社，2009。

③ 马克思：《马克思致路德维希·库格曼(1866 年 10 月 13 日)》，见《马克思恩格斯文集》第 10 卷，246 页，北京，人民出版社，2009。

样，理论史部分就由《资本论》的第 4 册变为第 4 卷①。由于除恩格斯外，马克思手稿的字迹以及文中独特的缩写词句其他人很难辨认，恩格斯一直希望能像编定《资本论》第 2、3 卷一样由自己亲手编辑出版第 4 卷，他在很多书信中都明确谈到了这一愿望。但是由于恩格斯年迈体衰、眼病严重，加之长期承担了《资本论》第 2、3 卷的编辑与马克思和他本人的其他文稿的校订以及国际共产主义运动的大量事务，他难以着手进行第 4 卷的辨认、出版工作。为此，他不得不在 1889 年年初决定在年轻的共产主义者中培养几个能辨认马克思手稿的人做助手，考茨基即是被选定的人之一。恩格斯在 1889 年 1 月 28 日致考茨基的信中写道：

　　我预感到，在最好的情况下，我也还需要长时期地少用眼睛，以便恢复正常。这样，我至少在几年内不能亲自给人口授《资本论》第四册的手稿。另一方面，我要考虑到，不仅使马克思的这一部手稿，而且使其他手稿离了我也能为人们所利用。要做到这一点，我得教会一些人辨认这些潦草的笔迹，以便必要时能代替我，在目前哪怕能够帮助做些出版工作也好。为此我能够用的人只有你和爱德②。③

---

① 恩格斯：《〈资本论〉第二卷序言》，见《马克思恩格斯文集》第 6 卷，4 页，北京，人民出版社，2002。

② 即爱德华·伯恩施坦。

③ 恩格斯：《恩格斯致卡尔·考茨基（1889 年 1 月 28 日）》，见《马克思恩格斯文集》第 10 卷，572 页，北京，人民出版社，2009。

（3）考茨基整理出的《剩余价值学说史》

后来，恩格斯的上述计划被付诸实施，考茨基来到伦敦向恩格斯学习辨认马克思手稿的笔迹。考茨基在学成后离开伦敦时带走了马克思的一个笔记本，但由于种种原因，直到恩格斯逝世时，他都未能真正着手进行辨认、整理第 4 卷的工作。恩格斯逝世后，马克思的女儿劳拉·拉法格再次委托考茨基整理、出版《资本论》第 4 卷。

经过几年的紧张工作，考茨基终于把《资本论》第 4 卷的手稿编辑成三卷本《剩余价值学说史》，交柏林狄茨出版社出版。第 1、2 卷出版于1905 年，第 3 卷出版于 1910 年。我们知道，不论马克思本人还是恩格斯，原本都打算把"剩余价值理论"手稿作为《资本论》第 4 册（第 4 卷）出版，但是考茨基在编辑、出版时却把它变成了与《资本论》平行的另一部著作。至于考茨基为什么要这样做，国内外学术界有不同的解释。国外有学者认为，考茨基主要是出于对付曾出版《资本论》第 1～3 卷的迈纳斯出版社对《资本论》第 4 卷版权的要求，为满足改由党的出版社——狄茨出版社出版的需要而这样做的。而考茨基本人在《剩余价值学说史》第1 卷编者序中所作的解释是："在这个著作的整理工作上，我越是向前进，我越是明白，要按照恩格斯的预期，把它编成《资本论》的第四卷，是我的能力办不到的。"①考茨基列举的理由是：这部分原稿与第 2、3 卷的文字交织在一起，而要在这部分原稿的基础上编成第 4 卷，就必须大量删节其中与第 2、3 卷相交织的内容，甚至必须改写全书的重要部分。

---

① 马克思：《剩余价值学说史》第 1 卷，郭大力译，3 页，北京，生活·读书·新知三联书店，1951。

考茨基在第 1 卷编者序中写道："在这个任务面前，我当然有种种理由，可以退缩。不过当我让这一切文句照样留在书里，它就不能算是《资本论》的第 4 卷，不能算是前三篇的续篇了。这样，它就成了与前三卷并行的著作。"①

编辑《剩余价值学说史》对考茨基来说确实是一个挑战，他特别注意到，这些庞杂的材料"只是为著者自己理解的……一个概念"，"全是顺笔直书，想到什么就写什么"，作者"不曾把材料分成一节一节，所以，除了作者自己，任何人看来，它都有混沌一团的性质"②。为此，他在编辑过程中不得不在一些地方改变了手稿的逻辑次序，有时划分了一些篇、章、节，并加上了许多标题。他对个别重复的部分作了删节，有时则对手稿原文进行了修改。正因为如此，他的工作多年来受到不少马克思主义研究者的指责。但现在看来，很多指责是言过其实的。

必须看到，考茨基编辑、出版《剩余价值学说史》是马克思主义传播史上的一件大事。这本书的出版及其在半个多世纪中的广泛流行为其他马克思主义者深入研究《资本论》第 4 卷和马克思主义经济思想的发展规律提供了重要的依据，发挥过重大的历史作用。同时，这本书的出版系统地公布了马克思对英国古典政治经济学以及与他同时代的一些资产阶级经济学家的观点的分析、批判，为回击当时有的学者声称马克思的剩余价值理论是从洛贝尔图斯等人那里剽窃来的之类言论提供了有力的武

<hr>

① 马克思：《剩余价值学说史》第 1 卷，郭大力译，3～4 页，北京，生活·读书·新知三联书店，1951。

② 马克思：《剩余价值学说史》第 1 卷，郭大力译，5～6 页，北京，生活·读书·新知三联书店，1951。

器。事实上，考茨基本人在自己写的几篇编者序中也一再宣传《剩余价值学说史》的伟大意义，并且指出那些攻击《资本论》的学者的无知与虚伪。他在第1卷编者序中指出：

> 这本书，不过继续发展了《资本论》已经发生的影响；不仅社会主义，即使资产阶级经济学，也应当对马克思致最深的感谢。资产阶级经济学晚一代的更有造就的著作家，所以能够超出五十年代、六十年代的庸俗经济学，就赖有一些从马克思那里借来的要素。①

在《剩余价值学说史》第3卷编者序中，针对当时有些学者坚持恩格斯编辑、出版《资本论》第3卷的目的在于"拯救"马克思在《资本论》第1卷中遇到的困难的"妄见"，考茨基又明确地指出：由于《剩余价值学说史》的出版，"我们现在知道，在第一卷出版以前五年，第三卷就不仅已在理论上，且已在思想的逻辑次序上，像现在的样子一样，为马克思所思考过了……马克思在把握价值和生产价格的区别——近代庸俗经济学者曾把这个看作是他的价值学说的遁辞和破产，而大肆吹嘘——时，正好看见了他胜过李嘉图的地方。还不仅看见了，并且已经证实了"②。

（4）苏共中央马克思列宁主义研究院重新编辑的《剩余价值理论》

鉴于考茨基的政治生涯的坎坷命运招致不少论者对他编辑的《剩余

---

① 马克思：《剩余价值学说史》第1卷，郭大力译，12页，北京，生活·读书·新知三联书店，1951。

② 马克思：《剩余价值学说史》第3卷，郭大力译，6页，北京，生活·读书·新知三联书店，1951。

价值学说史》的指责，苏共中央马克思列宁主义研究院组织文献专家，于 1954—1961 年重新编辑了《剩余价值理论》，作为《资本论》第 4 卷出版。后来又收入了《马克思恩格斯全集》俄文第 2 版，作为第 26 卷，分三个分册出版。这个版本的《剩余价值理论》以马克思的原稿为基础，详细核对了手稿中的字迹，对许多地方作了重要的订正，并且依据马克思亲手为这部分手稿草拟的目录和手稿中几个地方的提示确定了正文的内容、编排和章节划分。至于各章、节的标题，则分别利用了下列内容：①马克思编的目录中的标题；②马克思所编《资本论》第一部分和第三部分计划草稿中同《剩余价值理论》手稿的某些部分有关的标题；③《剩余价值理论》原稿中已有的为数不多的标题。此外，更多的标题是由编者根据手稿有关部分尽量利用马克思使用的术语和说法加上的。这个版本的《剩余价值理论》全文是按照马克思稿本中的次序排列的，只在个别地方根据作者本人的提示作了必要的次序更动。从内容上看，第 1 册主要是对重农学派和亚当·斯密观点的分析和批判。《经济学手稿（1861—1863 年）》的最后几个稿本中对于 17、18 世纪的经济学家所写的许多评论和札记，以及《经济学手稿（1861—1863 年）》第 XXI 笔记本中有关生产劳动和非生产劳动的研究成果，一并被编者作为附录收入其中。第 2 册主要是对李嘉图经济理论的分析和批判。马克思写在《经济学手稿（1861—1863 年）》第 XI、XII、III 笔记本封面上的几段有关的补充札记，被作为附录收入其中。第 3 册评析了资产阶级经济学家从左右两个方面对李嘉图体系所作的批评。马克思手稿中包含的剖析庸俗政治经济学反动本质的长篇论文《收入及其源泉。庸俗政治经济学》，被作为附录收入其中。总的说来，苏共中央马克思列宁主义研究院重新编辑的《剩余价值理论》一书作为《资本论》第 4 卷，较好地贯彻了马克思、恩格斯对第 4 卷的写作、编辑意图，体现了《资本论》理论部分与理论史部分的有机联系，同时也在尽可能保持马克思手稿原有体系的同时在目录、附录等方面作了一些适当的技术处理。

（5）MEGA2：理论史部分不是作为单独著作，而是作为《经济学手稿(1861—1863 年)》的一部分收入

1975 年开始编辑出版的 MEGA2 第 2 部分包括《资本论》全部手稿及其所有准备材料。在这一部分中，《剩余价值理论》不是作为单独著作，而是作为《经济学手稿(1861—1863 年)》的一部分收入第 3 卷①。第 3 卷共分六册，第 2～4 册为《剩余价值理论》的主稿部分。其中，第 2 册系 1862 年 3—6 月的手稿，包括第 Ⅵ ～ Ⅹ (一部分)笔记本(第 220～444 页)。第 3 册系 1862 年 6—9 月的手稿，包括第 Ⅹ (一部分)～ Ⅻ (一部分)笔记本(第 445～752 页)。第 4 册系 1862 年 9—10 月或 11 月的手稿，包括第 Ⅻ (一部分)～ ⅩⅤ (一部分)笔记本(第 753～938 页)。此外，第 5、6 册也涉及若干与《剩余价值理论》有关的材料。与《剩余价值理论》一书的考茨基编辑版和苏共中央马克思列宁主义研究院版相比，MEGA2 对《剩余价值理论》的编辑具有以下几个特点。①全部正文及标题均按马克思手稿的顺序和原文刊印，未作删节、调整和改动；段落也依照原样，未作更细的划分。②由于 MEGA2 系按马克思手稿原样排印，读者就可以参考马克思在原稿上所作的修改、删画、边注以及其他记号和材料，

---

① 收入 *Karl Marx/Friedrich Engels Gesamtausgabe*，Ⅱ/3.1-6，Berlin，Dietz verlag，1976-1982.

清楚地看到《剩余价值理论》写作过程中马克思的具体思想活动。③在MEGA2中，第3卷也像其他各卷一样装订成两本，一本是正文，另一本是参考资料。第3卷第2~4册正文除《剩余价值理论》的主稿部分外，还有单独的序言，详细分析了手稿中所阐述的理论观点、逻辑结构以及它们的思想渊源和在《资本论》创作史中的地位，可供读者参考。而作为副册的参考资料则为读者进一步研究《剩余价值理论》的形成史提供了许多重要的资料或工具，如手稿形成和流传的经过、处理记号、订正目录以及注释、索引、插图等。所有这些材料为《剩余价值理论》手稿提供了从内容到外部细节的详细说明和描述，这就使一般不可能直接利用手稿的研究者和读者能够像看到原稿那样直接了解到许多有关的情况和信息。④在MEGA2的准备和编辑过程中，对这部手稿又取得了一些新的认识和研究成果。特别是对马克思写作这部手稿的工作阶段、各部分手稿和各册笔记写作的具体时间，都比以前判断得更为详细和准确。此外，MEGA2在辨认手稿方面也取得了一些新的进展，从而使正文的准确程度比考茨基编辑版和苏共中央马克思列宁主义研究院版又有了新的提高。

第三章 | "巴黎手稿"的文献学问题再探究

　　"巴黎时期"（从 1843 年 10 月到 1845 年 1 月）的马克思开始了新的探索。由于处于哲学思想的变革过程当中和政治经济学研究的初始阶段，这一时期马克思写作的和留存下来的是谜一样的文稿和笔记。如果不对马克思当时的活动情况进行考察和梳理、不对这些文献材料的写作过程和原始情形作出考证和甄别，而仅仅根据别人编辑而成的文本对其内容进行抽象的解读和发挥，进而作出概括和评论，是不可能客观而完整地把握马克思当时的理论视域、思想状况、论证方式和观念变迁的。换言之，研究"巴黎时期"马克思的思想必须考虑到当时的各种情况及马克思著述的实际情形，只有这样才能避免片面与狭隘。

　　反思过去我们对通常被称为《1844 年经济学哲学

手稿》的研究，可以说这一方面的教训相当深刻。在西方，1932 年三个
笔记本首次发表，引发了对马克思思想单纯作"人本主义化"的解释，进
而形成影响深远的"西方马克思主义"思潮；在中国，1983 年马克思逝
世一百周年之际出现了关于"人道主义和异化"的论争。现在看来，这些
重大的理论事件具有双重效应：一方面，它们确实吸引了更多的论者关
注这一文本，从而扩大了它的社会影响；但另一方面，过于功利的"现
实"考量加上原始文献资料的欠缺，使当时对马克思复杂思想的理解在
全面性、客观性等方面又不同程度地打了折扣，很多地方有待完善和提
高。从"文本学"角度考虑，甚至仍有一些工作尚未展开。这是我们重新
研究包括《1844 年经济学哲学手稿》在内的整个"巴黎手稿"①时最基本的
考虑。

　　在展开对"巴黎手稿"内容的详尽解读和"巴黎手稿"思想的深度阐释
之前，我们必须先讨论一系列复杂的文献学问题："巴黎时期"马克思的
活动和著述情况是怎样的？为什么有的著述叫"巴黎笔记"，有的著述则
叫"巴黎手稿"？二者区分的依据何在？它们又有什么样的关联？在"巴
黎手稿"中，三个笔记本与"穆勒评注"写作次序如何？不同的排序会影
响对马克思思想逻辑的把握吗？三个笔记本的"逻辑编排版"和"原始顺
序版"又是怎样的一番情况？笔记本Ⅱ大量遗失的部分应该有哪些内容
呢？笔者谨根据权威的文献材料并结合自己的判断和推理，对以上问题

_____

　　① 由于"巴黎手稿""巴黎笔记""穆勒评注"等都是后人对马克思"巴黎时期"不同形
式的笔记或著述的称谓，而不是他正式撰写的作品，所以我们用引号来标注；但鉴于
《1844 年经济学哲学手稿》已经被约定俗成为一本人们普遍知晓的书，且有单行本问世，
所以我们仍用书名号来标注。

——作出厘清和分析。

一、"巴黎时期"马克思的活动和著述

任何理论的创立都有两个方面的条件：一是理论创立者所处社会的政治、经济与文化环境，它构成理论形成的社会历史背景；二是已有的思想材料，它是理论得以建构的学术基础。"巴黎手稿"亦是如此。马克思在"巴黎时期"所面对的社会问题、他的生活境遇、他所接触到的人和思想、他所从事的活动，都是他创作"巴黎手稿"不可或缺的背景和资料，因而也是我们研究"巴黎手稿"必须要首先关注的内容。

1843 年 10 月底，在因"书报检查制度"的关系退出《莱茵报》编辑部、辞去该报编辑职务 7 个月之后，马克思和新婚妻子燕妮·冯·威斯特华伦（Jenny von Westphalen，1814—1881）迁居巴黎，居住在位于塞纳河左岸市区的瓦诺街（Rue Vaneau）38 号。我们所说的马克思思想发展的"巴黎时期"就是指从此时到 1845 年 2 月初他移居布鲁塞尔之前这段大约 15 个月的日子，这一时期对于马克思一生思想的形成有着重要的意义。

（一）与共产主义运动的直接接触

按照阿尔诺德·卢格（Arnold Ruge，1802—1880）的说法，当时广阔的巴黎谷地是"新世界的入口""新欧洲的摇篮，又是塑造世界历史的巨大实验室"①。年轻的马克思来到这个崭新的天地里，与此前在"《莱茵报》时期"深受"苦恼的疑问"纠缠而备感郁闷相比，他踌躇满志、干劲倍增，不仅要创办新的期刊《德法年鉴》，实现自己"自由地发表自己的作品"的夙愿，而且力图完成他一生中重要的观念变革、学术转向和思想建构。在这段时间里，他一方面利用巴黎作为当时世界社会运动中心的优势，积极投身巴黎的社会实践，获得了对各种民主主义、社会主义和共产主义运动的感性的、直接的认识；另一方面，由于他来自德国，对德国人的思维方式和思辨哲学有深刻了解并开始深入反思，因此，在对法国社会运动的考察中，他又力主把法国的"心脏"和德国的"头脑"结合起来，对未来的社会主义和共产主义运动进行了理性的思考。

当时，法国的经济和社会发展水平远远超过德国，1789 年和 1830 年发生的社会革命使得法国资产阶级战胜了专制制度和封建贵族而取得了政权。然而，资产阶级领导层是由银行家、交易所大王等所谓金融贵族和铁路、煤铁矿、森林的所有者以及与他们的利益相关的大土地所有者所构成的一个集团，他们把国家政权当作为自己的阶级利益服务的工具，而力图把中产阶层和无产阶级排除于国家管理之外，这样做的结果必然是迫使无产阶级以及"无产阶级化"了的小手工业者和中产阶层日益积极地起来反对他们。在实际的斗争中，无产阶级不仅逐渐具有了明确的阶级意识，而且渐趋形成强大的战斗力。

---

① Arnold Ruge，*Brief wechsel und Tageblätter*，P. Nerrlich（ed.)，Berlin，1886，S. 290.

在巴黎的马克思不仅切身感受到了革命的传统，而且有了直接接触无产阶级的机会。大约从 1844 年 4 月开始，马克思同被流放到巴黎的伦敦共产主义者创立的秘密社团组织"正义者同盟"的领导人和成员有了交往，同时他也接触了法国大多数工人秘密团体的领导人。① 据普鲁士国家档案的资料记载，在 1844 年 5 月到 1845 年 1 月底，马克思经常出席巴黎的德国共产主义者在宝座门文桑街举行的公开集会。关于集会的情况，警察局的一份报告里是这样描述的：每个星期日"常常有三十，一百或二百名德国共产主义者"在他们租下来的一个酒商的一所房子里集会。他们发表演说，公开宣传杀死国王，废除一切财产，惩办富人等。"几个阴谋家"在那里把那些贫苦的德国手工业者"引入歧途"，他们试图"不仅把工人，而且还把年轻的商人、商业代理人等等拉入共产主义运动"。②

除了同激进的社会主义和共产主义运动的领袖人物保持着密切的联系以外，马克思同民主主义运动也有接触。例如在 1844 年 3 月 23 日，他同卢格、贝尔奈斯、李宾特罗普、巴枯宁、格·米·托尔斯泰、波特金、勒鲁、路易·勃朗、皮阿和舍耳歇等人一道出席了讨论民主宣传问题的"国际民主宴会"。在 1844 年 7 月底，他又同在巴黎出版的德文报纸《前进报》的撰稿人魏尔、贝尔奈斯、亨·伯恩施坦等人密切来往。因有感于《前进报》的民主主义倾向，他从这年的 8 月到年底即该报被封闭

---

① 当然，马克思并没有加入其中任何一个团体，但他在整个"巴黎时期"都和这些组织保持着联系。

② 《普鲁士国家档案·内务部》，Rep. 77，D10 号，转引自[法]奥古斯特·科尔纽：《马克思恩格斯传》第 2 卷，王以铸、刘丕坤、杨静远译，12 页，北京，生活·读书·新知三联书店，1965。

时为止都为该报撰稿，并愈来愈积极地参加该报的编辑工作。

(二)"思想交往"的新空间

除了为马克思提供了直接接触民主主义、社会主义和共产主义运动的最广阔的机会，巴黎这个被誉为"思想的弹药库"的地方还为他拓展了了解各种先进思想和思想者的新空间。在巴黎的短短 15 个月左右的时间里，除了工人运动组织的领导人以外，先后和马克思有过私人交往的不同领域的思想家和社会名流有："革命诗人"海涅，伯爵亚·采什科夫斯基，民主主义者海尔维格、罗兰·丹尼尔斯(科隆)、荣克，"社会主义者"蒲鲁东，《前进报》撰稿人格·维贝尔(医生)，空想共产主义者巴枯宁、威·魏特林、卡贝，民主主义者卡尔·格律恩、亨利希·毕尔格尔斯、路易·勃朗等。

在这些人当中，很多都同马克思有过长时间的密切合作。比如，海涅是马克思在 1843 年 12 月底通过卢格结识的，马克思不仅十分欣赏他的才能，而且特别看重他对人类解放事业的天才的洞察力。而海涅尊重马克思，不仅因为他是一位有着钢铁般意志的革命者，而且因为他在艺术方面也有着非凡的才情。因此，海涅和马克思之间以至扩展到两个家庭之间都保持着亲密的交往。被马克思说成是"法国最优秀的社会主义理论家"的蒲鲁东也是一样，他居住在巴黎时经常和马克思会晤，并就黑格尔哲学展开长时间的，往往是整夜的争论，关系由此特别密切。海尔维格在 1844 年 3 月到 5 月与马克思也建立了友谊。至于在马克思眼里是"德国最优秀的社会主义理论家"的巴枯宁，在 1844 年秋冬也经常与马克思会晤①。

与朋友们的个人交往和友谊充实了马克思的生活，扩展了他的视野，在某种程度上启发了他的思考，但在日益了解了各自的思想状况和致思路向的情况下，马克思与朋友们之间逐渐产生龃龉、矛盾乃至冲突和对立，这对于视政治立场与理论观点为自己的生命的马克思来讲也是在所难免的。例如，他切中肯綮地意识到海涅对共产主义的害怕兼同情、蒲鲁东的小资产阶级立场以及由此导致的对资本主义私有制的妥协、巴枯宁"半通不通的无政府主义"以及海尔维格始终一贯的自由主义信念等。所以，在"巴黎时期"之后，马克思和他们在思想上就渐行渐远了。几乎出于同样的原因，1844 年 3 月 26 日，马克思写信给多年的好友加同事、"自由主义的黑格尔分子"卢格，断绝了他们之间的关系。当然，无论如何，与这些思想家曾有过的交往无一不在马克思的人生历程和思想探索中留下了或深或浅的烙印。

在所有的交往经历中，1844 年 8 月 28 日至 9 月 6 日恩格斯在从英国到德国途中去巴黎拜访马克思时两人共处的 10 天，这对马克思来说是最为珍贵的。在此期间，他们一起拜访了法国文学泰斗格·米·托尔斯泰，马克思还决定推迟付印自己的政治经济学小册子的准备工作，而和恩格斯磋商出版二人合写的驳斥布鲁诺·鲍威尔及其伙伴的著作《对批判的批判所做的批判》（后来定名为《神圣家族》）的计划。

---

① 长期以来被视为马克思、恩格斯对立面而受到全盘否定的巴枯宁，其实是一个"现实主义的黑格尔分子"。他在理论工作中不断地寻求着哲学与自然科学之间的联系、辩证法与生活之间的联系，特别是在对辩证法的论述中注入了很多谴责妥协主义的激情，这也给 1844 年的马克思以非常深刻的印象。

恩格斯当时就完成了自己承担的部分。更为重要的是，彼此之间迅速、深入的了解使他们几乎同时欣喜地发现，两人在一切理论领域的观点竟是那么一致！9月6日恩格斯离开巴黎，10月12日前后马克思就收到了他寄来的第一封信。从此以后，他们就开始了无论对于他们两人还是人类共同的事业来讲都异常精彩且具有非凡意义的共同工作，开启了人类历史上影响最为重大的思想体系——马克思主义的理论建构。

(三)阅读、摘录与写作

显然，不论是和法国工人运动与民主运动的现实接触，还是与思想家们的交往，都是马克思为深入理解当时复杂的社会现实、创立自己独特的超越这一现实的理论所作的准备。在1843年4月《莱茵报》停办的时候，马克思就谈到，到国外去就是想实现自己的写作计划。1843年9月，他在一封写给卢格的后来在《德法年鉴》上发表的信中也谈到了他即将离开德国时的思想和立场：未来的情况也许并不十分明朗，然而"新思潮的优点又恰恰在于我们不想教条地预期未来，而只是想通过批判旧世界发现新世界"①。本着这样的思想和立场，马克思到达巴黎之后，在接触工人运动并以极大的热情与诸多思想家进行交流的同时，更是把大部分的精力投入了有关历史和经济方面书籍的阅读、摘录和研究当中。在巴黎的大约15个月时间里，除了第一个月和1844年11月中下

---

① 马克思：《马克思致阿尔诺德·卢格(1843年9月)》，见《马克思恩格斯文集》第10卷，7页，北京，人民出版社，2009。

旬的一段时间外，其余至少 13 个月中，马克思基本上没有中断过读书与写作。

和马克思交往颇深且留存下诸多往来通信的卢格认为，马克思"头脑里有一项政治计划"，并认为这个计划应该是"首先从共产主义的观点对黑格尔的自然法进行批判性的分析，然后写一部国民公会的历史，最后批判所有的社会主义者"。[①] 所以，在巴黎期间，马克思首先研读的是有关法国当代革命史的书。早在 1842 年 7 月到 8 月，为了批判黑格尔法哲学和研究现代史（主要是法国革命史），马克思就已经读了一系列的历史和哲学著作并作了摘录，其中有路德维希的《近五十年史》、瓦克斯穆特的《革命时期的法国史》、兰克的《宗教改革时期的德国史》、托·汉密尔顿的《美国人和美国风俗习惯》、卢梭的《社会契约论》、孟德斯鸠的《论法的精神》和马基雅弗利的《君主论》。而当马克思来到巴黎以后，他的眼光就迅速转到了法国当代的历史上来。为什么马克思这么青睐法国史呢？正如恩格斯在马克思去世后所总结的，法国"在大革命中粉碎了封建制度，建立了纯粹的资产阶级统治，这种统治所具有的典型性是欧洲任何其他国家所没有的。而正在上升的无产阶级反对占统治地位的资产阶级的斗争，在这里也以其他各国所没有的尖锐形式表现出来。正因为如此，马克思不仅特别热衷于研究法国过去的历史，而且还考察了法国时事的一切细节，搜集材料以备将来使用"。[②]

---

① Arnold Ruge, *Briefwechsel und Tageblätter*, P. Nerrlich（ed.），Berlin，1886，S. 342.

② 恩格斯：《〈路易·波拿巴的雾月十八日〉1885 年第三版序言》，见《马克思恩格斯文集》第 2 卷，468～469 页，北京，人民出版社，2009。

1843 年年底和次年年初，马克思又先后研读了路易·勃朗的《十年历史》、路韦的回忆录、罗兰夫人的《告后辈书》、蒙格亚尔的《法国史》、德穆兰主编的杂志《法国革命和布拉班特革命》，此外还有官方的议会报告、定期出版物等。为了撰写国民公会史，他还研究了巴贝夫的著作，读了勒瓦瑟尔的回忆录。

也就是在这一时期，此前已经意识到自己的研究应该由对社会的"副本"（Kopie，Копии）批判转向"原本"（Original，Оригинала）批判①的马克思真正开始了这一思想进程。在恩格斯《国民经济学批判大纲》等著述的影响下，从 1844 年 3 月起，马克思就着手进行政治经济学的系统研究和写作工作。大约到 8 月底，他研读了亚当·斯密、李嘉图、让·巴·萨伊、西斯蒙第、比雷和佩克尔等人的大部分著作，以及斯卡尔培克的《社会财富的理论》、詹姆斯·穆勒的《政治经济学原理》、威廉·舒尔茨的《生产运动。从历史统计学方面论国家和社会的一种新科学的基础的建立》、麦克库洛赫的《论政治经济学的起源、发展、特殊对象和重要性》等单篇著述，并作了摘录和笔记。在体察现实和研读他人著述的基础上，马克思又逐步产生了表述自己独立观点的想法。这特别体现在原来他大段摘录他人著述的笔记本上的评论性意见渐趋增多，到后来甚至发展为其个人思想的长篇阐释、系统论证和发挥。这样，他便有了写作《政治和政治经济学批判》的计划。在 4 月到 5 月，他撰写了"巴黎手

---

① 在《〈黑格尔法哲学批判〉导言》中，马克思说，该书对社会问题的探讨"不是联系原本，而是联系副本即联系德国的国家哲学和法哲学来进行的"。（《马克思恩格斯文集》第 1 卷，4 页，北京，人民出版社，2009。）我们认为，相较于长期流行的"两个转变"（"从革命民主主义向共产主义、从唯心主义向唯物主义的转变"）的概括，这是解释马克思早期思想发展历程最为准确和到位的思路和线索。

稿"中的"工资、利润、地租和劳动异化"部分，但没有写完。5月至6月，他又续写了一部分，还特别意识到要对黑格尔辩证法和整个哲学进行批判。

然而，由于实际生活与工作中杂事的不断干扰，马克思不能长时间连续地潜心读书，原来设想的两卷本的撰写计划也时断时续。比如前已提及，因观点分歧导致的公开冲突，1844年3月26日，马克思写信给卢格，声明同他断绝一切关系；鉴于在各报上出现的种种谣言，马克思在奥格斯堡《总汇报》上发布了《德法年鉴》不能继续出版的声明；5月1日，马克思的第一个孩子诞生了；6月底和7月中旬，他给荣克写了两封信，尖锐地批评了布鲁诺·鲍威尔主编的从1843年12月起出版的《文学总汇报》；7月28日到31日，他写出驳斥卢格的论战性文章《评一个普鲁士人的〈普鲁士国王和社会改革〉一文》；8月3日前后，马克思收到荣克寄来的几期《文学总汇报》，上面载有一篇针对他的文章《1842年》，荣克也在信中敦促马克思反驳布鲁诺·鲍威尔，因此他决定予以驳斥，在9月初到11月初与恩格斯合作写作《神圣家族》一书，11月底就将手稿寄给了美因河畔法兰克福的出版商勒文塔尔；此前的8月15日前后，他还写过《对弗里德里希-威廉四世最近在诏书上所做的修辞练习的说明》一文，《前进报》的编辑工作和报刊上发布的科布伦茨总督责令边境当局逮捕他的消息也令他不能安心于政治经济学著作的写作。

直到11月底，这种杂乱的情况才基本上可以说告一段落。其时马克思又进入了规律的写作状态，完成了前一段没有写完的"工资、利润、地租和劳动异化"部分，并打算以小册子的形式发表。他还完成了对黑格尔辩证法的分析和批判。撰写了"巴黎手稿"尚未完成的序言和《论犹太人问题》。12月，他又为《德法年鉴》撰写了《〈黑格尔法哲学批判〉导言》一文。

从1844年12月起，到1845年1月11日法国内务部下令驱逐马克思和《前进报》的其他撰稿人出境为止，马克思一直继续他的政治经济学著作的写作，并在1845年1月底和在巴黎的达姆斯塔德的出版商列斯凯治商谈了出版两卷本著作《政治和政治经济学批判》的事宜，1845年2月1日签订了出版合同。

从马克思的一生来看，现实中遭遇到的实际问题往往是激发其读书兴趣和圈定读书范围的最初因素。而对所读的著作，他会首先依照自己的需要和思路或作细致的摘录，或进行简要的评注。同时，其中重要的概念、关键的理论问题尤其是已有的理论中与他体察到的现实情形不相吻合甚至是相矛盾的地方，均会引起他的特别关注。以至于他不是阅读更多的著作以进行对比和辨析，就是给出逻辑的推断和论证，最典型的是就此展开他自己的较长篇幅的阐述。这个过程是他借助别人的理论提高自己对许多复杂问题的认识的过程，更是他在这些问题上超越别人的理论与认识的过程。更多的时候，这个过程还会以循环的方式延续下去。对同一本书的再次研读和摘录、对同一个问题的不同方面的或更深度的探究，在他那里都是习以为常、司空见惯的。因此，遭逢现实问题→阅读并研究别人的著述→对别人的理论和思路进行分析与批判→产生自己独立的思想并且力求更准确地表述自己的看法→遭逢新的现实问题→……这大概就应该是马克思读书、思考与写作的逻辑。

二、"巴黎手稿"与"巴黎笔记"的关系

从以上介绍中我们知道，"巴黎时期"马克思写作、留存下来的著述是丰富的，同时也显得较为杂乱。那么，对它们进行认真的甄别、清理和分类，就成了客观地把握和再现这些著述中记录和表述的复杂思想所必须进行的一项非常必要的前提性工作。

（一）两种类型的著述及其划分依据

与过去学界通常的理解有所不同，我们在这里根据马克思写作方式的不同、思想表述的差异，将其"巴黎时期"的著述分为两类：一类是马克思对同时代人以及前人著作的摘录和抄写，其中几乎没有他的个人观点的详尽阐发，或者只有寥寥数语的评论或批注，我们称之为"巴黎笔记"；另一类当中则有马克思自己的大量正面阐述和思想论证，或者虽然由他人的议题引发，但他个人的议论占了相当大的篇幅，我们称之为"巴黎手稿"。

根据上述划分，"巴黎手稿"应该包括通常被称为《1844年经济学哲学手稿》的三个笔记本和"穆勒评注"，这与多年来学界流行的把《1844年经济学哲学手稿》等同于"巴黎手稿"而把"穆勒评注"归入"巴黎笔记"的做法是有差别的。

之所以把马克思在"巴黎时期"撰写的"三个笔记本"称为"巴黎手稿"，主要是由于编者在1932年将其编入MEGA1第1部分第3卷时为了方便而将其命名为《1844年经济学哲学手稿》的缘故。而那时"巴黎时期"的其他著述（包括笔记和其他手稿）还没有找到，或者根本没有进入

编者的视野。随着后来马克思的大量摘录笔记的公布,我们得以对留存下来的这些笔记本的内容进行甄别。通观马克思其时的九个笔记本,不难看到:原先被归入"巴黎笔记"的"穆勒评注"相较于马克思的其他读书笔记,有着非常明显的特殊性。

首先,"穆勒评注"中更多的是马克思的正面思想阐述和理论论证,而不是笔记形式的摘录或者在抄写中间夹杂些许评述。"穆勒评注"译成中文约 3.1 万字,而其中马克思本人的论述有将近 1.3 万字,占到了整部著述的三分之一以上,这在九个笔记本中是绝无仅有的。再者,从 MEGA2 列出的时间表来看,"穆勒评注"的写作是在 1844 年的夏秋之际,而这又正好与《1844 年经济学哲学手稿》的写作时间 1844 年 4 月到 8 月前后相伴,甚至是重合的。最重要的是,如果把《1844 年经济学哲学手稿》的三个笔记本与"穆勒评注"所阐发和论证的观点贯通起来考量,马克思在后者中对"异化"思想的进一步深化、对私有制产生的原因更加深入的探究等都向我们昭示:二者的内容几乎可以说是一以贯之、前后相续的,只有把二者统一起来才能展现马克思当时的思想全貌与观点的变迁。

我们认为,这样一种"关联"(把"穆勒评注"与《1844 年经济学哲学手稿》归为一类并称为"巴黎手稿")和"区分"(把正面阐述和论证马克思思想的"巴黎手稿"与主要摘录和抄写他人著述的"巴黎笔记"相区别)将有助于更加客观地把握当时刚刚由对社会的"副本"批判转向"原本"批判的马克思的思想的原始状况、研究进展和走向。

当然,这里必须指出,上述区分也是相对的。就是说,"巴黎手稿"与"巴黎笔记"同样属于马克思"巴黎时期"的著述,它们都是他出于弄清并且阐明无产阶级的社会地位和历史使命、广泛阅读并创造性地掌握同时代及以前思想家的思想和观点，同时结合自己对现实问题的观察和思考而结出的理论果实。因而，二者无论在目标旨趣、思想议题还是哲学观念上都是相互关联的。它们相互佐证、补充，完整地呈现着马克思当时的思想状况。本书将二者区分，一是为了凸显相较于"巴黎笔记"，马克思在"巴黎手稿"中对于诸多问题的理解已经超越了先贤的理论构架和致思路向，产生了自己独立的判断和选择，并且他正在传承、批判和重构中实现着思想的嬗变；二是为了强调马克思所论述的问题的针对性，从而有意把研究的注意力集中在他最富有创建性的成果上面。

(二)大量而广泛的摘录笔记及对经济学著作的关注

1981、1998 年出版的 MEGA2 第 4 部分第 2、3 卷中，刊登了马克思在"巴黎时期"所作的全部摘录笔记。可以看出，这一时期他先后阅读、摘抄和详细研究了至少 15 位思想家的不下 19 部著作。依马克思所作笔记的时间顺序，涉及的著作主要有：勒奈·勒瓦瑟尔的回忆录、威廉·舒尔茨的《生产运动。从历史统计学方面论国家和社会的一种新科学的基础的建立》、弗里德里希·李斯特的《政治经济学的国民体系(第1卷)：国际贸易、贸易政策和德国的关税同盟》、亨利希·弗里德里希·奥西安德的《公众对商业、工业和农业的失望，或李斯特博士的生产力哲学，附一篇来自乌托邦的祷文》《论各国人民间的贸易往来》、让·巴蒂斯特·萨伊的《政治经济学概论》、弗雷德里克·斯卡尔培克的《社会财富的理论》、亚当·斯密的《国民财富的性质和原因的研究》、色诺芬的《色诺芬著作集》、大卫·李嘉图的《政治经济学及赋税原理》、詹姆斯·穆勒的《政治经济学原理》、约翰·拉姆赛·麦克库洛赫的《论政治经济学的起源、发展、特殊对象和重要性》、德斯杜特·德·特拉西的《意识形态原理》和《论意志及其作用》、吉约姆·普雷沃的《译者对李嘉图体系的思考》、恩格斯的《国民经济学批判大纲》和欧·比雷的《论英法工人阶级的贫困》等。

另外，1932 年出版的 MEGA1 第 1 部分第 3 卷刊登的马克思的札记显示，他这一时期可能还阅读了比埃尔·勒·培桑·布阿吉尔贝尔的《法国详情，它的财富减少的原因和补救办法之无效。论财富、金钱和租税的性质。论自然，文化、商业和谷物之利益》、詹姆斯·兰德达尔的《自然财富和国民财富研究》、约翰·罗的《论货币和贸易》、卡尔·许茨的《国民经济学原理》等著作。

篇目众多的"巴黎笔记"是从摘录雅各宾党人和国民公会议员勒瓦瑟尔的回忆录开始的。在克罗茨纳赫所作的笔记中，马克思就对世界历史方面的问题作了摘录。来到巴黎后，他想要继续从事历史方面的研究。因此，"巴黎笔记"中的这些摘录可说是连接"克罗茨纳赫笔记"和"巴黎笔记"的中间环节。

据卢格在 1844 年 5 月 20 日和 7 月 9 日给德国政论家卡尔·摩里茨·弗莱舍的信中所言，马克思在研究勒瓦瑟尔的著作的同时已经决定写一部关于议会史的著作。因此，他对法国历史、法国革命史尤其是法国革命高潮时期——1792 年 8 月 10 日推翻君主政体之后雅各宾党人和吉伦特党人之间争夺权力的斗争特别感兴趣。马克思在他的笔记中一天不落地逐字逐句摘录了勒瓦瑟尔回忆录中从 1792 年 8 月 10 日到 1793

年5月雅各宾党人和吉伦特党人之间的争论，两个党派的纲领和政策以及他们与人民群众的相互关系也成为了他的关注点。他认为，吉伦特党人的"实践局限于报告和演说"，"这使他们成为不受大众欢迎的人"，取得政权的吉伦特党人又竭尽全力企图扼杀人民的力量和首创精神。而雅各宾党人则是广大人民群众利益的代言人，他们看到了人民中"唯一的行为的动机""唯一的对外和对内的反抗力量"，因而他们是"人民群众党派"，拥有的是"强壮的穷人和坚强的忠诚之士"。正是由于不断高涨的群众革命积极性，他们在推翻君主政体以后对吉伦特党人的政府的日益不满导致了革命的雅各宾专政的建立，这个专政通过公社特别是由坚强的人民群众组成的巴黎公社而实现了。①

　　或者是由于马克思写一部关于议会史的著作的计划未能实现，或者是由于马克思有关国民公会史的文字没有能够留存下来，我们在现有的资料中找不到马克思在这方面相对集中的探讨。但毫无疑问，他对国民公会史做了相当深入的研究，并且形成了自己的见解。因为在1844年8月7日的《前进报》上，马克思发表了《评一个普鲁士人的〈普鲁士国王和社会改革〉一文》，其中有他对国民公会的概括："国民公会是政治能量、政治势力和政治理智的顶点。"②另外，马克思在之后的《神圣家族》和《德意志意识形态》中也利用了在"克罗茨纳赫笔记"和"巴黎笔记"中所研究和摘录的有关这一主题的材料。

---

　　① Karl Marx, » Historisch-ökonomische Studien « (Pariser Hefte)，*Karl Marx/Friedrich Engels Gesamtausgabe*，Ⅳ/2，Berlin，Dietz Verlag，1981，S. 289-298.

　　② 马克思：《评一个普鲁士人的〈普鲁士国王和社会改革〉一文》，见《马克思恩格斯全集》第3卷，385页，北京，人民出版社，2002。

当然，在"巴黎笔记"中占中心地位的当属马克思对经济学方面著作的摘录及评论。马克思在其思想发展的"《莱茵报》时期"就已经认识到了物质利益在人类社会中所起的巨大作用，他在写于1859年的《〈政治经济学批判〉序言》里有过这样的表述：

> 1842—1843年间，我作为《莱茵报》的编辑，第一次遇到要对所谓物质利益发表意见的难事。莱茵省议会关于林木盗窃和地产析分的讨论，当时的莱茵省总督冯·沙培尔先生就摩泽尔农民状况同《莱茵报》展开的官方论战，最后，关于自由贸易和保护关税的辩论，是促使我去研究经济问题的最初动因。①

在克罗茨纳赫研究历史期间再次遇到的经济问题，以及到巴黎后的活动和在理论方面的认识，更是加深了马克思对政治经济学在社会进程中作用的认识。因此，马克思越发关注经济现象和问题。1844年春，马克思开始全面、系统地学习和研究经济学理论。

有一种说法认为，实际上是恩格斯的《国民经济学批判大纲》促使马克思去研究经济学的。这一著作是恩格斯为《德法年鉴》撰写的，由马克思帮助发表。事实上，马克思早在1843年11月就把它读完了。而在"巴黎笔记"中的一个笔记本上，关于这一著作的简短摘录显示的时间却是1844年夏天。这就是说，马克思在读过这一著作半年以后才写了关于

---

① 马克思：《〈政治经济学批判〉序言》，见《马克思恩格斯选集》第2卷，1～2页，北京，人民出版社，2012。

它的笔记。原因可能是马克思当时对《国民经济学批判大纲》中出现的恩格斯与之争论的经济学家们的著作不甚了解，所以不能马上对其作出恰当的评价。而到了 1844 年夏天，马克思基本上已读过了大多数各类经济学家的著作。在这种情况下，他才回过头来重新审视恩格斯在《国民经济学批判大纲》中所阐述的思想，并在恩格斯理论的启发下写作"巴黎手稿"。

斯密的《国民财富的性质和原因的研究》也是马克思看得比较早的著作。在最初读这部书时，他可能只是大略浏览和作了简要的摘抄，借此弄清了经济学的一些基本范畴与基础理论。直到 1844 年春与他读过的另外一些经济学著作加以比较之后，他才对此书作了详细的摘录，而且加上了自己的一些评论。不仅如此，由于马克思读的是法文译本，在作了摘录之后，他还亲自把大部分的摘录引文都译成了德文。这不能不让人感到，他对书中所援引的材料的理解又达到了新的高度。

显然，对于初涉经济学领域的马克思来讲，他所持的态度是相当认真而且谨慎的。阅读各种经济学著作自然是应他解答自己在实际中遇到的问题、寻找自己所关注的问题的答案之需，但他并没有急功近利地去做这些事情，而是首先通过这些经济学著作去熟悉和掌握政治经济学的基本范畴和基本原理。1844 年春对萨伊著作《论政治经济学，或略论财富是怎样产生、分配和消费的》所作的详细摘录、对斯卡尔培克著作《社会财富的理论》所作的简短摘录都显示了他在这方面的努力，而同年夏天对特拉西著作《意识形态原理》的摘录也具有同样的性质。"巴黎笔记"显示，马克思还以这样的方式摘录了重商学派、重农学派、货币主义信徒以及"最新政治经济学"的代表李嘉图及其追随者等的观点。

随着对经济学各个不同方面的代表人物及其思想的熟悉，马克思摘录笔记的数量大幅增加。从学科意义上看，包括政治经济学原理、政治经济学说史、经济史以及现实生活中的一系列经济理论、体系和问题在内的经济学著作都进入了马克思的研究视野；从摘录著作的范围来看，英国和法国古典政治经济学家的著作以及后来马克思在德国的支持者和反对者的著作也都悉数成为了马克思的研究对象。不同国家的经济学的比较也是他非常注重的。比如在 1843 年年底到 1844 年年初，马克思首先阅读了斯密的《国民财富的性质和原因的研究》，而后他便紧跟着阅读了舒尔茨的《生产运动。从历史统计学方面论国家和社会一种新科学的基础的建立》、李斯特的《政治经济学的国民体系（第 1 卷）：国际贸易、贸易政策和德国的关税同盟》等，这些著作和思想之间或互相补充或对立的关系使马克思受益匪浅。

反复阅读、极其认真地摘录和大量对比加之深入思考，使马克思对经济问题及相关问题的见解日渐深刻，这表现在他对所读著作的评论性文字越来越多地出现在笔记当中。在对斯密的著作的阅读中，他就作了详细的摘抄，到 1844 年 4 月、5 月撰写笔记本Ⅰ时，更是按照自己的理解分三栏来摘录，并把大部分的摘录引文译成了德文，又加上了评论和注释。夏天，他在读李嘉图的《政治经济学及赋税原理》、穆勒的《政治经济学原理》、麦克库洛赫的《论政治经济学的起源、发展、特殊对象和重要性》和普雷沃的《译者对李嘉图体系的思考》的时候，也作了一样的摘抄并把大部分的摘录引文译成了德文，同时加上了较多的评论和注释。到他 1844 年秋天正式对穆勒的《政治经济学原理》作摘录的时候，这种情况达到了极致。如前所述，他由穆勒原书中的议题引申出去，用长篇论述阐发了自己的独立见解和观点，这在整部"巴黎笔记"中是最多、最集中和最显眼的。

(三)从"笔记"向"手稿"转换的轨迹

根据原书的篇章结构进行详略不一的摘录与抄写原书的相关论述，都表明了马克思怎样深入地研究了各位经济学家的理论、哪些问题特别引起他的关注；而他在笔记中所加的少则寥寥数语、多则达上万言的评论或者批注则意味着他要在反思与批判这些理论与观点的基础上来阐发自己的理论与观点。换句话讲，马克思是要经由继承并批判地吸收前人的思想遗产开始创立他自己的政治经济学说，这一点在整个笔记中都清晰可见。

例如，在《让·巴·萨伊〈论政治经济学〉一书摘要》中，马克思写下了后来在"巴黎手稿"中至为重要的一个观点：

> 私有财产是一个事实，国民经济学对此没有说明理由，但是，这个事实是国民经济学的基础……因此，没有私有财产的政治经济学是不存在的。这样，整个国民经济学便建立在一个没有必然性的事实的基础上。[1]

对斯密力图说明的交换和分工产生财富的论点，马克思则作了如下的评论，即交换和分工(在斯密看来是财富的决定性前提条件)的产生和

---

[1] Karl Marx, » Historisch-ökonomische Studien « (Pariser Hefte), *Karl Marx/Friedrich Engels Gesamtausgabe*, Ⅳ/2, Berlin, Dietz Verlag, 1981, S. 316/319.

相互关系是徒劳的："十分有趣的是斯密作的循环论证。为了说明分工，他假定有交换。但是为了使交换成为可能，他就以分工、以人的活动的差异为前提。他把问题置于原始状态，因而未解决问题。"①马克思后来在"穆勒评注"中对这个议题作了进一步阐述。

在对李嘉图的《政治经济学及赋税原理》作的评注中，马克思写道，李嘉图和萨伊都回答不了这样的问题："如果每一笔资本都得到适当的使用，那么竞争和由此产生的破产、商业危机等又从何而来呢？""如果每一笔资本都得到利润丰厚的、不被人占有的使用，那么这些精明人怎么会自行破产并使他人破产呢？"②

针对李嘉图及其追随者的理论主张，马克思一针见血地指出：

> 国民经济学的卑鄙在于，在被私有财产敌对分开的利益的前提下研究问题，利益却似乎并没有分开，财产仍然是公共的。它从而证明，我消费掉一切，你生产出一切。对整个社会来说，消费和生产处于正常状况。③

在对不同经济学家的理论进行反思与批判的过程中，马克思还对一些关键的经济学概念比如价值、货币、信贷、生产力等进行了集中的思

① Karl Marx,» Historisch-ökonomische Studien «（Pariser Hefte），*Karl Marx/Friedrich Engels Gesamtausgabe*，Ⅳ/2，Berlin，Dietz Verlag，1981，S. 336.

② Karl Marx,» Historisch-ökonomische Studien «（Pariser Hefte），*Karl Marx/Friedrich Engels Gesamtausgabe*，Ⅳ/2，Berlin，Dietz Verlag，1981，S. 576.

③ Karl Marx,» Historisch-politische Notizen «（Kreuznacher Hefte），*Karl Marx/Friedrich Engels Gesamtausgabe*，Ⅳ/2，Berlin，Dietz Verlag，1981，S. 10.

考。他的思考往往是把同一概念在不同经济学家那里的意义拿来作对比，以这样的方式来表明自己的观点。

比如，马克思发现价值问题是经济学的核心观点，而且不同的经济学家对这个问题有着不同的看法。于是，他便注意研究这个问题。刚开始，他读了萨伊、斯卡尔培克和斯密的著作，记下了他们对价值的理解和界定。而在读过李嘉图的著作后，他就自觉地对这些人不同的价值概念进行了比较，并加上了自己的评论："李嘉图在价值规定中只抓住生产费用，萨伊只抓住效用（有用性）。在萨伊那里，竞争代表生产费用。"[①]而且，在发现恩格斯的《国民经济学大纲》同样对不同经济学家的价值概念进行了比较研究时，马克思就把恩格斯的相关比较也收进了自己的摘录中。正是由于对诸如此类的复杂问题的不断追问加之在同一问题上的不同观点之间的比较，在"巴黎时期"，马克思从全面否定李嘉图的劳动价值论，后经逐渐思考又放弃了对劳动价值论的全面否定（体现在对麦克库洛赫的《论政治经济学的起源、发展、特殊对象和重要性》所作的摘录中），最后在"穆勒评注"和《哲学的贫困》中肯定并阐明了马克思主义的劳动价值论的基本原理。

李斯特的《政治经济学的国民体系》中讨论的国民经济学和生产力问题也使马克思特别感兴趣，为此，他对李斯特的著作作了详细的摘录。其中，李斯特提出了国民经济学和世界主义经济学两个概念。他将国民经济学的使命定位为对德国资产阶级的奋发向上的具体建议，而把斯密

---

① Karl Marx，» Historisch-politische Notizen «（Kreuznacher Hefte），*Karl Marx/ Friedrich Engels Gesamtausgabe*，Ⅳ/2，Berlin，Dietz Verlag，1981，S. 11.

的经济理论算作世界主义经济学。马克思认为，从根本上讲，李斯特提出国民经济学问题否定了国民形式的资本主义所固有的一般规律性。再者，被李斯特看作理论体系的顶点的关于生产力的论述本是他用来替代李嘉图的劳动价值论的，这也是马克思颇为关注的议题之一。马克思在"巴黎笔记"中详细记录了李斯特的论述，但当时他对这个问题没有发表意见。在后来的"布鲁塞尔笔记"中，我们才可以看到他与李斯特及其理论的关系。

还有，私有制和由私有制引起的竞争及无政府状态对无产阶级的状况有何影响？无产阶级由此而处于怎样的非人境地？也就是说，现代社会中工人阶级的状况到底是怎么样的？这也是马克思一直想弄清楚的问题，在巴黎期间他一直在思考它。在对李嘉图著作的摘录中，马克思写道：对国民经济学来说，"一个人的生命本身是没有价值的"，"特别是工人阶级的价值只在于必要的生产费用，而工人只是为生产纯收入即为资本家争取利润和为土地所有者获得地租而存在的"。在这种情况下，工人是"而且必然始终是劳动机器，而在这机器上只花费为保持它运转所必需的资金"。对资本家来说，这种活的劳动机器的命运是无关紧要的，唯一重要的是争取利润，并尽可能地多获得利润。在这里，马克思提到了西斯蒙第的评论：按照由李嘉图的观点得出的结论，"如果英国国王通过在全国使用机器能得到同样多的收入，他就不需要英国人民"。①

以这个问题为契机，马克思又将李嘉图与萨伊、西斯蒙第的经济理

---

① Karl Marx，» Historisch-politische Notizen «（Kreuznacher Hefte），*Karl Marx / Friedrich Engels Gesamtausgabe*，Ⅳ/2，Berlin，Dietz Verlag，1981，S. 10.

论作了比较。他指出，萨伊和西斯蒙第之所以批判李嘉图，是因为李嘉图的观点把经济科学说成是无情的和毫无人性的科学。但是，萨伊和西斯蒙第反对的基本上只是"国民经济学真理的一些犬儒主义的用语"。而李嘉图的功劳正是在于他毫不掩饰地表达了资产阶级同工人的关系，因而也就消除了工人阶级在资本主义社会范围内有可能以人的方式生存的任何幻想。马克思写道："西斯蒙第和萨伊必然从国民经济学中跳出来反对非人的结果，这对国民经济学来说证明了什么呢？无非是证明人性存在于国民经济学之外和非人性存在于它之内。"他把李嘉图的观点看作正确的，正像他说的那样："从国民经济学的观点来看……李嘉图的观点是正确的和前后一贯的。"①在"巴黎手稿"中，这样的判定成为马克思最重要的观点。

除了在历史学、哲学和经济学著作中寻找和发现自己迫切需要的理论外，马克思还从社会主义文献中探寻理论的源泉。在"巴黎时期"的最后阶段，他读了西斯蒙第的追随者、小资产阶级社会主义者欧·比雷的著作《论英法工人阶级的贫困》。从对这部著作的摘录中，我们可以在一定程度上判断，马克思对法国人傅立叶和圣西门以及英国人罗伯特·欧文等著名空想社会主义者的著作是非常熟悉的。早在《莱茵报》时期，由于该报登载了一些论及社会问题的短评，马克思就被大资产阶级自由派攻击为"普鲁士的共产主义者"。于是，马克思写了一篇尖锐辛辣的文章《共产主义和奥格斯堡〈总汇报〉》，驳斥了这种恶意的指责。在这篇文章

---

① Karl Marx，» Historisch-politische Notizen «（Kreuznacher Hefte），*Karl Marx/ Friedrich Engels Gesamtausgabe*，Ⅳ/2，Berlin，Dietz Verlag，1981，S. 10.

里，马克思明确肯定了共产主义思想完全有其存在的理由，虽然在当时要在现实中践履共产主义思想还不过是空想，但无论如何，这样一个需要如此认真对待的问题"决不能根据肤浅的、片刻的想象去批判，只有在长期持续的、深入的研究之后才能加以批判"①。所以，在那个时候，马克思就立刻购买了圣西门、傅立叶和欧文等人的社会主义理论著作来悉心阅读。这些著作揭露了资本主义制度的弊端，列举了具体的控诉材料，但它们为社会改革提出的空想主义方案却令马克思失望。

《论英法工人阶级的贫困》当然也有上述缺陷，但书中可靠的文献根据和丰富的实证材料正好给"巴黎时期"的马克思提供了他一直以来思考的现代社会无产者贫困状况问题的有力证据。因此，马克思对它给予了重视。比雷提供的材料不仅涉及英国无产者的贫困状况（这些马克思在斯密和李嘉图那里已经知道），而且包括那些同样已开始了资本主义工业化进程并随之出现劳动者贫困化的欧洲国家的材料。比雷利用了很多研究者的调查数据，如英国人艾利生、伊登、凯-夏特沃斯，法国人维尔纽夫-巴尔热蒙、波蒙·德·拉·蓬尼尼埃尔、帕朗-杜沙特尔、维洛、维莱梅等人。他还利用了许多官方的统计参考书，如英国议会委员会关于穷人状况的报告、法国的社会救济报告等。马克思把这些文献来源一一记下来，以便日后能进一步研究它们。在对比雷著作的摘录中，马克思一开始就确认了这样一个事实：多数人的贫困是伴随少数人的财富而来的必然现象，无数财产积聚在一小撮占有者手里是同广大劳动群众的

————————

① 马克思：《共产主义和奥格斯堡〈总汇报〉》，见《马克思恩格斯全集》第 1 卷，295 页，北京，人民出版社，1995。

日益贫困和道德堕落不可分离地联结在一起的，贫困及其后果是财富的代价。这时，马克思还注意到比雷的著作中研究绝对贫困化和相对贫困化问题的那一章。我们知道，马克思在《资本论》第 1 卷中科学地解决了这个问题，而对这一问题的关注则可以追溯到"巴黎笔记"。马克思所作的这些摘录按其问题分成两部分：第一部分是有关劳动者贫困状况的实例说明；第二部分评价统治阶级对群众的贫困所采取的政策，即从第一个"济贫法"一直到 19 世纪 40 年代的相应措施。在有关第一部分的范围的摘录中，马克思承认了这样的事实：劳动阶级的贫困状况会导致犯罪增加、身体畸形和道德堕落。他还记下了比雷的著作中的话："道德状况"是"身体状况的结果。这两种贫困是互为条件的"。[①] 马克思在对比雷著作的摘录中抨击了这种社会，就像他在"巴黎手稿"中所强调的，这种社会为它的绝大多数成员生产"兽性般的野蛮，需要极其粗糙的抽象的简单性"，并使工人"成为麻木不仁和没有需求的生物"。[②]

有关第二部分的范围的摘录鲜明地昭示出了统治阶级同劳动者之间的真正关系。比雷在其著作中不得不承认，资本主义社会为消灭贫困而采取的一切措施都是没有结果的，它们只是减轻了"极度的贫困"。虽然官方作了一些努力，但无论在城市还是农村，贫困仍是有增无减。因此他得出结论："劳动阶级中开明的一部分越贫困"，"这部分人就越不安

---

① Karl Marx，» Historisch-politische Notizen «（Kreuznacher Hefte），*Karl Marx / Friedrich Engels Gesamtausgabe*，Ⅳ/2，Berlin，Dietz Verlag，1981，S. 12.

② Karl Marx，» Historisch-politische Notizen «（Kreuznacher Hefte），*Karl Marx / Friedrich Engels Gesamtausgabe*，Ⅳ/2，Berlin，Dietz Verlag，1981，S. 8.

分，越好争辩，越不听天由命"①。比雷还报道了工人为改善他们的状况而进行的斗争(包括建立自己的组织)，尤其是法国工人运动。马克思把这些事实还有比雷关于为反对工人结社所制定的第一个法律——1791年"列沙白里哀法"的描述都记入了他的笔记本。

对马克思在经济学及社会主义文献方面的笔记的考证显示，他的每一项研究无不显示出思想逐步深化、渐次独立化的轨迹。这个过程也就是从"巴黎笔记"向"巴黎手稿"转换的过程。

当然，现在留存下来的"巴黎笔记"很可能远远没有包括马克思当时所涉及的全部著作以及对这些著作所作的相关笔记。但无论如何，我们可以确信：正如马克思在"巴黎手稿"的序言中所说的，"我的结论是通过完全经验的、以对国民经济学进行认真的批判研究为基础的分析得出的"②。

三、三个笔记本与"穆勒评注"的写作次序

在对"巴黎笔记"的甄别中，我们基于"穆勒评注"之于马克思在"巴黎时期"的其他笔记的特殊性而把它从中撷取出来，与通常被称为《1844年经济学哲学手稿》的三个笔记本放在一起，统称为"巴黎手稿"。那么，三个笔记本与穆勒评注之间又是一种怎样的关系呢？

---

① Karl Marx, »Historisch-politische Notizen«(Kreuznacher Hefte), *Karl Marx/ Friedrich Engels Gesamtausgabe*, Ⅳ/2, Berlin, Dietz Verlag, 1981, S. 10.

② 马克思：《1844年经济学哲学手稿》，见《马克思恩格斯文集》第1卷，111页，北京，人民出版社，2009。

在确认马克思是借穆勒的经济学著作中的某些概念和原理阐发他业已成型的思考的前提下，我们要尽可能厘清"穆勒评注"与三个笔记本的写作顺序：到底是"穆勒评注"为三个笔记本的写作作了准备（"穆勒评注"写于三个笔记本之前），还是马克思在写了三个笔记本之后重读穆勒的著作时又有了新的认识，然后才写了"穆勒评注"（"穆勒评注"写于三个笔记本之后），抑或是马克思在写了三个笔记本的某些章节后接着写"穆勒评注"，然后再接续完成三个笔记本的其他部分（"穆勒评注"写于三个笔记本中间）？后一个问题又延伸出新的疑问："穆勒评注"是在三个笔记本的哪个部分完成后写作的（将"穆勒评注"放在三个笔记本中间的哪个位置）？

我们先看国外马克思学界的几种观点，再表达笔者自己的看法。

（一）"拉宾说"："笔记本Ⅰ→'穆勒评注'→笔记本Ⅱ→笔记本Ⅲ"

苏联的早期马克思研究专家尼古拉·伊万诺维奇·拉宾（Николай Иванович Лапин/Nikkolay Ivanovich Lapin，1931—2021）1969 年在《德意志哲学杂志》发表了一篇题为《对马克思〈经济学哲学手稿〉中收入三种来源的对比分析》的论文，其第一部分"马克思 1844 年经济学研究的阶段划分。第一阶段的开始"引起了人们极大的兴趣，开启了马克思"巴黎手稿"文献学研究的先河。

拉宾认为，马克思的研究习惯是先对研究对象的基本文献进行摘录和评注，然后再依据这些笔记阐发自己的理论。因此，他确立起了一个考证手稿写作顺序的基本原则，这就是依据这一部分中出现的笔记内容的时间来推断手稿的写作顺序。而且他对照了手稿影印件来辨认，以便使推断与原始手稿相一致。

依照拉宾的推断,在笔记本Ⅰ中没有体现出"穆勒评注"中对商品交换和货币的研究,而这些内容在笔记本Ⅱ和笔记本Ⅲ中,得到了明显的体现,而且笔记本Ⅱ和笔记本Ⅲ所反映出来的经济学水平要高于笔记本Ⅰ。所以,"马克思从1843年年底到1844年8月的经济学研究存在着两个主要阶段:第一阶段从开始接触经济学著作到写完第一手稿,第二阶段从对李嘉图和穆勒的著作的摘录到写完第三手稿"①。也就是说,马克思的这部分手稿的写作大体上是按照"笔记本Ⅰ→'穆勒评注'→笔记本Ⅱ→笔记本Ⅲ"的顺序进行的。

(二)陶伯特的排序:"笔记本Ⅰ→笔记本Ⅱ→笔记本Ⅲ→'穆勒评注'"

1982年出版的MEGA2第1部分第2卷刊出的是"巴黎手稿"中三个笔记本,英格·陶伯特(Inge Taubert,1928—2009)是该卷的编者。在这一卷正式出版以前,她专门撰写了《关于卡尔·马克思〈经济学哲学手稿〉的写作日期的问题与疑问》一文②。后来,她又在该卷的"编者序言"以及《附属材料》卷中对手稿和笔记特别是"李嘉图笔记"和"穆勒评注"的写作时间发表了独特的意见。

---

① Nikolay Ivanovich Lapin, »Vergleichende Analyse der drei Qullen des Einkommens in den ‚Ökonomisch-philosophischen Manuskripten'vor Marx «, *Deutsche Zeitschrift für Philosophie*, Heft 2, 17 Jahrgang, 1969.

② Inge Taubert, »Plobleme und Fragen zur Datierung der ‚Ökonomisch-philosophischen Manuskripte' von Karl Marx «, in: *Beiträge zur Marx-Engels-Forschung*, 3, Berlin, 1978.

陶伯特的观点与拉宾相反，她认为马克思是在写完笔记本Ⅲ后，也就是三个笔记本都完成之后才开始对李嘉图的《政治经济学及赋税原理》和穆勒的《政治经济学原理》的法译本进行摘录的。因为在笔记本Ⅱ和笔记本Ⅲ中，马克思没有直接地或间接地使用或利用关于李嘉图和穆勒的著述的摘录，但在这两本笔记的批注中却包括了对笔记本Ⅱ和笔记本Ⅲ的理论观点的进一步论述，有些部分还涉及了三个笔记本只是简单提及或未根本触及的问题。因此，关于这两部书的摘录就被称为三个笔记本的补充，同时是其研究的继续。显然，她是按照"笔记本Ⅰ→笔记本Ⅱ→笔记本Ⅲ→'穆勒评注'"的顺序来理解"巴黎手稿"的写作过程的。

1998年出版的MEGA2第4部分第3卷刊出的则是"巴黎笔记"（其中包括了"穆勒评注"），该卷的编者虽与陶伯特遵循相同的编辑原则，但对她的观点作了一些修正。他们认为，马克思关于李嘉图、穆勒的两本笔记是按照"李嘉图→麦克库洛赫、普雷沃、恩格斯、特拉西→穆勒"的顺序写成的。理由是：一方面，有关李嘉图和穆勒的笔记写于1844年夏天和秋天，有关穆勒、麦克库洛赫、特拉西、普雷沃和恩格斯的笔记写于1844年夏天，那么，按照三个笔记本大约完成于1844年8月的推论，至少一部分有关李嘉图和穆勒的笔记应该是在三个笔记本完成之后写的。事实上，MEGA2第4部分第2卷的《附属材料》卷中也有马克思是按"'三个笔记本'→'李嘉图笔记''穆勒评注'"的顺序撰写的记述。但他们又认为，马克思对麦克库洛赫、特拉西、普雷沃、恩格斯的摘录写于《评一个普鲁士人的〈普鲁士国王和社会改革〉一文》之前，即1844年7月31日（这是马克思本人加的写完文章的日期）以前，因为他在这篇文章中引用或谈论过这些人物。至于"李嘉图笔记"应该比它们还早，而他们又认为"李嘉图笔记"和"穆勒评注"是同时写完的。这样，就出现了与拉宾相同的结论，即马克思的写作顺序又成了"笔记本Ⅰ→'穆勒评注'→笔记本Ⅱ→笔记本Ⅲ"。

(三) 罗扬："巴黎手稿"是"巴黎笔记"的组成部分

在14年之后，和拉宾一样，阿姆斯特丹国际社会史研究所的研究员，后来曾担任国际马克思恩格斯基金会(IMES)秘书长的尤尔根·罗扬(Jürgen Rojahn)也以史料考证的方法分析了"巴黎手稿"。他认为：

> 马克思主义不仅是一种历史理论，而且本身也是一种历史现象。历史学试图通过对起源的研究来阐明马克思的一些观点的意义，然而，历史学不只是首先根据马克思自己的著作——不论是他已发表的著作还是遗著——进行研究，还必须尽可能以著作的原稿即以马克思亲自写在纸上的东西为依据来进行研究。[①]

因此，罗扬并不认同拉宾用来考证马克思"巴黎手稿"写作顺序的基本原则，认为拉宾虽然在史料考证方面迈出了重要的一步，但他的研究结论是在莫斯科的复制品的基础上得出的，因而是不可靠的。只有根据阿姆斯特丹国际社会史研究所保存的"巴黎手稿"原件进行的研究，才可

---

① Jürgen Rojahn, » Marxismus-Marx-Geschichtswissenschaft: Der Fall der sog. ‚Ökonomisch-philosophischen Manuskripte aus dem Jahre 1844'«, International Review of Social History, 1983, 28(1), pp. 2-49.

以算作史料考证的真正出发点。

基于此，罗扬对阿姆斯特丹国际社会史研究所保存的马克思"巴黎时期"的著述（包括"巴黎笔记"和"巴黎手稿"）先后作了仔细的文献学考证。

对于三个笔记本，罗扬仔细考证了马克思原始手稿的纸张性质和大小、页数、标明页码的数字和顺序、书写方式、分册合订起来的"三个笔记本"的封面是否有标题、手稿是正反页都有书写还是留有空白页以及手稿遗失情况等。对"巴黎笔记"中马克思所作的摘录，他考证了所摘著作的名称、版本、卷次。他的考证结果认定：笔记本 II 是 2 张零散的纸，每张正反面都标有页码，共 4 个页码，是连贯写成的；而笔记本 III 是由 16 张纸订起来的没有封面的册子，其中有几页已经遗失。他还将三个笔记本原稿的页码同 MEGA1 第 1 部分第 3 卷刊出部分的页码的顺序进行了对照，提出了"四个笔记本"的说法。所谓"笔记本 IV"是无页码、不分栏、连贯写成的，内容是对黑格尔《精神现象学》"绝对知识"这一章的摘录。

对于"巴黎笔记"，罗扬详细说明了马克思摘自哪些著作、他在作摘录时所写的评语的长短以及对所摘部分的翻译等，当然也包括对这些笔记的纸张性质、大小、页码、书写方式、标明页码的方式等的考证。罗扬发现，"巴黎手稿"中的文字有相当一部分来自"巴黎笔记"。例如，"笔记本 I"是由大量摘录组成的，"笔记本 IV"则纯粹由摘录组成。其他笔记本中不仅有摘录，而且有马克思自由阐释的文字，有的篇幅还很长。"巴黎笔记"的纸张性质、大小、页码、书写方式、标明页码的方式等，也都同"巴黎手稿"基本一致，甚至前者写出的时间也几乎与后者重合。因此，他认为没有理由将"巴黎笔记"同"巴黎手稿"割裂开来。

除此之外，罗扬还进一步根据马克思在 1843—1844 年的写作活动和同卢格、费尔巴哈、康培、伯恩施坦、恩格斯等人的书信往来的内容和时间，补充说明了马克思的这些摘录、笔记的写作时间和顺序，说明马克思当时打算占有大量材料，以便着手写一部有关政治经济学的著作。

同时，罗扬对《1844 年经济学哲学手稿》中三个笔记本的写作时间顺序进行了考证。例如他认为，对黑格尔《精神现象学》的摘录，如果不早于笔记本Ⅲ，那就可能是在写笔记本Ⅲ期间完成的；而笔记本Ⅱ的 4 页同笔记本Ⅲ的页码都是同时标明的，因此几乎可以认为笔记本Ⅱ紧接着笔记本Ⅲ，并且可以进一步假定，笔记本Ⅱ的 4 页就是笔记本Ⅲ一开始引用的正文的结尾。对笔记本Ⅰ同"巴黎笔记"在写作的时间顺序和内容方面的联系，罗扬也作了考证。

通过对手稿和相应的摘录笔记的上述分析和对照，罗扬描述了马克思研究国民经济学的过程、作读书摘录时写评论的情况等。比如，通过对笔记本Ⅰ和相应的摘录笔记的考证，他弄清楚了马克思是在 1843 年年底开始，最早是在 1844 年 5 月重新开始研究国民经济学的；对笔记本Ⅱ与相应的摘录笔记进行比较后，他认为笔记本Ⅱ的 4 页是马克思在摘录笔记 B23c 中的文章的终结；对笔记本Ⅲ与相应的摘录笔记的比较，则使他认为笔记本Ⅲ不是按照预先制定的计划写的，而是一个自发过程的结果，就像笔记本Ⅰ那样。甚至"巴黎手稿"的"序言"实际上也是马克思在写完笔记本Ⅲ中的"对黑格尔的辩证法和整个哲学的批判"后才写成的，其中提到的大部分计划跟"巴黎手稿"的实际内容不符。因此，"巴黎手稿"并不像"序言"所宣称的那样是一部按照"序言"写成的书，甚至连那部书的粗略的草稿也算不上。

总之，罗扬认为，"巴黎手稿"是马克思"巴黎时期"的摘录笔记综合体的一个组成部分，手稿中的摘录（有逐字逐句的摘录、概括性的意译、批判性的注释、自己的思考、重新作的摘记和再思考）反映了马克思在几个月内对国民经济学进行批判研究的认识过程和思想发展的轨迹。马克思在研读国民经济学著作的过程中随时写下自己头脑中涌现的思想，不可能按照一个预定计划来写读书笔记、作摘录。他固然是要制定国民经济学的批判计划，但这项工作需要付出十分艰巨的劳动，绝不是 1844 年所能完成的。

当然，马克思在 1844 年的摘录、笔记中所论述的各种问题在他的思想中并不是没有联系的，但不能因此认为他打算建立一个"体系"。检验马克思当时阐述的思想中的哪些部分被写进他后来的著作中是有意义的，但是这种检验应当是集中分析他后来的著作。而对马克思在 1844 年的摘录、笔记的内容，则应当根据当时的背景来作出推论。随意地孤立看待"巴黎手稿"的各个部分，把它同"巴黎笔记"分割开来，会使对手稿的研究步入歧途。

1983 年在奥地利召开的"马克思主义与历史学"国际会议上，罗扬发表了题为《所谓〈1844 年经济学哲学手稿〉问题》的长篇论文，提出了"巴黎手稿"是 1844 年马克思经济学研究的"几个笔记本之一"的观点。

(四)罗扬的论证所引发的思考

以上三种说法可以说是迄今为止关于三个笔记本与"穆勒评注"写作顺序的研究与争论中最具代表性的。或许我们仅凭留存下来的手稿最终不可能弄清楚二者之间的真实关系，但无论怎样，我们对上述讨论中马克思学家所秉持的高度重视手稿的原始情形和实证文献的探索态度表示由衷的敬意。

不过，问题依然没有彻底解决。我们看到，在 MEGA2 对马克思手稿写作顺序的排列问题上，不管是陶伯特在第 1 部分第 2 卷给出的答案还是第 4 部分第 2 卷的编者的推测，都免不了自相矛盾或相互矛盾的结局。再联系拉宾的排序，给人的感觉似乎是：在这个问题上，虽然各人都坚持"实证材料第一"的准则，但由于所持的材料不同，最后仍摆脱不了各执一词且各有一番道理、没有一个确切说法的结局。相比之下，罗扬虽然一样用了史料考证的做法，而且并没有具体排出"穆勒评注"与三个笔记本的写作顺序，但他把"巴黎手稿"看作马克思当时所作的笔记之一的观点较之前两种观点更能够给我们以启发和思路。

前面我们分析过，马克思在"巴黎时期"真正开始了他对社会的"原本"批判，即从经济生活出发去发现和解决社会问题。因此，除了直接接触社会问题以外，阅读和专研各种经济学著作，进而研究和批判国民经济学就是马克思当时的主要任务。在这个过程中，他又逐渐形成了系统地批判国民经济学、建立自己的经济学说的宏伟目标。而按照罗扬的说法，整个"巴黎时期"都可以看作马克思对国民经济学进行批判研究的认识过程和思想发展过程，这和我们在考察马克思"巴黎时期"的活动和著述的基础上得出的结论基本是一致的。

因此，我们不妨猜测："巴黎手稿"就是特殊的"巴黎笔记"，二者的写作是穿插进行的。马克思在写作三个笔记本的整个过程中始终伴随着对国民经济学家著作的阅读和思考，至晚在写完笔记本 I 后，他就阅读了穆勒的《政治经济学原理》。但其时他并没有以笔记的形式记录下来，或者说只是作了极少量的笔记。直到笔记本Ⅲ写完以后，他才重读了该书，并就自己在笔记本Ⅱ和笔记本Ⅲ的写作中遇到的问题和产生的新想法撰写了成型的"穆勒评注"。如此的猜测实际上肯定了拉宾和包括陶伯特在内的 MEGA2 编者在这个问题上的结论，也让我们看到：无论对三个笔记本和"穆勒评注"写作顺序作怎样的解释，由于我们将其定位于马克思在"巴黎时期"的思想探索过程，因此其对马克思一生思想的研究来说都会变得无足轻重。

既然如此，上述一番分析映射出的便是"马克思学"研究中的一个困境，即孜孜于手稿细节的考证，而遗忘了对思想的总体关注。围绕三个笔记本和"穆勒评注"写作顺序的考证越来越成为一种排列组合的游戏，局内人乐此不疲，局外人则感到异常琐屑。很多讨论置"巴黎时期"马克思复杂而丰富的思想于不顾，总在一些文献枝节和细节上做文章，意欲何为呢？在不太可能一次性提出一个绝对客观、人人认同的永久性方案的情形下，只能根据现在的研究成果暂时拟议和创设的范型去进一步探究马克思的思想。如果这样的探究能够深入下去或者遇到了困难，不是反过来可以对这种范型的合理性和不合理性作出评判、检视和调整吗？离开对文本思想意旨和总体构架的了解，文献考证实际上也不能顺利进行下去，那些散乱的片断、中断的叙述、佚失的内容和逻辑只有靠对文本思想的整体把握才能得到接续、联系和"复原"。只有尊重文本原貌、再现原始思想与揭示体系构架的工作处于一种相互支持、融通的关系中，真正体现出"三位一体"，文本研究才能达到比较高的水准。

四、"逻辑编排版"与"原始顺序版"的差异

在"巴黎手稿"中，三个笔记本和"穆勒评注"写作顺序固然是一个要关注的问题，但如果进一步深入探究，三个笔记本本身的版本也需要梳理清楚。

三个笔记本写于 1844 年 5 月底、6 月初至 8 月，马克思生前没有发表过。1927 年，苏联出版的《马克思恩格斯文库》第 3 卷附录将这部手稿中的"第三手稿"（笔记本Ⅲ）的大部分以俄译文发表，但误认为它是《神圣家族》的准备材料。1932 年，MEGA1 第 1 部分第 3 卷以德文原文发表了全部手稿，并冠以《1844 年经济学哲学手稿》的标题。1982 年新出版的 MEGA2 为正确地反映手稿的成熟程度和复杂的保存情况，在发表《1844 年经济学哲学手稿》时采用了两种编排方式：一种是所谓的"逻辑编排版"，即编者按照手稿的逻辑结构和思想内容来编排，并根据编者自己的理解给各个部分加了标题；另一种是所谓的"原始顺序版"，着意于按马克思当时写作的时间顺序、阶段把原初版式和马克思自己对问题的编号尽量不作加工地直接呈现出来。

纵观国内外学术界对《1844 年经济学哲学手稿》的解读，迄今为止所依据的版本大都是根据德文或俄文的"逻辑编排版"翻译而成的，英文版亦是如此。国外只有极个别的研究者在其论著中对"原始顺序版"稍加提及，详尽的研究基本上没有进行过。国内出版的《1844 年经济学哲学手稿》包括《马克思恩格斯全集》第 1 版第 42 卷（1979）、《马克思恩格斯选集》第 2 版第 1 卷（1995）、单行本（2000）、《马克思恩格斯全集》第 2 版第 3 卷（2002）、《马克思恩格斯文集》第 1 卷（2009）、《马克思恩格斯

选集》第 3 版第 1 卷（2012）等，刊出的无论是节选还是全文，都是基于"逻辑编排版"进行的翻译。这说明至少在翻译者和出版者看来，"原始顺序版"并不是很重要的，导致的结果是其没有引起过国内学界的注意。无疑，为了客观地理解文本、评价和探讨马克思当时的思想水平，不应该忽略对更加接近也能更加直接反映马克思当时真实的写作状况的"原始顺序版"的研究。

因此，我们认真对比和研读了 MEGA2 中三个笔记本的两个版本，参照中央编译局的译文完成了中文版《1844 年经济学哲学手稿》"原始顺序版"的编排。在此，我们将"三个笔记本"的两个版本的内容和顺序分别加以概括对比，介绍和描述马克思当时的创作过程和写作顺序。

（一）关于笔记本Ⅰ

在"逻辑编排版"中，笔记本Ⅰ由"工资""资本的利润""地租"和"［异化劳动和私有财产］"四项内容依次组成。其中，"工资""资本的利润"和"地租"三个标题系马克思自己所加，而"［异化劳动和私有财产］"是编者根据马克思所述的内容加上的。这四项内容马克思共写了 27 页。

而"原始顺序版"展现给我们的却是，马克思事先就把整张纸划分为三栏，在每一栏的顶部分别标上了"工资""资本的利润""地租"的字样，且这三个标题以下的相关内容是垂直排列的。联系"巴黎笔记"，我们知道，笔记本Ⅰ是马克思在研读了萨伊的《论政治经济学，或略论财富是怎样产生、分配和消费的》和斯密的《国民财富的性质和原因的研究》两部著作并写了摘录之后用较短的时间写出来的。仔细分析文本，这个写作过程大概可以分为五个阶段。

在第一个阶段，马克思在"工资""资本的利润"和"地租"三栏里对斯密关于这三个基本范畴以及私有制社会的三种收入形式的所有者的经济生存条件的主要见解作了总结。基本可以认为，笔记是以斯密的著作为依据、按"工资""资本的利润"和"地租"的顺序写的。

在"工资"这一栏里，马克思首先用 5 页的篇幅叙述了斯密关于工资是自然价格的一部分、关于市场价格的波动对同利润和地租相对立的工资的影响以及关于在其所概述的社会发展的三种基本状态即衰落状态、财富日益增进的状态和最富裕的状态中的工人的状况的观点。从第 6 页起，马克思开始用国民经济学的逻辑和已有的结论来揭示斯密观点的矛盾之处，指出社会的利益总是同工人的利益相对立。

在"资本的利润"这一栏里，马克思把斯密的观点连同萨伊的几段引文加以系统化，对它们以资本、资本的利润、资本对劳动的统治和资本家的动机排序，初步阐释了资本、资本的利润的定义以及资本的社会作用，指出资本家的利益同社会的一般利益相敌对。这些内容在第 5 页结束。

在"地租"这一栏里，马克思摘录了萨伊和斯密的地租定义，并论述了斯密关于决定地租数量的因素的观点和斯密关于地租怎样在租地农场主和土地所有者之间的斗争中形成的见解。这些内容在第 6 页结束。

马克思在第 7 页上画了一条横贯三栏的横线以后，便不再按照分三栏的格式写作，而是在横线下通贯写下了对工资同资本的利润和地租的关系的思考，并就国民经济学所作的论述提出两个问题。这不仅可以看作马克思对前面分别在三栏内写下的"工资""资本的利润"和"地租"三个内容的总结，而且预示着接下来马克思想要"超出国民经济学的水平"，对这三个内容作进一步的分析和阐述。

事实就是如此。在第二个阶段，他仍然有意识地保留了分栏标记，继续并重点扩展了"资本的利润"和"地租"这两栏的主题。与"工资"仅仅反映资本家与工人的关系不同，在现实中，"资本的利润"和"地租"除了反映雇主与工人的关系外，还存在大资本与小资本、大地产与小地产之间的竞争与兼并的关系。大资本与小资本竞争的结果是资本集中到少数人手里（第7～10页），而通过分析地租背后的大地产与小地产之间的关系，马克思分析并分五条阐述了土地所有者是怎样榨取社会利益的（第8～11页）。

在第三个阶段，马克思只是把手稿分为"工资""资本的利润"两栏。在这两栏中，他主要摘抄了舒尔茨的《生产运动。从历史统计学方面论国家和社会的一种新科学的基础的建立》、康斯坦丁·贝魁尔的《社会经济和政治经济的新理论，或关于社会组织的探讨》、查理·劳顿的《人口和生计问题的解决办法》和比雷的《论英法工人阶级的贫困》这些著作，表明了他对当时所处的大工业时代的机器改进对工人及资本家的影响的关注，但基本未加评注。

第四个阶段的文稿只有关于"地租"的相对独立的一段论述，马克思在此分析了一些引起大地产的积累和大地产吞并小地产的特殊情况，并指出封建地产是私有财产的一种历史形式，资本家和土地所有者之间的区别在历史发展的进程中必然消失，资本主义社会只知道两个阶级，即工人阶级和资本家阶级。这是马克思在第二个阶段的最后就以一句"我们现在就来考察一下这种竞争"预告了的内容。在第12～16页写了"工资"和"资本的利润"而空下来的一栏里，马克思开始写这个内容。后来又增加了大概 7 张纸，这些纸马克思还是分了三栏来写，不过"工资"和"资本的利润"这两栏空着未用。

笔记本 I "原始顺序版"所显示的马克思在第五个阶段的文稿实际上是"逻辑编排版"中被编者冠以"［异化劳动和私有财产］"的部分。这一部分马克思勉强保留了"工资""资本的利润"和"地租"的分栏，但他并没有按照分栏来写，而是和他在第一个阶段最后的写作时一样，在整张纸上写。与这样的形式相适应的是，此处的内容也不是马克思的摘抄，第 22～27 页长达 6 页的文字全部是他自己的论述，显然也有着承上启下的作用。马克思指出，国民经济学虽然认识到劳动是价值的源泉，却不考察工人同生产的直接关系，掩盖了异化劳动。接着他就分析了在资本主义社会的现有条件下，工人同他所生产的产品、他的生产活动、他的类本质以及其他人的关系，并从这一点出发阐明了异化劳动范畴、说明了劳动同私有财产之间的本质联系。因此，马克思给自己提出了借助异化劳动和私有财产的关系来阐明国民经济学的基本范畴的任务，并明确了他在此之前需要完成两个理论任务：第一，私有财产的本质是什么？第二，劳动异化、外化是如何内化于人的本质中的？我们看到，笔记本 II 的写作在一定程度上就是在解决这两个任务。

从两个版本的对照可以看出，就笔记本 I 而言，马克思并不是按照"工资""资本的利润""地租"和"［异化劳动和私有财产］"的顺序渐次展开写作的，而是以斯密的著作为依据，把"工资""资本的利润"和"地租"三个议题分成三栏，在五个阶段的创作中时而分别展开摘抄和评析，时而专注于其中一两个议题，时而又贯通起来写下自己的论述。显然，相较于"逻辑编排版"，"原始顺序版"更能反映出马克思写作笔记本Ⅰ的真实情形。

这种情况蕴含有什么深刻的思想呢？笔者的理解是："逻辑编排版"的笔记本Ⅰ开头按照"工资""资本的利润""地租"依次编排，读起来让人觉得这只是当时的三个阶层不同的收入形式，它们的现实表现不同，历史渊源和未来命运也看不出有大的关联，这样就很难把握整个社会的总体状况。但如果回到"原始顺序版"，会发现马克思将一张稿纸分成三栏或者两栏，分别标上"工资""资本的利润""地租"来写作，而在阐述其各自的内容时则是一一对应着写的。这表明这时的马克思已经意识到这三者是受到一个社会总结构的控制的，这就是"资本"的独特功能。无论在"工资""地租"部分还是"资本的利润"本身中，我们都可以看到资本如影随形地发挥着不可替代的作用，参与、塑造、渗透和创生着社会现象，影响着不同阶层的人的生活境遇和未来命运，而这些人之间又因此而密切联系在一起。换句话说，离开资本，这三者就得不到准确的描述和到位的说明，这正是马克思后来在《资本论》中从"总体性"上把握社会结构和资本的最初尝试和探索的成果。这样，在作为这部巨著四十余年的漫长写作生涯的起始阶段的"巴黎手稿"中，他从国民经济学的议题出发，又达到了对国民经济学的一定程度的超越。所以笔者认为，"原始顺序版"与"逻辑编排版"带给我们的对马克思思想的理解是有所不同的。

(二)关于笔记本Ⅱ

保留下来的笔记本Ⅱ部分只有第40～43页共4页的内容。单从形式上看，除了"逻辑编排版"增加了一个标题[私有财产的关系]外，两个版本再没有别的差别。在这 4 页中，马克思着重对国民经济学的前提——私有财产关系作了进一步的剖析，分析了私有财产关系存在的三种形式，即作为私有财产主体本质的劳动、作为私有财产客体特性的资本以及二者的关系。可见，笔记本 Ⅱ 是在论述私有财产的普遍本质，即解决笔记本 Ⅰ 中需要解决的第一个任务："从私有财产对真正人的和社会的财产的关系来规定作为异化劳动的结果的私有财产的普遍本质。"①

(三)关于笔记本Ⅲ

在"逻辑编排版"中，笔记本 Ⅲ 被依次划分为[对笔记本 Ⅱ 第 XXXVI 页的补充]、[对笔记本 Ⅱ 第 XXXIX 页的补充]、[增补]和[片断]四个部分。其中，第一个部分以[私有财产和劳动]为题；编者在第二个部分用了 3 个标题，它们分别是[私有财产和共产主义]、[对黑格尔的辩证法和整个哲学的批判]和[私有财产和需要]；[增补]没有另立标题；[片断]下有[分工]和[货币]两个题目。这些内容在"原始顺序版"中或独立、或散于"编辑文本 Ⅰ ～ Ⅸ"中，9 个"编辑文本"马克思前后共写了 43 页。

"编辑文本 Ⅰ"的内容是对笔记本 Ⅱ 中没有保留下来的第 XXXVI 页的补充，"逻辑编排版"编者冠以标题[私有财产和劳动]。在这里，马克思在两页多的手稿中对在笔记本 Ⅱ 中论述到的作为私有财产的存在形式之一的劳动作了补充，他把劳动评价为私有财产的主体本质。通过回顾经济学家们对财富的主体本质的认识过程，马克思指出，随着私有制的发

---

① 马克思：《1844 年经济学哲学手稿》，见《马克思恩格斯文集》第 1 卷，167 页，北京，人民出版社，2009。

展，国民经济学中关于劳动的观点必然会发生变化，私有财产的完成了的客观形式是工业资本，而工厂劳动是劳动的发达的本质。

"编辑文本Ⅱ"是对笔记本Ⅱ中没有保留下来的第ⅩⅩⅩⅨ页的内容的补充。在笔记本Ⅲ手稿第3页上，马克思对于有产和无产的对立向资本和劳动的对立的发展作了一段不到一页的简短补充，这段文字被"逻辑编排版"安排在[私有财产和共产主义]的开头。

同"编辑文本Ⅱ"一样，"编辑文本Ⅲ"也是对笔记本Ⅱ中没有保留下来的第ⅩⅩⅩⅨ页的内容的补充。在9个编辑文本中，"编辑文本Ⅲ"的篇幅是最长的。从第3页到第17页手稿的20566词的内容包括了"逻辑编排版"的[私有财产和共产主义]中除"编辑文本Ⅱ"那一段之外的全部内容（第3～11页）、约占[对黑格尔的辩证法和整个哲学的批判]五分之一的一段（第11～13页），以及[私有财产和需要]的全部内容（第14～17页）。

这三个编辑文本作为对笔记本Ⅱ的补充，是马克思思考和分析私有财产关系、在私有财产条件下真正的人的异化以及怎样扬弃私有财产，从而扬弃人的异化、复归自己的本质这些问题的更进一步的产物。可以看出，在"编辑文本Ⅰ"和"编辑文本Ⅱ"中稍作铺垫之后，马克思在"编辑文本Ⅲ"的写作中对克服私有制之后的新社会展开了详细、深入的论述，并根据论述问题的次第关系作了(1)～(7)的编号。(1)～(5)是"逻辑编排版"中[私有财产和共产主义]除去第一段的所有内容。在(1)和(2)中，马克思简明扼要地分析了粗陋的共产主义、具有政治性质的"民主的或专制的"和"废除国家"的共产主义的局限性。在(3)～(5)中，马克思从自然主义、人道主义和历史主义立场出发，集中阐述了自己的共产主义思想。这一部分之后，马克思意识到：要理解共产主义是对私有财产的积极扬弃，要论证共产主义是作为否定的否定的肯定及人类发展进程中的必然环节，就应该对黑格尔的整个辩证法有所了解。因此，他在(6)中用了3页文字来剖析黑格尔的"现象学"中的自我意识、精神、宗教、绝对知识四个概念及它们之间的逻辑关系，这些内容被"逻辑编排版"编入了"［对黑格尔的辩证法和整个哲学的批判］"。(7)从人的需要和需要的满足、私有制条件下需要的异化方面作了论述，"逻辑编排版"对此加了"［私有财产和需要］"的标题。

"编辑文本Ⅳ"是第17～18页论述黑格尔双重错误的两段文字。显然，它是"编辑文本Ⅲ"中(6)的一个附录，即对黑格尔辩证法的分析。马克思从这种分析入手，转而分析了黑格尔的《精神现象学》。从这里已经可以看出，马克思通过研究国民经济学获得了新的认识，因此他对黑格尔的批判分析已经冲破了扬弃人的自我异化的阐述的框框。这个内容被"逻辑编排版"编入了"［对黑格尔的辩证法和整个哲学的批判］"。

"编辑文本Ⅴ"实际上是"［增补］"除去最后两段的内容，马克思自己称为附录，一开始的内容应该是想接着"编辑文本Ⅱ"继续探讨劳资统一问题，但他显然又中断了对提出的问题的进一步研究或者说合乎逻辑的展开。接着是几段多少有联系的文字、从批判国民经济学中提出的各种不同问题的概述，它们之间在内容和逻辑上没有直接的联系。马克思用横线把各段概述分开，这种叙述方式在完整的论文中几乎是看不到的。

"编辑文本Ⅵ"是一篇很长的论文，第22～34页包括了"［对黑格尔的辩证法和整个哲学的批判］"中除去"编辑文本Ⅲ""编辑文本Ⅳ"外所剩的所有内容。也就是说，"逻辑编排版"中以标题"[对黑格尔的辩证法和整个哲学的批判]"出现的内容是"原始顺序版"中"编辑文本Ⅲ""编辑文本Ⅳ"和"编辑文本Ⅵ"的内容组成的。在这里，马克思用明显的标记"（见第ⅩⅧ页）"说明了这个编辑文本是"编辑文本Ⅳ"的接续。马克思批判了黑格尔的"现象学"，并从此出发批判了整个黑格尔体系。他一方面研究了黑格尔辩证法的积极方面，另一方面又分析了黑格尔哲学的片面性和局限性。由于插入了这段话，马克思对黑格尔的批判分析就具有了相对独立的性质，但是即使如此，他在内容和逻辑上也没有把这种批判分析进行到底。最后，以黑格尔《哲学全书》的两段引文结束。

"编辑文本Ⅶ"在笔记本Ⅲ的第34～38页。马克思在写完"编辑文本Ⅵ"之后又画了一条横线，横线下是"编辑文本Ⅶ"的内容，它由"[增补]"中最后两段内容以及"[片断]"中"[分工]"的全部内容构成。"[增补]"中最后两段内容是关于地租和蒲鲁东的简短的附录，这个编辑文本的主要内容是对分工的论述。马克思把斯密、萨伊、斯卡尔培克和穆勒关于分工的观点排列在一起作了解释，并指出了它们的差别和共同性。我们在后来的"穆勒评注"中看到的马克思对分工和交换所作的论述，就是在"编辑文本Ⅶ"中开始的探讨的继续。

"编辑文本Ⅷ"即"逻辑编排版"中的"序言"，马克思在这里论述了他为什么没有继续写已经开始在《德法年鉴》上发表的著作《黑格尔法哲学批判》，并且预告要写不同的单独小册子来批判法、道德、政治等，《国民经济学批判》是这一系列小册子的开端。"序言"原来包括对《文学总汇报》所代表和维护的青年黑格尔派的比较长的评价，但是马克思在写作过程中把这些段落删去了，只是简短地概述了批判这些观点的必要性，并且提出要写一本专门的小册子。在后来的写作过程中，这本小册子发展成了他和恩格斯合写的著作《神圣家族》。

笔记本Ⅲ的最后 3 页即是"编辑文本Ⅸ"，它包括"逻辑编排版"的"[片断]"中"[货币]"的全部内容。但第一段是关于人的感觉是本体论的本质肯定的评论，接下来才是关于货币的比较完整的文章。现成的 23 页仍然是空白，这说明马克思关于货币问题还有话要说。这个打算在"穆勒评注"中才得以落实，其中关于货币的论述可以看作笔记本Ⅲ中中断了的关于货币的阐述的继续。

不难看出，对于笔记本Ⅲ，"原始顺序版"再现了马克思的创作过程和写作顺序，而"逻辑编排版"则凸显了马克思的思想内容和思路。这也说明，对马克思文本特别是重要的经典文本的研究必须尽可能从文献学角度对文本的写作过程和具体情形作出认真梳理，这对于客观而全面地把握马克思当时的思想状况是十分重要的。

五、三个笔记本中笔记本Ⅱ内容探佚

"巴黎手稿"是一部残缺的文本，特别是在由三个笔记本组成的《1844 年经济学哲学手稿》中，笔记本Ⅱ的大部分内容都遗失了。因此，合理地把握和复原遗失部分的内容，把中断了的思想线索和逻辑论证接续起来，就成为客观地理解和阐释"巴黎手稿"的必然要求。我们知道，目前笔记本Ⅱ仅存 4 页，即第 40～43 页，这说明这册笔记至少存在 43 页的内容。对此，有一种观点是：马克思在这一时期写的《詹姆斯·穆勒〈政治经济学原理〉一书摘要》所阐述的思想正是这册笔记所遗失的前39页的内容。我们认为，这只是一种无法用确凿而明确的文献材料加以证实的猜测。要复原笔记本Ⅱ的全部思想，还需要从现在留存下来的手稿入手，根据笔记本Ⅰ议题的延续、笔记本Ⅲ"补入"和接续的情况以及笔记本Ⅱ仅存的4页所述的内容来进行综合分析和推断。

(一)笔记本Ⅰ议题的延续

我们首先从笔记本Ⅰ开始。笔记本Ⅰ相对独立，它的主要内容是从批判国民经济学家提出的议题出发，分析收入的三种来源——工资、资本的利润和地租，进而得出异化劳动这一核心思想。接下来，需要探讨异化劳动的成因问题，特别是它与私有财产的关系。笔记本Ⅱ正是对笔记本Ⅰ内容的延续和深化。

在笔记本Ⅰ的最后部分，马克思指出，他需要先解决两个任务，然后再来考察国民经济学的一切范畴。他打算解决的这两个任务是：

(1)从私有财产对真正人的和社会的财产的关系来规定作为异化劳动的结果的私有财产的普遍本质。

(2)我们已经承认劳动的异化、劳动的外化这个事实，并对这一事实进行了分析。现在要问，人是怎么使自己的劳动外化、异化的？这种异化又是怎样由人的发展的本质引起的？[①]

---

① 马克思：《1844年经济学哲学手稿》，见《马克思恩格斯文集》第1卷，167～168页，北京，人民出版社，2009。

返回前面的部分看，马克思希望在笔记本Ⅰ中超出国民经济学家的水平，用他们的论述来回答"把人类的最大部分归结为抽象劳动，这在人类发展中具有什么意义"①这一问题。可是，当他继续在国民经济学的议题中考察劳动对人类发展的意义时，却得到了异化劳动的思想。这样，他不仅没有解决之前的问题，还产生了新的疑问，即以上所说的："人是怎么使自己的劳动外化、异化的？这种异化又是怎样由人的发展的本质引起的?"于是，他意识到："我们把私有财产的起源问题变为外化劳动对人类发展进程的关系问题，就已经为解决这一任务得到了许多东西。"②因此，要解决异化劳动和人类发展的关系，就要解决私有财产起源的问题。用马克思的话说："问题的这种新的提法本身就已包含问题的解决。"③也就是说，将异化劳动和人类发展的关系的问题转化为对私有财产起源的考察，这本身就是一种对问题的回答。笔记本Ⅰ并未对私有财产起源的问题给出具体的梳理和分析，这就需要在之后的写作中进一步展开。

紧接着，我们在笔记本Ⅰ中还看到这样的行文：

补入（1）　私有财产的普遍本质以及私有财产对真正人的财产的关系。④

①　马克思：《1844年经济学哲学手稿》，见《马克思恩格斯文集》第1卷，124页，北京，人民出版社，2009。
②　马克思：《1844年经济学哲学手稿》，见《马克思恩格斯文集》第1卷，168页，北京，人民出版社，2009。
③　马克思：《1844年经济学哲学手稿》，见《马克思恩格斯文集》第1卷，168页，北京，人民出版社，2009。
④　马克思：《1844年经济学哲学手稿》，见《马克思恩格斯文集》第1卷，168页，北京，人民出版社，2009。

这是马克思试图去解决第一个任务的直接体现。"私有财产作为外化劳动的物质的、概括的表现，包含着这两种关系：工人对劳动、对自己的劳动产品和对非工人的关系，以及非工人对工人和工人的劳动产品的关系。"①马克思将"私有财产对真正人的财产的关系"拆分成了上述这两种关系，即从工人和非工人这两个角度来进行考察。实际上，马克思在笔记本Ⅰ中已经考察了工人对劳动、对自己的劳动产品和对非工人的关系，但还没有全面、细致地考察非工人（同劳动和工人生疏的人）对工人、劳动和劳动对象的关系。不过，他在笔记本Ⅰ的结尾处给出了三个分析的要点，即：

> 首先必须指出，凡是在工人那里表现为外化的、异化的活动的东西，在非工人那里都表现为外化的、异化的状态。
>
> 其次，工人在生产中的现实的、实践的态度，以及他对产品的态度（作为一种内心状态），在同他相对立的非工人那里表现为理论的态度。
>
> 第三，凡是工人做的对自身不利的事，非工人都对工人做了，但是，非工人做的对工人不利的事，他对自身却不做。②

---

① 马克思：《1844年经济学哲学手稿》，见《马克思恩格斯文集》第1卷，168页，北京，人民出版社，2009。

② 马克思：《1844年经济学哲学手稿》，见《马克思恩格斯文集》第1卷，168～169页，北京，人民出版社，2009。

在给出这些要点之后，他又说："我们来进一步考察这三种关系。"①到此处，笔记本Ⅰ便戛然而止了。

因此，我们推断，关于非工人对工人、非工人对劳动和非工人对劳动对象这三种关系的讨论也应该是笔记本Ⅱ需要进一步展开的内容。如果按照文章结构而言，笔记本Ⅱ一开始应该讨论的正是这三种关系，即非工人的异化状态。

回过头来，我们重新看第一个任务。马克思确实在"补入（1）"中试图解决这个任务，也给出了解决的要点和思路，但是仍未完全解决这个任务，特别是对如何规定私有财产的普遍本质这一问题几乎没有提及。正如马克思所认为的，只有在考察清楚私有财产对真正的人的财产的关系的基础上，才有可能规定私有财产的普遍本质。

总而言之，以上两个任务实际上想要解决的就是与异化劳动最密切相关的私有财产的起源和本质的问题。这可能正是笔记本Ⅱ要讨论的关键内容。

按照马克思的思路，在解决了这两个任务之后，就要考察"范畴"。这里指的是以异化劳动和私有财产这两个范畴为核心来阐明国民经济学的其他一切范畴，即异化劳动和私有财产这两个基本因素的特定的、展开的表现形式——"买卖、竞争、货币"等。因而，对这些范畴的分析也理应是笔记本Ⅱ探讨的内容。

最后，我们总结一下。通过对笔记本Ⅰ的分析，我们可以从整体上

---

① 马克思：《1844年经济学哲学手稿》，见《马克思恩格斯文集》第1卷，169页，北京，人民出版社，2009。

推导出笔记本Ⅱ的内容：首先，紧接着笔记本Ⅰ的内容，分析非工人的异化状态，即讨论非工人对工人、非工人对劳动和非工人对劳动对象的关系问题；其次，笔记本Ⅱ的核心内容是综合工人与非工人的异化状态，从私有财产对"真正的人"的关系来规定私有财产的普遍本质，解决私有财产的起源、发展问题；最后，以异化劳动和私有财产这两个范畴为核心来阐明国民经济学的一切范畴即"买卖、竞争、货币"等的内涵与意义。

（二）笔记本Ⅲ"补入"和接续的情况

笔记本Ⅲ对笔记本Ⅱ内容的复原也提供了大量线索，这是一部更加散乱的文稿，议题远不像笔记本Ⅰ那样集中和连贯。马克思在多处直接提出要"补入"笔记本Ⅱ，它确实可以说是笔记本Ⅱ不折不扣的补充、说明与理论升华。

笔记本Ⅲ一开始连续有三个"补入"，第一个"补入"是补入笔记本Ⅱ的第36页，第二、三个"补入"是补入笔记本Ⅱ的第39页。据此，我们可以通过笔记本Ⅲ补入的内容来推断笔记本Ⅱ的第36页和第39页的具体论述。不过，我们也需要有这样的意识：三个"补入"虽与原文内容相关，但不会完全重复，它们极可能是在原文的基础上对相关内容的进一步发挥和拓展。

我们先看第一个"补入"。一开始，马克思便直接指认了私有财产的主体本质："私有财产作为自为地存在着的活动、作为主体、作为人，就是劳动。"[①]在国民经济学家看来，人的劳动是财富的主体本质，这不

---

① 马克思：《1844年经济学哲学手稿》，见《马克思恩格斯文集》第1卷，178页，北京，人民出版社，2009。

同于对人来说将私有财产仅仅看作对象性本质的货币主义者和重商主义者。因而，恩格斯在《国民经济学批判大纲》中盛赞斯密为"经济学的路德"①。正如路德将"宗教笃诚变成人的内在本质"②一样，斯密将私有财产由外在的对象性变为内在的人的规定。也就是说，国民经济学以劳动价值论为基础，它的出发点是承认人、人的独立性、自主活动，这也是马克思和恩格斯赞许国民经济学的地方。但事实上，马克思指出，国民经济学的结果却是彻底否定人的。特别是随着工业的发展，国民经济学在排斥人这方面表现得更彻底、更真实。

以魁奈为代表的重农主义是从重商主义到斯密的过渡。重农主义的贡献就在于把财富的主体本质移入劳动中，承认"财富的本质就在于财富的主体存在"③。但是，重农主义承认的唯一劳动是农业劳动，而农业劳动仍旧是与特殊的自然要素相结合的特殊劳动。国民经济学家则又迈进了一步，他们给出了更为合理的观点："农业同任何其他一切生产部门毫无区别，因此，财富的本质不是某种特定的劳动，不是与某种特殊要素结合在一起的、某种特殊的劳动表现，而是一般劳动。"④事实

---

① 恩格斯：《国民经济学批判大纲》，见《马克思恩格斯文集》第 1 卷，61 页，北京，人民出版社，2009。

② 马克思：《1844 年经济学哲学手稿》，见《马克思恩格斯文集》第 1 卷，179 页，北京，人民出版社，2009。

③ 马克思：《1844 年经济学哲学手稿》，见《马克思恩格斯文集》第 1 卷，181 页，北京，人民出版社，2009。

④ 马克思：《1844 年经济学哲学手稿》，见《马克思恩格斯文集》第 1 卷，181 页，北京，人民出版社，2009。

上，"劳动起初只作为农业劳动出现，后来才作为一般劳动得到承认"①。地产是私有财产的第一种形式，而"工业资本是私有财产的完成了的客观形式"②。只有在资本主义社会，作为完成了的劳动的工业资本才能实现对人的统治，也才能以最普遍的形式成为世界历史性的力量。

这一"补入"表明马克思在此处试图科学理解私有财产的主体本质，即如何理解劳动。因此我们可以推断，这正是笔记本Ⅱ第36页原文所要探讨的议题，而"补入"的内容则从理论认知和历史发展的角度加深了对私有财产主体本质的理解。

我们再看第二个"补入"。它只有一段话，声明是要补入第39页的内容。在这一段中，马克思又一次回到了黑格尔的哲学。黑格尔在他的《逻辑学》中对"对立"和"矛盾"这两个概念作了区分。他认为，本质首先是单纯的自身关系，是纯粹的同一性，然后通过真正的规定即差别（经过绝对的区别、差异、对立）达到矛盾。此时的矛盾已经不是最初同一状态的无规定性的本质，而是肯定与否定建立起来的"有"，是一种经过差别后的统一。所谓的对立，就是每一个方面都为另一个方面所规定，其自身具有独立性，而矛盾则是每一个方面在各自的独立性当中还包含另一个方面。

马克思在此特别使用了黑格尔的"对立"和"矛盾"这两个概念来分析，在他看来，"无产和有产的对立，只要还没有把它理解为劳动和资

---

① 马克思：《1844 年经济学哲学手稿》，见《马克思恩格斯文集》第 1 卷，182 页，北京，人民出版社，2009。

② 马克思：《1844 年经济学哲学手稿》，见《马克思恩格斯文集》第 1 卷，182 页，北京，人民出版社，2009。

本的对立，它还是一种无关紧要的对立，一种没有从它的能动关系上、它的内在关系上来理解的对立，还没有作为矛盾来理解的对立"①。从这里可以看出，马克思认为矛盾是一种内在关系、能动关系，无产和有产的对立只有被理解为劳动和资本的对立，才是作为矛盾来理解的对立，否则只是外在的、僵死的对立。作为私有财产的主体本质的劳动与作为客体化劳动的资本这两者构成了作为业已形成的矛盾状态的私有财产，而私有财产中包含的能动关系最终将促使矛盾得以解决。

由此可见，笔记本Ⅱ的第 39 页一定包含关于劳动与资本对立关系的内容。

我们最后看第三个"补入"。它同第二个"补入"一样，都是作为第 39 页的补充内容。但比较而言，后者的论证更精彩、内容更丰富。它的第一句话就是："自我异化的扬弃同自我异化走的是同一条道路。"②结合第二个"补入"得出的第 39 页所包含的劳资对立的内容，我们可以确认，第 39 页探讨的内容将涉及劳资对立引起的人的自我异化过程。而第三个"补入"接下来要探讨的恰好就是这种自我异化的扬弃，即共产主义（"被扬弃了的私有财产的积极表现③"）。除了详细论述共产主义的内容外，马克思在第三个"补入"中还增加了对黑格尔哲学的方法论批判以及对需要、分工、货币的经济哲学的分析，这大大丰富和扩展了笔记本Ⅱ的内容。

---

① 马克思：《1844 年经济学哲学手稿》，见《马克思恩格斯文集》第 1 卷，182 页，北京，人民出版社，2009。
② 马克思：《1844 年经济学哲学手稿》，见《马克思恩格斯文集》第 1 卷，182 页，北京，人民出版社，2009。
③ 马克思：《1844 年经济学哲学手稿》，见《马克思恩格斯文集》第 1 卷，183 页，北京，人民出版社，2009。

此外，在笔记本Ⅲ的"［增补］"部分，马克思还注意到国民经济学家"用各种各样的方式设定劳动和资本的统一"所涉及的七个问题：

（1）资本是积累的劳动；（2）生产范围内的资本的使命——部分地是会带来利润的资本再生产，部分地是作为原料（劳动材料）的资本，部分地是作为本身工作着的工具（机器是被直接设定为与劳动等同的资本）——就在于生产劳动；（3）工人是资本；（4）工资属于资本的费用；（5）对工人来说，劳动是他的生命资本的再生产；（6）对资本家来说，劳动是他的资本的活动的因素。最后，（7）国民经济学家把劳动和资本的原初的统一假定为资本家和工人的统一；这是一种天堂般的原始状态。①

但是，国民经济学家到底是怎样"用各种各样的方式设定劳动和资本的统一"的？这七个问题的具体内涵及其逻辑关系究竟如何呢？笔记本Ⅲ只是提及而已，因此我们推测，这些方式和问题或许也是马克思在笔记本Ⅱ中具体分析与批判的内容。

(三)笔记本Ⅱ仅存的4页所述的内容

在考察了笔记本Ⅰ和笔记本Ⅲ对复原笔记本Ⅱ的价值后，我们再关注一下笔记本Ⅱ现存的内容，来看它们之间衔接和连续的可能性。

---

① 马克思：《1844年经济学哲学手稿》，见《马克思恩格斯文集》第1卷，230页，北京，人民出版社，2009。

笔记本Ⅱ仅存的 4 页内容是第 40～43 页，从文本的顺序来讲是位于笔记本Ⅲ补入的第 36 页和第 39 页之后。因而，我们可以顺承上文的讨论，继续考察这 4 页的内容。

从现存的 4 页手稿来看，马克思并没有给出相应的标题，也可能给出过但遗失了。我们现在看到的标题是编者后加的，其目的是使读者可以快速地对该部分内容有一个大致的了解。但效果可能是双重的，一方面有助于我们的理解，另一方面也容易对我们的思维造成限制。比如，中文版单行本中，标题为"私有财产的关系"；而英文版中，标题却是"Antithesis of Capital and Labour. Landed Property and Capital"[1]，即"劳资对立。地产与资本"。

幸运的是，在笔记本Ⅱ的最后部分，马克思提供了对整个笔记本的内容的概述和总结。他给出了一个具有总结性意义的观点："私有财产的关系是劳动、资本以及二者的关系。"[2]这也就是中文版单行本以"私有财产的关系"为标题的原因。

接着，马克思指出了私有财产的关系必定经历的运动：

第一：二者直接的或间接的统一。

起初，资本和劳动还是统一的；后来，它们虽然分离和异化，却作为积极的条件而互相促进和互相推动。

---

① Karl Marx，»Economic and Philosophic Manuscripts of 1844«，Translated by Martin Milligan from the German text contained in *Marx/Engels Gesamtausgabe*，Abt. I，Bd. 3，1932，Moscow，Foreign Languages Publishing House，1961，p. 84.

② 马克思：《1844 年经济学哲学手稿》，见《马克思恩格斯全集》第 3 卷，288 页，北京，人民出版社，2002。

[第二:]二者的对立。它们互相排斥；工人知道资本家是自己的非存在，反过来也是这样；每一方都力图剥夺另一方的存在。

[第三:]二者各自同自身对立。资本＝积累的劳动＝劳动。作为这样的东西，资本分解为自身和自己的利息，而利息又分解为利息和利润。资本家彻底牺牲。他沦为工人阶级，正像工人——但只是例外地——成为资本家一样。劳动是资本的要素，是资本的费用。因而，工资是资本的牺牲。

劳动分解为自身和工资。工人本身是资本、商品。

敌对性的相互对立。①

可以看出，劳资关系之间的运动过程正是马克思创作笔记本Ⅱ的基本线索。通过上文的分析，在笔记本Ⅲ的"[增补]"部分中，马克思给出了自己在笔记本Ⅲ之前分析和批判的对象——国民经济学家所设定的劳动和资本的统一。因此我们推测，马克思在笔记本Ⅱ中分析了劳动和资本的统一的过程，这也是在探讨劳资运动的第一点"二者直接的或间接的统一"。在对第二个"补入"的分析中，我们知道，到笔记本Ⅱ的第39页，马克思已经讨论了关于劳动和资本的对立的问题，这正是马克思探讨的劳资运动的第二点"二者的对立"。至于现在仅剩的4页内容，一开始便在探讨劳资运动的第三点"二者各自同自身的对立"。

我们再看笔记本Ⅱ留存下来的其他部分的论述。

---

① 马克思：《1844年经济学哲学手稿》，见《马克思恩格斯文集》第1卷，177页，北京，人民出版社，2009。

工人的劳动是一种活的、贫困的资本，这种资本一旦不劳动就会失去自己的利息即工资，也会丧失自己的生存条件和资本。作为资本，工人需要按照供需关系来调整他的价值，成为一种商品。"工人生产资本，资本生产工人"，"资本的存在是他的存在、他的生活，资本的存在以一种对他来说无所谓的方式规定他的生活的内容"。"生产不仅把人当做商品、当做商品人、当做具有商品的规定的人生产出来；它依照这个规定把人当做既在精神上又在肉体上非人化的存在物生产出来。"①马克思想用大段文字表达的主要就是劳动同自身的对立，即劳资运动第三点中的"劳动分解为自身和工资。工人本身是资本、商品"②。

在分析劳动同自身的对立之前，我们不能忽略第 40 页最开头的那段话："[……][XL]构成他的资本的利息。因此，在工人身上主观地存在着这样一个事实，即资本是完全失去自身的人；同样，在资本身上也客观地存在着这样一个事实，即劳动是失去自身的人。"③据此，我们有理由相信，马克思在这之前讨论的内容正是资本同自身的对立。具体而言，即讨论了劳资运动第三点中的"资本＝积累的劳动＝劳动。作为这样的东西，资本分解为自身和自己的利息，而利息又分解为利息和利润。资本家彻底牺牲。他沦为工人阶级，正像工人——但只是例外地——成为资本家一样。劳动是资本的要素，是资本的费用，因而，工

① 马克思：《1844 年经济学哲学手稿》，见《马克思恩格斯文集》第 1 卷，170～171 页，北京，人民出版社，2009。
② 马克思：《1844 年经济学哲学手稿》，见《马克思恩格斯文集》第 1 卷，177 页，北京，人民出版社，2009。
③ 马克思：《1844 年经济学哲学手稿》，见《马克思恩格斯文集》第 1 卷，170 页，北京，人民出版社，2009。

资是资本的牺牲"①。

这样，我们更加确证了马克思在笔记本Ⅱ中的思路正是按照文本末尾给出的劳资运动的三大要点展开的。

我们还注意到，在笔记本Ⅱ中，马克思用反讽的语气说："李嘉图、穆勒等人比斯密和萨伊进了一大步，他们把人的存在——人这种商品的或高或低的生产率——说成是无关紧要的，甚至是有害的。"②这里所谓的"进了一大步"无非是在敌视人、否定人这两个方面"进了一大步"。顺着这个思路，马克思指出了现代英国国民经济学的两大贡献。第一大贡献是"把劳动提升为国民经济学的唯一原则，同时十分清楚地阐释了工资和资本利息之间的反比例关系，指出资本家通常只有通过降低工资才能增加收益，反之则降低收益。它还指出，不是对消费者诈取，而是资本家和工人相互诈取，才是正常的关系"③。第二大贡献则是"它指明了地租是最坏耕地的利息和最好耕地的利息之间的差额"④，指出了土地所有者的利益与一切社会利益不一致的看法，并使封建土地所有者变成了平庸的资本家，"从而使对立简化和尖锐化，并加速这种对立的消除"⑤。这样，地

---

① 马克思：《1844 年经济学哲学手稿》，见《马克思恩格斯文集》第 1 卷，177 页，北京，人民出版社，2009。

② 马克思：《1844 年经济学哲学手稿》，见《马克思恩格斯文集》第 1 卷，171 页，北京，人民出版社，2009。

③ 马克思：《1844 年经济学哲学手稿》，见《马克思恩格斯文集》第 1 卷，171～172 页，北京，人民出版社，2009。

④ 马克思：《1844 年经济学哲学手稿》，见《马克思恩格斯文集》第 1 卷，172 页，北京，人民出版社，2009。

⑤ 马克思：《1844 年经济学哲学手稿》，见《马克思恩格斯文集》第 1 卷，172 页，北京，人民出版社，2009。

租就失去了意义，而变成了"只有货币内涵的资本和利息"①。

现代英国国民经济学的第二大贡献实际上表征的就是资本主义社会对封建主义社会的胜利，即资本、利润、工业、动产、资本家、发达的私有财产对土地、地租、农业、不动产、土地所有者、不发达不完全的私有财产的胜利。前后两者的差别正是基于劳动和资本对立的历史差别。马克思阐述了这样一个前者战胜后者的现实的发展进程，他认为这是一个地产资本化的过程，地产这种带有地域的、政治的偏见的私有财产、资本终将在它的世界发展过程中成为它的抽象的、纯粹的、完成了的资本。可见，马克思在此肯定了资本主义社会的历史进步性，"资本的文明的胜利恰恰在于，资本发现并促使人的劳动代替死的物而成为财富的源泉"②。在这一部分，马克思分析的实际上正是在现实的历史发展进程中的私有财产的起源和发展的问题。

(四)综合分析和推断所得出的结论

通过上述分析和推断，我们可以得出结论：笔记本Ⅱ理应紧接在笔记本Ⅰ之后，首先分析非工人的异化状态，进一步考察非工人对工人、非工人对劳动和非工人对劳动对象三种关系③；其次综合工人与非工人的异化状态，从私有财产对真正人的关系来规定私有财产的普遍本质；

---

① 马克思：《1844年经济学哲学手稿》，见《马克思恩格斯文集》第1卷，173页，北京，人民出版社，2009。

② 马克思：《1844年经济学哲学手稿》，见《马克思恩格斯文集》第1卷，176页，北京，人民出版社，2009。

③ 马克思：《1844年经济学哲学手稿》，见《马克思恩格斯文集》第1卷，169页，北京，人民出版社，2009。

接着进一步探讨作为私有财产主体本质的劳动与作为客体化劳动的资本两者关系的运动过程，即劳动与资本的统一、对立以及劳动同自身的对立；最后从现实的历史发展进程中分析地产资本化的过程，以便解决私有财产的起源和发展的问题。这可能就是笔记本Ⅱ的基本内容。

马克思在笔记本Ⅰ中表示，他欲以异化劳动和私有财产这两个范畴为核心来阐明国民经济学的一切范畴即"买卖、竞争、货币"等的内涵与意义。实际上，笔记本Ⅱ主要探讨的还是异化劳动和私有财产这两个范畴，还不可能展开对国民经济学一切范畴的讨论，因为仅靠它四十几页的篇幅是不可能容纳对国民经济学的一切范畴的讨论的。而且从"巴黎笔记"的相关材料来看，当时马克思对国民经济学家及其著述还是很生疏的，要想写出关于国民经济学的一切范畴的文字，远不到火候。因此，马克思在他以后的人生中还需要反复研究和批判国民经济学，而这一批判过程与他的思想的建构直接关联。

这样，我们既吸收和借鉴了国外"马克思学"研究的新成果，又把对文献材料的考证与对思想的分析紧密结合起来，从而对"巴黎时期"马克思的活动和著述情况、"巴黎笔记"与"巴黎手稿"之间的关系、三个笔记本与"穆勒评注"的写作顺序、三个笔记本不同版本的编排、笔记本Ⅱ大量遗失的内容进行了梳理、分析、推测和探佚，基本完成了关于"巴黎手稿"的一系列复杂的文献学问题的讨论，为更重要的文本内容解读和思想阐释作了扎实的奠基。

第四章

《德意志意识形态》写作过程梳理

对历史文本而言，人们总是希望通过对它们的阅读进一步了解作者原初的思想状态、论证逻辑和体系构架；然而研究者很少有这样的幸运，即作者提供的文本是完整、成型的，而文本对作者本人思想的表述又是明确、系统的。不要说，相对于作者极为复杂的思想、异常丰富的心灵来说，文本所表征的可能只是露出水面的巨大"冰山"的一角，文本与其思想、生活之间并不总是存在一一对应的关系；就是就文本本身而言，由于各种复杂的情况，相当多地渗透了作者艰辛探索的心血、凝聚其理论精髓的文本，写作过程曲曲折折，最终并没有完成乃至留存下来的，不在少数。对后来的解读者来说，要从这些散乱的篇章中读出蕴含其中的深层意义，甚至要于断裂或佚失处诠释出完整的思想，真不是一件容易的事情。

在马克思的文本序列中，《德意志意识形态》就属于这样一种类型的作品，特别是由于作者生前对其写作过程只是零星提及，并没有详细的记录和完整的回忆，留存下来的历史资料经过不同人之手，有的根据己意进行了未必符合原意的编排和处理，由此引发了众多的歧解，再加上其中一些文献已经佚失，使完整地再现和叙述这一过程成为一件很困难的事情。然而，这种情况的存在绝不能成为解读者放弃或偷懒的借口，相反，越是面对这样的文本，我们越需要根据留存下来的那些宝贵的材料，尽可能客观地理解和再现作者当时的写作语境和曲折过程，这样我们在对其思想进行阐释、概括和评价的时候才有一个坚实的基础，不至于断章取义或挂一漏万，偏离真实和客观。

这里谨根据笔者收集到的资料，结合自己的分析和判断，对《德意志意识形态》的写作过程作一个大致的勾勒。

一、《神圣家族》工作的继续与完成

思想业已形成，但以什么样的方式表述出来，或是否需要专门进行表述，在马克思、恩格斯那里起先并没有作认真考虑和通盘筹划。他们甚至认为自己心里搞清楚就可以了，马上需要做的工作应该是以这些思想所表征的方法去具体探究复杂的社会现象、结构、历史渊源和未来趋向，于是他们急迫地投入了另外新的理论创作。马克思与出版商签订了两卷本《政治和国民经济学批判》合同，接续起"巴黎笔记"和《1844 年经济学哲学手稿》的工作，开始了新的写作；而《英国工人阶级状况》实际是恩格斯当时正在写作的《英国社会史》中的一部分，在前者出版后，他又在为后者的实际撰写继续做着准备。这些情况表明，《德意志意识形态》并不是一部计划中的著述。

从当时的情况看，旨在剖析"布鲁诺·鲍威尔及其伙伴"、对"批判的批判所做的批判"的《神圣家族》于 1845 年 2 月在美因河畔法兰克福出版后，并没有引起被批评者的马上回应和辩驳。也许由于该书犀利的笔锋确实击中了要害，需要一段时间的思考和酝酿才能寻找到恰当的、与这种批判相匹配的反批判方式；或者在被批评者看来，作者出于"只想和布鲁诺·鲍威尔进行决裂"的目的而不惜先把其理论变成荒谬的东西，然后指出这些论点的真实意图，并且使用各种贬义的绰号对其进行讽刺，使争论易于进行的著述方式是"言过其实"了，不值得回应。① 总之，一直到 1845 年 5 月才在由"真正的社会主义"者奥托·吕宁创办的《威斯特伐里亚汽船》(*Das Westphälische Dampfboot*)月刊上匿名发表了一篇对此书的评论，但评论者不是马克思、恩格斯所批评的对象，而是争论双方之外的第三者。马克思、恩格斯后来谈到这篇评论时说："威斯特伐里亚的评论员浮皮潦草地给他评论的书作了一个可笑的、直接同这本书相矛盾的概括"，对书中一些论断的叙述是"完全歪曲的、荒

---

① 青年黑格尔派研究专家兹维·罗森就持这样一种看法，见[波]兹维·罗森：《布鲁诺·鲍威尔和卡尔·马克思——鲍威尔对马克思思想的影响》，王瑾等译，4 页，北京，中国人民大学出版社，1984。

唐可笑的、纯粹臆想的"，甚至捏造了"连影子都没有"的细节进行讨论。①

当时还有一个引人注目的哲学杂志叫《维干德季刊》(*Wigand's Vi-erteljahrsschrift*)，由出版商奥托·维干德于 1844—1845 年在莱比锡出版。参加该杂志工作的正是马克思、恩格斯的批评对象布鲁诺·鲍威尔、麦克斯·施蒂纳和路德维希·费尔巴哈等人②。在马克思、恩格斯期待它在实质性回应《神圣家族》方面有所作为的时候，1845 年 6 月25—28 日该刊第 2 期③出版了。上面刊出的重头文章是费尔巴哈所写的《因〈唯一者及其所有物〉而论〈基督教的本质〉》；此外，同一期还发表了古·尤利乌斯所写的《看得见的教派与看不见的教派之争或批判对批判的批判所作的批判》，这是对《神圣家族》的评论，但仍然是一篇站在第三者立场上评论争论双方的文章。

马克思、恩格斯期待的直接对手到《维干德季刊》1845 年第 3 期才出场。过去《马克思恩格斯全集》俄文第 2 版的编者按照一般的常识推断，认为第 3 期应该出版于 1845 年的第 3 季度，所以把《德意志意识形态》写作的起始时间确定为 1845 年 9 月。④ 后来有的学者查阅到 1845 年 10 月21 日的《德国书报业行市报》第 92 号，发现《维干德季刊》第 3 期直到

---

① 马克思、恩格斯：《对布·鲍威尔反批评的回答》，见《马克思恩格斯全集》第 42卷，365、366 页，北京，人民出版社，1979。

② 当然，这些人之间的思想观点甚至哲学基础也不一致。

③ 国内马克思主义研究著述(包括中文版《马克思恩格斯全集》)对当时杂志、刊物、小册子的"卷""期""辑"等的称谓非常混乱，本书采取的方式是：杂志、刊物 1 年周期为 1 卷，1 卷中包含的按月、双月或季度出版的称为"期"，不定期出版的小册子序列称为"辑"。

④ «Сочинения К. Маркса и Энгельса»，том 3，Москва，Государствнное издательство политической литературы，1955，С. 589.

1845 年第 4 季度的 10 月 16—18 日才在莱比锡出版。"这个新发现的出版日期促使人们修正过去关于《德意志意识形态》两卷著作的整个形成过程的看法"①，它成为《德意志意识形态》写作时间的上限。

《维干德季刊》1845 年第 3 期上发表了布鲁诺·鲍威尔的《评路德维希·费尔巴哈》，施蒂纳的《施蒂纳的评论者》以及《布·鲍威尔或当代神学的人道主义的发展：批判和特点描述》等重要文章。这可以说是青年黑格尔派成员一次大聚会或集中亮相，因此，马克思、恩格斯后来在《德意志意识形态》中形象地把《维干德季刊》1845 年第 3 期比喻为"莱比锡宗教会议"。

奥古斯特·科尔纽在其所著的《马克思恩格斯传》中曾形象地描述过"这个宗教会议"：

　　会议开得乱哄哄的，并且回响着好战的声音。所讨论的并不是一些尘世间的事物，不是一些现实问题，诸如铁路的修建、海关的税率、宪法等，而是清一色地抽象的东西：自我意识、实体等，关于这些东西人们争论得特别热烈。布鲁诺·鲍威尔和施蒂纳充当了仇恨异教徒的大裁判长的角色。布鲁诺·鲍威尔，完全扮成圣布鲁诺的样子，对以为在自我意识的形式下可以与圣神相比的实体公开加以辱骂，不管这个实体在什么形式下表现自己。面对着他的，则是以圣麦克斯或乡下佬雅各②的名字出现的施蒂纳，此人

① Inge Taubert，» Manuskripte und Drucke der ‚Deutschen Ideologie‘（November 1845 bis Juni 1846）．Probleme und Ergebnisse «，*MEGA Studien*，1997/2，S. 16.

② 即 Jacques le bonhomme，在法国是讽刺农民的绰号，在《德意志意识形态》的"圣麦克斯"章中，马克思、恩格斯一再用此指称施蒂纳。

把反对异端邪说的论战引向到顶点，他仇恨一切偶像，包括自我意识在内。

作为被告出庭的有费尔巴哈，他把实体予以神化，因而有罪；还有莫·赫斯，因为他竟敢把布·鲍威尔和施蒂纳当作晚近的哲学家而加以研究；另外，还有马克思和恩格斯，因为他们是《神圣家族》的作者。所有这些被告一概被驱逐出精神的王国。办完这事，两位教堂神父竟动手撕打起来，而莱比锡的宗教会议也就到此结束了。①

布鲁诺·鲍威尔在《评路德维希·费尔巴哈》一文中概述了费尔巴哈思想的发展，从其《论死与不死》(1830)入手，一直谈到他的《未来哲学原理》(1843)，特别是提出要把费尔巴哈思想的历史发展及其意义放到黑格尔以后的哲学中来评价。布鲁诺·鲍威尔还从主观主义立场出发，指出费尔巴哈唯物主义的客观主义缺陷。他认为，费尔巴哈所谓的"类"或者"人的本质"同样是某种绝对之物，是"某种无法达到的、无法理解的、无法接触的、神圣的、超验的东西"②，因此，在他看来，费尔巴哈与黑格尔之间并没有区别。

布鲁诺·鲍威尔在这篇文章中还首次对《神圣家族》作出反应，认为

---

① ［法］奥古斯特·科尔纽：《马克思恩格斯传》第 3 卷，管士滨译，208 页，北京，生活·读书·新知三联书店，1980。

② Bruno Bauer, » Charakteristik Ludwig Feuerbachs «, *Wigand's Vierteljahrsschrift*, 1845, Bd. 3, S. 105. 转引自 Inge Taubert, »Die Kritik der nachhegelschen Philosophie. Zur Entstehungsgeschichte des Bandes der Deutschen Ideologie von Marx und Engels«, *Schriften aus dem Karl-Marx-Haus*, Nr. 43, Trier 1990, S. 38.

这部作品"毫无意义"。布鲁诺·鲍威尔声称，马克思、恩格斯所谓"现实的人道主义"是对费尔巴哈思想的进一步发展和发挥，是费尔巴哈哲学合乎逻辑的结论；莫泽斯·赫斯才是费尔巴哈哲学的真正完成者，将马克思、恩格斯没能完成的工作做完了。布鲁诺·鲍威尔以人的个体性——"个性"和"自我意识"谴责费尔巴哈、马克思、恩格斯和赫斯用"类"来压制个体的意图和做法，认为他们之间实质上没有多么大的差别，其思想都归属于"费尔巴哈派"。

《维干德季刊》1845 年第 3 期所刊登的《施蒂纳的评论者》，是施蒂纳对其著作《唯一者及其所有物》出版后思想界的批评所做的回应，详细情况我们下一部分再谈。

概括地看，这一期杂志反映出来的主要问题在于：首先，它呈现出黑格尔以后其哲学派别的分化，而布鲁诺·鲍威尔和施蒂纳都被视为黑格尔哲学的真正克服者，自称以人的个体性（在布鲁诺·鲍威尔那里是"个性"或"自我意识"，在施蒂纳那里是"唯一者"）克服了黑格尔的绝对理念；其次，它曲解了费尔巴哈对黑格尔思想的批判，认为费尔巴哈的哲学体现了对个体的否定和"类"（它相当于黑格尔的绝对精神）对个体的压制，所以费尔巴哈并没有彻底脱离黑格尔哲学的基础；最后，它认定马克思、恩格斯和赫斯是"德国的"或"真正的社会主义"的最重要的代表人物，是费尔巴哈哲学坚定的继承者，差别只在于，赫斯是费尔巴哈思想真正的完成者，而马克思和恩格斯只是中间环节。如此一来，误导人们把正在形成中的马克思、恩格斯的"新哲学"看成一种没有脱离黑格尔思辨哲学基础的思潮，认为它使人的个体性屈从于绝对之物，屈从于"类"，并且由于它承认感性的优先性，因而有把人拉回比较低的发展阶段的嫌疑。①

这样，对于马克思、恩格斯所要建构的"新哲学"来说，既要同黑格尔哲学也要同费尔巴哈哲学划清界限，并把黑格尔以后的全部哲学包括青年黑格尔派运动当作德国社会特殊发展状况的一种表现来进行批判，就成了一种不可缺少的前提条件。在马克思、恩格斯看来，由于《维干德季刊》1845 年第 3 期的出版，这种"划界"和批判已经变得非常必要了。

马克思、恩格斯开始写作时，最初把注意力几乎完全放在批判布鲁诺·鲍威尔的文章《评路德维希·费尔巴哈》上。他们回应了文中对《神圣家族》的反批评，于 1845 年 11 月 20 日写了一篇简短的答复②。马克思、恩格斯指出：对于《神圣家族》这样一部"论战性"的书，布鲁诺·鲍威尔只"作了几句结结巴巴的回答"。首先宣称马克思、恩格斯对他不理解，"极其天真地重弹他那些自命不凡的早已变成毫无价值的空话的老调"，抱怨马克思、恩格斯不知道他的那些警句，像"批判的无尽的斗争和胜利，破坏和建设"、批判是"历史的唯一动力"，"只有批判家才摧毁了整个宗教和具有各种表现的国家"，"批判家过去工作而且现在还工作"诸如此类的"响亮的誓言和感人的表露"。在马克思、恩格斯看来，布鲁诺·鲍威尔的回答本身就直接提供了一个关于"批判家过去如何工

① 参看 Inge Taubert，»Die Kritik der nachhegelschen Philosophie. Zur Entstehungsgeschichte des Bandes der Deutschen Ideologie von Marx und Engels«，*Schriften aus dem Karl-Marx-Haus*，Nr. 43，Trier 1990，S. 40-45。顾锦屏、柴方国所著《国外学者关于〈德意志意识形态〉版本研究的新成果》一文据此也作了介绍，见王东、丰子义、聂锦芳主编：《马克思主义与全球化——〈德意志意识形态〉的当代阐释》，17 页，北京，北京大学出版社，2003。

② 这篇文章后来发表时题目定为《对布·鲍威尔反批评的回答》。

作而且现在还如何工作"的新的令人信服的样板。特别是布鲁诺·鲍威尔不以马克思、恩格斯的著作，而以前面提到的《威斯特伐里亚汽船》1845年5月号所载的那篇"平庸而混乱的评论"作为他引证的对象，把其中的一些论断和编造的东西抄下来，强加于马克思、恩格斯，然后对非批判的群众得意扬扬地喊道："请看，我的反对者就是这个样!"最后，马克思、恩格斯指出，"布鲁诺·鲍威尔乞灵于玩得最拙劣的把戏和最可怜的魔术，却最终证实了恩格斯和马克思在《神圣家族》中给他作的死刑判决"。①

继这篇简短的答复之后，马克思、恩格斯又拟定一份草稿，打算更加全面而深入地分析布鲁诺·鲍威尔在《维干德季刊》1845年第3期上的那篇文章。布鲁诺·鲍威尔文章原有章节的构成包括了"费尔巴哈的前提""费尔巴哈的神秘主义""费尔巴哈的黑格尔主义特征""费尔巴哈的唯物主义""费尔巴哈的宗教""费尔巴哈与'唯一者'""费尔巴哈的一些结论及其与'批判'和'唯一者'的对立"等，马克思、恩格斯的草稿就根据文章的这一结构展开了分析，把单独论述费尔巴哈的前5节概括为"'征讨'费尔巴哈"，把第6、7节概括为对"圣布鲁诺对费尔巴哈和施蒂纳之间的斗争的思考"，此外把《维干德季刊》1845年第3期"第138页及以下各页"②对马克思、恩格斯思想的评论概括为"圣布鲁诺反对《神圣家族》

---

① 马克思、恩格斯：《对布·鲍威尔反批评的回答》，见《马克思恩格斯全集》第42卷，364、365、367页，北京，人民出版社，1979。

② 马克思、恩格斯：《对布·鲍威尔反批评的回答》，见《马克思恩格斯全集》第42卷，364页，北京，人民出版社，1979。

的作者"①，而把穿插、分散进行的对赫斯的评论概括为"与'莫·赫斯'的诀别"②，结合原文的论述一一进行了反驳。③

这种布局谋篇和批判方式与《神圣家族》完全一样。因此，对布鲁诺·鲍威尔的批判，可以看作由《神圣家族》开启的清算自己与青年黑格尔派思想因缘这一工作的继续和完成。就在马克思、恩格斯接近写完这一份草稿的时候，1845 年 11 月 24 日或 25 日，莫泽斯·赫斯④返回布鲁塞尔，带来消息说，出版商鲁道夫·雷姆佩尔和尤利乌斯·迈尔愿意资助出版一份由马克思、恩格斯和赫斯编辑的季刊。可能这一消息是促使马克思、恩格斯着手把他们快拟好的草稿的文章写出来的原因。

在写作过程中，可能感到季刊的篇幅要求比较大，面对他们一度一直翻阅的《维干德季刊》1845 年第 3 期，除了布鲁诺·鲍威尔的文章，他们又注意到同期施蒂纳的辩解文章《施蒂纳的评论者》，而这篇文章与其在当时已经产生了很大"轰动效应"的《唯一者及其所有物》是联系在一起的，而恰好马克思、恩格斯在这本书出版不久就表示要对其进行评论，因此"插曲般地插入"对这部书的详细解读就成为很必要的事情。这样就产生了写作"莱比锡宗教会议"的计划，在完成了对布

---

① 马克思、恩格斯：《德意志意识形态》，见《马克思恩格斯全集》第 3 卷，103 页，北京，人民出版社，1960。
② 马克思、恩格斯：《德意志意识形态》，见《马克思恩格斯全集》第 3 卷，112 页，北京，人民出版社，1960。
③ 这些后来构成了《德意志意识形态》中"圣布鲁诺"章的内容。
④ 赫斯参与《德意志意识形态》写作的情况详见聂锦芳：《在批判中建构"新哲学"框架——〈德意志意识形态〉文本学研究》，第三章，北京，中国人民大学出版社，2018。

鲁诺·鲍威尔文章的系统批判之后，马克思接着就要解读施蒂纳的这部"大书"了。

二、解读《唯一者及其所有物》

《唯一者及其所有物》(*Der Einzige und sein Eigenthum*)是青年黑格尔派重要成员的麦克斯·施蒂纳(Max Stirner，1806—1856)于1843—1844年写成的。施蒂纳虽然通常被归入青年黑格尔这一派别，然而仔细考察他的思想就会发现，实际上与其他成员相比他显得比较独特甚至可以说有点"另类"，这突出体现在他把青年黑格尔派所弘扬的人的主体意识强调到了极致。

施蒂纳早年曾在柏林大学和埃尔朗根大学学习，听过黑格尔、施莱尔马赫、马尔海内克、米歇勒特等著名哲学家和神学家的课，大学期间曾因母亲患精神病而休学。大学毕业后当过中学教师。1842年，施蒂纳开始与青年黑格尔派成员交往，结识了鲍威尔兄弟、梅因、科本和恩格斯，不过他与马克思从未见过面。人们对他的印象还不错，比如，恩格斯就认为，施蒂纳在"自由人"当中"显然是最有才能、最富独立性和最勤奋的人"[1]；直到晚年他都回忆说："我同施蒂纳很熟，我们是好朋友。他是一个善良的人，远非象他在自己的《唯一者》一书中对自己所描

---

[1]　恩格斯：《恩格斯致马克思(1844年11月19日)》，见《马克思恩格斯文集》第10卷，26页，北京，人民出版社，2009。

写的那样坏，不过多少带点学究气。"①后来梅林在他的《德国社会民主党史》中也曾经写道：施蒂纳"是柏林'自由人'团体的一个成员，这个团体所有的卖弄才气、大言不惭和严重的庸俗气等缺点，他都有很大的一份。但是同时他也是一个哲学家，一个革命者，因此他懂得为自己争取历史地位，从某种意义上说，甚至能同马克思和恩格斯并列"②。施蒂纳在参加青年黑格尔派活动期间，先后为《莱茵报》《莱比锡总汇报》《柏林月刊》等报刊撰写过文章，诸如《关于布·鲍威尔的〈末日的宣言〉》《我们教育的不真的原则或人道主义和现实主义》《爱的国家的若干暂时的东西》《欧仁·苏的〈巴黎的秘密〉》等。他主要的著作除《唯一者及其所有物》外，还有 1852 年出版的《反动的历史》，此外他还翻译过 8 卷本的《法国与英国的国民经济学家》。

《唯一者及其所有物》是施蒂纳的代表作，全书的核心范畴是"唯一者"(Der Einzige)。在青年黑格尔派庞杂的思想体系中，施蒂纳更加重视和彰显其所倡导的"自我""主体""自我意识"，特别是认为这些范畴的真正内涵就是"唯一者"。在他看来，"唯一者"之外的任何事物都是非现实的、虚幻的，"对我来说，我是高于一切的"③"对我来说，我是一

---

① 恩格斯：《致麦·希尔德布兰德(1889 年 10 月 22 日)》，见《马克思恩格斯全集》第 37 卷，286 页，人民出版社，1971。

② ［德］弗·梅林：《德国社会民主党史》第 1 卷，青载繁译，274 页，北京，生活·读书·新知三联书店，1963。

③ ［德］施蒂纳：《唯一者及其所有物》，金海民译，5 页，北京，商务印书馆，1989。

切，而我所做的一切均是为我自己"①，而一切外来的、被以往的人们设定为"高于我"的东西经过几个阶段的中间论证最后都被施蒂纳拒斥了。全书以"我把无当作自己事业的基础"为导言，然后分两部分进行阐述，第一部分标题是"人"，说明所有意识、宗教、道德、法律、真理、国家、社会、人民、民族、祖国、人类以至世界本身都是旨在通过各种非个人的普遍的东西来奴役个人，都是"否定你自己"，由此说明世界上的任何事物本身都是利己主义的，因而"唯一者"当然也是利己主义的。第二部分的标题是"我"，指出了自我解放的道路，即"回到你自己那里去"的道路。他主张自我的解放不能依靠在自我之外的什么永恒的观念或原则来实现，而只有靠使自己君临这些观念或原则之上才能达到。

施蒂纳在书写完之后，将书稿送给与青年黑格尔派有密切联系的出版商奥托·维干德。在全书排出校样还未正式出版时，维干德就给恩格斯寄去一份，让他先睹为快。恩格斯又把校样带到科隆，放在赫斯那里。② 因此，很可能恩格斯和赫斯是最先看过这本书的青年黑格尔派的成员。1844 年 10 月这本书在莱比锡正式出版③。

恩格斯和赫斯在看过此书后马上作出反应。1844 年 11 月 19 日恩格斯写信给马克思，说对此书"我们不应当把它丢在一旁，而是要把它当

① ［德］施蒂纳：《唯一者及其所有物》，金海民译，174 页，北京，商务印书馆，1989。

② 参看恩格斯：《恩格斯致马克思(1844 年 11 月 19 日)》，见《马克思恩格斯文集》第 10 卷，22 页，北京，人民出版社，2009。

③ 书中标明的日期是 1845 年。

做现存的荒谬事物的最充分的表现加以利用，在我们把它颠倒过来之后，在它上面继续进行建设"①。恩格斯还从自己的观点出发对施蒂纳思想的实质进行了初步的分析，指出：

> 施蒂纳……的原则，就是边沁的利己主义，只不过从一方面看贯彻得比较彻底，而从另一方面看又欠彻底罢了。说施蒂纳比较彻底，是因为施蒂纳作为一个无神论者，也把个人置于上帝之上，或者更确切地说，宣称个人是至高无上的，而边沁却让上帝在朦胧的远处凌驾于个人之上；总之，是因为施蒂纳是以德国唯心主义为基础，是转向唯物主义和经验主义的唯心主义者，而边沁是一个单纯的经验主义者。说施蒂纳欠彻底，是因为他想避免边沁所实行的对分解为原子的社会的重建，但这是办不到的。这种利己主义只不过是现代社会和现代人的被意识到的本质，是现代社会所能用来反对我们的最后论据，是现存的愚蠢事物范围内一切理论的顶峰。②

但是，在这封信中，恩格斯没有把施蒂纳的思想看作一种与马克思所主张的观照和把握世界的不同方式，因而低估了回应施蒂纳思想的艰难程度，反而认为，用几句老生常谈就能驳倒他的片面性：首先"轻而易举地"是给他证明，"他的利己主义的人，必然由于纯粹的利己主义而

---

① 恩格斯：《恩格斯致马克思(1844 年 11 月 19 日)》，见《马克思恩格斯文集》第 10 卷，24 页，北京，人民出版社，2009。
② 恩格斯：《恩格斯致马克思(1844 年 11 月 19 日)》，见《马克思恩格斯文集》第 10 卷，24 页，北京，人民出版社，2009。

成为共产主义者";"其次必须告诉他：人的心灵，从一开始就直接由于自己的利己主义而是无私的和富有牺牲精神的；于是，他又回到他所反对的东西上面"。① 更有甚者，恩格斯还告诉马克思：

> （施蒂纳思想中）原则上正确的东西，我们也必须吸收。而原则上正确的东西当然是，在我们能够为某一件事做些什么以前，我们必须首先把它变成我们自己的、利己的事，也就是说，在这个意义上，即使抛开一些可能的物质上的愿望不谈，我们也是从利己主义成为共产主义者的，要从利己主义成为人，而不仅仅是成为个人。或者换句话说，施蒂纳摒弃费尔巴哈的"人"，摒弃起码是《基督教的本质》里的"人"，是正确的。费尔巴哈的"人"是从上帝引申出来的，费尔巴哈是从上帝进到"人"的，这样，他的"人"无疑还戴着抽象概念的神学光环。进到"人"的真正途径是与此完全相反的。我们必须从我，从经验的、有血有肉的个人出发，不是为了像施蒂纳那样陷在里面，而是为了从那里上升到"人"。只要"人"不是以经验的人为基础，那么他始终是一个虚幻的形象。简言之，如果要使我们的思想，尤其是要使我们的"人"成为某种真实的东西，我们就必须从经验主义和唯物主义出发；我们必须从个别物中引申出普遍物，而不要从本身中或者像黑格尔那样从虚无中去引申。②

---

① 恩格斯：《恩格斯致马克思（1844 年 11 月 19 日）》，见《马克思恩格斯文集》第 10 卷，24 页，北京，人民出版社，2009。

② 恩格斯：《恩格斯致马克思（1844 年 11 月 19 日）》，见《马克思恩格斯文集》第 10 卷，24～25 页，北京，人民出版社，2009。

从目前留存下来的材料看，同样最早看过施蒂纳此书校样的赫斯尽管还没有达到像恩格斯这样重视的程度①，但无疑他也深切感受到了分析施蒂纳思想的必要性，因此也在酝酿写文章进行评论。

很可能是在恩格斯的信的引导下，同月马克思就读了《唯一者及其所有物》。但他读后并不完全赞同恩格斯信中的见解，于是答应在《前进报》（Vorwärts）上发表评论文章。但是，马克思的文章没有按期写出来。大约在1844年年底，他给该报编辑亨利希·伯恩施太因写信说："我不可能在下星期以前把批判施蒂纳的文章交给您了"，不过"我的文章您下星期可以收到"。② 但是这篇文章没有保存下来，马克思到底写了些什么、写完了没有也就不得而知了。

同样有可能的是，在答应给《前进报》写文章的同时，马克思还给恩格斯写过一封信，陈述自己与恩格斯1844年11月19日信中的分析不同的看法。这样推测的依据是，1845年1月20日恩格斯又给马克思写了一封信，信中特别指出：

> 说到施蒂纳的书，我完全同意你的看法。我以前给你写信的时候，还太多地拘泥于该书给我的直接印象，而在我把它放在一边，能更深入地思考之后，我也发现了你所发现的问题。赫斯（他还在这里，两星期前我在波恩同他交谈过）动摇一阵之后，也同你的看法一致了。

---

① 恩格斯说："这个东西(指《唯一者及其所有物》——引者)是重要的，比例如赫斯所认为的还重要。"见恩格斯：《恩格斯致马克思(1844年11月19日)》，见《马克思恩格斯文集》第10卷，24页，北京，人民出版社，2009。

② 马克思：《马克思致亨利希·伯恩施太因(1844年12月底—1845年1月初)》，见《马克思恩格斯全集》第47卷，332页，北京，人民出版社，2004。

他给我念了一篇他即将发表的评论该书的文章,他在这篇文章中表明了同样的意见,而那时他还没有看到你的信。我把你的信放在他那儿了,因为他还要用一用,所以我不得不凭记忆来答复你这封信。①

但马克思的信没有保存下来。

就在恩格斯、赫斯与马克思交换对施蒂纳书的意见的时候,1845 年 5 月弗兰茨·齐赫林斯基(笔名施里加)在当月号的《北德意志杂志》[全称是《北德意志批评、文学和座谈杂志》(*Nord-deutsche Blätter für Kritik*,*Literatur und Unterhaltung*)]上发表了评论文章,题目就叫《论〈唯一者及其所有物〉》,对施蒂纳的思想提出了自己的分析。施里加是站在为布鲁诺·鲍威尔辩护的立场上来看待施蒂纳书中的思想的,他认为施蒂纳尽管受到布鲁诺·鲍威尔学说的启发,但并没有能够超越布鲁诺·鲍威尔。

赫斯的评论在 1845 年 6 月问世,不是一篇文章,而是一本小册子,名字叫《晚近的哲学家》,在达姆斯塔德出版。赫斯受到了马克思思想的影响,但总的说来他是从"哲学人本主义"立场出发批判施蒂纳的哲学观点的。对此,恩格斯表达了自己的看法,他认为赫斯"是出于原先对唯心主义的忠心"来"痛骂经验主义,特别是痛骂费尔巴哈和现在痛骂施蒂纳"。②

---

① 恩格斯:《恩格斯致马克思(1845 年 1 月 20 日)》,见《马克思恩格斯全集》第 47 卷,334 页,北京,人民出版社,2004。

② 恩格斯:《恩格期致马克思《1844 年 11 月 19 日》,见《马克思恩格斯文集》第 10 卷,25 页,北京,人民出版社,2009。

赫斯对费尔巴哈的评论，有许多地方都是对的，但是另一方面，看来他还有一些唯心主义的荒唐思想——他谈到理论问题时，总是把一切归结为范畴，所以他也就因过于抽象而无法通俗地写作，所以他也憎恨各式各样的利己主义，宣扬博爱等等，这就又回到了基督教的自我牺牲上面。但是，如果说有血有肉的个人是我们的"人"的真正的基础，真正的出发点，那么，不言而喻，利己主义——当然，不仅仅是施蒂纳的理智的利己主义，而且也包括心灵的利己主义——也就是我们的博爱的出发点，否则这种爱就飘浮在空中了。[1]

因为施蒂纳在《唯一者及其所有物》中把费尔巴哈的哲学当作陈述自己思想的参照和对立面，所以费尔巴哈也出来应战。1845 年 6 月 25—28 日出版的《维干德季刊》1845 年第 2 期上发表了费尔巴哈的文章《因〈唯一者及其所有物〉而论〈基督教的本质〉》。在文章中，费尔巴哈在为自己辩护时说：费尔巴哈不是唯物主义者，也不是唯心主义者。"那他究竟是什么（人）呢？在思想中的他，便就是在现实中的他，在精神中的他，便就是在肉体、在自己的感性实体中的他：他是人，或者，说得更确切一些——因为，费尔巴哈把人的实体仅仅置放在社会性之中——，他是社会的人，是共产主义者。"[2]

---

① 恩格斯：《恩格斯致马克思(1844 年 11 月 19 日)》，见《马克思恩格斯文集》第 10 卷，25 页，北京，人民出版社，2009。
② ［德］费尔巴哈：《因〈唯一者及其所有物〉而论〈基督教的本质〉》，见《费尔巴哈哲学著作选集》下卷，荣震华、王太庆、刘磊译，435 页，北京，商务印书馆，1984。

这样，施蒂纳的《唯一者及其所有物》出版半年多的时间，就不得不"承受尘世颠沛的命运，遭到三个'唯一者'，即神秘人物施里加、诺斯替教徒费尔巴哈和赫斯的攻击"①。而且，除了这些公开发表的批评性文章的应战者，不用说，还有马克思、恩格斯这样还没来得及把自己的批评性意见公开发表出来的论者。施蒂纳显然非常关注这些不同的意见，于是在《维干德季刊》1845 年第 3 期上发表了答辩性的文章《施蒂纳的评论者》。他把对他的这些批判分为三派：费尔巴哈、布鲁诺·鲍威尔及其伙伴、"真正的社会主义"，赫斯被认为是后者的主要代表人物。②

很显然，"黑格尔学派中的青年黑格尔派已经全面解体，必须确定自己对这些哲学家的态度。布鲁诺·鲍威尔和施蒂纳文章的发表又使对施蒂纳一书的批判成为迫切的事情，而且必须同费尔巴哈划清界限了"③。就是说，在属于自己的独特的思想业已成熟的情况下，剥离与自己有过瓜葛的不同思想之间的关系看来显得非常必要了。

对《唯一者及其所有物》这本书，马克思自然持有与施蒂纳完全不同的看法，我们前面说过，他们之间是观照和把握世界方式上的重大差别；但事实上，对已经发表了的关于这部书的各种不同角度的批评，马

---

① 马克思、恩格斯：《德意志意识形态》，见《马克思恩格斯全集》第 3 卷，116 页，北京，人民出版社，1960。

② Max Stirner，»Recensenten Stirenr«，*Wigand's Vierteljahrsschrift*，1845，Bd. 3，S. 147. 转引自 Inge Taubert，»Die Kritik der nachhegelschen Philosophie. Zur Entstehungsgeschichte des Bandes der Deutschen Ideologie von Marx und Engels«，*Karl-Marx-Haus*，Nr. 43，Trier 1990，S. 58。

③ Г. А. Багатурия，«Из опыта изучения рукописного наследства Маркса и Ф. Энгельса. Реконструкця первой главы "Немецкой идеологии"»，Источниковедение，Москва，1969，С. 267.

克思也很不满意。新思想需要表述出来，并在对具体事物和现象的分析中得到运用和检视。这样，在完成了对《维干德季刊》1845 年第 3 期上布鲁诺·鲍威尔的《评路德维希·费尔巴哈》文章的系统解剖后，特别是在有可能发表或出版一部篇幅比较大的著述的情况下，马克思、恩格斯产生了写作"莱比锡宗教会议"的计划。该计划起初包括：

圣布鲁诺

圣麦克斯

"格拉齐安诺博士"

莱比锡宗教会议·引言

其中，"圣布鲁诺"将以已经写完的批判布鲁诺·鲍威尔的文章的评论代之；考虑到施蒂纳发表在《维干德季刊》上的文章《施蒂纳的评论者》与其著述是联系在一起的，马克思、恩格斯认为必须把与施蒂纳的论战主要放在批判他的《唯一者及其所有物》一书上面，这将组成"圣麦克斯"一章。

至于"格拉齐安诺博士"①指的是阿尔诺德·卢格。在《德法年鉴》出版后，卢格就与马克思和赫斯发生严重的分歧。1845 年 12 月底他出版了一本题为"巴黎二载"的回忆录，书中对马克思特别是赫斯进行了指责。同时马克思注意到，《维干德季刊》1845 年第 3 期第 192 页中的叙述②表明，卢

---

① 即 Dottore Graziano，是意大利假面喜剧中的主人公，假充博学的典型。

② 在"莱比锡宗教会议·引言"的结尾，马克思的原始手稿中有一段话："在舞台深处出现了格拉齐安诺博士（Dottore Grazianno）或称作'非常机智而有政治头脑的人'阿尔诺德·卢格（《维干德季刊》第 3 期第 192 页）"。（马克思、恩格斯：《德意志意识形态》，见《马克思恩格斯全集》第 3 卷，90 页，北京，人民出版社，1960。）

格间接地参与了布鲁诺·鲍威尔和施蒂纳等人的思想活动，因此，必须对其予以批判①。

确定了这样初步的著述框架后，马克思、恩格斯就着手批判施蒂纳。手稿最早可能是在1846年1月初开始写作的②，主要出自马克思之手。他是按照自己的习惯根据施蒂纳著作的结构写作的。由于面对的是施蒂纳这样的论争对手及其著述，所以解读的过程异常烦琐，写作的篇幅也就越来越长。

首先是论域极其宽泛而庞杂。马克思总体上跟着施蒂纳的思路走，进而在几乎每一个议题上都扩展了内容，深入"人生"的各个阶段、人性的众多层面、人类社会的多种复杂因素和历史的漫长历程中。从"创世纪"、古代人、近代人到自由者的嬗变，由政治自由主义向共产主义、人道自由主义的过渡，纯粹的诸精神史和不纯粹的诸精神史的分野，由"我的权力""我的交往"和"我的自我享乐"组成的"所有者"体系，法、法律、犯罪等内容构成的权力结构，从地产、劳动组织、货币、国家、暴动、宗教和哲学诸角度对"联盟"的阐释，根据财产、资产、道德、交往、剥削理论、宗教等方面对作为"资产阶级社会的社会"的意识形态的剖析，直到对"唯一者"和人的"独自性"的分析，最后是《维干德季刊》1845年第3期上那篇《辩护性评注》，很多议题和现象触及辄止，都成了说明和论证其思考世界固有方式的手段和工具。

其次是词义内涵复杂难辨。在施蒂纳那里，文字已经不仅仅是他表述自己看法的符码，更是一种思维，就是说，在文字的运用中、在叙述

---

①　这一章由赫斯写成，后来马克思放弃了。

②　Inge Taubert，»Manuskripte und Drucke der ‚Deutschen Ideologie'（November 1845 bis Juni 1846）. Probleme und Ergebnisse«，*MEGA Studien*，1997/2，S. 44.

中就可以实现自己对世界的理解和反映的变化。他真是做"文字游戏"①
的高手！马克思必须先进入他的论题、语境，透视清楚他游戏的习惯和
秘密，才能给予切中要害的回击。《唯一者及其所有物》这个题目本身就
很有蕴意，其原文为 Der Einziger und sein Eigentum。das Eigentum 一
词在一般德语词典中均释义为所有物、财产、所有制。然而在较老一点
的辞典，如格林兄弟的《德语辞典》中还有一个释义即特性、特点、特
征。施蒂纳利用这一点，有时在"所有物"的意义上，有时在"特性"的意
义上，有时则在双重意义上使用 das Eigentum 一词。正因为如此，英
译者把这个标题译为 The Ego and His Own，而没有译成 The Ego and
His Property，是非常巧妙的，因为 Own 一词就既有所有物又有特性的
意义。② 施蒂纳利用 das Eigentum 一词表达的意旨是：他只要找到某事
物有某种特性，那么他就是所有物，而且是他的所有物，这样连整个世
界也成了他的所有物。诸如此类的文字辨析在马克思解读过程中占了很
大比重。对施蒂纳的这种"文字游戏"马克思是很不以为然的，他指出：

> 同位语就是我们这位桑乔的驴子，是他的逻辑的和历史的火车头，
> 是使他用最简单的措词写作这部"圣书"的动力。为了把一种观念变成另
> 一种观念，或者为了证明两种完全不同的事物是等同的，就寻找某些
> 中间环节，这些中间环节或者在意思上，或者在字源学上，或者干脆

---

① 这里并非贬义。

② 参看金海民：《〈德意志意识形态〉与施蒂纳的〈唯一者及其所有物〉》，见王东、
丰子义、聂锦芳主编：《马克思主义与全球化——〈德意志意识形态〉的当代阐释》，35
页，北京，北京大学出版社，2003。

在发音上，可以用来在两种基本观念之间建立似是而非的联系。①

公允地说，尽管施蒂纳的思想奇特，但他在书中的叙述却不给人以烦琐、累赘之感，打个未必恰当的比喻，用现在习见的著述方式衡量，他并不是按所谓"学术专著"的套路来表达思想的，而是用"随感"的形式道出自己对人生、人性、社会和历史的理解。

但是为了痛击施蒂纳，马克思围绕这些话题极其详尽甚至可以说淋漓酣畅地发挥着自己的论断，不惜运用各种譬喻嘲讽斥责对手，多次重复自己的思想和观点，有时叙述到了无节制的地步。所以马克思的这种批判和著述方式没有获得后人的理解和认同。梅林就曾断定：

> 这部著作甚至是比《神圣家族》中最枯燥的部分都更加冗赘烦琐的"超论争"。此外，虽然这里有时也出现沙漠中的绿洲，但比起《神圣家族》来要少得多。而当辩证法的锋芒在个别地方显现的时候，它也很快就被琐碎的挑剔和咬文嚼字的争论所代替了。②

科尔纽也认为，与对布鲁诺·鲍威尔的批判相比，"对麦克斯·施蒂纳的批判却又太长了。对麦克斯·施蒂纳的批判大约占全书篇幅的三分之二，与施蒂纳本人的著作长短相等；有时在细节方面扯得太远，这种情况说明马克思和恩格斯意识到自己比施蒂纳高明得多，无情揭穿施

① 马克思、恩格斯：《德意志意识形态》，见《马克思恩格斯全集》第3卷，308页，北京，人民出版社，1960。
② ［德］弗·梅林：《马克思传》，樊集译，144页，北京，人民出版社，1965。

蒂纳的全部弱点对他们本人来说乃是最大的乐趣"①。

不过，科尔纽同时也认为，"对麦克斯·施蒂纳的批判使得他们能够通过反对施蒂纳的学说的办法来更恰切地确定和完成他们自己的学说"②。可以说，起码对他们自己来说效果是达到了。再者，诚如我们前文已经分析过的，《德意志意识形态》是《神圣家族》工作的继续和完成，如果把《神圣家族》也计算在内，那么就不能说对布鲁诺·鲍威尔的批判太"简短"而批判施蒂纳的部分"又太长了"；此外，更重要的是，在《德意志意识形态》中马克思之所以下这么大的工夫对施蒂纳的思想进行详尽的分析和批判，除了出版单行本篇幅上允许延长的考虑，从学理上说，还因为，在马克思看来，《唯一者及其所有物》代表了在青年黑格尔派发展过程中"所产生的黑格尔主观主义化的最终极限"③，这也正是科尔纽本人的看法。

"圣麦克斯"章写完后，马克思对有些部分做了重大修改，修改的时间很可能是在 1846 年 2 月或 3 月④。

三、剖析费尔巴哈与"制定新观点"

大概快到写完批判施蒂纳的"圣麦克斯"第 2 部分"新约：'我'"中的

---

① ［法］奥古斯特·科尔纽：《马克思恩格斯传》第 3 卷，管士滨译，268～269 页，北京，生活·读书·新知三联书店，1980。

② ［法］奥古斯特·科尔纽：《马克思恩格斯传》第 3 卷，管士滨译，269 页，北京，生活·读书·新知三联书店，1980。

③ ［法］奥古斯特·科尔纽：《马克思恩格斯传》第 3 卷，58 页，管士滨译，北京，生活·读书·新知三联书店，1980。

④ Inge Taubert，»Manuskripte und Drucke der ‚Deutschen Ideologie‘ （November 1845 bis Juni 1846）. Probleme und Ergebnisse«，*MEGA Studien*，1997/2，S. 44-47.

"我的权力"一节，很可能是写完其中的"作为资产阶级社会的社会"这一小节时，马克思、恩格斯重新拟定了"莱比锡宗教会议"的框架，想把对费尔巴哈的批判，连同对唯物史观和黑格尔以后全部哲学的唯心史观的有关论述，写成正面性阐释的一章，即"一、费尔巴哈"。于是，他们从批判布鲁诺·鲍威尔的"圣布鲁诺"章中抽出涉及评论费尔巴哈哲学和分析历史观的部分①，从批判施蒂纳的"圣麦克斯"章中抽出上述"作为资产阶级社会的社会"一节和同属于"新约：'我'"但归为"我的交往"中的"暴动"一节的内容，再加上对他们自己观点的进一步论述，用这些内容组成单独的一章"一、费尔巴哈"。

这种推测是由陶伯特作出的，其根据主要在于，"费尔巴哈"一章手稿中有两部分当时还是作为批判施蒂纳那一章的手稿的内容写的，后一部分是在写批判施蒂纳那一章期间或写完之后直接从中抽出的。此外，在批判施蒂纳那一章的原稿中三次出现提示参阅前述内容的标记。最初的标记只是"参看前面第××页"或"见前面第××页"。到了修改阶段，马克思把这种标记改为"参看费尔巴哈一章"或者"见前面费尔巴哈一章"。从批判施蒂纳那一章论及资产阶级社会时起，马克思行文的笔调和方式有了调整，开始比较多地正面论述自己的一些见解。这些见解的篇幅、内容和范围越来越集中，可能是促使他们写"一、费尔巴哈"的动因。②

---

① 马克思在手稿旁给它们加上"费尔巴哈"和"历史"等提示语。

② 参看 Inge Taubert，»Die Kritik der nachhegelschen Philosophie. Zur Entstehungs-geschichte des Bandes der Deutschen Ideologie von Marx und Engels«，*Schriften aus dem Karl-Marx-Haus*，Nr. 43，Trier 1990，S. 40-45. 也可参看顾锦屏、柴方国：《国外学者关于〈德意志意识形态〉版本研究的新成果》，见王东、丰子仪、聂锦芳主编：《马克思主义与全球化——〈德意志意识形态〉的当代阐释》，20 页，北京，北京大学出版社，2003。

设立了"一、费尔巴哈"这一章之后，即快要写完"圣麦克斯"时，马克思、恩格斯对个别篇章作了如下调整和编排：

一、费尔巴哈

莱比锡宗教会议

二、圣布鲁诺

三、圣麦克斯

四、"格拉齐安诺博士"

莱比锡宗教会议闭幕

从以上的叙述中可以看出，"一、费尔巴哈"这一章是在"圣麦克斯"写作过程的中间萌生了单独设章的想法后，才开始写作的。最初马克思、恩格斯并没有打算专门设一章来批判费尔巴哈，他们对费尔巴哈的评价主要是结合对布鲁诺·鲍威尔《评路德维希·费尔巴哈》一文的批判展开的。在批判过程中他们肯定也正面论述了自己的一些观点，但当时还没有决定把这些观点单独编成一章。

批判的过程也是建构的过程，剥离的同时自己的思想也会做出调整甚至修正。实际表明叙述过程同时使马克思、恩格斯的思想发生了变化，他们同费尔巴哈的关系也发生了变化。于是他们改变了原先的主意，决定专门设立一章，批判费尔巴哈的唯物主义和抽象的人道主义，正面论述唯物史观的基本内容，阐明唯物史观同唯心史观的区别，提出一种科学的世界观。

"费尔巴哈"这一章的写作、修改和重写过程相当复杂，具体细节已经不可能详尽地复述出来。大致情况如下。

（1）从"圣布鲁诺"章中抽出"费尔巴哈"和"历史"部分，内容相当于《马克思恩格斯选集》2012 年版第 1 卷第 154～178 页，这些是在评述费尔巴哈的唯物主义及其宗教时写成的，流传下来的手稿的内容主要是对《未来哲学原理》的批判。

（2）从"圣麦克斯"章中抽出"教阶制"一小节内容，相当于《马克思恩格斯选集》2012 年版第 1 卷第 178～183 页。

（3）从"圣麦克斯"章中抽出"作为资产阶级社会的社会"一小节的内容，这一部分的手稿有些是誊清稿，有些是草稿，有些还只是笔记，相当于《马克思恩格斯选集》2012 年版第 1 卷第 183～215 页。

（4）起草"费尔巴哈"章第 1、2 部分开头部分的两篇异文，内容相当于《马克思恩格斯全集》中文第 1 版第 3 卷第 19～24 页、《马克思恩格斯选集》2012 年版第 1 卷第 141～147 页。

（5）起草"费尔巴哈"章第 3 部分论述分工和所有制形式的发展史的部分手稿，内容相当于《马克思恩格斯全集》中文第 1 版第 3 卷第 24～28 页、《马克思恩格斯选集》2012 年版第 1 卷第 147～151 页。

（6）起草"费尔巴哈"章第 4 部分手稿，论述的是社会意识对社会存在的依赖关系，以及马克思和恩格斯的研究方式和表达方式同唯心主义考察方式的区别所在，内容相当于《马克思恩格斯全集》中文第 1 版第 3 卷第 28～31 页、《马克思恩格斯选集》2012 年版第 1 卷第 151～153 页。

马克思、恩格斯的原稿有两种规格，一种纸张约两张大信纸大小，然后中间对折，正反面都进行书写，可称其为大页纸张，它实际上是 4

个页面；另一种纸张约一张大信纸大小，正反面通常都书写，可称其为小页纸张，它实际上是 2 个页面。大页纸张对折以后与小页纸张摆放在一起。(4)(5)(6) 写于对 (1)(2)(3) 各篇内容作过调整之后。

手稿是由恩格斯誊写的，这之后进入修改过程。恩格斯首先为手稿编写了页码，他是按照大纸张标注的，即 1 大页纸张编 1 个页码，其后恩格斯对手稿内容又进行了修改。马克思在恩格斯修改的基础上再次进行了修改，而且是比较大的修改，包括大幅度的结构重组、涂改、补充，以及整页删除、多页撤除等，最后马克思又在恩格斯编制的页码差不多相同的位置重新编制了页码，他是按照每一页的页面标注的，即恩格斯标注的 1 页正好是马克思的 4 页。马克思对每页的重新编码至少说明，无论手稿的原主要执笔者是马克思还是恩格斯，马克思都对恩格斯的誊写稿全文进行了非常认真的阅读、整理。

从页码的编写、修改程序看，"费尔巴哈"章不仅经过马克思、恩格斯的多次修改，而且最终也没有全部完成。1846 年夏天已经确定《德意志意识形态》不能出版，但 1846 年 8 月 19 日，恩格斯从巴黎写信给在布鲁塞尔的马克思时还说：

> 我浏览了一遍费尔巴哈发表在《模仿者》①上的《宗教的本质》。这篇东西，除了有几处写得不错外，完全是老一套。一开头，当他还只限于谈论自然宗教时，还不得不较多地以经验主义为基础，但是接下去便混乱了。又全是本质呀，人呀，等等。我要仔细地读一

---

① 费尔巴哈的《宗教的本质》发表于 1946 年在莱比锡出版的《模仿者》第 1 卷上。

遍，如果其中一些重要的段落有意思，我就尽快把它摘录给你，使你能够用在有关费尔巴哈的地方。[①]

由此看来，"费尔巴哈"章直到 1846 年下半年还在继续写作或修改，但是最后定稿工作不了了之。

至此，我们可以把第 1 卷各章写作的大致过程的时间顺序排列如下[②]：

　　（1）二、圣布鲁诺

　　（2）莱比锡宗教会议（开幕）

　　（3）"三、圣麦克斯"的开头部分

　　（4）"一、费尔巴哈"最初论费尔巴哈的部分（这部分手稿起初是还未划分章节的对费尔巴哈、布鲁诺·鲍威尔和施蒂纳的批判，后来有关布鲁诺·鲍威尔和施蒂纳的一些句子被删去，因为当时已决定用单独的章来批判他们。）

　　（5）按时间顺序排列的"一、费尔巴哈"第 2 部分（这部分手稿起

---

　　①　恩格斯：《恩格斯致马克思（1846 年 8 月 19 日）》，见《马克思恩格斯全集》第 47 卷，387～388 页，北京，人民出版社，2004。

　　②　这个顺序与我们下一章要谈到的 MEGA1 第 1 部分第 5 卷的编辑 П. Л. 维列尔以及巴加图利亚、广松涉等所确定的顺序均有差别。维列尔的顺序是：（4）（1）（3）（5）（6）（7）（8）（2）（9）（10）（11）（12）；巴加图利亚则认为，（2）和（12）的位置不对，（8）是在（2）之后写的，而（2）（11）（12）是在《维干德季刊》1845 年第 4 期出版（1845 年 11 月 16—18 日出版）之后写的。因为"震撼世界的思想"是从第 4 期发表的一篇匿名文章引来的。参看 Г. А. Багатурия, «Из опыта изучения рукописного наследства Маркса и Ф. Энгельса. Реконструкця первой главы "Немецкой идеологии"», Москва, Источниковедение, 1969, С. 356.

初是批判施蒂纳过程中的理论插叙，后来被从第三章删去并被移入第一章。）

（6）"三、圣麦克斯"的继续（论施蒂纳的继续）

（7）按时间顺序排列的"一、费尔巴哈"第3部分（这部分手稿的来源与第2部分的来源相似。）

（8）"三、圣麦克斯"结束

（9）莱比锡宗教会议闭幕

（10）按时间顺序排列的"一、费尔巴哈"第4部分——该章开头部分的第一份誊清稿（手稿共5页）

（11）按时间顺序排列的"一、费尔巴哈"第5部分——该章开头部分的第二份即最后一份誊清稿

（12）序言

四、清算"真正的社会主义"思潮

《德意志意识形态》第2卷是对"真正的社会主义"思潮的批判，但这一卷的结构构思和实际写作并不是在第1卷结束之后才开始的。早在"圣麦克斯"章写到"旧约：人"中的"政治自由主义"那一小节，即批判施蒂纳的"社会自由主义"的内容时，马克思、恩格斯在手稿第32页中就有"另见后面"的边注，后来恩格斯在修改文稿时特意加上"参看'真正的社会主义'（见第2卷）"的标记。而在写到下一小节"共产主义"时，马克思、恩格斯又在手稿第40页注明"另见后面我们谈到'真正的社会主义'

的地方"，后来在誊清稿中马克思又将此改为"另见后面论及'真正的社会主义'的场合"。① 这些情况至少表明，尚未完成《德意志意识形态》第1卷的马克思、恩格斯这时已经酝酿在第2卷中批判"真正的社会主义"了。1845年底恩格斯在出版《傅立叶论商业的片断》一书的前言和结束语中也确实曾经简略地叙述过这种批判的考虑。②

大约到1846年3月底第2卷的计划正式拟订好了，该卷将涉及"真正的社会主义"的哲学、文学(诗歌)、历史编纂学和未来学(预言)等内容。但是，第2卷的具体结构、各个部分之间的逻辑联系、这些部分之间写作的先后次序等，没有留存下多少材料提供翔实的说明，我们只能尽可能粗略地勾勒一个大致的轮廓。

现存手稿中的次序是：

"真正的社会主义"

一、"莱茵年鉴"或"真正的社会主义"的哲学

四、卡尔·格律恩。《法兰西和比利时的社会运动》(1845年达姆斯塔德版)或"真正的社会主义"的历史编纂学

五、"霍尔施坦的格奥尔格·库尔曼博士"或"真正的社会主义"的预言

---

① 参看 Inge Taubert，»Die Französische Revolution im Prisma der Polemik von Karl Marx und Friedrich Engels mit Max Stirner«，in *Schriften aus dem Karl-Marx-Haus*，Nr. 43，Trier 1990，S. 76-77。

② 参看恩格斯：《傅立叶论商业的片断》，见《马克思恩格斯全集》第42卷，318~321、355~359页，北京，人民出版社，1979。

"真正的社会主义"是该卷的"导论"，以下部分缺第二、三章的内容，是压根没有写还是写了但没有流传下来？或者发表在其他地方了？这些都是疑问。1976年《德意志意识形态》英文版的编者认为，马克思、恩格斯所著的《反克利盖的通告》和恩格斯所著的《诗歌和散文中的德国社会主义》构成了这两章的内容。① 陶伯特倒是没有肯定《反克利盖的通告》是不是其中的内容，但她认为"卡尔·倍克的《穷人之歌》无疑是第二章'"真正的社会主义"的诗歌'的内容"，她的疑惑是："第三章'"真正的社会主义"的经济学或散文'呢？它所批判的内容又是什么呢？这些都是有待解决的问题。"②

对此，笔者的看法是，从马克思、恩格斯的理论期许看，是想把当时流行于德国思想界的"真正的社会主义"思潮从哲学基础到观念形态的各个领域，诸如政治纲领、文学、历史学、经济思想等方面的代表性观点和著述一一进行批判，对包括海尔曼·泽米希、鲁道夫·马特伊、格律恩、格奥尔格·库尔曼、贝克尔、克利盖、卡尔·倍克等代表性人物分别进行剖析，因此无疑应把上述论著都包括进去，这就构成了当时德国"真正的社会主义"思想的完整图景，与第1卷中对"黑格尔之后的哲学"派别的批判一起，正好完成了对"德意志意识形态"的总体性批判。

但是，实际上在第2卷写作不久，很可能是在现存手稿中排在最先的"真正的社会主义"写完前后，已经传来《德意志意识形态》全书出版遇

---

① *Karl Marx Frederick Collected Works*，Preface，Volume 5，Progress Publishers，1976.

② Inge Taubert，»Manuskripte und Drucke der ‚Deutschen Ideologie'（November 1845 bis Juni 1846). Probleme und Ergebnisse«，Nr. 2，*MEGA Studien*，1997，S. 20.

到困难的消息，这无疑影响了马克思、恩格斯的通盘筹划，因此我们看
到，第 2 卷的各个部分之间的结构没有统一的体例，写作更加分散，主
要是对具体著作、人物的评论，观点上也有很多重复的地方，与第 1 卷
相比，更像一个不同时期写作的论文的汇集。

在这里我们不妨把包括《反克利盖的通告》和《诗歌和散文中的德国
社会主义》在内的关涉对"真正的社会主义"思潮的评论材料一起作为第
2 卷的内容，对其写作过程梳理如下。

1. "真正的社会主义"的理论渊源

"真正的社会主义"是空想社会主义在德国的一种特殊形式，它在当
时激进的知识分子中广泛散布和流行，而且对德国工人运动产生着越来
越大的影响。在马克思、恩格斯看来，"真正的社会主义"者与法国和英
国的社会主义者和共产主义者不同，后者的学说是以对资本主义或无产
阶级的分析为出发点的，他们保卫无产阶级化了的中产阶级或无产阶级
的利益；而"真正的社会主义"者既不直接参与民主主义的小资产阶级的
斗争，也不参与革命的手工业者和无产阶级的斗争，只是根据那些主要
从费尔巴哈和赫斯那里"抄袭"来的哲学基础建立自己的政治纲领和学
说。由此也就产生了其思想的特殊性：由于缺乏一种坚实的社会基础而
带有思辨色彩和空洞倾向。

在马克思、恩格斯看来，"真正的社会主义"既然是从费尔巴哈和赫斯
的人本主义的共产主义出发的，把社会主义变成一种伤感的空想主义。那
么，它给德国革命斗争的发展造成的危险，就同它给德国无产阶级造成的
危险一样大，因为那时德国的无产阶级正在形成，力量还很薄弱。因此，
马克思、恩格斯认为有必要对其进行批判，与此同时，也要辨析和厘清给

"真正的社会主义"提供了哲学基础的费尔巴哈和赫斯的思想的实质。

马克思、恩格斯对费尔巴哈的批判是结合"费尔巴哈"那一章的修改进行的，以正面阐述其思想的行文笔调为主；对赫斯的批判也并不像对布鲁诺·鲍威尔和施蒂纳的批判那样具有系统性，显得非常简略。虽然在马克思、恩格斯写作《德意志意识形态》时，赫斯同他们有合作，并且那时他同他们的联系也还是很密切的，但是，毕竟因为赫斯和费尔巴哈一起给"真正的社会主义"提供了理论基础，马克思、恩格斯对他的思想还是表达了自己的看法并给予了一定的分析，只不过，比起对其他人的批判来说，远不那么具体罢了。他们先是在"圣布鲁诺"章中的一处指出：他们对赫斯的著作不负任何责任[①]，而且在理论范围内与赫斯无关。然后在第2卷对格律恩的《法兰西和比利时的社会运动》一书进行评述时说：赫斯的东西"已经带有非常模糊的和神秘主义的性质"，他满足于不断地重复同样的一些观念，而且"由于有人在它已经陈旧了的时候还在《德国公民手册》、《新轶文集》和《莱茵年鉴》上不断地加以重复，因而才变成了枯燥的和反动的东西"。格律恩的著述中的思想就是从赫斯处抄来的，"是以最冠冕堂皇的手法"对赫斯思想的转述。[②]

2."真正的社会主义"的哲学

对费尔巴哈和赫斯的批判，在某种意义上说不过是对"真正的社会主义"批判的序幕。接下来的批判具体集中在《莱茵年鉴》上的两篇文章

① "'莫·赫斯'（对于他的著述，恩格斯和马克思完全不负任何责任）。"（马克思、恩格斯：《德意志意识形态》，见《马克思恩格斯全集》第3卷，113页，北京，人民出版社，1960。）

② 马克思、恩格斯：《德意志意识形态》，见《马克思恩格斯全集》第3卷，580页，北京，人民出版社，1960。

和卡尔·格律恩的一部书上。

《莱茵年鉴》是《莱茵社会改革年鉴》(*Rheinische Jahrbücher zur ge-sellschaftlichen Reform*)的简称，它是由当时的出版商海·皮特曼办的杂志；共出版过两卷，第 1 卷于 1845 年 8 月在达姆斯塔德出版，第 2 卷于 1846 年年底在位于德国和瑞士边境的别列坞出版，其总的方向为"真正的社会主义"思潮的代表人物所左右。马克思、恩格斯的批判首先针对发表在这一杂志上的两篇文章《共产主义、社会主义、人道主义》和《社会主义的建筑基石》来展开，因为他们认为，这两篇文章特别具有"真正的社会主义"的特色。

《共产主义、社会主义、人道主义》的作者是泽米希(F. H. Semmig)。在马克思、恩格斯看来，"在这篇文章中十分自觉地、而且以强烈的自尊感表露出'真正的社会主义'的德国民族性质"①，其实全文的"整套词句差不多是"别人的著述中抄来的，作者在社会主义方面所做的"科学工作"只限于把其他著作中的思想"加以组织和重复而已"。② 这种"披着社会主义外衣的德国哲学，为了装饰门面，也转向'粗暴的现实'，但是它对现实却始终保持很大的距离。"③而"真正的社会主义"者在发表了自己关于一般体系的意见以后，就不必费力气去研究共产主义体系本身了。总之，马克思、恩格斯认为，"这篇文章使我们再一次认清，德国

① 马克思、恩格斯：《德意志意识形态》，见《马克思恩格斯全集》第 3 卷，539 页，北京，人民出版社，1960。
② 马克思、恩格斯：《德意志意识形态》，见《马克思恩格斯全集》第 3 卷，540 页，北京，人民出版社，1960。
③ 马克思、恩格斯：《德意志意识形态》，见《马克思恩格斯全集》第 3 卷，542 页，北京，人民出版社，1960。

人的虚假的普遍主义和世界主义是以多么狭隘的民族世界观为基础的"①。

《社会主义的建筑基石》是鲁道夫·马特伊（Rudolph Mattäi）的文章。它以"美文学的诗的形式"为开场白，宣称"当旧世界的大厦倒塌了的时候，人类的怀着自己一切愿望的心在彼岸世界找到了避难所；它把自己的幸福移到了那里"②。在马克思、恩格斯看来，这篇文章的"整个开场白是幼稚的哲学神秘主义的典型"，是"从必须消灭生活和幸福之间的二重性这样一种思想出发的"。③ 马克思、恩格斯详尽地分析了文章所谓"三块建筑基石"④，它们"连同那些在《二十一印张》中、《德国公民手册》和《新轶文集》中看见的坚固的花岗石石块，就构成了'真正的社会主义'（它同时又是德国的社会哲学）准备在上面建立自己的教堂的那座岩石"⑤。但是这基石是多么虚幻和缥缈啊。

3."真正的社会主义"的历史编纂学

"真正的社会主义"思潮的另一个代表人物是卡尔·格律恩（Karl Grün），他出生于普鲁士威斯特伐利亚省，很早就开始了文学评论生涯，特别赞赏那种旨在实现自由主义主张的"青年德意志"运动的美学纲

---

① 马克思、恩格斯：《德意志意识形态》，见《马克思恩格斯全集》第 3 卷，554 页，北京，人民出版社，1960。

② Hermann Püttmann, *Rheinnische Jaherbücher zur gesellschaftlichen Reform*, Darmstadt，1945，S. 155.

③ 马克思、恩格斯：《德意志意识形态》，见《马克思恩格斯全集》第 3 卷，558 页，北京，人民出版社，1960。

④ 马克思、恩格斯：《德意志意识形态》，见《马克思恩格斯全集》第 3 卷，555～572 页，北京，人民出版社，1960。

⑤ 马克思、恩格斯：《德意志意识形态》，见《马克思恩格斯全集》第 3 卷，572 页，北京，人民出版社，1960。

领，受到诸如"善，真！充满真善形式的美！"这样的格言的影响。1844年12月格律恩在《德国公民手册》(1845年卷)上发表了《费尔巴哈与社会主义》的文章。1845年5月他又在达姆斯塔德编辑出版了《新轶文集》①，其中收入了赫斯的《论德国的社会主义运动》、格律恩自己所撰写的《生产运动》《目前法国的社会主义和共产主义。罗·施泰因关于当代史的评论》《泰·蒙特论社会的历史》《泰·厄尔克斯论社会主义和共产主义运动》等文章。大约同年8月下旬迟至9月中旬他又出版了《法兰西和比利时的社会运动》这本作为多卷本社会主义史的序篇的书。

在上述论著中，格律恩旨在以尽量系统的、同时又是通俗易懂的方式向德国公众介绍社会主义运动的历史。在他看来，德国不同于英国或法国，它的社会主义直接来自哲学理论的进步，就是说，是由"思想"，而不是由"外在的需要"推动的。就德国而言，社会主义的观念产生于哲学。这充分说明德国哲学本身以及从这种哲学当中产生出来的社会主义对其他学说和民族来说具有明显的优越性。虽然法国社会主义运动比德国要早、影响要深远，但德国的社会主义绝不是"模仿法国人的错误"，相反，它从一开始就是对法国社会主义的"批判"和"补充"。

在《法兰西和比利时的社会运动》一书中，格律恩对法国社会主义和共产主义自圣西门、傅立叶及其学生圣阿芒·巴札尔(Saint-Amand Ba-

① 之所以起这样一个名字，是因为该书所收集的文章先前是写给《社会明镜》(月刊)、《发言人报》等报刊的，但由于受到书报检查机关的指责，没能在上面刊登出来。但这部文集也难逃厄运，在出版后不久即被内务部下令没收，其作者被告知不许再返回普鲁士。

zard)、巴特尔米·普罗斯比尔·安凡丹（Barthelemy Prosper Enfantin)、米歇尔·舍伐利埃（Michel Chevalier)、比埃尔·勒鲁（Pierre Leroux)和孔西得朗（V. Considerant)，经过埃蒂耶纳·卡贝（Étienne Cabet)、路易·勃朗（Louis Blanc)和泰奥多尔·德萨米（Theodore Dezamy)直到蒲鲁东的发展，同德国哲学和社会理论自康德、费希特、谢林经过黑格尔、费尔巴哈直到魏特林、施蒂纳的发展进行了比较，并且从完全以对人的"真实的"或"真正的"本质的认识为根据的"真正的社会主义"的立场对这两种发展进行了评论，称他们都是"片面的""肤浅的"，总的来说是"不能令人满意的"。

尽管格律恩的论述具有无可置疑的资料价值，尽管他的语言也生动活泼、丰富多彩，但是在马克思、恩格斯看来，他这种看似注重史料汇编式的其实是意识形态的"历史编纂学"并没有认识到法国社会主义和共产主义的实际成就和真正局限性，因为这种"历史编纂学"虽然考虑到德、法两国的两种思想历史发展过程在理论上的同时性，同时却几乎完全脱离了它们的现实历史基础实际上的非同时性，因而是相当随意的。

然而，《法兰西和比利时的社会运动》一书出版后却产生了很大的影响，诸如《特利尔日报》《曼海姆晚报》《德意志电讯》《我们的现代和未来》《未来杂志》乃至《威斯特伐利亚汽船》《反对派》《普罗米修斯》和《文艺杂谈》等报刊上都发表了介绍和评论，甚至费尔巴哈在一段时期内也致力于研究此书，还把它送给"尊敬的亨利希·海涅"。

该书的出版社列斯凯受格律恩的委托将书寄给了马克思。马克思不仅立即阅读了该书，而且毫不迟疑地把它视为进行一场原则性争论的契机。现在流传下来作为《德意志意识形态》第 2 卷第四章的对格律恩这本书的批判是恩格斯加工过的付印稿，马克思所写的原稿没有流传下来。迪特·戴希塞尔考证，在 1846 年 2 月底至 3 月底期间起草《德意志意识形态》第 2 卷之前，马克思就有单独写作原稿的可能性，具体说，"最早写于 1845 年 9 月底 10 月初，最迟写于 1846 年 5 月底"①。

马克思的批判集中在两个问题。一是要证明格律恩的基本理论构想依赖于法国社会运动或法国社会主义和共产主义的历史以及它同德国哲学和社会理论的联系的"结构图"（Konstruktionsschema）。赫斯于 1843 年在《来自瑞士的二十一印张》中就已经阐释过这种图式了，此后在《德国公民手册》和《新轶文集》中再次阐释，只是形式略加改变而已。二是马克思想证明格律恩的著作（至少在某些段落）同其前辈（主要是施泰因、雷博和勃朗）的表述之间具有实实在在的相似性，而且格律恩在大段大段地抄袭这些表述时没有注意到其中存在的错误。马克思首先根据圣西门主义、傅立叶主义、卡贝主义、18 世纪启蒙运动和法国唯物主义的历史极其详尽地考察了这些抄袭，把它们同其真正的来源和实际内容进行了对照。马克思还特别关注格律恩对法国社会主义者和共产主义者的经济观点所进行的评论，并且注意对照对这些观点产生的根源的"现实描述"。格律恩把德国的哲学和社会理论说成是"更大的真理"，马克思认为这完全是"颠倒事实"。据此马克思揭示了格律恩这种表述的"核心"

---

① Dieter Deichsel，»Die Kritik Karl Grüns. Zur Entstehung und Überlieferung von Teil Ⅳ des zweiten Bandes der ›Deutschen Ideologie‹ «，*MEGA Studien*，1997/2，S. 103-153. 国内曾有学者将此文译成中文，但注释部分有些未译出，致使很多有价值的文献线索中断，见《马克思恩格斯列宁斯大林研究》2001 年第 4 期。

和目的，指出它纯粹是为现存制度"辩护"，或者"不学无术地和空想式地把现存制度神圣化"。①

4. "真正的社会主义"的预言

《德意志意识形态》一书是以一篇对格奥尔格·库尔曼的批判作为结束的。著名的赫斯研究专家沃·门克在 1963 年的《吉昂加科摩研究所年鉴》(*Annali dell' Istituto Giangiacomo Feltrinelli*)上发表了《赫斯参加〈德意志意识形态〉的工作》一文，专门对这一章内容和赫斯在 1845 年第 6 号《社会明镜》期刊上发表过的一篇题为《共产主义先知们的阴谋》的文章作了版本考证，判断出这部分是由赫斯撰写的。这一见解此后为大多数研究者接受。

我们知道，赫斯的思想是"真正的社会主义"的理论基础，或者甚至可以说他本人就是"真正的社会主义"派别的成员之一，那么由赫斯来撰写批判"真正的社会主义"的有关章节，这有什么意味呢？实际上，它表明赫斯的思想处于发展变化之中，他后来一直"力图克服自己的'真正社会主义'的幻想"②；能够参与《德意志意识形态》的写作，就是对自己以前思想反省的一种表征。赫斯执笔的这一章以格奥尔格·库尔曼的《新世界或人间的精神王国。通告》一书作为评论对象。我们在下一章将详细介绍。

5. "真正的社会主义"的政治纲领

1846 年 1 月 5 日，"真正的社会主义"者在纽约创办了德文周报《人

---

① 马克思、恩格斯：《德意志意识形态》，见《马克思恩格斯全集》第 3 卷，611～613 页，北京，人民出版社，1960。

② ［苏］В. А. 马利宁、В. И. 申卡鲁克：《黑格尔左派批判分析》，曾盛林译，196 页，北京，社会科学文献出版社，1987。

民论坛报》(*Der Volks-Tribun*),其主笔是海尔曼·克利盖,上面所刊登的文章详细阐发了"真正的社会主义"的思想主张和政治纲领,其影响愈加不可小视。在这种情况下,1846年5月11日,恩格斯、日果、海尔堡、马克思、载勒尔、魏特林、冯·威斯特华伦和沃尔弗①等在布鲁塞尔开会,讨论《人民论坛报》的情况。最后通过投票的方式(魏特林一人投了反对票)一致作出五项决议:

(1)《人民论坛报》主笔海尔曼·克利盖在该报上所宣传的倾向不是共产主义的。

(2)克利盖用以宣传这种倾向的幼稚而夸大的方式,大大地损害了共产主义政党在欧洲以及在美洲的声誉,因为克利盖算是德国共产主义在纽约的著作界代表。

(3)克利盖在纽约以"共产主义"的名义所鼓吹的那些荒诞的伤感主义的梦呓,如果被工人接受,就会使他们的意志颓废。

(4)本决议连同论据将分发给在德国、法国及英国的共产主义者。

(5)本决议送交《人民论坛报》编辑部一份,要求该报在最近几号上将此决议连同论据一并发表。②

同日,恩格斯、马克思起草了关于这些决议的"论据",分为五个部

---

① 这是《反克利盖的通告》发出时署名的先后顺序。

② 马克思、恩格斯:《反克利盖的通告》,见《马克思恩格斯全集》第4卷,3~4页,北京,人民出版社,1958。

分，即"把共产主义变成关于爱的呓语""《人民论坛报》的政治经济学及其对"青年美国"①的态度""形而上学的夸大""向宗教诏媚""克利盖个人的言论"等。克利盖的观点和活动受到尖锐的批判。

6."真正的社会主义"的文学

《德意志意识形态》剩下来的关于对"真正的社会主义"批判的文章是由恩格斯来写作的。

1846 年年底，恩格斯开始写《诗歌和散文中的德国社会主义》这篇评论。它分两个部分。第 1 部分是"卡尔·倍克《穷人之歌》，或'真正的社会主义'的诗歌"。卡尔·倍克的长诗《穷人之歌》(*Lieder vom armen Mann*)于 1846 年在莱比锡出版。这是一部诗集。恩格斯说：《穷人之歌》的第一首歌就是"献给一个富有的家族的"，"一开始他就表现出他所固有的小资产阶级的幻想"，即他不想消灭富有家族的"实际势力，消灭作为这一势力的基础的社会关系；他只是希望比较人道地来运用这一势力"②，这样，《穷人之歌》看起来是"歌颂'穷人'，歌颂 pauvre honteux〔耻于乞讨的穷人〕——怀着卑微的、虔诚的和互相矛盾的愿望的人，歌颂各种各样的'小人物'，然而并不歌颂倔强的、叱咤风云的和革命的无

---

① "青年美国"是美国手工业者和工人的组织。该组织是 1845 年创立的群众性的全国改革协会的核心，协会宣称它的宗旨是无偿地分给每一个劳动者一块土地。19 世纪 40 年代后半期协会宣传土地改革，反对使用奴隶的种植场主及土地投机分子，并提出了许多其他民主要求(实行十小时工作制、废除农奴制、取消常备军等)。许多德国手工业侨民参加了这一土地改革运动，但是克利盖及其"真正的社会主义"同道主张德国侨民放弃这种斗争方式。

② 恩格斯：《诗歌和散文中的德国社会主义》，见《马克思恩格斯全集》第 4 卷，223 页，北京，人民出版社，1958。

产者"①。作者"自己已深深地陷到德国的鄙俗风气中，并且过多地考虑自己，考虑沉溺于自己诗中的诗人。我们的诗人在现代抒情诗人眼中又成了一个把自己打扮得奇奇怪怪的、妄自尊大的人物。他不是在现实世界中生活和创作诗歌的活动着的人，而是一个飘浮在云雾中的'诗人'，但这些云雾不过是德国市民的蒙胧的幻想罢了"②。

第 2 部分评论的是格律恩的《从人的观点论歌德》，是恩格斯 1847 年年初写成的。在 1847 年 1 月 15 日致马克思的信中他顺便说到此事：

> 我想改写关于格律恩论歌德的文章，要把它缩减到二分之一至四分之三印张，并且准备把它用在我们的书中，如果你同意这样做的话，请你从速写信告诉我。这本书十分能说明问题，格律恩把歌德的一切庸人习气颂扬为人性的东西，他把作为法兰克福人和官吏的歌德变成了"真正的人"，而对于一切伟大的和天才的东西却避而不谈，甚至加以唾弃。这样一来，这本书就提供了一个极其出色的证据：人＝德国小市民。我只是指出了这一点，但是可以加以发挥，并适当删节文章的其余部分，因为这部分不适用于我们的书。③

① 恩格斯：《诗歌和散文中的德国社会主义》，见《马克思恩格斯全集》第 4 卷，224 页，北京，人民出版社，1958。

② 恩格斯：《诗歌和散文中的德国社会主义》，见《马克思恩格斯全集》第 4 卷，242 页，北京，人民出版社，1958。

③ 恩格斯：《恩格斯致马克思(1847 年 1 月 15 日)》，见《马克思恩格斯全集》第 47 卷，455 页，北京，人民出版社，2004。

格律恩的《从人的观点论歌德》（*Über Goethe vom menschlichen Standunkte*）是 1846 年在达姆斯塔德出版的。在《法兰西和比利时的社会运动》之后，"他把目光投向自己祖国的社会停滞"，他决定"从人的观点"来看一下对德国社会有深刻洞察和理解但又不无矛盾的歌德老人。① 然而他了解和理解歌德吗？恩格斯极其深刻地剖析了歌德的人格特征，指出，歌德在自己的作品中，对当时德国社会的态度是带有两重性的。有时他对它是敌视的，讨厌它，企图逃避它，向它投以辛辣的嘲笑；有时又相反，亲近它，"迁就"它，称赞它，甚至保护它，帮助它抵抗那向它冲来的历史浪潮。

问题不仅仅在于，歌德承认德国生活中的某些方面而反对他所敌视的另一些方面。这常常不过是他的各种情绪的表现而已；在他心中经常进行着天才诗人和法兰克福市议员的谨慎的儿子、可敬的魏玛的枢密顾问之间的斗争；前者厌恶周围环境的鄙俗气，而后者却不得不对这种鄙俗气妥协、迁就。因此，歌德有时非常伟大，有时极为渺小；有时是叛逆的、爱嘲笑的、鄙视世界的天才，有时则是谨小慎微、事事知足、胸襟狭隘的庸人……歌德过于博学，天性过于活跃，过于富有血肉，因此不能象席勒那样逃向康德的理想来摆脱鄙俗气；他过于敏锐，因此不能不看到这种逃跑归根到底不过是以夸张的庸俗气来代替平凡的鄙俗气。他的气质、他的精力、他

① 恩格斯：《诗歌和散文中的德国社会主义》，见《马克思恩格斯全集》第 4 卷，244 页，北京，人民出版社，1958。

的全部精神意向都把他推向实际生活，而他所接触的实际生活却是很可怜的。他的生活环境是他应该鄙视的，但是他又始终被困在这个他所能活动的唯一的生活环境里。歌德总是面临着这种进退维谷的境地。①

格律恩按照一种主观幻想的关于"人的本质"的完美观念来评判歌德，怎么能触及人性的复杂层面和深度呢？

这种分析使恩格斯意识到：

"真正的社会主义者"通常有一个习惯，当他们遇到一个他们所不懂的论断的时候（因为这个论断与哲学无关，所包含的是一些法律、经济及其他等等的术语），他们就立刻把它压缩成一句简短的、用哲学术语装饰起来的句子，并且把这种胡话背得滚瓜烂熟，以备随时应用。正因为如此，《德法年鉴》上的法的"共同体"就变成了上述的哲学上毫无意义的"普遍的本质"；"摆脱不自由的普遍的本质"这句话成了政治解放即民主在哲学上的简短公式，"真正的社会主义者"已经可以把这一公式放到口袋里去，而不用再耽心学问对自己是个非常沉重的负担了。②

---

① 恩格斯：《诗歌和散文中的德国社会主义》，见《马克思恩格斯全集》第 4 卷，256～257 页，北京，人民出版社，1958。

② 恩格斯：《诗歌和散文中的德国社会主义》，见《马克思恩格斯全集》第 4 卷，252 页，北京，人民出版社，1958。

　　恩格斯曾对完成对"真正的社会主义"的批判以至最终完成《德意志意识形态》表示过很大的兴致。1847 年 1 月 15 日，他在写给马克思的信中，谈到对"真正的社会主义"批判剩余部分的写作，他说：

> 　　现在，当真正的社会主义在四面八方发展起来，除皮特曼之流这些孤独的星群之外又成立了威斯特伐利亚学派、萨克森学派、柏林学派等等的时候，如果我们能够把"真正的社会主义"这一章再写一遍，那该多好啊！可以根据天空的星座把他们分类。皮特曼是大熊座，泽米希是小熊座，或者皮特曼是金牛座，昴星团是他的 8 个孩子。不管怎样，如果他没有角的话，应该给他安上。格律恩是宝瓶座等等。[①]

　　恩格斯的工作可能一直持续到 1847 年 4 月。

　　遗憾的是，根据这部手稿的结尾判断，这部著作没有写完。

---

　　① 恩格斯：《恩格斯致马克思（1847 年 1 月 15 日）》，见《马克思恩格斯全集》第 47 卷，454～455 页，北京，人民出版社，2004。

第五章　｜　《德意志意识形态》保存、流传及版本演变

　　一部书的命运犹如个体生命的历程，曲折而多变。对于《德意志意识形态》来说，不仅写作过程断断续续，几经周折，最终作者留下一部由若干写法不同，各章篇幅不均的手稿、誊清稿和刊印稿等构成的相当松散的著述；进一步考察还会发现，这些遗稿在以后的岁月中保存地点多次转换，有的散落，有的受到"老鼠的牙齿的批判"，有的字迹也变得模糊不清，尤其是经过不同保管者的手之后，他们都进行过不同方式的编码、归档以及对其内容的逻辑处理，手稿从零散发表到全书出版，费时近90年，其中的"费尔巴哈"章更出现了多种结构编排不同的版本。2017年MEGA2第1部分第5卷以新的编排设想和顺序推出《德意志意识形态》，但至此争论并未结束。凡此种

种，给作者原始思想的准确呈现和客观理解增添了阻障和困难。显然，弄清楚这些曲折和源流也成为《德意志意识形态》研究中不可或缺的一环。

一、马克思、恩格斯在世时的刊布情形

《德意志意识形态》写作的"前奏"是短文《对布·鲍威尔反批评的回答》，这是马克思、恩格斯对布鲁诺·鲍威尔发表在《维干德季刊》1845年第3期上的文章中对《神圣家族》的责难的答复，它最早刊登在《社会明镜》(Gesellschaftsspiegel)1846年第2卷第7期上，未署名。这是宽泛意义上的《德意志意识形态》写作中发表最早的篇目，但严格说来，诚如我们在第二章所指出的，马克思、恩格斯是在写完这篇答复之后才在朦胧中形成创作《德意志意识形态》的计划的，所以还不能把它作为严格意义上的《德意志意识形态》的组成部分，特别是不能把它等同于《德意志意识形态》中的"圣布鲁诺"一章。①

此后，马克思、恩格斯一边写作《德意志意识形态》，一边为该书将来的正式刊印和出版做着努力，特别是在进入第2卷的写作之后，他们与众多出版商有着频繁的书信来往。可惜的是这一时期围绕《德意志意识形态》的刊印他们写给出版商的信件保存下来的很少，倒是出版商寄

---

① 当然这里也需要说明，这篇短评的文字同"圣布鲁诺"章中的一处非常雷同，参看《马克思恩格斯全集》第42卷，364～367页，北京，人民出版社，1979；《马克思恩格斯全集》第3卷，109～111页，北京，人民出版社，1960。

给他们的信有一些留存。比如，1846 年 2 月 10 日，伊格纳茨·毕尔格尔斯写信给马克思说："我怀着更大的兴趣期待着您在信中所提到的那本小册子；我非常关心您是如何客观地判断和理解德国的各种极为不同的愿望和现象的。"①但马克思致毕尔格尔斯的信就没有流传下来。同年 3 月 7 日，罗兰特·丹尼尔斯也给马克思写信，商讨是单独刊印单行本还是重新出版《德法年鉴》时考虑作为"共产主义哲学(著作)计划""审查"工作的一部分列入。② 马克思 1846 年 2 月底写给丹尼尔斯的信也没有流传下来。3 月 30 日，朱利安·哈尼在给恩格斯的信中写道："在几个星期以前"就收到了恩格斯的来信，"我高兴地获悉您打算出版季刊"以便刊登已经写完的部分。③ 这样说来恩格斯的信大概也写于 2 月底，但恩格斯的这封信同样没有流传下来。3 月 28 日，沃尔夫冈·弥勒写信给另一个出版商尤利乌斯·迈耶尔说："住在布鲁塞尔的那些人已经把两卷著作交付出版，其中包含了批判格律恩、布鲁诺·鲍威尔、施蒂纳和费尔巴哈的章节。对费尔巴哈也要批判吗？究竟要怎样批判呢？"④后来，卡尔·路德维希·贝尔奈斯于 4 月 7 日写信也问马克思："您的文集何

① »Ignaz Bürgers an Karl Marx（1846 Februar 10）«，*Karl Marx/Friedrich Engels Gesamtausgabe*，Ⅲ/1，Berlin，Dietz verlag，1975，S. 503.

② »Roland Daniels an Karl Marx（1846 März 7）«，*Karl Marx/Friedrich Engels Gesamtausgabe*，Ⅲ/1，Berlin，Dietz verlag，1975，S. 513.

③ »George Julian an Friedrich Engels（1846 März 30）«，*Karl Marx/Friedrich Engels Gesamtausgabe*，Ⅲ/1，Berlin，Dietz verlag，1975，S. 523.

④ »Wolfgang Mülller an Julius Meyer（1846 März 28）«，in：*Zeitggenossen von Marx und Engels*. gewählte *Briefe aus den Jahren* 1844 *bis* 1852，Assen-Amsterdam，1975，S. 78.

时出版？"①

　　除了自己联系出版事宜，马克思还委托约·魏德迈与出版商、实业家直接接触和谈判，因为事情的进展并不顺利。出版商们表面看来对这部书很感兴趣，但出于商业利益或者观点分歧，还没有谁真正愿意接受这本未完成的书，再加上当时德国的书报检查制度的干扰，出版的事一直未能得到落实。这样，马克思只好另找出路，便派魏德迈去联系。魏德迈于 1846 年 4 月中旬离开布鲁塞尔，走时带走了一部分已经誊清的稿子。4 月 30 日他在给马克思的信中说，他打算建议实业家尤利乌斯·迈耶尔"在灵堡成立一个出版社"，因为在德国二十印张以下的著作要接受检查，而对二十印张以上的著作来说，这一点在形式上是不适用的，但是这并不意味着这样的著作不会被查禁。魏德迈希望，能够争取到几个资本家干这件事；在获得荷兰公民权之后，他本人也能够得到许可。② 他请马克思询问一下这方面的情况，并请他速将所缺手稿寄来。马克思找到了商人卡·格·福格勒，福格勒表示可以承担全部的书籍销售业务，因为他在莱比锡有个经理人，这个人主要是推销禁书。福格勒提出，书本身要在德国印刷，编辑每次都作为出版人，就是说，要作者自费出版。福格勒应允了一些条件，愿按市场收入的百分之十，作为寄送、转运、交货、兑现、经理等费用，承担全部委托业务，条件是把书寄到莱比锡，邮资付讫。在马克思看来，这是目前出版二十个印张以上的书籍的最好的办法。这样，马克思 1846 年 5 月写信给魏德迈说，即

① »Karl Ludwig Bernays an Karl Marx(1846 April 7)«，*Karl Marx/Friedrich Engels Gesamtausgabe*，Ⅲ/1，Berlin，Dietz verlag，1975，S. 531.
② 参看《马克思恩格斯全集》第 27 卷，707 页，北京，人民出版社，1972。

将收到第 1 卷的手稿，第 2 卷差不多已经完成。第 1 卷的手稿一到（最好用两个邮包寄这些东西），殷切希望马上开始付印。如果迈耶尔同意福格勒的建议，那出版的事情就尘埃落定了。①

然而，魏德迈与雷姆佩尔和迈耶尔的谈判进行得一波三折，起初雷姆佩尔和迈耶尔口头答应了，但实际上一直没有付印。马克思、恩格斯在 1846 年 7 月 2 日给雷姆佩尔的信（这封信也没有保存下来）中，严厉谴责了这两个"威斯特伐里亚的资本家"的拖延、搪塞和推托行为。这导致了雷姆佩尔和迈耶尔借口缺乏资金于 7 月底最后拒绝出资刊印《德意志意识形态》以及其他社会主义著作。后来有一种流行的看法，即他们拒绝刊印的"真正原因"是出版人自己就是马克思、恩格斯在《德意志意识形态》中所批判的"真正的社会主义"流派的代表人物②，这可能是根据恩格斯后来在《"真正的社会主义者"》一文中按照星座的名字讽刺那些"真正的社会主义"的代表的比喻推断的③。

不管怎样，原来打算在威斯特伐利亚创办一家出版所用来出版这两卷著作的计划宣告失败对于《德意志意识形态》最终没有完成确实产生了直接影响。当时"费尔巴哈"部分还没有写完，对"真正的社会主义"思潮进行批判的第 2 卷也还处于分散状态，没有统一调整和合并。1859 年 1

---

① 参看马克思：《马克思致约瑟夫·魏德迈（大约 1846 年 5 月 14—16 日）》，见《马克思恩格斯全集》第 47 卷，369～370 页，北京，人民出版社，2004。

② 《Сочинения К. Маркса и Энгельса》. том3, Москва, Государствнное издательство политической литературы, 1955, С. 589.

③ 在恩格斯的比喻中，"双子座"指的是鲁道夫·雷姆佩尔和尤利乌斯·迈耶尔。参看恩格斯：《"真正的社会主义者"》，见《马克思恩格斯全集》第 3 卷，642 页，北京，人民出版社，1960。

月马克思在写作《〈政治经济学批判〉序言》时谈到《德意志意识形态》的写作和出版时曾说：

> 在布鲁塞尔时，我们决定共同阐明我们的见解与德国哲学的意识形态的见解的对立，实际上是把我们从前的哲学信仰清算一下。这个心愿是以批判黑格尔以后的哲学的形式来实现的。两厚册8开本的原稿早已送到威斯特伐利亚的出版所，后来我们才接到通知说，由于情况改变，不能付印。既然我们已经达到了我们的主要目的——自己弄清问题，我们就情愿让原稿留给老鼠的牙齿去批判了。①

当然，尽管马克思、恩格斯在世时《德意志意识形态》全书没有能够出版，但其中的部分章节在当时还是以零散的方式发表了一些，其具体情况如下。

作为第2卷中一章的《反克利盖的通告》于1846年5月以石印单行本形式发行②，同时由于布鲁塞尔共产主义通讯委员会的要求，克利盖也于1846年6月6日至13日在他主编的《人民论坛报》第23号和24号上发表了这一文件，该通告还曾刊登于《威斯特伐里亚汽船》杂志1846年7月号上。

---

① 马克思：《〈政治经济学批判〉序言》，见《马克思恩格斯选集》第2卷，4页，北京，人民出版社，2012。

② 恩格斯在1885年谈到《反克利盖的通告》的出版时说，它是"在问题涉及当时正在形成的共产党的内部事务的特殊场合"发出的。见恩格斯：《关于共产主义者同盟的历史》，见《马克思恩格斯选集》第4卷，204页，北京，人民出版社，2012。

起初作为第 1 卷中的一章的赫斯所写的《评格拉齐安诺博士文集。巴黎二载，阿·卢格的文稿和回忆录》于 1847 年 8 月 5 日、8 日刊登在《德意志—布鲁塞尔报》第 62、63 号上。

作为第 2 卷第四章的《卡尔·格律恩。〈法兰西和比利时的社会运动〉(1845 年达姆斯塔德版)或"真正的社会主义"的历史编纂学》于 1847 年 8—9 月刊登在《威斯特伐里亚汽船》杂志 1847 年卷第 8、9 期上。

作为第 2 卷中一章的恩格斯所写的《诗歌和散文中的德国社会主义》于 1847 年 9 月 12、16 日，11 月 21、25、28 日，12 月 2、5、9 日刊登在《德意志—布鲁塞尔报》第 73、74、93—98 号上。

我们可以看出，这里发表的几乎都是《德意志意识形态》第 2 卷的内容。

此后，《德意志意识形态》的出版问题就一直没有再提起。

时隔 36 年之后的 1883 年，在马克思去世之后，恩格斯鉴于当时思想斗争的实际状况以及"真正的社会主义"思潮的影响仍然存在，曾经考虑过发表《德意志意识形态》中的一些内容。1883 年 6 月 12—13 日他在给伯恩施坦的一封信的附言中写道：

> 1847 年马克思和我写了一部无比大胆的著作，痛斥了至今仍然盘踞在帝国国会里的"真正的社会主义者"，您认为把该文作为小品文发表在《社会民主党人报》上是否适合时宜？这是所有用德文写的著作中最大胆的。[①]

---

① 恩格斯：《致爱德华·伯恩施坦(1883 年 6 月 12—13 日)》，见《马克思恩格斯全集》第 36 卷，40 页，北京，人民出版社，1975。

6月22日，他在给伯恩施坦的另一封信中再次提到《德意志意识形态》的手稿，说"您如果去巴黎，务必渡过海峡①到我们这里呆几天……这里房间已经给您准备好了。到时我要给您看的既有前一封信提到的大胆的稿子，也有其他的稿子"②。不过，在8月27日的信中恩格斯最终放弃了发表这部手稿的念头，认为：

> 关于大胆的稿子的建议，不如说是一个不好的玩笑。只要存在反社会党人法，只要《社会民主党人报》是唯一能够存在的机关报，那末无论如何不能由于这类次要问题而向党的队伍投下一只纠纷的苹果，如果有人想把这当作"原则性问题"，那就会发生这种情况。③

伯恩施坦1896年5月在《新时代》杂志上引用了这些书信的内容，并报道了他1884年春拜访恩格斯的情形：

> 关于那部"无比大胆的著作"，（他）在此只是说那是挖苦讽刺"真正的"社会主义的所有代表人物和著作的作品，它有时充满讽刺性的幽默——比如把吕宁和皮特曼及其伙伴诙谐地比喻为大熊和小熊——，有时又显得冷峻辛辣，而"真正的"社会主义的诗人们遭到

---

① 指去英国，当时恩格斯在伦敦，这封信是从伦敦发出的。

② 恩格斯：《致爱德华·伯恩施坦(1883年6月22日)》，见《马克思恩格斯全集》第36卷，41页，北京，人民出版社，1975。

③ 恩格斯：《致爱德华·伯恩施坦(1883年8月27日)》，见《马克思恩格斯全集》第36卷，55页，北京，人民出版社，1975。

了格外尖锐的批判。①

　　根据伯恩施坦的回忆，那部"无比大胆的著作"还应当包括恩格斯 1847 年年初作为第 2 卷的延续部分写成的手稿，即 1932 年由联共（布）中央马克思恩格斯列宁研究院第一次用原文发表时编者加上了"真正的社会主义者"标题的那篇短评。此外，伯恩施坦还回忆了恩格斯关于批判施蒂纳和费尔巴哈部分的手稿的一些看法，并且说恩格斯在谈论这些部分时没有一次提到由这些部分所组成的两卷著作《德意志意识形态》总的情况。

　　恩格斯在发表《德意志意识形态》手稿问题上的反复，无疑直接导致了伯恩施坦这种带有倾向性的回忆，这对他以后处理手稿的态度和行为产生了很大的影响。

二、遗稿的保存、归档情况

　　马克思逝世以后，恩格斯、倍倍尔、伯恩施坦、德国社会民主党档案馆先后接手过有关《德意志意识形态》的手稿。恩格斯和伯恩施坦对手稿做过标记和编码。有些手稿散失，有些手稿在发表后底稿被毁，还有

---

① Eduard Bernstein，»‚Marx und der Wahre' Sozialismus«，*Die Neue Zeit*，14/2，Stuttgart 1895-1896，S. 217，转引自 Inge Taubert，» Die Überlieferungsgeschichte der Manuskripte der ‚Deutschen Ideologie' und die Erstveröffentlichungen in der Originalsprache«，*MEGA Studien*，1997/2，S. 35-36。

些手稿是 19 世纪 60 年代才找到的。

1.《德意志意识形态》的遗稿及最初保存情况

1846 年 7 月底，在获得这部著作不能出版的消息后，马克思把当时尚未完成的部分留在布鲁塞尔，以后继续留在那里。

"费尔巴哈"章包括马克思从第 1 页编到第 72 页，并用一些笔记加以补充的一篇草稿，以及另外六篇手稿，马克思和恩格斯在其中的三篇上面加上了"一、费尔巴哈"的标题，但没有明确注明它们该如何编排。至于另外三篇手稿，从内容和手稿研究结果来看，也应当编入"一、费尔巴哈"这一组文稿。全部保留下来的稿子包括："序言"、"一、费尔巴哈。草稿"、"一、费尔巴哈。笔记"、"一、费尔巴哈。A. 一般意识形态，特别是德意志意识形态……"、"一、费尔巴哈。A. 一般意识形态，特别是德国哲学……"、"一、费尔巴哈。正如我们德意志意识形态家们所宣告的……"、"各个民族之间的相互关系……"（誊清稿，马克思和恩格斯未注页码）、"由此可见，事情是这样的：……个人……"（誊清稿，马克思和恩格斯未注页码）。①

"圣布鲁诺"章的草稿保存下来的有对开的 6 张和 1 个单页，其中缺少第 2～5 张和第 1 张的第 1 页，草稿还包含了马克思后来删去的评论施蒂纳的言论。保存下来的第 6 张原稿的末尾有一处中断，但是基本上还可以看出它是一份符合发表要求的手稿的底稿，也就是说，这份文稿最初不是被当作提纲或者供进一步写作用的手稿而写的。由此可以得出

<hr>

① 这些是将编为 MEGA2 第 1 部分第 5 卷第 2～9 编的文稿，见本章第五节。参看 Inge Taubert, »Die Überlieferungsgeschichte der Manuskripte der ‚Deutschen Ideologie' und die Erstveröffentlichungen in der Originalsprache«, *MEGA Studien*，1997/2，S. 32。

结论：从原稿的特点、内容、篇幅和形式看，可以设想，这份文稿是准备在计划出版的杂志上发表的一篇文章的样稿。

"圣麦克斯"的"旧约：人"的底稿是恩格斯撰写的 42 张手稿，页码 1～42 为恩格斯所编。底稿第 20 张和第 21 张的内容被收入"一、费尔巴哈。A. 一般意识形态，特别是德国哲学……"。这份底稿中没有保存下来的是第 1～5 张、第 15 张、第 22～24 张、第 27 张、第 28 张的第 1 页和第 31 张。在最后的修订稿中，只缺少第 31 张底稿的内容。另外 10 张半底稿可能在魏德迈誊清修订稿以后被马克思或恩格斯销毁。手稿的保存状况证实马克思和恩格斯对底稿作过重大修改，对篇幅也做过改动，即对某些部分作了压缩，对某些部分作了扩充。"圣麦克斯"的"新约：'我'"遗失了"B. 我的交往"中的 I 的 1、2、3、4 部分[1]，以及"C. 我的自我享乐"中的 1、2、3、4、5 部分[2]。

至于那些自 1846 年 4 月中旬或 5 月底至 6 月初以来交到约定的威斯特伐利亚出版所的付印稿，魏德迈应马克思的要求，于 1846 年 7 月 27 日从贝克洛德寄给了住在科隆的罗·丹尼尔斯。其中包括《莱比锡宗教会议》《圣布鲁诺》《圣麦克斯》《莱比锡宗教会议闭幕》《"真正的社会主义"》《〈莱茵年鉴〉或"真正的社会主义"的哲学》《卡尔·格律恩。〈法兰西和比利时的社会运动〉（1845 年达姆斯塔德版）或"真正的社会主义"的历史编纂学》和《"霍尔施坦的格奥尔格·库尔曼博士" 或"真正的社会主义"的预言。〈新世界或人间的精神王国。通告〉》[3]，以及没有保存下来

---

[1] 即"5. 作为资产阶级社会的社会"的前四节内容。
[2] 即"6. 所罗门的雅歌或唯一者"的前五节内容。
[3] 这些是将编为 MEGA2 第 1 部分第 5 卷第 10～13、15、16、18 和 19 编的文稿。

的《评格拉齐安诺博士论文集。巴黎二载，阿·卢格的文稿和回忆录》和《卡尔·倍克〈穷人之歌〉，或"真正的社会主义"的诗歌》的付印稿①。对于这些付印稿是什么时候、通过什么途径又回到布鲁塞尔，回到马克思手中这一点，迄今尚未弄清楚。它们被送还马克思的时间可能是在卡·路·德斯特尔创办一家图书和杂志出版公司的计划失败以后，即1846年12月以后。根据马克思、丹尼尔斯和魏德迈为在《威斯特伐利亚汽船》杂志上发表《卡尔·格律恩。〈法兰西和比利时的社会运动〉（1845年达姆斯塔德版）或"真正的社会主义"的历史编纂学》一文所做的准备工作，可以推测，这些付印稿直到1847年上半年还放在丹尼尔斯那里。②

2. 恩格斯的标注和归类

马克思逝世后，恩格斯接管了他的手稿。现在还弄不清楚他是在什么时候、什么情况下翻阅《德意志意识形态》遗稿的。但有一点是清楚的，即他在原始手稿中的五篇的最后一页，写下了标注，并且初步排列了顺序：

——"一、费尔巴哈。唯物主义观点和唯心主义观点的对立"

——"二、布鲁诺·鲍威尔　1845/46"

——"一、'真正的社会主义'的哲学"

——"格律恩　四、'真正的社会主义'的历史编纂学"

---

① 这些是将编为MEGA2第1部分第5卷第14、17编的文稿。

② Dieter Deichsel，»Die Kritik Karl Grüns. Zur Entstehung und Überlieferung von Teil Ⅳ des zweiten Bandes der ‚Deutschen Ideologie' «，*MEGA Studien*，1997/2，S. 103-153.

——"库尔曼"①

以上标注涉及除"圣麦克斯"以外《德意志意识形态》的大部分内容，但在"圣麦克斯"手稿中没有见到恩格斯手写的这种标注。

"一、费尔巴哈。唯物主义观点和唯心主义观点的对立"这一标注是在"一、费尔巴哈。草稿和笔记"的最后一页。现在还没有完全弄清楚恩格斯这里指的是"费尔巴哈"章中的哪些手稿。各种证据证明，直到恩格斯逝世，以"一、费尔巴哈"为标题的手稿有："一、费尔巴哈。草稿"、"一、费尔巴哈。笔记"、"一、费尔巴哈。A. 一般意识形态……"（"一、费尔巴哈"开头部分的第一篇异文。第 A 节）、"一、费尔巴哈。正如我们德意志意识形态家们所许诺的……A. 一般意识形态，特别是德国哲学"（"一、费尔巴哈"开头部分的第二篇异文。"导言"和 A 的草稿）、"一、费尔巴哈。正如德意志意识形态家们所宣告的……"、"各个民族之间的相互关系……"（誊清稿，马克思和恩格斯未注页码）、"由此可见，事情是这样的：……个人……"（誊清稿，马克思和恩格斯未注页码）。

也没有证据表明，恩格斯对《莱比锡宗教会议》和《"真正的社会主义"》等作过特别的处理，特别是恩格斯没有通过标注相应页码的办法对文稿进行编排。"库尔曼"这一标记与第五章的标题明显不同。在对原始手稿进行辨认和分析之后，可以断定，上述标注是恩格斯在马克思逝世以后对手稿所作的唯一处理。

---

① 资料来源于 Inge Taubert，»Die Überlieferungsgeschichte der Manuskripte der ‚Deutschen Ideologie' und die Erstveröffentlichungen in der Originalsprache«，*MEGA Studien*，1997/2，S. 32。

在恩格斯晚年，路·费莱贝格尔根据恩格斯的吩咐、按照恩格斯口授的内容编制了一份以"将军的笔记"为标题的清单，其中有几条涉及《德意志意识形态》的手稿：

······

2）施蒂纳，1845/46，摩尔和我

3）费尔巴哈和鲍威尔，1846/1847，摩尔和我

······

13）"真正的社会主义"，1847，摩尔和我

······①

这份清单据说总共 21 条。清单的结尾处有一个标记，注明清单所提到的手稿中哪些该交给爱琳娜·马克思-艾威林。第 2、3 和 13 条所提到的手稿不属此列。清单没有提到"序言"的手稿。这份清单证实，恩格斯当时是将保存下来的手稿按不同主题分别捆扎起来的。现在保存下来的第 2 卷的 4 册手稿无疑也属于第 13 条的内容。但是也可以推测，第 13 条的内容指的是恩格斯在 1847 年年初所写的《"真正的社会主义者"》手稿。

3. 伯恩施坦及德国社会民主党的处理

1893 年 7 月 29 日，恩格斯在其最后的遗嘱中将自己的遗稿托付给倍倍尔和伯恩施坦，其中包括了《德意志意识形态》的手稿。根据伯恩施

---

① 资料来源于 Inge Taubert，»Die Überlieferungsgeschichte der Manuskripte der ‚Deutschen Ideologie' und die Erstveröffentlichungen in der Originalsprache«，*MEGA Studien*，1997/2，S. 35。

坦的说法，恩格斯逝世以后，这部分手写的遗稿"被装在一个箱子"，交给倍倍尔监管。它们"在很长时间内保存在德国社会民主党档案馆中，后来——在倍倍尔逝世前几年——被转移到我（伯恩施坦）的住处，由我保管"[①]。1924 年 11 月 21 日由伯恩施坦、鲍·尼古拉耶夫斯基和约·欣里克森在柏林共同签署过一份目录，叫作《交还给党的档案馆的马克思恩格斯手稿以及他们所写的和所收到的书信目录》。[②] 这份目录涉及《德意志意识形态》的部分是：

1. 手稿

a. 手稿 施蒂纳，几叠手稿的页码：174＋149＋202＝525 页

b. 手稿 "真正的社会主义"（4 页）

c. 手稿《莱茵年鉴》或"真正的社会主义"的哲学（36 页）

d. 手稿 "真正的社会主义"的预言（12 页）

e. 手稿 卡·格律恩："真正的社会主义"的历史编纂学（56 页）

f. 手稿 路·费尔巴哈（112 页，第 1～64 页及 69～116 页）

g. ……

2. 书信

---

① Eduard Bernstein，» Friedrich Engels' Testamengt. Seine Bedeutung und sein Schicksal«，*Der Abend. Spätausgabe des Vorwärts*，Nr. 438，18. September 1929；Eduard Bernstein，» Geist und Ausführung des Engelsschen Testamengts «，*Der Abend. Spätausgabe des Vorwärts*，Nr. 442，20. September 1929.

② Internation Institute of Social Geschiedenis，*Marx-Engels-Nachlaß*，Sign. 095；Internation Institute of Social History，Dossier »Zur Geschichte des Marx-Engels-Nachlasses und MEGA1«.

第 1 包书信：……

第 2 包书信：1 张手稿(1 页)……

第 6 包书信：恩格斯《"真正的社会主义者"》一文的手稿……

第 9 包书信：恩格斯有关"德国社会主义文学"的手稿……

第 14 包书信：恩格斯的各种手稿①

这份目录没有收录"莱比锡宗教会议"和"圣布鲁诺"的手稿，后者当时已经被收进德国社会民主党档案馆保存。

根据"f. 手稿 路·费尔巴哈"这一部分手稿中所编的页码 1～64 和 69～116，可以重现出那些部分以怎样的顺序分别属于以下各编的内容：

1～2 页："一、费尔巴哈。正如德意志意识形态家们所宣告的……"

3～6 页："一、费尔巴哈。A. 一般意识形态……"（"一、费尔巴哈"开头部分的第一篇异文。第 A 节）

7～12 页："各个民族之间的相互关系……"（誊清稿，马克思和恩格斯未注页码）

13～14 页：空白页

15～40 页："福音书批判研究"

41～44 页："一、费尔巴哈。正如我们德意志意识形态家们所许诺

① 资料来源于 Inge Taubert，»Die Überlieferungsgeschichte der Manuskripte der ‚Deutschen Ideologie' und die Erstveröffentlichungen in der Originalsprache，*MEGA Studien*，1997/2，S. 36-37。

的……A. 一般意识形态，特别是德国哲学"（"一、费尔巴哈"开头部分的第二篇异文。"导言"和 A 的草稿），（不包含第 2 张，这一张的最后一页上写有"无法编排"字样）。

45～48 页："由此可见，事情是这样的：……个人……"（誊清稿，马克思和恩格斯未注页码）

49～64 页及 69～116 页："一、费尔巴哈。草稿和笔记"（不含第 1、2、29 页和未编页码的背面的内容）

后来伯恩施坦还单独编制过一份《恩格斯所遗留的手稿目录》，其中关于《德意志意识形态》的部分是这样写的：

......

12. 批判施蒂纳的手稿

......

18. 批判费尔巴哈和布鲁诺·鲍威尔的手稿

19. 批判"真正的社会主义"的手稿

......

25.《福音书批判研究》①

从这里可以看出，实际上伯恩施坦当时对《德意志意识形态》由哪几部分组成并不清楚，他竟然把《福音书批判研究》也归入其中。

---

① 资料来源于 Inge Taubert，» Die Überlieferungsgeschichte der Manuskripte der, Deutschen Ideologie' und die Erstveröffentlichungen in der Originalsprache«，*MEGA Studien*，1997/2，S. 37。

在德国社会民主党档案馆《马克思恩格斯档案目录。目录1》中，恩格斯名下的书稿登记涉及《德意志意识形态》部分的情形是：

卷帙编号：

134"费尔巴哈"手稿第16～19页遗漏的内容

201"关于费尔巴哈。唯物主义观点和唯心主义观点的对立。对青年黑格尔运动的批判"

"卡尔·格律恩：《法兰西和比利时的社会运动》或'真正的社会主义'的历史编纂学"

"'霍尔施坦的格奥尔格·库尔曼博士'或'真正的社会主义'的预言"

"德意志意识形态。四、'真正的社会主义'"

202 第二篇论文：《私有制、国家和法》

228"圣麦克斯"第1、2部分，"新约：'我'"

229"莱比锡宗教会议"①

此外，目录中还收录了以下内容：

卷帙编号：

128 关于"德国社会主义"的文学，1847 年

① 资料来源于 Inge Taubert，»Die Überlieferungsgeschichte der Manuskripte der ‚Deutschen Ideologie' und die Erstveröffentlichungen in der Originalsprache«，*MEGA Studien*，1997/2，S. 38。

170"经济与消费（属《德意志意识形态》的内容）"

177"真正的社会主义者"，1847 年

180 关于费尔巴哈哲学的论述和笔记①

4. 阿姆斯特丹国际社会史研究所的收藏

我们知道，马克思、恩格斯的大部分手稿后来为阿姆斯特丹国际社会史研究所收藏，该所德国组组长布鲁门博格于 20 世纪 60 年代编辑的《马克思手稿、笔记目录》中记载的《德意志意识形态》手稿的情况是这样的：

编号 A7 共 8 札对折纸 662 页②，其中 10 页空白

第 1 札 费尔巴哈——写了 85 页，5 页空白

第 2 札 私有制、国家和法——写了 133 页，3 页空白

第 3 札 莱比锡宗教会议——写了 37 页，1 页空白

第 4 札 圣麦克斯——写了 151 页，1 页空白

第 5 札 新约："我"——138 页

第 6 札 "真正的社会主义"——40 页

第 7 札 "真正的社会主义"的历史编纂学——56 页

第 8 札 "霍尔施坦的格奥尔格·库尔曼博士"等——12 页

---

① 资料来源于 Inge Taubert，»Die Überlieferungsgeschichte der Manuskripte der ‚Deutschen Ideologie' und die Erstveröffentlichungen in der Originalsprache«，*MEGA Studien*，1997/2，S. 38。

② 其中主要是恩格斯的手稿，也包括几页马克思和魏德迈的手稿，手稿中多处是经马克思修改的，有 26 页磨损很严重，文字磨损处已修补上。

编号 A8 "圣麦克斯"对折纸 6 页（有破损）①

编号 A9 石印的《反克利盖的通告》。布鲁塞尔，1846 年 5 月 11 日②③

三、从零散刊布到全书出版

马克思、恩格斯去世后，由于《德意志意识形态》的各种手稿处于散乱状态，能够接触手稿的人几乎都没能从总体上把握其原始结构，所以很长一段时间它没有被集中发表，只是零星刊出，其中接触过原始手稿的是梅林、伯恩施坦、迈尔和梁赞诺夫等人，他们在整理、编辑方面起过各不相同的作用。

1. 梅林

梅林大致明了全书的总体结构，但由于轻视其思想的重要性而没有将其出版。

恩格斯去世，梅林开始编辑出版《卡尔·马克思、弗里德里希·

---

① 上面有伯恩施坦写的一句话："'圣麦克斯'，——在社会党文件中已节略地刊印过。"

② 手稿署名者：恩格斯、日果、海尔堡、马克思、载勒尔、冯·威斯特华伦、魏特林、沃尔弗。

③ 资料来源于布鲁门博格编辑的《马克思手稿、笔记目录》。笔者手头的这份目录，由日本学者川锅正敏 1965 年从阿姆斯特丹国际社会史研究所抄回，刊登在日本《立教经济学研究》杂志 1966 年第 20 卷第 3 号上，1980 年中国人民大学李光谟等人将其译成中文。

恩格斯和斐迪南·拉萨尔遗著》《马克思恩格斯文集》等①。在编辑过程中，梅林从保存于伦敦的马克思、恩格斯藏书中的《德意志—布鲁塞尔报》上发现了马克思1847年4月8日发表在该报上的一篇短评，其中马克思谈到了"弗·恩格斯和我合写的《德意志思想体系》②（对以费尔巴哈、布·鲍威尔和施蒂纳为代表的现代德国哲学和以各式各样的预言家为代表的德国社会主义的批判）一书"③。本来按照这样一条线索，再加上梅林本人对马克思、恩格斯著述比较熟悉的优势，况且《"真正的社会主义者"》的手稿以及《德意志意识形态》第2卷第一章和第五章的手稿当时也放在他那里，凭这些条件他是可以完整地出版《德意志意识形态》的。但对这部著作重要性认识的不足，使他没有这样做，而只在1896年6月的《新时代》上公布了马克思那篇短评中的两个段落。

　　在为《马克思恩格斯文集（1841—1850）》第2卷（1844年7月—1847年11月）第7部分"德国社会主义的杂志"所写的编者导言中，梅林谈到，"有关论述德意志意识形态的著作——如果它的确已经写完——只能见到两位作者遗留下来的手稿，正是由于这个原因，本文集没有收录这部著作。既然这部著作主要是为了自己澄清问题而写的……那还是等以后出版全集时再发表它更加合适。这部著作的第1卷包括了对布鲁

---

　　①　梅林计划编辑的这些论著并没有完成，值得称道的工作只在于，他再版了《神圣家族》和首次出版了"博士论文"和一些书信。
　　②　即后来习惯翻译和称谓的《德意志意识形态》。
　　③　马克思：《驳卡尔·格律恩》，见《马克思恩格斯全集》第4卷，43页，北京，人民出版社，1958。

诺·鲍威尔、施蒂纳和费尔巴哈的批判性论战"①。梅林未经论证就指出，马克思当时"认为对施蒂纳的批判并非十分必要"，因此没有写完手稿。"与对布鲁诺·鲍威尔或施蒂纳的批判相比，对费尔巴哈的批判理应重要得多，但是，恰恰是《德意志意识形态》的这一章写得没有像恩格斯后来评论费尔巴哈的著作那样详细。""《德意志意识形态》第 2 部分批判的是'德国社会主义'的各式各样的先知。马克思曾把其中批判格律恩论述比利时和法兰西社会主义的著作的那一章发表于《威斯特伐利亚汽船》杂志。这一批判完全是否定性的，因而也成为对'德国社会主义'的总体思路及其贫乏无味的著作的批判，构成了它的一部分。"②梅林在再版《神圣家族》编者导言中也首次谈到"莱比锡宗教会议"和"二、圣布鲁诺"。"恩格斯为一篇诙谐的文章——此文见于恩格斯遗留下来的手稿——写了'莱比锡宗教会议'和'二、圣布鲁诺'这一节。"梅林从以上两篇手稿中作了摘录，并指出"恩格斯没有更加深入地研究施蒂纳"。③ 梅林没有注意到这些手稿是恩格斯所写的《德意志意识形态》第 1 卷的一部分。

更有甚者，梅林在撰写《马克思传》时谈到《德意志意识形态》，他作

---

① Franz Mehring（hrsg.），*Aus dem literarischen Nachlass von Karl Marx, Friedrich Engels und Ferdinnand Lassalle*，Bd. 2；*Gesammelte Schriften von Karl Marx und Friedrich Engels. von Juli 1844 bis November 1847*，Stuttgart 1902，S. 346.

② Franz Mehring（hrsg.），*Aus dem literarischen Nachlass von Karl Marx, Friedrich Engels und Ferdinnand Lassalle*，Bd. 2；*Gesammelte Schriften von Karl Marx und Friedrich Engels. von Juli 1844 bis November 1847*，Stuttgart 1902，S. 347.

③ Franz Mehring（hrsg.），*Aus dem literarischen Nachlass von Karl Marx, Friedrich Engels und Ferdinnand Lassalle*，Bd. 2；*Gesammelte Schriften von Karl Marx und Friedrich Engels. von Juli 1844 bis November 1847*，Stuttgart 1902，S. 99-101.

了这样的评价：

> 这部著作是比《神圣家族》中最枯燥的部分都更加冗赘烦琐的
> "超争论"……虽然这里有时出现沙漠中的绿洲，但比起《神圣家族》
> 来要少得多。而当辩证法的锋芒在个别的地方显现的时候，它也很
> 快就被琐碎的挑剔和咬文嚼字的争论所代替了。①

说到马克思说过的"交给老鼠的牙齿去批判"时，他甚至说了这么一句
话："老鼠知道它啃什么！"②

2. 伯恩施坦

伯恩施坦由于不明白遗稿内容之间的逻辑关系，甚至不知道它们是
哪一部书的组成部分，所以只是零散刊登了一些章节。

梅林是大致明了总体结构但由于轻视其思想的重要性而没有出版
《德意志意识形态》，而伯恩施坦虽然发表了其中的一些章节，但由于他
不明白这些内容之间的逻辑关系，甚至不知道它们是哪一部书的组成部
分，所以只能零散刊登。

首次由伯恩施坦发表出来的是批判格律恩的部分。1899 年由其编
辑、以《卡尔·马克思论作为"社会主义"的历史编纂学家的卡尔·格律
恩》为题发表在《新时代》杂志 1901 年卷第 1 册第 4～11 页、第 37～46
页、第 132～141 页和第 164～172 页。伯恩施坦在编者前言中写道：

---

① ［德］弗·梅林：《马克思传》，樊集译，144 页，北京，人民出版社，1965。
② ［德］弗·梅林：《马克思传》，樊集译，144 页，北京，人民出版社，1965。

"以下文稿系从恩格斯遗稿中发现的手稿刊印……手稿是恩格斯抄写的，马克思本人在上面作了个别简短的补充。可以推测，虽然马克思是此文的主要作者，但是恩格斯也参与了实质内容的写作。"①伯恩施坦指出，还无法确定这篇手稿是不是(已经刊印的)文稿早期的或晚期的异文。而在1896年5月，他还认为这篇文章是"马克思写的"："手稿很可能是恩格斯抄写的一份副本，马克思把它留在身边以备将来使用。"②伯恩施坦在付印时划掉了原稿中的编号"Ⅳ"，而没有提醒人们注意对手稿的辨认。伯恩施坦也没有说明这篇手稿在其他手稿中的位置。

1902年12月，伯恩施坦主持推出"社会主义文献"丛书时，他以《社会主义文献》编辑部"的名义撰写了前言，其中写道："在恩格斯通过遗嘱委托倍倍尔和本杂志主编人保管的手稿中，也有一篇评论或者批判麦·施蒂纳的文章。"伯恩施坦称这篇手稿是"马克思……和恩格斯合写的"，他这样说的根据是一份"来自……恩格斯的清单"。伯恩施坦没有深究有多少内容出自马克思之手，多少内容出自恩格斯之手这样一个问题，但他推测赫斯也参与了这项写作，而且认为赫斯在其中担负的工作"不仅仅是抄写"。他这样说的根据是恩格斯对他所作的一个口头说明。他首次指出，遗稿中有一篇赫斯撰写的批判先知库尔曼的手稿。伯恩施坦写道："手稿上端有一个罗马数字'Ⅲ'，这说明它当时被视为整部著作中的一部分。它的前几句与《莱比锡宗教会议》一文相衔接，后者

---

① »Karl Marx über Karl Grün als Geschichtsschreiber des Sozialismus«, *Die Neue Zeit*, 18/1, Stuttgart 1899-1900, S. 5.

② Eduard Bernstein, »Marx und der ‚Wahre' Sozialismus，« *Die Neue Zeit*, 14/2, Stuttgart 1895-1896，S. 216.

即是梅林在前面提到的那本书的第 99 页及以后几页中所谈论的那篇文章，它讽刺了布鲁诺·鲍威尔和麦克斯·施蒂纳 1845 年发表在《维干德季刊》1845 年第 3 期的著作。与其他任何文章一样，这篇手稿也把施蒂纳称作教父'圣麦克斯'。"①

伯恩施坦没有完整地发表"圣麦克斯"章，他首次发表的部分包括：第 1 部分"旧约：人"当中的第 1、2、3、6 小节的全部内容和第 4 小节的部分内容；第 2 部分"新约：我"当中的第 1、2、3 小节的全部内容。第 1 部分第 5 小节没有发表。手稿的连载未加说明就中断了。

1913 年伯恩施坦在 3 月 9 日的《劳动者》专刊第 8 期第 207～213 页和 3 月 14 日的《前进报》第 52 号娱乐版第 205～207 页上发表了《我的自我享乐（马克思没有发表的遗稿）》。伯恩施坦在前言中仍然把"圣麦克斯"归类为"对那些部分地或完全地停留在市民社会基础上的激进青年黑格尔主义代表人物进行批判的文章"。"这些文章是合写的，无法确定它们有多少内容出自马克思之手，有多少内容出自恩格斯之手……上述文章中最有意义的一篇是与麦克斯·施蒂纳进行论战的那篇文章。"②伯恩施坦在发表时对两处作了删节，并用省略号标出。

在刊登以上两部分内容时，伯恩施坦始终没有谈到它们是《德意志意识形态》这部著作的组成部分。

---

① Der » heilige Max «, Aus einem Werk von Marx-Engels über Stirner, Vorbe-merkung, in: Eduard Bernstein（hrsg.）*Dokumengte des Sozialismus*，Bd. 3，Stuttgart 1903，S. 17-18.

② »Mein Selbstggenuß «, Eduard Bernstein（hrsg.），Unveröffentlichtes aus dem *Nachlaß von Karl Marx*，Unterhaltungsblatt des Vorwärts，Nr. 52，14. März 1913，S. 205.

3. 迈尔

无政府主义者古·迈尔有意识地把马克思、恩格斯遗稿中不同地方、不同部分的内容按类、按逻辑、按篇目挑拣出来进行整合，并用俄文发表了关于施蒂纳和布鲁诺·鲍威尔的部分。

1913年，迈尔用俄文发表了《德意志意识形态》中关于施蒂纳的部分，标题为"批判施蒂纳的学说"；1921年他又编辑出版了"圣布鲁诺"章。

从迈尔开始，才有意识地把马克思、恩格斯遗稿中不同地方、不同部分的内容按类，按逻辑，按篇目挑拣出来进行整合。迈尔首次把"莱比锡宗教会议"和"二、圣布鲁诺"归类到"对费尔巴哈、布·鲍威尔和施蒂纳所代表的现代德国哲学以及各式各样先知所代表的德国社会主义的批判"中，并且把《莱比锡宗教会议》、"二、圣布鲁诺"和"三、麦克斯"的手稿都当作《德意志意识形态》这部著作的组成部分联系起来。然而，他在发表前两篇手稿时所用的标题还是"莱比锡宗教会议"。"其他手稿都存在于恩格斯的遗稿中，而这一篇手稿却偶然地被保存于社会民主党档案馆的遗稿里面。梅林在编辑出版经典作家的遗稿时发现了这篇手稿，但是，他当时没有弄清这篇手稿的归属，而仅仅认为它是'弗·恩格斯的一篇诙谐的文章'。"①

与梅林的认识不同，迈尔指出，马克思和恩格斯都是这篇手稿的作者。然而，他错误地认为，这篇手稿是梅林准备编辑《马克思恩格斯文集》时从保存于德国社会民主党档案馆的马克思遗稿里面发现的。根据

---

① »Das Leipziger Konzil. von Friedrich Engels und Karl Marx«，Mit Einführung von Gustav Mazer，in：*Archiv für Sozialpolitik*，47，Tübingen 1920-1921，S. 776.

梅林的说法，这篇手稿见于恩格斯的遗稿。伯恩施坦的言论证实了梅林的说法，伯恩施坦说他把这篇手稿交给了梅林，但没有从他那里收回来。梅林大概在编辑《马克思恩格斯文集》前两卷之后交还马克思博士论文手稿时，把这篇手稿一并交给劳拉·拉法格，后者 1911 年 11 月逝世以后，梁赞诺夫于 1912 年 12 月替德国社会民主党执委会把这批遗稿运回柏林。①《馆藏马克思—拉法格遗稿目录》对以上两件遗稿作了登记："34. 马克思的博士论文；35. 恩格斯的手稿（'莱比锡宗教会议'）。"

迈尔在序言中提到 1846 年 1 月出版的《社会明镜》第 7 期上刊登的《晚近的哲学家》和《对布·鲍威尔反批评的回答》，但他错误地认为这两篇文章都出自恩格斯之手。

迈尔后来根据自己掌握的资料写作了著名的《恩格斯传》，这时他已经获得了这样正确的认识：

> 《德意志意识形态（对费尔巴哈、布·鲍威尔和施蒂纳所代表的现代德国哲学以及各式各样先知所代表的德国社会主义的批判）》是一个准备写够 50 张 8 开本双页纸的手稿的标题，他们在 1845 年 9 月至 1846 年 8 月期间几乎写完这部手稿。②

虽然迈尔对第 1 卷（"费尔巴哈""莱比锡宗教会议""圣布鲁诺""圣麦

---

① 参看 Jürgen Rojahn，»Aus der Frühzeit der Marx-Engels-Forschung：Rjazanovs Studien in den Jahren 1907-1917，im Licht seiner Briefwechsel im ⅡSG«，*MEGA Studien*，1996/1，S. 37-39。

② Gustav Mayer，*Friedrich Engels. Eine Biographie. Bd.* 1：*Friedrich Engels in senner Frühzeit*. 1820 *bis* 1815，Berlin 1920，S. 240.

克斯"）的手稿作了描述，但对第 2 卷的情况他并不清楚，描述起来也很含糊，其中提到了"'真正的社会主义'的哲学"的手稿，但没有论及批判格律恩和库尔曼著作的手稿。

4. 梁赞诺夫

梁赞诺夫首次完成了对《德意志意识形态》结构的"重建"，把不同地方的手稿组合起来了，但可惜的是他也没有能够全文发表此书。

梁赞诺夫首先于 1926 年在由其主编的苏联马克思恩格斯研究院杂志《马克思恩格斯档案》第 1 卷上发表了《马克思恩格斯论费尔巴哈。〈德意志意识形态〉第 1 部分》，包括"序言""一、费尔巴哈。唯物主义观点和唯心主义观点的对立"。

梁赞诺夫为此写了 8000 字的编者前言，介绍了他从伯恩施坦那里获得手稿的过程：

> 我费了很大工夫，终于把我们所感兴趣的几乎所有手稿片段收集起来。我之所以说"几乎"，是因为我毕竟只拥有伯恩施坦交给我的那些手稿。我们没有见到恩格斯本人所编制的清单；我们不能肯定当人们在恩格斯逝世以后以难以置信的轻率态度对待他的遗稿的时候，会去设法仔细清点那些遗稿。①

梁赞诺夫指出，伯恩施坦"把两篇手稿弄混淆了"，《福音书批判》不属于

---

① D. Rjazanov（hrsg.），»Marx und Engels über Feuerbach. Der erste Teil der ‚Deutschen Ideologie'«，Marx-Engels-Archiv. *Zeitschrift des Marx-Engels-Instituts* in Moskau，Bd. 1，Frankfurt/M.，1926，S. 209.

"以'路·费尔巴哈'为标题的手稿"。在另外一页上，梁赞诺夫又认为"在遗稿中发现的恩格斯手写的……一页脱落出来的手稿"应当编入"费尔巴哈"章的手稿。这页手稿指的是"一、费尔巴哈。正如我们德意志意识形态家们所许诺的……A. 一般意识形态，特别是德国哲学"（"一、费尔巴哈"开头部分的第二篇异文。"导言"和 A 的草稿）的第 2 张手稿，这张手稿的最后一页上标着"无法编排"的字样。此外，梁赞诺夫还写道，在交给他的手稿中缺少编号为"Ⅱ"的手稿。"伯恩施坦肯定地对我说，当时有这样一份手稿，其内容是对布鲁诺·鲍威尔的批判，但是他把这份手稿交给梅林了，后者一直没有交还。"①关于手稿的流传过程，梁赞诺夫作了两种不同的解释，他先是认为，"早在 1901 年，《莱比锡宗教会议》……就被用某种秘密方式——关于这点人们只能去猜测——从保存在伯恩施坦那里的手稿中抽出来，送进德国社会民主党档案馆"②。过了两页，他又写道："梅林从伯恩施坦那里得到这份手稿以后，很可能把它同马克思的博士论文手稿一起还给了档案馆。"③陶伯特经过研究后认为，"这两种说法都是不对的"④。

---

① D. Rjazanov（hrsg.），»Marx und Engels über Feuerbach. Der erste Teil der ,Deutschen Ideologie'«，Marx-Engels-Archiv. *Zeitschrift des Marx-Engels-Instituts in Moskau*，Bd. 1，Frankfurt/M.，1926，S. 209.

② D. Rjazanov(hrsg)，»Marx und Engels über Feuerbach. Der erste Teil der ,Deutschen Ideologie'«，Marx-Engels-Archiv. *Zeitschrift des Marx-Engels-Instituts in Moskau*，Bd. 1，Frankfurt \ M.，1926. S. 210.

③ D. Rjazanov(hrsg)，»Marx und Engels über Feuerbach. Der erste Teil der ,Deutschen Ideologie'«，Marx-Engels-Archiv. *Zeitschrift des Marx-Engels-Instituts in Moskau*，Bd. 1，Frankfurt \ M.，1926. S. 212.

④ Inge Taubert，»Die Überlieferungsgeschichte der Manuskripte der ,Deutschen Ideologie' und die Erstveröffentlichungen in der Originalsprache«，*MEGA Studien*，1997/2，S. 44-45.

梁赞诺夫采取了以下方式重建了"全集的结构"：

《德意志意识形态》第 1 卷由批判费尔巴哈的手稿、批判布鲁诺·鲍威尔的手稿(第Ⅱ号手稿)和第Ⅲ号手稿组成；第 2 部分由第Ⅰ号手稿("真正的社会主义"的哲学)、第Ⅵ号手稿("真正的社会主义"的历史编纂学)、第Ⅴ号手稿(库尔曼或"真正的社会主义"的预言)组成。第 2 卷当中还应当编入《反克利盖的通告》("真正的社会主义"的策略和经济学)，以及批判格律恩和倍克的两篇文章("真正的社会主义"的诗歌)。这两篇文章曾于 1846 年和 1847 年在《威斯特伐利亚汽船》杂志和《德意志—布鲁塞尔报》上发表过。此外，我们还有一篇恩格斯的手稿，其内容也是评论"真正的社会主义"的。①

此外，梁赞诺夫还把序言编入《德意志意识形态》的手稿，并首次发表出来。"对《德意志意识形态》手稿的进一步了解，使我们揭开了我从劳拉·拉法格那里得到的马克思的一份手稿的秘密。它是我当时所不知道的马克思的一部著作第 1 卷"序言"的草稿。"②这份原始手稿现存于俄罗斯现代史文献保管和研究中心。它很可能是在 1898 年爱琳娜·马克思-艾威林去世以后同马克思的其他遗稿一起被送到劳拉·拉法格那里

---

① D. Rjazanov(hrsg.)，» Marx und Engels über Feuerbach. Der erste Teil der ‚Deutschen Ideologie ‘«，Marx-Engels-Archiv. *Zeitschrift des Marx-Engels-Instituts* in Moskau，Bd. 1，Frankfurt/M.，1926，S. 210.

② D. Rjazanov(hrsg.)，» Marx und Engels über Feuerbach. Der erste Teil der ‚Deutschen Ideologie ‘«，Marx-Engels-Archiv. *Zeitschrift des Marx-Engels-Instituts* in Moskau，Bd. 1，Frankfurt/M.，1926，S. 217.

去的。1912 年年底所编制的《馆藏马克思—拉法格遗稿目录》没有对"序言"进行登记。虽然该目录对它所收录的手稿都只作十分扼要的提示，但是，"33. 一份哲学手稿片段"所指的不可能是这份手稿。梁赞诺夫所谓"我从劳拉·拉法格那里得到的马克思一份手稿"倒是指明了如下一点，即这份手稿属于他 1911 年从拉法格处获得的那批手稿，而他获得这批手稿的条件是把它们交给德国社会民主党档案馆。

在梁赞诺夫的主持下，1924 年《马克思恩格斯文库》俄文版第一次发表了"费尔巴哈"章。1926 年《马克思恩格斯文库》德文版又刊出这一章。

5. 《德意志意识形态》全书出版

1932 年 MEGA1 第 1 部分第 5 卷在美因河畔法兰克福出版，才全文刊登了《德意志意识形态。对费尔巴哈、布·鲍威尔和施蒂纳所代表的现代德国哲学以及各式各样先知所代表的德国社会主义的批判（1845—1846）》，在国际马克思恩格斯著作出版界，它被视为《德意志意识形态》的第一个完整的、历史考证性的版本。

6. 《德意志意识形态》失佚稿的发现并发表

1962 年文献专家西·班纳在阿姆斯特丹国际社会史研究所整理资料时，意外地发现属于《德意志意识形态》的 3 页手稿，上面有马克思编的页码 1、2、29，这是"费尔巴哈"那一章的失佚稿，遂将其以《马克思和恩格斯〈德意志意识形态〉的几处补充文字》为题，发表在《国际社会史评论》1962 年第 7 卷第 1 分册上。

至此，涉及《德意志意识形态》的所有遗稿全部发表出来了。当然对于其中的"费尔巴哈"章出现了好几种不同的编排方案，这正是我们在下面要着重介绍的。

四、"费尔巴哈"一章的不同版本

从 1932 年之后，《德意志意识形态》的版本多了起来。不同版本之间在其他章节方面的差别不是很大，唯独第 1 卷的第一章"费尔巴哈"不同版本之间多有差异，不同方式的编排会形成对马克思本人的思想逻辑和体系结构的不同理解。

进行编排的主要依据是手稿的页码顺序和思想的逻辑顺序。前者经过文献专家的考证现在可以说是大致清楚，但不是彻底清楚，因为同一手稿有的编了页码，有的则没有编码，不同编者的页码又不完全一致，而且不同手稿之间页码也不连续；而后者则争议非常大。

除"序言"外，"费尔巴哈"章由五个相对独立的部分组成，即有五份手稿。第一、二、三份手稿是全章的未誊清稿，第四、五两份手稿是誊清稿，即第一誊清稿和第二誊清稿。就"费尔巴哈"章手稿留存的情况看，有三种笔迹的编码，即恩格斯、马克思和伯恩施坦的编码，有几张没有编码。恩格斯的编码，被马克思在校订手稿时划掉了。这五份手稿的编码情况如下。

第一手稿，恩格斯的编码是第 6～11 页，马克思的编码是第 1～29 页，其中缺 3～7 页，恩格斯的 1 页相当于马克思的 4 页。

第二手稿，恩格斯的编码是第 20、21 页，马克思的编码是第 30～35 页。

第三手稿，恩格斯的编码是第 84～92 页，马克思的编码是第 40～72 页，其中缺 36～39 页。

第四手稿，即第一誊清稿，共 5 页，这份手稿的第 1、2 页的文字和第二誊清稿的相应部分相同（只是个别不重要的词不同）。

第五手稿，即第二誊清稿，共 16 页，恩格斯的编码是第 1～5 页。

伯恩施坦的编码没有区分原始手稿和誊清稿，是整合在一起统一进行编码的，即从第 1～116 页，后来证明其中第 15～40 页是错编进去的，把这一部分去掉，这就是第 1～14 页和第 41～116 页，共 90 页。其中有一些删掉的页码和应归入"圣麦克斯"章的页码。

由于遗稿的流传情况复杂，造成这一章至少已经有七种不同的版本。

（1）梁赞诺夫版（Marx-Engels-Archiv. Zeitschrift des Marx-Engels-Instituts in Moskau. hrsg. von D. Rjazanov，Bd. 1，Frankfurt \ Moskau，1926.）

梁赞诺夫最先对"费尔巴哈"章的两类手稿，即原始手稿和已经着手抄写的誊清稿作了区分。根据这种区分，页码为 1～4 的几张手稿（在手稿描述中第 1 页手稿始终被视为 1 张）属于已经着手抄写的誊清稿。他采取的是将已经收集到的手稿如实排印的方式，按照伯恩施坦编的号码进行排印，把伯恩施坦错编进去的部分去掉，一些删掉的页码和应归入"圣麦克斯"章的页码也都未排印在内。梁赞诺夫保留了恩格斯加的标题"费尔巴哈。唯物主义观点和唯心主义观点的对立"[①]，手稿中删掉的一些字句及其标题"1. 一般意识形态，特别是德国哲学"等保留在正文中，用小字号表示，并用〈 〉括起来。此外，梁赞诺夫还把序言编入《德意志意识形态》的手稿，并首次发表出来。

[①] 他特别指明："这个标题是恩格斯用铅笔写在基本手稿的最后一页上的。"（D. Rjazanov(hrsg.)，»Marx und Engels über Feuerbach. Der erste Teil der ,Deutschen Ideologie' «，Marx-Engels-Archiv. *Zeitschrift des Marx-Engels-Instituts* in Moskau，Bd. 1，Anm. 1，Frankfurt/M. ，1926，S. 233. ）

梁赞诺夫版的编排基本上与马克思的编码一致。从当时的情况来看，这一版本最有意义的价值在于，《德意志意识形态》中如此重要的一章从不被重视到公开发表，这对马克思主义形成史的研究是一个很大的贡献。此外，该章的发表也驳斥了当时关于马克思和恩格斯是费尔巴哈主义者的错误看法。当然，这个版本的缺陷也非常明显，如对原文的辨认和译文都有意思上的错误，因为那时对马克思、恩格斯的手稿及其结构，还未展开充分的研究。

（2）阿多拉茨基版(Karl Marx \ Friedrich Engels historisch-kritische Gesamtausgabe. под редакцией B. Адораского，Bd. 5，1932)

1932 年联共(布)中央马克思恩格斯列宁研究院用原文出版了《德意志意识形态》的第一个完全的版本，载于 MEGA1 第 1 部分第 5 卷，它是由维列尔准备，阿多拉茨基编辑的，通常被称为阿多拉茨基版。该版刊布前阿多拉茨基等人对手稿进行了仔细的辨认和审核，因而原文是极为准确的。但是这个版本关于"费尔巴哈"一章没有按照"历史考证版"的通常要求进行编排。与梁赞诺夫版不同，它把原文按照编者的理解人为地分成三部分，并冠以新的标题，内容如下：

一、费尔巴哈。唯物主义观点和唯心主义观点的对立

    A. 一般意识形态，德意志意识形态

      [1]历史

      [2]关于意识的生产

    [B]意识形态的现实基础

      [1]交往和生产力

[2]国家和法同所有制的关系

[3]自然产生的和由文明创始的生产工具与所有制形式

[C]共产主义。——交往形式本身的生产

其中"一"和"A"是作者的原标题。方括号[]中的是编者加的标题，这些标题有的来自马克思、恩格斯在手稿边写的词语（按照编者的理解，作者在手稿边上加的词语，都是这一章的必要提示），有的则是编者自己根据内容加的。

从标题可看出，编者的意图是明显的。他从内容上把"费尔巴哈"章概括为 A、B、C 三个大标题，即意识→意识形态的基础→共产主义，想以这样的概括方法给予手稿一个完整的体系构架。

由于阿多拉茨基试图根据自己的理解重构"费尔巴哈"章的结构，所以正文的编排除作为开始部分的两份誊清稿外，并没有按照马克思编的第 1～72 页的号码进行，而是编者按照自己的想法把马克思的编码打乱后编排的。此外，该版还删去了马克思亲笔作的一个札记，相当于新的单行本的第Ⅳ部分第 12 节。这个札记在梁赞诺夫的版本中实际上已经收进去了。

阿多拉茨基版的这种做法后来受到很多研究者的批评，比如巴加图利亚就指出：这样的编排破坏了手稿的研究和叙述的内在逻辑，用人为的甚至是虚构的联系，代替了本质的联系，编者的这一套标题不符合手稿的结构和内容。①

---

① Г. А. Багатурия，«"Тезисы о Фейербахе" и "Немецкая идеология"»，Москва，Научноинформацинный бюллетень Сектора произведений К. Маркса и Ф. Энгельса, 1965，С. 110.

但这个版本的影响却是很大的。1933 年据此出版了俄译本，并于 1933—1938 年多次再版。这些版本分别作为单行本出版或收入《马克思恩格斯全集》俄文第 1 版第 4 卷。1955 年出版了新的俄译本，是以《马克思恩格斯全集》俄文第 2 版第 3 卷的形式出版的，由普赖斯和维博准备，并于 1956 年再版。我们现在通行的《马克思恩格斯全集》中文第 1 版就是根据这个版本翻译的。在 1955 年俄文版的基础上，又出版了法、英、意、日以及东欧一些国家的译本。这些版本虽然都有了不同程度的新的改善，很多编写了详尽的注释，但在正文的编排和分段上和 1932 年版完全一样，因此，它们都算是同一个版本。

（3）巴加图利亚版（"Тезисы о Фейербахе" и "Немецкая идеология"，Научноинформацинный бюллетень Сектора произведений К. Маркса и Ф. Энгелъса，Москва，1965.）

苏联的马克思主义文献学专家格·巴加图利亚从 20 世纪 50 年代末开始专注《德意志意识形态》的研究，先后发表了《马克思和恩格斯的〈德意志意识形态〉的写作、发表及研究史》（载于论文集《马克思主义的形成和发展史》，莫斯科 1959 年版）、《马克思和恩格斯〈德意志意识形态〉第一章手稿的结构和内容》（载于《哲学问题》1965 年第 10 期）、《〈关于费尔巴哈的提纲〉和〈德意志意识形态〉》（载于《马克思恩格斯著作研究室科学情报公报》1965 年第 12 期）、《马克思和恩格斯的手稿遗产研究经验谈。〈德意志意识形态〉第一章的结构》（载于《史料学》莫斯科 1969 年版）、《马克思和恩格斯〈德意志意识形态〉在马克思主义史上的意义》（博士论文，莫斯科 1971 年版）等论著。这些为他重新编排"费尔巴哈"章打下了扎实的文献学基础。

苏共中央马克思列宁主义研究院于1965年在《哲学问题》杂志第10和11期发表了"费尔巴哈"章的新编排，1966年出了单行本。这个版本是由巴加图利亚和勃鲁什林斯基等人编辑的，通常被称为巴加图利亚版。

这一版本矫正了阿多拉茨基版在编排和分段上的做法，严格根据手稿的编码次序进行编排，并根据原文的内容作了段落划分，即把五份手稿分成四个组成部分，共27节（其中包括一个没有标题的引言）。总标题是"费尔巴哈。唯物主义观点和唯心主义观点的对立"。全部手稿被编为四部分，即[Ⅰ][Ⅱ][Ⅲ][Ⅳ]。各篇主要内容如下：

[Ⅰ]

引言

1. 一般意识形态，特别是德意志意识形态

2. 唯物主义历史观的前提

3. 生产和交往。劳动分工和所有制形式：部落所有制；古代的公社所有制和国家所有制；封建的或等级的所有制。

4. 唯物主义历史观的实质。社会存在和社会意识

[Ⅱ]

1. 人的真正解放的条件（手稿缺5页）

2. 对费尔巴哈唯物主义直观性和不彻底性的批判

3. 原始的历史关系，或社会活动的基本方面：生活资料的生产、新的需要的产生、人的生产（家庭、交往、意识）

4. 社会分工及其后果：私有制、国家、社会活动的"异化"

5. 生产力的发展是共产主义的物质前提

6. 唯物主义历史观的结论：历史过程的继承性，历史向世界历史的转变，共产主义革命的必然性

7. 唯物主义历史观的要点

8. 全部旧唯物主义历史观的破产，特别是黑格尔以后的德国哲学的破产

9. 对费尔巴哈及其唯心主义历史观的再批判

[Ⅲ]

1. 统治阶级和占统治地位的意识。黑格尔关于精神在历史上的统治的观点是怎样形成的。

[Ⅳ]

1. 生产工具和所有制形式。

2. 物质劳动和精神劳动的分工。城市和乡村的分离。行会制度。

3. 进一步的分工。商业和工业分离。各城市之间的分工。工场手工业。

4. 最广泛的分工。大工业。

5. 生产力和交往形式之间的矛盾是社会革命的基础。

6. 个人的竞争和阶级的形成。个人和他的生活活动的条件之间的对立的发展。在资产阶级社会条件下各个人的虚假共同体和共产主义社会中各个人的真正联合。社会生活条件服从于联合起来的个人的权力。

7. 个人和他的生活活动条件之间的矛盾是生产力和交往形式

之间的矛盾。生产力的发展和交往形式的更替。

8. 暴力（征服）在历史上的作用。

9. 在大工业和自由竞争条件下生产力和交往形式之间的矛盾的发展。劳动和资本之间的对立。

10. 消灭私有制的必要性、条件和结果。

11. 国家和法同所有制的关系。

12. 社会意识的形式。

巴加图利亚认为，这四个部分中的任何一部分都是一个有内在逻辑的整体，它们互相补充，而总的看来，又提供了一幅关于马克思、恩格斯于 1845—1846 年形成的唯物主义历史观的完整画面。根据他的分析，作者的写作方案大体上是这样的：开始对德意志意识形态作一般的评述，接着叙述自己的唯物主义历史观，以之与唯心主义历史观相对立，最后则是批判唯心主义历史观。更具体地说，就是：

1. 对德意志意识形态的一般评述（第 1 部分的引言和第 1 节，第 2 部分第 1 节）

2. 唯物主义历史观的前提（第 1 部分第 2 节）

3. 唯物主义历史观的基本概念：生产（第 2 部分第 3～5 节，第 1 部分第 3 节，第 4 部分第 1～5 节）；交往（第 4 部分第 6～10 节）；政治上层建筑（第 4 部分第 11 节）；社会意识的形式（第 3 部分第 1 节，第 4 部分第 12 节）

4. 关于唯物主义历史观的本质的结论和概括（第 2 部分第 6～7

节，第1部分第4节）

5. 对一般唯心主义历史观的批判，特别是对青年黑格尔派和费尔巴哈的批判（第2部分第8～9节和第2节，第3部分第1节）

巴加图利亚版正文的编排与马克思的编码是一致的。开始部分以第二誊清稿为主（第1～5页），并补充了第一誊清稿中未删去的部分（第3～5页），接着就是马克思编码的三份手稿初稿（第1～72页）。

这个新版本还收入了班纳1962年在阿姆斯特丹国际社会史研究所发现的、马克思编码为第1、2、29页的3页手稿，因此，它是"费尔巴哈"章现有版本中最全的。1970年和1983年苏联出版的《马克思恩格斯选集》3卷本都原样不动地把这个版本收了进去。

（4）新德文版（Deutsche Zeitschrift für Philosophie，1966）

1966年《德国哲学杂志》第4期也用德文重新发表了"费尔巴哈"章，编排与巴加图利亚版基本相同，但删除了26节标题，结构变成：

［Ⅰ］

一、费尔巴哈

　A. 一般意识形态，特别是德意志意识形态

　　1. 一般意识形态，特别是德国哲学

［Ⅱ］

［Ⅲ］

［Ⅳ］

国家和法同所有制的关系

我国于 1988 年出版的"费尔巴哈"单行本和 1995、2012 年出版的《马克思恩格斯选集》第 1 卷所选内容依据的就是这个版本。

（5）MEGA2 试编版（Marx-Engels Gesamtausgabe，Probe-band，1972）

1972 年出版了 MEGA2 的试编版，收录了《德意志意识形态》中的"费尔巴哈"章。它的新颖之处在于排版方式上的变化，即已经开始按照原始手稿的模式将一页纸对折分开，使得读者对左边恩格斯的誊写稿与右边马克思和恩格斯的修改、补充之间的关系一目了然。但是在每一段文字的相应部位仍然只标注了马克思的页码，对于恩格斯标注页码和马克思标注页码的关系仍然是放在文章后面的解释中加以说明。其编排顺序是：

"一、费尔巴哈。A. 一般意识形态……"（"一、费尔巴哈"开头部分的第一篇异文。第 A 节）

"一、费尔巴哈。正如我们德意志意识形态家们所许诺的……A. 一般意识形态，特别是德国哲学"（"一、费尔巴哈"开头部分的第二篇异文。"导言"和 A 的草稿）

"各个民族之间的相互关系……"（誊清稿，马克思和恩格斯未注页码）

"由此可见，事情是这样的：……个人……"（誊清稿，马克思和恩格斯未注页码）

"一、费尔巴哈。草稿和笔记"

（6）广松涉版（《新编辑版〈德意志意识形态〉》，1974 年）

1974 年，日本出版了由广松涉编译的《新编辑版〈德意志意识形态〉》（第 1 卷第一章）。与其他版本相比较，这个版本的优点是，它将恩格斯标注页码和马克思标注页码同时在页面中体现出来，使读者对其结构上的变化有一个直观的了解。同时，他通过不同字体的方式将马克思和恩格斯的文字区别开来，并且用不同大小字体和相应符号的方式将删除、修改过程在页面上体现出来，大大方便了研究者对不同执笔者和删改过程的了解。其内容顺序如下：

"一、费尔巴哈。正如德意志意识形态家们所宣告的……"

"一、费尔巴哈。A. 一般意识形态……"（"一、费尔巴哈"开头部分的第一篇异文。第 A 节）

"一、费尔巴哈。草稿和笔记"：马克思所编页码的第 8～35 页

"各个民族之间的相互关系……"（誊清稿，马克思和恩格斯未注页码）

"一、费尔巴哈。草稿和笔记"：马克思所编页码的第 40～72 页

"一、费尔巴哈。草稿和笔记"：马克思的笔记

"一、费尔巴哈。草稿和笔记"：马克思所编页码的第 1、2 页

"一、费尔巴哈。正如我们德意志意识形态家们所许诺的……A. 一般意识形态，特别是德国哲学"（"一、费尔巴哈"开头部分的第二篇异文。"导言"和 A 的草稿）：同马克思所编页码第 11～12 页并行编排

"由此可见，事情是这样的：……个人……"（誊清稿，马克思和恩格斯未注页码）：同马克思所编页码第 13～17 页并行编排

广松涉版的问题在于，他采用了对折的方式，但是他没有像MEGA2 试编版那样以本来面目展现原始页面风貌，而是在右边加了过多的版本解释，这本来是可以放在脚注或尾注中的。另外广松涉版在恩格斯的页码后面都加上了本来没有的 a、b、c、d 的分页字样，笔者认为，原本没有的东西最好不要加进来，以免给不明真相者在接近原始情形时增加新的阻障。

（7）英文版（Collected Works Karl Marx ∖ Friedrich Engels，Volume 5，1976）

由英国伦敦劳伦斯-威沙特出版社、美国纽约国际图书出版公司和苏联进步出版社共同编辑出版的英文版《马克思恩格斯全集》于 1976 年登载了《德意志意识形态》新版。英文版基本上是以 1966 年新德文版为基础编辑出版的，但又有变更。其内容安排如下：

"一、费尔巴哈。正如德意志意识形态家们所宣告的……"

"一、费尔巴哈。A. 一般意识形态……"（"一、费尔巴哈"开头部分的第一篇异文。第 A 节）

"一、费尔巴哈。正如我们德意志意识形态家们所许诺的……A. 一般意识形态，特别是德国哲学"（"一、费尔巴哈"开头部分的第二篇异文。"导言"和 A 的草稿）取消现有标题，接着第 1 部分第 5 卷第 7 编编排

"各个民族之间的相互关系……"（誊清稿，马克思和恩格斯未注页码）

"由此可见，事情是这样的：……个人……"（誊清稿，马克思和恩格斯未注页码）

"一、费尔巴哈。草稿和笔记"

由于世界上马克思的研究者中以利用英文者居多，所以英文版的出版为扩大马克思著作的影响和吸引更多研究者的参与提供了便利。

除了以上影响较大的几个版本之外，韩国的郑文吉①、我国的侯才②、日本的涩谷正和小林昌人③等学者都提出了自己的意见或新的编排方案，有的着眼于编排原则的修正，有的重新甄别了写作时间，还有的致力于思想内容的逻辑重建，限于篇幅，这里就不一一做介绍了。以下我们专门谈 MEGA2 的编排设想以及编排顺序。

五、"揭开"《德意志意识形态》的"庐山真面目"

民主德国统一社会党中央马克思列宁主义研究院的英格·陶伯特是《德意志意识形态》文献研究方面迄今为止最权威的专家之一。根据笔者

---

① 参看郑文吉：《对"〈德意志意识形态〉的结构"专家会议（特利尔，1996 年 10 月 24—26 日）材料的几点说明》，载《韩国政治学评论》，1996(4)。

② 参看侯才：《〈德意志意识形态〉第一章文稿结构的重建》，见王东、丰子义、聂锦芳主编：《马克思主义与全球化——〈德意志意识形态〉的当代阐释》，北京，北京大学出版社，2003。

③ 参看韩立新：《〈德意志意识形态〉的文献学研究和日本学界对广松版的评价》，载《中国社会科学》，2006(2)。

查阅到的资料，早在 1968 年她就在《德国工人运动史论丛》上发表了《论马克思和恩格斯的唯物史观。〈德意志意识形态〉第一章的几个理论问题》。MEGA2 重新启动后，她成为第 1 部分第 1 卷[①]的编者之一。在该卷于 1975 年出版后，由她领导的研究小组就投入第 5 卷，即《德意志意识形态》卷的资料收集、研究和编辑准备工作当中。大约到 1987—1988年，即在东欧剧变、苏联解体之前，她的研究小组完成了《德意志意识形态》初步的编辑设想以及非常详细的内容概述。据此她撰写了《〈马克思恩格斯全集〉历史考证版第 1 部分第 2 和 3 卷的新认识及其对确定第 5卷的研究与出版工作的意义》《〈费尔巴哈〉手稿的形成过程和将其编入〈马克思恩格斯全集〉历史考证版第 2 版第 1 部分第 5 卷的情况》《关于莫·赫斯参与〈德意志意识形态〉的写作。论阿·卢格的〈巴黎二载。文稿和回忆录〉》三篇论文，刊载于 1989 年出版的《马克思恩格斯研究论丛》第 26 辑上。

　　1990 年 2 月，在特里尔马克思故居研究所专门召开了关于《德意志意识形态》的学术讨论会，陶伯特在会上发表了长达 78 页（德文）、总题目为《马克思、恩格斯的〈德意志意识形态〉是怎样产生的？新的理解、疑问和争论》的研究报告，包括了《对黑格尔以后的哲学的批判。关于马克思和恩格斯〈德意志意识形态〉第 1 卷的写作过程》《从马克思、恩格斯和施蒂纳的争论中反映出来的法国革命》两篇论文。此外，艾克·莫利格（Elke Röllig）、赫尔穆特·埃斯纳尔（Helmut Elsner）、马里奥·巴泽尔（Mario Barzen）、雅克·格朗让（Jacques Grandjonc）等专家都发表了

[①]　收录马克思从中学到 1843 年 3 月的著作、文章、文学习作。

自己的研究论文，这些成果以《关于马克思首次在巴黎的活动和〈德意志意识形态〉的诞生的研究》为题作为《卡尔·马克思故居研究文集》第 43 辑于当年出版。

东欧剧变、苏联解体给 MEGA2 的编辑出版工作既造成了一定的困难，也提供了新的发展契机。1990 年 10 月成立了不受任何政府和意识形态控制的国际马克思恩格斯基金会，1992 年年初为了加强国际合作、协调编辑工作，由德国特里尔马克思故居研究所、法国普罗旺斯-艾克斯大学、巴黎第十大学等机构的有关研究人员组成了 MEGA2"德法项目组"，其中由陶伯特、雅克·格朗让和汉斯·佩尔格组成了"《德意志意识形态》工作小组"。由于其他小组成员都肩负着好几卷的编辑工作，雅克·格朗让又于 2000 年 10 月去世，所以实际上只有陶伯特本人专注于《德意志意识形态》的工作。

自 1993 年起，《德意志意识形态》又有了一个新的编辑框架。为了形成一个最终的稿本，曾进行过多次讨论。在此基础上"德法项目组"于 1996 年 10 月 24 至 26 日在特里尔又一次召开关于"《德意志意识形态》的编辑框架大纲"的专题讨论会。陶伯特在会上发表了《〈德意志意识形态〉的手稿与印刷稿（1845 年 11 月至 1846 年 6 月）。问题和结果》和《〈德意志意识形态〉手稿的留传过程及首次以原文发表的情况》；她还与汉斯·佩尔格、雅克·格朗让联名发表了《〈马克思恩格斯全集〉历史考证版第 1 部分第 5 卷的结构。卡尔·马克思、弗里德里希·恩格斯、莫泽斯·赫斯：德意志意识形态，手稿与印刷稿（1845 年 11 月至 1846 年 6 月）》和《马克思 1847 年 4 月 3 日的声明》的研究报告，这些成果都收入了《MEGA 研究》1997 年第 2 期。

这一设想是陶伯特等人在考察了《德意志意识形态》现存所有手稿、誊清稿和刊印稿，研究了过去所有的版本之后提出来的。他们特别指出，从 1926 年梁赞诺夫真正主持出版《德意志意识形态》起，过去所有的版本都想把这部实际上未完成的文本编成一部完整的著作，尤其是所有的编排方式都试图给其中的"费尔巴哈"章建立一种逻辑体系结构，或者试图对流传下来的手稿进行逻辑体系编排。陶伯特认为，这些版本都有一定的依据，也有各自的特点，但是，都有独断的特征。

为此，陶伯特等人根据近年来的研究结果和 MEGA2《编辑准则》，决定在编辑新版《德意志意识形态》时不再沿袭这种传统做法，而准备把流传下来的手稿作为独立成篇的文稿收录进来，并编成独立成篇的论文；原样收录流传下来的刊印稿；收文范围也有所扩大，将赫斯作为该书的作者之一，收录其两份手稿和四篇文章。这样，MEGA2 第 1 部分第 5 卷的书名就成为：卡尔·马克思、弗里德里希·恩格斯、莫泽斯·赫斯：《德意志意识形态，手稿与印刷稿（1845 年 11 月至 1846 年 6 月）》。

陶伯特等人提出的编排顺序如下[①]：

一、正文

1.［卡尔·马克思：］《答布鲁诺·鲍威尔》[②]

---

① Inge Taubert，Hans Pelger，Jacques Grandjonc，»Die Konstituion von MEGA2 I/5，Karl Marx，Friedrich Engels，Moses Hess：Die deutsche Ideologie. Manuskripte und Drucke（November 1845 bis Juni 1846）'«，*MEGA Studien*，1997/2，S. 57-58.

② 即《对布·鲍威尔反批评的回答》一文，见《马克思恩格斯全集》第 42 卷，364～367 页，北京，人民出版社，1979。过去有人误以为这篇文章就是《德意志意识形态》的"圣布鲁诺"一章。

2. 卡尔·马克思："序言"

3. 卡尔·马克思、弗里德里希·恩格斯："Ⅰ.费尔巴哈。草稿和笔记"

4. 弗里德里希·恩格斯、卡尔·马克思："费尔巴哈"

5. 卡尔·马克思、弗里德里希·恩格斯："Ⅰ.费尔巴哈。A.一般意识形态，特别是德意志意识形态"

6. 卡尔·马克思、弗里德里希·恩格斯："Ⅰ.费尔巴哈。正如我们德意志意识形态家们所许诺的……1.一般意识形态，特别是德国哲学"

7. 卡尔·马克思、弗里德里希·恩格斯："Ⅰ.费尔巴哈。正如德意志意识形态家们所宣告的……"

8. 卡尔·马克思、弗里德里希·恩格斯："各个民族之间的相互关系……"

9. 卡尔·马克思、弗里德里希·恩格斯："由此可见，事情是这样的：……个人……"

10. 卡尔·马克思、弗里德里希·恩格斯："莱比锡宗教会议"

11. 卡尔·马克思、弗里德里希·恩格斯："Ⅱ.圣布鲁诺"

12. 卡尔·马克思、弗里德里希·恩格斯："Ⅲ.圣麦克斯"

13. 卡尔·马克思、弗里德里希·恩格斯："莱比锡宗教会议闭幕"

14. 莫泽斯·赫斯（卡尔·马克思参与）：《评格拉齐安诺博士论文集。巴黎二载，阿·卢格的文稿和回忆录》

15. 卡尔·马克思、弗里德里希·恩格斯："真正的社会主义"

16. 卡尔·马克思、弗里德里希·恩格斯："I.《莱茵年鉴》或'真正的社会主义'的哲学"

17.〔弗里德里希·恩格斯:〕"卡尔·倍克《穷人之歌》,或'真正的社会主义'的诗歌"

18. 卡尔·马克思:"Ⅳ. 卡尔·格律恩:《法兰西和比利时的社会运动》(1845 年达姆斯塔德版)或'真正的社会主义'的历史编纂学"

19. 莫泽斯·赫斯(弗里德里希·恩格斯参与):"'霍尔施坦的格奥尔格·库尔曼博士'或'真正的社会主义'的预言。'新世界或人间的精神王国。通告'"

二、异文

1. a.〔卡尔·马克思:〕"答布鲁诺·鲍威尔"

18. a. 卡尔·马克思:"卡尔·格律恩:《法兰西和比利时的社会运动》(1845 年达姆斯塔德版)或'真正的社会主义'的历史编纂学"

三、莫泽斯·赫斯的文稿,收入资料卷,并且说明、解释其形成过程

20.〔莫泽斯·赫斯:〕"晚近的哲学家"

21.〔莫泽斯·赫斯:〕"阿尔诺德·卢格"

22.〔莫泽斯·赫斯:〕"共产主义预言家的密谋活动"

23.〔莫泽斯·赫斯:〕"奥古斯特·贝克尔的月刊:《宗教运动和社会运动的快乐信使》"

与过去的各种版本相比，上述编排办法的突出特点就是不再人为地编造一个体系，维持了手稿或刊印稿的原貌，把进一步的解释工作留给研究者去做。

2003 年出版的《马克思恩格斯年鉴》收录了按照上述思路编辑的《德意志意识形态》的第一、二章，作者除了马克思、恩格斯外，还加上了约瑟夫·魏德迈，主编为陶伯特和曾经长期担任特里尔马克思故居博物馆馆长兼研究中心主任的汉斯·佩尔格，还提及玛格丽特·狄岑（Margret Dietzen）、格拉德·胡布曼（Gerald Ghubman）和克劳蒂亚·莱希尔（Claodia Reichei）协助编辑。它被视为 MEGA2《德意志意识形态》正式版的"先行版"。在排版方式上它遵照原始手稿的对折模式，并且使用不同字体凸显马克思加的着重号。在页码上，在每一段文字的相应部位只是标注了马克思的原始页码，对于恩格斯标注页码和马克思标注页码的关系放在文章后面的解释中加以说明。

其正文和附录目录如下①：

1. 正文

卡尔·马克思："答布鲁诺·鲍威尔"

卡尔·马克思、弗里德里希·恩格斯："费尔巴哈和历史。草稿和笔记"

草稿第 1～29 页

草稿第 30～35 页

---

① *Marx-Engels Jahrbuch*，Berlin，Akademie Verlag，2004，S. V-VI.

草稿第 36～72 页

笔记

卡尔·马克思、弗里德里希·恩格斯："费尔巴哈"

卡尔·马克思、弗里德里希·恩格斯："Ⅰ. 费尔巴哈。A. 一般意识形态，特别是德意志意识形态"

卡尔·马克思、弗里德里希·恩格斯："Ⅰ. 费尔巴哈。1. 一般意识形态，特别是德国哲学"

卡尔·马克思、弗里德里希·恩格斯："Ⅰ. 费尔巴哈。序言"

卡尔·马克思、弗里德里希·恩格斯："Ⅰ. 费尔巴哈。残篇 1"

卡尔·马克思、弗里德里希·恩格斯："Ⅰ. 费尔巴哈。残篇 2"

卡尔·马克思、弗里德里希·恩格斯："莱比锡宗教会议"

卡尔·马克思、弗里德里希·恩格斯："Ⅱ. 圣布鲁诺"①

2. 附录

约瑟夫·魏德迈："鲍威尔和他的辩护士"

2017 年，延宕多年、吊足了研究者胃口的 MEGA2 第 1 部分第 5 卷终于出版了。作者只有马克思、恩格斯，编者不再有陶伯特和汉斯·佩尔格的名字，而改为乌尔里希·帕戈尔（Ulrich Pagel）、格拉德·胡布曼和克里斯汀·维克维特（Christine Weckwerth）。其正文和附录目录

---

①　下面四小节标题与通行本完全一致，即"'征讨'费尔巴哈""圣布鲁诺对费尔巴哈和施蒂纳之间斗争的思考""圣布鲁诺反对《神圣家族》的作者"和"与'莫·赫斯'的诀别"。

如下①：

1. 正文

［对青年黑格尔派哲学的批判］

卡尔·马克思："序言"［草稿］

［手稿"Ⅰ. 费尔巴哈"］

卡尔·马克思、弗里德里希·恩格斯："Ⅰ. 费尔巴哈。A. 一般意识形态，特别是德意志意识形态"

卡尔·马克思、弗里德里希·恩格斯："Ⅰ. 费尔巴哈。1. 一般意识形态，特别是德国哲学"

卡尔·马克思、弗里德里希·恩格斯：［"Ⅰ. 费尔巴哈"］

［第1—29页。批判鲍威尔部分的一个早期草稿］

［第30—35页。从"Ⅲ. 圣麦克斯"的"教阶制"挪过来的一部分］

［第40—73页。"Ⅲ. 圣麦克斯"的"教阶制"中挪过来的两个片段的早期草稿和一些笔记］

弗里德里希·恩格斯、卡尔·马克思："费尔巴哈。笔记"

卡尔·马克思、弗里德里希·恩格斯：［片断3］

卡尔·马克思、弗里德里希·恩格斯：［片断5］

卡尔·马克思、弗里德里希·恩格斯："莱比锡宗教会议"

---

① *Karl Marx/Friedrich Engels Gesamtausgabe*，Ⅰ/5，Berlin，De Gruyter Akademie Forschung，2017，S. V-Ⅷ.

卡尔·马克思、弗里德里希·恩格斯："Ⅱ. 圣布鲁诺"①

············

卡尔·马克思、弗里德里希·恩格斯："Ⅲ. 圣麦克斯"②

············

［对真正的社会主义的批判］

卡尔·马克思、弗里德里希·恩格斯："真正的社会主义"

Ⅰ.《莱茵年鉴》或"真正的社会主义"的哲学③

············

卡尔·马克思、弗里德里希·恩格斯：Ⅳ. 卡尔·格律恩。《法兰西和比利时的社会运动》(1845 年达姆斯塔德版)或"真正的社会主义"的历史编纂学④

············

莫泽斯·赫斯、弗里德里希·恩格斯：Ⅴ."霍尔施坦的格奥尔

---

① "Ⅱ. 圣布鲁诺"四小节标题与通行本完全一致，即"'征讨'费尔巴哈""圣布鲁诺对费尔巴哈和施蒂纳之间的斗争的思考""圣布鲁诺反对《神圣家族》的作者"和"与'莫·赫斯'的诀别"。

② "Ⅲ. 圣麦克斯"的目录与通行本基本一致，变动只有两处：一处在"5. 作为资产阶级社会的社会"后加了"论断 1：关于地产的析分、地役权的赎买和大地产对小地产的吞并""论断 2：私有财产、国家和法"；另一处是将通行本中与"1. 唯一者及其所有物"并列的"2. 辩护性评注"改为"1. 唯一者及其所有物"下"新约：我"中的最后一小节，即排在"6. 所罗门的雅歌或唯一者"之后的"7. 辩护性评注"。

③ 这一节的两个小标题与通行本完全一致，即"A.《共产主义、社会主义、人道主义》""B.《社会主义的建筑基石》"(又分为三小节，即"第一块建筑基石""第二块建筑基石""第三块建筑基石")。

④ 这一节的四个小标题与通行本也完全一致，即分为"圣西门主义"(又分为"《一个日内瓦居民给当代人的信》""《实业家的政治问答》""《新基督教》"和"圣西门学派")、"傅立叶主义"、"《目光短浅的卡贝老头》和格律恩先生"、"蒲鲁东"。

格·库尔曼博士"或"真正的社会主义"的预言。新世界或人间的精神王国。通告①

弗里德里希·恩格斯：["关于真正的社会主义手稿"]

2. 附录

莫泽斯·赫斯(卡尔·马克思参与)："评格拉齐安诺博士文集。巴黎二载，阿·卢格的文稿和回忆录"

莫泽斯·赫斯、弗里德里希·恩格斯：["关于格奥尔格·库尔曼和奥古斯特·贝克尔的手稿片断"]

罗兰特·丹尼尔斯(弗里德里希·恩格斯参与)："维·汉森博士的《1844年在特里尔圣洛克展览会上出现的神奇医疗的文档演示。1845年特里尔版》"②

相较于陶伯特1997年的方案和2003年"先行版"，它的变化在于以下几点。第一，确立了马克思、恩格斯作为《德意志意识形态》作者的主导地位，赫斯只是一个不很重要的参与者（正文收文一篇，附录收文两

---

① 与通行本不同的是，MEGA 把书名"新世界或人间的精神王国。通告"也列入了目录之中。

② 罗兰特·丹尼尔斯(Roland Daniels，1819—1855)，1838 年入波恩大学攻读哲学，不久转学医学。1842 年在柏林大学获博士学位，后在科隆行医。1844 年在巴黎成为马克思的朋友。1846 年起在科隆为布鲁塞尔共产主义通讯委员会工作。该委员会计划成立一个出版社，出版社会主义著作。《德意志意识形态》在威斯特伐利亚刊印受挫后，马克思通过魏德迈要求把手稿寄给丹尼尔斯，试图在科隆出版，未果。《1844 年在特里尔圣洛克展览会上出现的神奇医疗的文档演示》是一部 250 多页的资料集，由维·汉森撰写，1845 年在特里尔出版。

篇，1997 年方案中的"晚近的哲学家""共产主义预言家的密谋活动"悉数被删去），而作为"先行版"的作者之一的魏德迈则不见了踪影，只在附录的最后收入了罗兰特·丹尼尔斯的一篇论文。第二，不再明确标明两卷，而以"对青年黑格尔派哲学的批判"和"对真正的社会主义的批判"划分这部著述的结构。第三，严格按照原始手稿刊印，比如，"辩护性评注"曾经被通行本鉴定为"Ⅲ. 圣麦克斯"章中的两节之一，即"2. 辩护性评注"，而现在根据原始手稿改为"1. 唯一者及其所有物"下"新约：我"中的最后一小节，即排在"6. 所罗门的雅歌或唯一者"之后的"7. 辩护性评注"。

至此，国际上最权威的《德意志意识形态》版本终于露出了"庐山真面目"。

六、版本考证与文本解读、思想阐释的关系

以上我们根据目前所收集到的文献资料，经过甄别和辨析，完成了对《德意志意识形态》的思想前提、写作过程、刊布情形和版本源流的考察和梳理。应该说，花费这么大的精力进行细节考证，以如此长的篇幅叙述过程，这样一种研究方式在我国的马克思主义研究中还是不多见的。笔者的刻意为之，体现了笔者对文本研究中版本考证与文本解读、思想阐释之间关系的理解，在这里不妨集中陈述笔者的看法。

首先，必须说，版本考证是文本解读、思想阐释的基础和条件。精深的文本研究绝不能面对一部现成的、经过别人编辑而成的著述马上就

进行解读，尤其忌讳单纯根据其中的只言片语便对其思想进行概括和评论，首先应做的前提性工作是对文本写作的原初背景和写作过程进行考察，对该文本的原始手稿的各种版本进行甄别，因为我们虽然把文本看成是作者思想的表达，然而同时又必须保持警觉，即文本与原始思想之间其实不可能是完全对应的关系，就是说作者的思想未必已经完全通过文本表达净尽了。而文本研究必须尽可能根据文本及其相关文献对文本与作者思想之间的一致或差池作出分析。这样，从文本本身出发虽然最初提炼和抽象的只是文本中的问题和思想，但版本考证的各项细致的工作已经廓清了它们产生的文本语境、原初含义，以及相同问题的内涵演变与当代体征，这就使我们既看到历史延续和累积，也可以把握创新与重构，使文本中的原始思想的当代价值真实地呈现出来。

为了呈现一个完整的文本解读基础，对于那些思想深邃而又命运多舛的作品，应当对关乎此文本的所有文献，包括准备材料、先行稿、最初草稿、过程稿、修改稿、誊清稿、刊印稿、失佚稿以及其他相关材料进行全面收集和详实考证。作为本书研究对象的《德意志意识形态》正属于这样一种类型的作品。我们可以看出，它没有顺利完成，除了写作过程中的特殊情形（如出版形式一直不能确定①、对有的批判对象的有关著作或文章不太了解、另有《政治和政治经济学批判》和《英国社会史》的写作计划等）外，就内在的思想根源说，一定程度上源于马克思等人了断与青年黑格尔派哲学及当时德国流行的其他社会主义学说之间关系和

---

① 即是在杂志上发表还是出版单行本。这一问题能否很快落实直接影响这一著述的行文、选材和篇幅。

因缘的艰难，新的思想的剥离、锻造和建构过程的艰难。因此关乎那些原属于同一阵营、观念互为背景和参照的论者的思想历练过程，那些众多的文献文本都是我们研究《德意志意识形态》必须注意的材料；再从最直接的关系考虑，昭示马克思等人思想进程的那些文本①、被马克思喻为"莱比锡宗教会议"的《维干德季刊》1845 年第 3 期上布鲁诺·鲍威尔、施蒂纳等人的文章、施蒂纳的《唯一者及其所有物》、费尔巴哈、卢格、赫斯以及其他"真正的社会主义者"的著述也都属于《德意志意识形态》准备材料的范围，因此，也需要对这些著述给予程度不同的关注，甚至详细解读。

而就《德意志意识形态》本身来说，它的写作过程异常复杂，写作之初还没有通盘的框架构思。待确定了批判对象后，先写出一些短稿，这些篇章虽然后来也没有成为《德意志意识形态》的组成部分，但实际上是正式写作前的"尝试"或"演练"，因此，可将其视为《德意志意识形态》的"先行稿"。《论犹太人问题》《神圣家族》和《关于费尔巴哈的提纲》在不在此列另当别论，至少《对布·鲍威尔反批评的回答》属于这样的"先行稿"，对此我们不能视而不见。关于《德意志意识形态》最初的草稿、两卷本体系框架的形成过程，特别是"费尔巴哈"章的各不相同的手稿，还有迄今所有版本都没有收录的一些刊印稿、作为原属第 1 卷组成部分的《评格拉齐安诺博士文集。巴黎二载，阿·卢格的文稿和回忆录》和第 2 卷遗失的两章等，这些属于《德意志意识形态》的过程稿、修改稿、誊清稿、刊印稿、失佚稿以及其他相关材料，更是我们需要关注的重点。至

① 参看本书第一章第四部分。

于"费尔巴哈"章多种不同的编排方案，我们当然需要将这些重要的版本集中在一起进行比较和鉴别。①

所有这些并不是"博士卖驴"式的卖弄和炫耀，不是搞"烦琐哲学"；相反，可以说，版本考证深入和准确的程度与对作者思想把握和理解的客观程度是成正比的。在这里笔者不得不特别表达对国外马克思主义文献学家所做工作的敬意，特别是对他们在研究中所体现的谨慎、严谨的治学态度的钦佩。联想到国内长期以来对《德意志意识形态》的研究，那是一种怎样的情形呢？绝大多数研究者撇开对这一著述的写作过程、版本源流、文体结构的探究，甚至对其内容也不作全面性的解读和梳理，单纯根据通行本中的某个段落甚至一句话就无限演绎、提炼，根据当代现实和流行的观念去挖掘、比附马克思的思想，认为马克思的原始思想有着与当代社会现实和流行的思潮比肩而立的地位。现在看得很清楚了，这种没有学术依据、蹈空阐释的所谓"研究"，只有时效性，没有恒定性，从而也就很少有科学性和学术性，以至于包括《德意志意识形态》在内的马克思文本研究方面的积累是如此薄弱，对马克思本人思想的理解长期没有达到马克思本人所实现了的哲学变革的高度，而是处于一种低于马克思的或"前马克思"的层次和水准。

把版本考证的重要性强调到如此重要的地步，是不是意味着它就是文本研究的全部呢？也不是。行文至此，笔者又不得不表达近年持续跟踪国外马克思学研究动态、出入《德意志意识形态》各种版本研究后形成

---

① 因此，我们特别需要在 MEGA2 外，将这些不同的重要的版本集中在一起，编辑、出版一本"阅读版"的《德意志意识形态》。

的一种感受：在表达对国外同行工作敬意的同时，笔者又感到需要防止另一种极端的状况，即版本考证只是基础和条件，但它并不是文本研究的全部和归旨，文本研究不能至此止步，孜孜于文本版本的枝节考证而遗忘了对思想的总体关注，与撇开版本、单纯依据文本段落甚至话语就随意演绎、提炼思想一样，都不是完整的文本研究。

就拿"费尔巴哈"章排序问题来说，自从 1965 年巴加图利亚提出对长期流行的阿多拉茨基版结构和内容的不同理解以来，国外的文献专家们不厌其烦地在内容的顺序编排上进行考证和重构，特别是《德意志意识形态》工作小组成立以来，陶伯特等人更是在不同方案中爬梳、比较，难下决断。到 1997 年第 2 期《MEGA 研究》出版，大致方针本来已经确定，准备启动 MEGA2 第 1 部分第 5 卷的出版。但在征求包括巴加图利亚等人的意见后，巴加图利亚明确表示不同意他们的方案。这样围绕"费尔巴哈"章内容的顺序编排越来越成为一种排列组合的游戏，局内人乐此不疲，局外人则感到异常琐屑。很多论著置《德意志意识形态》中其他章节和马克思复杂而丰富的思想于不顾，老在一些枝节和细节上做文章，意欲何为呢？要知道，研究马克思文本的版本，不是为版本而版本，为研究而研究，而是以此为媒介把握马克思的思想，只停留在枝节和细节上消耗智慧，而遗忘了研究的真正目的和意旨，是不是有点舍本逐末了呢？而且，在一次性提出一个绝对客观、人人认同的永久性方案不太可能的情形下，可根据现在的研究成果暂时拟议和创设的范型去进一步探究马克思的思想，如果这种探究能够深入下去，或者遇到了困难，反过来不是可以对这种范型的合理性和不合理性作出评判、检视和调整吗？

此外，就 MEGA2 的编排来说，完全放弃内容的逻辑构架，而固执于时间顺序，也值得进一步考虑。

笔者认为，在具体文本编辑中，实际上很难单独按照时间顺序或逻辑顺序进行编排，二者并不是截然区分、判然有别的。从前面几章的梳理中，我们知道，虽然《德意志意识形态》在马克思、恩格斯生前没有出版，甚至个别章节没有写完，致使就现在留存下来的手稿看，这是一部结构上相当松散的著述。但是，对手稿的研究结果证明，马克思、恩格斯对其中一些部分还是进行了定稿处理，对其内容做了一些编排；就是对"费尔巴哈"章也是如此，只是这一部分留下来的手稿、誊清稿和刊印稿有几份，有的页码和内容上又不连贯，还有的则遗失了，致使对其进行逻辑体系编排增添了难度。从这个意义上讲，放弃逻辑顺序的编排，特别是过分地指责这种努力的必要性，甚至认为"由于缺少足够的线索和根据，那样做的结果将是一种随意编成的结构"①，是不公允的。"随意"的断语下得太"随意"了，举凡前面历数过的关于"费尔巴哈"章的各种编排，研究者都不是凭空臆想出来的框架。就是对于论者诟病最多的阿多拉茨基版来说，把原文分成三部分是编者的理解，但各个章、节、目所冠以的标题，有的是手稿原有的，其余的则都是来自作者在手稿边写的词语，编者将它们视为相应内容必要的提示。因此，广松涉为了凸显他的编排方案的正确而指称阿多拉茨基版"事实上等于伪造"是一种缺乏同情性理解的评判。对于按照逻辑顺序编排的编者来说，笔者认为重

---

① Inge Taubert，»Manuskripte und Drucke der ‚Deutschen Ideologie' (November 1845 bis Juni 1846). Probleme und Ergebnisse«，*MEGA Studien*，1997/2，S. 6.

要的不是放弃这种编排，而是"力图避免将自己的诠释抬高为绝对真理，并因此排除其他有道理的观点"①。

如果认为"把留存下来的手稿和刊印稿编成一部著作，那就意味着要去完成马克思和恩格斯所没有完成的东西"②，进而主张不按"逻辑顺序"进行编排，那就要按时间顺序编排。但实际上，后一种方案的麻烦一点也不会少。

按时间顺序编排的条件是能够基本上断定各个章节的写作时间，或至少能断定大概的写作顺序。可是，《德意志意识形态》的手稿和刊印稿并不具备这个条件。就大多数文稿而言，人们无法准确地弄清它们的手稿是何时至何时写作的，它们的样稿是何时至何时完成的；也无法完全断定哪篇手稿或样稿完成于前，哪篇完成于后。那些没有流传下来的样稿也是如此。通常只有一些可靠的线索能够说明这些手稿或样稿的写作至早开始于何时，至迟结束于何时：《维干德季刊》的出版，卢格的《巴黎二载，阿·卢格的文稿和回忆录》、格律恩的《法兰西和比利时的社会运动》、倍克《穷人之歌》等书的出版，赫斯抵达和离开的时间，魏德迈抵达和离开的时间，恩格斯前往奥斯坦德的时间，等等。为数不多的一些暗示着某些历史事件的说法又往往非常含糊，几乎无法让人信服。在这种情况下，编者通常要依靠推测。此外，完全按时间编排也会破坏各

---

① Helmut Elsner，»Über die Arbeit der ‚Deutschen Ideologie' am Karl-Marx-Haus in Trier«. 中译文见[德]赫尔穆特·埃斯纳尔：《特里尔马克思故居研究所〈德意志意识形态〉的编纂工作》，见王东、丰子义、聂锦芳主编：《马克思主义与全球化——〈德意志意识形态〉的当代阐释》，7页，北京，北京大学出版社，2003。

② Inge Taubert，»Manuskripte und Drucke der ‚Deutschen Ideologie' (November 1845 bis Juni 1846). Probleme und Ergebnisse«，*MEGA Studien*，1997/2，S. 6.

篇著作的完整性。譬如，仅从写作时间上考虑，就得分解"三、圣麦克斯"和"一、费尔巴哈。草稿和笔记"的手稿，而这样做是有悖于出版原则的。

其实，对于时间顺序与逻辑顺序并不是截然区分、判然有别的这种状况，那些多年浸润在手稿文献中、对提出一种既符合作者原初意旨又可以获得人人认同的方案之难有深刻体味的学者也意识到了，为此，作为"《德意志意识形态》工作小组"成员之一的雅克·格朗让提出了"相对时间排序"（relativen Chronologie）的原则，这也符合 MEGA2 的《编辑准则》规定，即"遇到某篇著作有多篇文稿的情形，可选择较早写成的文稿收录，如果可以明显看出此文稿内容连贯的话"，"所编著作在每一部分之内按时间顺序编排：编排时主要依据完稿（写作）时间，而非准备时间或者发表时间……若某些著作的写作时间较长，可视其写作过程而定"。①

总之，版本研究与文本解读、思想阐释和体系建构是基础与目的的关系，它们之间既是递进的，同时也是相互依存的。缺乏版本研究的支撑，只是凭借由后人编辑而成的现成的文本，把一部未完成的著述俨然视为完整的作品去进行解读，甚至单纯根据其中的只言片语就对其思想进行概括和评论，必然会造成误读和歧解；而离开对文本思想意旨和总体架构的了解，版本考证实际上也不能顺利进行下去，那些散乱的片断、中断了的叙述、失佚稿的内容和逻辑，只有靠文本思想的整体把

---

① Internationalen Marx-Engels-Stiftung Amsterdam（hrsg.），*Editionsrichtlinien der Marx-Engels-Gesamtausgabe*，Berlin 1993，S. 26/22.

握，才能得到接续、联系和"复原"。尊重文本原貌、再现原始思想、揭示体系构架只有处于一种相互支持、融通的关系中，真正体现出"三位一体"，文本研究才能达到比较高的水准。

第六章

经典的地位是如何确立的
——《共产党宣言》创作史、传播史新探

认真检视马克思的文本解读史，我们会发现，不仅尚有大量的笔记、札记、提纲、书信、藏书中的眉批等没有纳入研究视野或者研究得非常不够；就是对于那些我们曾经着力研究、宣传过的著作，也还有一些理应加以梳理、探讨的内容事实上我们并没有认真研究过。比如《共产党宣言》（以下简称《宣言》），过去关注的主要是它的思想和策略，对其文体结构、创作过程、传播途径等的探讨就很少。现在看来，《宣言》在马克思文本序列中的经典地位仍然毋庸置疑，但这种经典地位是如何确立起来的？是由其本身的思想和内容奠定的，还是由后继者对它总体思想中的某些部分的突出强调和与实践的紧密结合而形成的？构成这一文本的 4 个部分之间为什么会在叙述风格、行文节奏、篇幅长短等方面不一致、不均衡？一部当时并未引起多大反响的小册子为什么在以后的岁月中发挥了无与伦比的影响？这些在过去甄别得并不很清楚。深入的马克思文本研究应当对如许难题给予令人信服的解答，而离开对当时特定情境和不同版本的考察和辨析，单靠纯粹的思辨，这些难题是不能得到解决的。

一、《共产党宣言》定稿的结构分析

无论是苏联、东欧还是我国的马克思主义研究界，过去都不同程度地夸大了《宣言》原初的文本与以后流传过程中它所产生的巨大影响之间的因果关系，即为了凸显其经典性质和思想意义，有意无意地把以后因复杂因素而产生的判断附加到其身上。即使是像马丁·洪特（Martin. Hundt）和巴加图利亚这样的马克思文献研究专家，在其梳理《宣言》创作简史①，剖析其理论内容和逻辑结构②的研究中也存在这种状况；而国内学术界即使是近年的研究中，也流行这样的判断："《宣言》不是一蹴而就的仓促之作、应景之作，而是经过反复修改、反复锤

---

① 参见［德］马丁·洪特：《〈共产党宣言〉是怎样产生的》，金海民译，北京，商务印书馆，1979。

② Багатулия, «Формирование теоретического содержания и логической структуры "Манифеста Коммунистической партии"»，Москва，Манифест и современная эпоха，издательство политической литературы，1974.

炼的精心之作。"①这种说法虽然给予了《宣言》文本很高的评价，但与实际情形却并不符合。在展开对《宣言》创作史的梳理之前，我们不妨先分析一下其定稿的结构，看是一种什么状况。

我们以2012年人民出版社出版的《马克思恩格斯选集》第3版第1卷②为蓝本。不包括七个序言，《宣言》的正文从该书的第399～435页，共36页、214个自然段。各部分的情况如下。

开头部分在该书的第399页，分6个自然段，分别阐述共产主义在欧洲的状况及其影响（第1、2自然段）、从这种影响中引申出的"两个结论"（第3、4、5自然段）以及撰写《宣言》的目的（第6自然段）。

第一章"资产者和无产者"在该书的第400～413页，共13页又1行半，分54个自然段。首先论述贯穿"至今一切社会的历史都是阶级斗争的历史"（第1～5自然段）；然后分析资本主义产生、发展的历史进程及其作用（第6～28自然段）、无产阶级的现实命运及其前途与使命（第29～54自然段）。这一章篇幅最长，语调舒缓，段落甚长，论证翔实，视域宽泛。

第二章"无产者和共产党人"在该书的第413～422页，共10页，分86个自然段。首先阐述共产党人与无产者的关系（第1～14自然段）；然后以论战的形式反驳对共产主义的责难，即似乎共产主义要消灭"财产"

---

① 北京大学马克思主义文献研究中心编：《〈共产党宣言〉与全球化》，75页，北京，北京大学出版社，2001。

② 马克思、恩格斯：《共产党宣言》，见《马克思恩格斯选集》第1卷，376～435页，北京，人民出版社，2012。

(第 15～39 自然段)①、"家庭"(第 40～52 自然段)②、"民族和祖国"(第 53～58 自然段)、"宗教和道德"(第 59～68 自然段)③；最后论述"工人革命"的步骤和措施(第 69～86 自然段)。这一章篇幅变短，语调加快，以句为段，多观点陈述和事实描述，论证减少，特别能看出是对作为《宣言》"草稿"的《共产主义信条草案》和《共产主义原理》的直接搬用。

第三章"社会主义的和共产主义的文献"在该书的第 423～433 页，近 11 页，分 56 个自然段。该章的第 1 部分"反动的社会主义"叙述了"(甲)封建的社会主义"(第 1～10 自然段)、"(乙)小资产阶级的社会主义"(第 11～17 自然段)和"(丙)德国的或'真正的'社会主义"(第 18～34 自然段)的情况；第 2、3 部分是关于"保守的或资产阶级的社会主义"(第 35～42 自然段)和"批判的空想的社会主义和共产主义"(第 43～56 自然段)的材料。这一章属于文献辑录和汇纂，显然是从"共产主义者同盟"提供的众多材料中选择出一些进行罗列和评论的。

第四章"共产党人对各种反对党派的态度"在该书的第 433～435 页，2 页，分 12 个自然段。具体说明"共产党人对各国各种反对党派的态度"(第 1～5 自然段)，最后集中论述了共产党人的政治策略的基本原则(第 6～12 自然段)。这一章篇幅最短，在列举了共产党在各个国家的活动情况(并不完全)，表述了党的要旨和纲领之后，就匆匆煞尾了。

以上的统计和分析表明，就《宣言》的定稿而言：第一，四个章节之间的层次划分不分明，在论述的内容上有重复；第二，叙述风格不一

---

① 由论述财产问题还涉及个性、劳动的动因和教育问题。
② 由论述家庭问题还涉及教育。
③ 由论述宗教和道德问题扩展到探讨一般社会意识问题。

致，有的偏于说理论证，有的则只是罗列材料和观点；第三，篇幅长短不均衡，第一章最长，最后一章最短，相差竟有 11 页之多；第四，论证节奏不一致，有的徐徐道来，视野宏富，有的则以句为段，只提出论点、措施而没有分析。

我们知道，《宣言》的定稿工作是由马克思来完成的。这时虽然他才29 岁，但已经是一个"老笔杆子"的理论家了。作为一个从少年时代便开始写作，早已养成以文字表述其对世界的理解和看法的习性的学者，这时的马克思已经过在波恩大学、柏林大学的学习和训练，为《莱茵报》撰稿和主持编务的磨难，在克罗茨纳赫研读历史，在巴黎研读经济学，在伦敦和布鲁塞尔研究当时社会的政治经济结构的历练，已经完成了"博士论文"、一大批时事评论、《论犹太人问题》、《〈黑格尔法哲学批判〉导言》、《神圣家族》、《哲学的贫困》等作品，撰写过《1844 年经济学哲学手稿》、《关于费尔巴哈的提纲》、《德意志意识形态》等著作，并且正在撰写多卷本的《政治经济学批判》。综观马克思到写作《宣言》为止的著述，可以说不仅思想深邃、论证严密，而且那些已经定稿的作品布局谋篇非常讲究，篇幅长短均匀，论述思路清晰，行文节奏一以贯之。相形之下，《宣言》的定稿却是这样一种情形，就很难说这是一部"经过反复修改、反复锤炼的精心之作"了。

那么，是什么原因导致的这种结局呢？这就需要对《宣言》的创作史作出分析了。

二、《共产党宣言》是在什么情况下定稿的？

首先需要指出的是，《宣言》并不是马克思计划中的著述，而是一部"委托"之作，这一点在他与恩格斯联合署名的《1872年德文版序言》和恩格斯单独写成的《1888年英文版序言》里已经反复说明了。这里需要澄清的问题如下。第一，"共产主义者同盟"的领导人为什么要委托马克思、恩格斯起草其纲领？第二，马克思、恩格斯是在什么时候介入起草纲领一事的？是同时介入的吗？介入的时间有多长？什么时候、什么情况下完成的这一工作？以下我们一一作出梳理和甄别。

我们知道，"共产主义者同盟"的前身是"正义者同盟"，而"正义者同盟"的前身则是"流亡者同盟"。这些政治组织之所以发生前后相续的嬗变，一个很重要的原因是其纲领一再流产，其成员对其活动的目标、步骤等一直没有形成一个明确而统一的意见。"流亡者同盟"本身是"一个具有共和民主主义倾向的组织"，"目的是——建立和保持社会的和政治的平等、自由、公民美德和人民的一致"，这一规定本身就"潜伏着两种不同的思想基础和实践策略"。[①]　结果其内部形成了两派，两派之间的对立和斗争，最终导致其分裂，其中的一部分人组织了"正义者同盟"。"正义者同盟"建立伊始，便为制定纲领而进行了积极的活动。1838年同盟委托魏特林起草纲领。为此，魏特林写了《现实的人类和理想的人类》，从"人生下来就是平等的"这一原则出发，论证了财产"共有共享"的合理性，号召无产阶级为实现这个目标而斗争。同盟对此并不满意。除了对其所阐述的思想有意见外，对其表述方式也不认同，因为

---

① Кандель，«История создания Манифеста Коммунистической партии»，«Вопросы истории»，№10，1948，С.12.

他采取的是一个"教义问答式"的形式。

1847年1月底，"正义者同盟"的领导人莫尔到各地征求各支部成员对同盟改组的意见，其间他也到布鲁塞尔拜访了马克思，到巴黎拜访了恩格斯。苏联和我国撰写的马克思主义哲学史论著，认为莫尔此行是"专门正式邀请马克思和恩格斯参加'同盟'"的，并且"在确信它①的领导者同意按照科学共产主义的原则对'同盟'实行改组之后，马克思和恩格斯表示同意参加"②，这一说法无法得到材料的佐证。反倒是我们在民主德国统一社会党中央马克思列宁主义研究院和苏共中央马克思列宁主义研究院集体编辑的3卷本《"共产主义者同盟"文件和资料》中找到了莫尔去访问时所带去的"磋商全权证书"，全文是：

亲爱的弟兄们：

特命约瑟夫·莫尔先生前去了解各支部的活动情况，并征求诸位对同盟的意见。我们希望得到你们的真实的情况和真诚的建议，衷心地问候你们。

以中央委员会的名义并受中央委员会的委托

卡尔·沙佩尔、约瑟夫·莫尔、亨利希·鲍威尔

1847年1月15日③

① 指"正义者同盟"。

② Рокгаски，《Как возник Манифест Коммунистической партии》，Москва，Издательство политической литературы，1962，C.13；黄楠森等主编：《马克思主义哲学史》第1卷，566页，北京，北京出版社，1991。

③ *Dokumente und Materialien der „Bund der Kommunisten"*，Vol.1，Berlin，Dietz Verlag，1972，S.433.

　　这份"磋商全权证书"一开头就称"亲爱的弟兄们"，显然指的是"正义者同盟"各支部的正式成员，而马克思、恩格斯当时并未加入同盟，所以我们判断，莫尔这次只是顺道访问马克思、恩格斯，其主要目的还是了解各支部的情况。此行的成果在 1847 年 6 月由"正义者同盟"改组为"共产主义者同盟"而举行的第一次代表大会上所发表的"共产主义者同盟"致同盟盟员的通告信中反映出来，该信详细地列举了同盟支部在各地的具体情况与所存在的问题，但没有提到对马克思、恩格斯的访问①。再加上马克思本人并没有出席这次会议，仔细查阅从 1847 年 1 月底莫尔到访至 1847 年 11 月 19 日"共产主义者同盟"第二次代表大会召开时马克思的活动记载和著述②，也没有发现他对同盟的事宜发表过任何看法，特别是考虑到这时已经完成了对"德意志意识形态"即以费尔巴哈、布鲁诺·鲍威尔、施蒂纳为代表的青年黑格尔派哲学和以卡尔·格律恩、弗里德里希·海尔曼·泽米希、鲁道夫·马特伊为代表的"真正的社会主义"思潮的批判的马克思、恩格斯在德国理论界虽然已崭露头角，但还没有到独领风骚的地步，所以恐怕还不能说共产主义者同盟已经是第一个以（马克思主义的）科学社会主义为指导的无产阶级政党。

　　好多论著还谈到，莫尔到访时已经委托马克思、恩格斯代为起草同盟纲领了，就是说委托期要从 1847 年 1 月底算起。姑且算有这回事，其实正如上文所指出的，直到 11 月 29 日马克思实际上没有操作此事，

---

　　① 《共产主义者同盟第一次代表大会致同盟盟员的通告信，1847 年 6 月》，见《马克思恩格斯全集》第 42 卷，424～437 页，北京，人民出版社，1979。

　　② ［苏］弗·阿多拉茨基主编：《马克思年表（1818—1883）》，张惠卿、李亚卿译，33～42 页，北京，人民出版社，1982。

恩格斯也是直到 1847 年 6 月初在伦敦召开共产主义者同盟第一次代表大会后才起草了《共产主义信条草案》。人们已经习惯把马克思、恩格斯看成一体的了，其实马克思与恩格斯对此事的态度还是有些差别的。这说明《宣言》的创作至少不会早于 6 月。

还有一个问题，如果从莫尔到访算起，受托起草纲领者只是马克思、恩格斯，还是还有别人？我们倾向于认为是后者。证据是，虽然到 6 月 2 日—9 日共产主义者同盟第一次代表大会召开只有恩格斯拿出《共产主义信条草案》，以至于 6 月 24 日中央委员会将它与章程草案和一个致同盟的公告一共三个文件分发给各支部，要求认真抓好盟员阅读、学习文件的工作[①]。但实际上随后就陆续收到一些盟员就党的纲领写得较长的文章甚至小册子，其中包括斯蒂凡·波尔恩、克里斯蒂凡·古德凯、佩尔·耶尔特勒克等人的，特别是赫斯写了《一篇绝妙的教义问答修正稿》作为提案。只是在收到反馈意见并看了其他草案后，恩格斯才又于 1847 年 10 月末代表巴黎支部撰写了《共产主义原理》作为对纲领草案的意见。

1847 年 11 月 29 日至 12 月 8 日，在伦敦召开了"共产主义者同盟"第二次代表大会，马克思、恩格斯均参加了。经过讨论，大会通过了一个经过重大修改的章程和关于委托马克思和恩格斯撰写《共产党宣言》的决议。因此，严格地说，这时马克思、恩格斯才算受托起草《宣言》，并且没有其他的受托者。会后马克思正式展开了这项工作，由于对同盟的

---

① 《伦敦共产主义者同盟中央委员会致汉堡同盟支部》，见《马克思恩格斯全集》第 42 卷，439 页，北京，人民出版社，1979。

状况不熟悉，中央委员会给他提供了诸多材料供其所用，同时他又特别参照了恩格斯先前所撰写的《共产主义信条草案》和《共产主义原理》，但抛弃了它们仍然沿用的魏特林式的"教义问答"的行文方式。马克思先在伦敦、后在布鲁塞尔起草这一文件，但与此同时，他并没有中断自己正在进行中的著作的写作。

1848 年 1 月 24 日，一直没有见到马克思、恩格斯撰写的文稿，等得不耐烦的共产主义者同盟中央委员会作了如下的决议：

> 中央委员会决定委托布鲁塞尔支部委员会通知卡尔·马克思：如果今年 2 月 1 日（星期二）之前，他不把在最近召开的代表大会上承诺起草的《共产党宣言》寄到伦敦，那就要对他采取其他措施。如果他不打算起草《宣言》，中央委员会要求他立即退还代表大会提供给他的各种文件。①

在这种情况下，《宣言》就匆匆煞尾了。确实是"仓促"完成的。

至此，我们可以把创作《共产党宣言》的几个"基本阶段"简列如下：

(1)1838 年，魏特林：《现实的人类和理想的人类》；

(2)1846 年 11 月，《十一月文告》；

(3)1847 年 2 月，《二月文告》；

(4)1847 年 6 月初，恩格斯：《共产主义信条草案》；

---

① *Dokumente und Materialien der „Bund der Kommunisten"*，Vol. 1，Berlin，Dietz Verlag，1972，S. 1049.

(5)1847 年 10 月末，恩格斯：《共产主义原理》；

(6)1847 年 12 月—1848 年 1 月，马克思和恩格斯：《共产党宣言》。

三、《共产党宣言》为什么能成为马克思影响最大的著作?

《共产党宣言》最初于 1848 年 2 月在伦敦以共有 23 页的单行本发表。1848 年 3 月至 7 月，《共产党宣言》又在德国流亡者的民主派机关报《德意志伦敦报》(*Deutsche Londoner Zeitung*)上连载。德文原本也是1848 年在伦敦再版的，这是一个共有 30 页的小册子；这次更正了第 1版中一些印错的字，并改进了标点符号。这一原本后来被马克思和恩格斯规定为以后各个版本的基础。1848 年《共产党宣言》同时又被翻译成许多种欧洲文字(法文、波兰文、意大利文、丹麦文、弗拉曼特文和瑞典文)。在 1848 年的各个版本中未提《共产党宣言》作者的名字。1850 年宪章派左翼的机关刊物《红色共和党人》(*The Red Republican*)登载《共产党宣言》的第一个英文译文时，该杂志的编辑乔·哈尼在序言中第一次指出作者的名字。1872 年《共产党宣言》出版了新的德文版，作者作了某些不大的修改，马克思和恩格斯合写了一篇序言。这一版本以及后来在1883 年和 1890 年出版的各个版本，都是以《共产党宣言》为题出版的。

《共产党宣言》的第一个俄文译本是由巴枯宁翻译的，1869 年在日内瓦出版；1882 年在日内瓦又出版了普列汉诺夫的译本。普列汉诺夫的译本给《共产党宣言》的思想在俄国广泛传播奠定了基础。马克思和恩格斯认为在俄国宣传马克思主义具有重大的意义，他们特地给这一译本写了一篇序言。在马克思逝世之后，《共产党宣言》出版了许多种曾经由恩格斯校阅过的版本，例如在 1883 年出版了附有恩格斯写的序言的德文版；在 1888 年出版了由赛米尔·穆尔(Samuel Moore)翻译的英文版，这一版本是由恩格斯校订过的，并附有恩格斯补写的序言和附注；在 1890 年出版了附有恩格斯写的序言的德文版。在最后的这一版本中，恩格斯也加上了几个附注。1885 年，在《社会主义者报》(Le Socialiste)上发表了《共产党宣言》的法文译文，它是马克思的女儿劳拉·拉法格翻译的，并由恩格斯校阅过。恩格斯还曾给 1892 年的波兰版和 1893 年的意大利版分别写过序言。

20 世纪 20 年代中期，梁赞诺夫在荷兰阿姆斯特丹国际社会史研究所查找资料时，发现了作为《共产党宣言》第 2 稿的《共产主义原理》的原始草本；之后，他尝试按图索骥，找到作为《共产党宣言》第 1 稿的《共产主义信条草案》的材料，但是未能如愿。直到 1968 年，瑞士马克思学家贝尔特·安德烈阿斯在德国汉堡一家图书馆里才发现了许多与"共产主义者同盟"第一次代表大会有关的文件，其中有章程草案和恩格斯起草的第一个纲领草案《共产主义信条草案》(1847 年 6 月 2—9 日起草)。1969 年，这个文件首次按原文发表；1970 年，《共产主义信条草案》又用俄文发表。

文本的命运犹如个体生命的历程，曲折而多变。尽管是一本受托写作，又是在上述情况下匆匆交稿、结构上不能算很完整的小册子，其事后的影响力却超过马克思任何一部计划写作、精心构思、反复锤炼的作品，这恐怕是马克思本人始料未及的，也是意味深长的。回溯《宣言》的传播史，我们感到几种因素起了关键作用。

（1）在马克思的文本序列中，《宣言》篇幅短小，语言通俗，又是具体的政治组织的纲领。因此，它较之《资本论》《德意志意识形态》等大部头的巨著、较之"博士论文"、《1844 年经济学哲学手稿》等哲学作品更易于流传，更容易为普通民众特别是劳动者所接受。

（2）恩格斯的序言所起的导向作用。现在作为《宣言》组成部分的 7个序言中，有 2 个是马克思、恩格斯联合署名的，其余 5 个都是恩格斯写的。再查 20 世纪 60 年代阿姆斯特丹国际社会史研究所德国组组长布鲁门伯格为该所所藏马克思手稿原件编写的目录，所有《宣言》的序言的原件全是恩格斯的笔迹。虽然 1848 年革命和巴黎公社事件后，《宣言》所阐述的措施就显得与资本主义社会的状况和工人运动的实际有些脱离，因此作者也承认《宣言》的思想有的已经过时了，但恩格斯总体上对《宣言》持非常高的评价，特别是在马克思去世后更是这样。比如在 1892年波兰文版序言中他甚至认为："近来《宣言》在某种程度上已经成为测量欧洲大陆大工业发展的一种尺度"，"根据《宣言》用某国文字发行的份数，不仅可以相当准确地判断该国工人运动的状况，而且可以相当准确地判断该国大工业发展的程度"。[①] 恩格斯的名字是与马克思联系在一起的，特别是马克思去世后他是马克思主义的最权威的阐释者，他的导向和看法对人们接受马克思的思想所起的作用是无人可替代的。

（3）当马克思主义发展谱系中政治家成为主角的时候，他们的评价更形成了单纯的学者和理论家所难以产生的影响力。列宁突出强调了

---

① 马克思、恩格斯：《共产党宣言》，见《马克思恩格斯选集》第 1 卷，394 页，北京，人民出版社，2012。

《宣言》在马克思文本体系中无出其右的独特价值，认为它第一次系统地叙述了马克思主义的基本原理，它"以天才的透彻而鲜明的语言描述了新的世界观，即把社会生活领域也包括在内的彻底的唯物主义、作为最全面最深刻的发展学说的辩证法、以及关于阶级斗争和共产主义新社会创造者无产阶级肩负的世界历史性的革命使命的理论"①，"这本书篇幅不多，价值却相当于多部巨著：它的精神至今还鼓舞着、推动着文明世界全体有组织的正在进行斗争的无产阶级"②。斯大林更称《宣言》是一部划时代的文献，"马克思和恩格斯以自己的'宣言'创造了一个时代"③。在中国，毛泽东认为《宣言》是帮助他建立马克思主义信仰的三本书之一；邓小平 1992 年在南方谈话中也说："我的入门老师是《共产党宣言》……马克思主义是打不倒的。打不倒，并不是因为大本子多，而是因为马克思主义的真理颠扑不破。"④政治家们以其敏锐的观察力和战略气魄突出了《宣言》的时代意义。

（4）与前一点相联系，当大规模的出版、宣传成为一种"国家行为"的时候，在普通民众的印象和理解中，《宣言》的思想就同马克思主义画等号了。在长达 70 余年的苏联历史上，《共产党宣言》成为出版版本最多的马克思主义文献。据笔者统计，仅从 1932 年到 1986 年，《共产党

①　列宁：《卡尔·马克思》，见《列宁选集》第 2 卷，416 页，北京，人民出版社，1995。

②　列宁：《弗里德里希·恩格斯》，见《列宁选集》第 1 卷，93 页，北京，人民出版社，1995。

③　斯大林：《无政府主义还是社会主义？》，见《斯大林全集》第 1 卷，322 页，北京，人民出版社，1953。

④　邓小平：《在武昌、深圳、珠海、上海等地的谈话要点》，见《邓小平文选》第 3 卷，382 页，北京，人民出版社，1993。

宣言》在苏联再版 19 次，其中，时间间隔最长的 18 年（1932—1950），此外，每隔 3 年或 5 年就再版一次（1950—1956，1966—1969、1976—1979、1979—1985），有 时 是 隔 年 再 版（1956—1958、1959—1961、1962—1964、1964—1966、1970—1972、1972—1974），或每年都再版（1958—1959、1959—1961、1961—1962、1974—1975、1975—1976、1985—1986），更有甚者，1966 年一年出了两版，即在一般的"普及版"之外增加了"研究版"和"高等院校教学版"。与此相配套，注解、阐释、研究和宣传《共产党宣言》的书籍、论文集更是难以计数。每逢马克思、恩格斯诞辰日和忌日、《共产党宣言》发表逢五遇十纪念日、十月革命纪念日等，都有大量出版物涌现。

1899 年马克思的名字出现在中文报刊上，开始了马克思主义中国化的历程。首先介绍的就是《宣言》的思想①。此后从 1920 年出现第一个完整的译本，到 1949 年中华人民共和国成立，先后出现了陈望道译本（1920），华岗译本（1930），成仿吾、徐冰译本（1938），陈瘦石译本（1943?），博古译本（1942），莫斯科外文局译本（1948），等等。中华人民共和国成立后，《宣言》的译本更是经过反复改进，迄今为止，它是马克思著作中在中国发行版本最多、研究资料最为丰富和普及程度最广、影响最大的文本。

最后需要指出的是，本书对《宣言》定稿结构的分析、对其创作过程

① 1899 年，上海出版的《万国公报》首次提到马克思的名字与学说，称"以百工领袖著名者，英人马克思也。马克思之言曰：'纠股办事之人，其权笼罩五洲，突过于君相之范围一国。'"。这里把马克思误作英国人，所引用的就是《宣言》中的一段话，现在的译文是："资产阶级，由于开拓了世界市场，使一切国家的生产和消费都成为世界性的了。"（《马克思恩格斯选集》第 1 卷，404 页，北京，人民出版社，2012。）

和传播途径的重新梳理和甄别，并不是要质疑其在马克思主义文本中的经典地位；而是要表明，这种地位的确立并不完全是由其本身的思想和内容奠定的，更主要的是由后继者对它总体思想中的某些部分的突出强调和与实践的紧密结合而形成的。其实这种情形在思想史上并不鲜见。比如，在中国传统文化中，《论语》及其影响不也具有类似的特征吗？历史上的孔子不过是一个不得志的"士"，周游列国推行自己的学说，当时并没有多少人倾听，更不用说接受了，所以他自称为"丧家之犬"。善于"述而不作"的孔子甚至没有留下一部自己的著作，《论语》不过是他的弟子和再传弟子对其言论、行状的零碎的记录；然而数百年之后，从汉代"罢黜百家，独尊儒术"起，孔子的思想影响渐大，最后成为中国传统文化的主干，以至出现过"半部《论语》治天下"的说法。文本的写作过程、最初的思想内容与其后来的影响之间确实存在一种错综复杂和微妙的关系，期待研究者不断地作出深入的探讨、客观的描述和中肯的评价，这也正是文本研究、社会思想史研究的永恒魅力之所在。

第七章 | 《资本论》"版本学"及研究意义

　　《资本论》是马克思的代表作，对其思想的准确理解是我们掌握马克思主义基本理论最重要的依据和基础。然而，严格说来，它并不是一本业已完成的著作，而是一个庞大的手稿群。在马克思生前只出版了第 1 卷，且在不断的修改中留下该卷数个不同的版本，而其他两卷他并没有完成，是在其去世后由恩格斯根据遗留下来的手稿整理、修订后定稿并出版的。过去的《资本论》研究大都依据定稿的三卷"通行本"，在目前新的时代境域和更为权威而完整的马克思文献陆续刊布的情况下，基于"版本学"研究成果深入探究马克思复杂的思想世界及其演变过程，进而客观而公正地评估《资本论》的当代价值，成为当代马克思主义研究的重要课题。这里我们从创作历程和结构演变、主要版本及其目录对照、"叙述方法"等方面初步勾勒《资本论》"版本学"的大致内容，进而阐明其主旨、界域和意义。

一、《资本论》的创作历程和结构演变

《资本论》从准备、写作到修改、整理和出版经历了一个相当复杂的过程。以下我们分三个阶段进行简要梳理。

（一）1843—1856 年：《资本论》准备阶段

早在 1842 年至 1843 年，马克思在担任《莱茵报》编辑期间，"第一次遇到要对所谓物质利益发表意见的难事"，这是促使他"研究经济问题的最初动因"。[①] 1843 年，他写作了《黑格尔法哲学批判》及《〈黑格尔法哲学批判〉导言》，得出"市民社会决定国家"的思想，表达了要通过对政治经济学的批判去解剖"市民社会"的愿望和决心。从 1843 年 10 月到 1845 年 1 月，马克思在旅居巴黎期间，写下了第一批关于政治经济学的笔记，史称"巴黎笔记"，这是他一生研究政治经济学、撰写这一方面著述的开始。"巴黎笔记"共 9 册，大部分是他研读同时代人以及前人政治经济学著作的摘录、批注和评论。与这些笔记的写作密切相关，马克思这一时期还写作了着重阐述"异化劳动"的《1844 年经济学哲学手稿》。

---

① 马克思：《〈政治经济学批判〉序言》，见《马克思恩格斯选集》第 2 卷，1～2 页，北京，人民出版社，2012。

1845 年 2 月，马克思遭到巴黎当局的驱逐，被迫迁往布鲁塞尔。在离开巴黎的前两天，他同达姆斯塔德的出版商签订了出版两卷本的《政治和国民经济学批判》的合同。随后，他全身心地投入撰写这一著作的准备中，研读了相关领域的一些重要著述，留下 7 册被称为"布鲁塞尔笔记"的文献。1845 年 7 月到 8 月，马克思在英国曼彻斯特图书馆又完成了 9 册笔记，史称"曼彻斯特笔记"。1847 年，为了批判蒲鲁东，已经确立了唯物史观基本立场的马克思创作出版了《哲学的贫困》一书，以论战的形式第一次科学地表述了其政治经济学的研究方法及基本观点。1849 年 4 月，马克思在《新莱茵报》上发表了《雇佣劳动与资本》，为深入解剖资本主义生产方式奠定了基础。1850 年 9 月到 1853 年 8 月，马克思在伦敦再一次系统攻读政治经济学说史和同时代经济学家的著作，并作了大量的摘录、札记和评论，留下 24 册笔记，总计达 100 个印张以上，这就是著名的"伦敦笔记"。

马克思上述政治经济学批判和研究，可以说是为《资本论》的实际撰写所做的准备性工作。因为写作这样一部剖析资本主义社会复杂经济结构的巨著，必然要求系统地研究、批判地继承前人的优秀成果，在分析中形成自己的独立见解。马克思的这些笔记和著述为他日后写作《资本论》提供了重要的议题、思路和框架。

(二)1857—1867 年：《资本论》整体写作阶段

到 1857 年，马克思已经进行了近十五年的政治经济学研究。恰从这一年开始，资本主义史上第一次世界性的普遍的"生产过剩"的危机爆发，这促使他把自己在多年研究中形成的思想加以整理、总结，开始系统地撰写政治经济学著作。1857年10月到1858年5月,马克思写成了篇幅巨大的7册手稿,后称《政治经济学批判大纲》,又称《政治经济学批判(1857—1858年手稿)》。这部著述触及后来在《资本论》中详细加以探讨的许多重要问题,特别在其导言中,马克思依据生产力与生产关系之间辩证统一的观点,分析了生产、分配、交换和消费之间的复杂关系,进一步深入阐述了政治经济学的方法论问题。他还首次明确区分了劳动和劳动力,分析和阐释了包括剩余价值等在内的一系列科学概念。可以说,这部手稿在马克思政治经济学研究和《资本论》写作过程中具有承上启下的关键性作用。

由于问题本身的复杂性和写作计划的变化,马克思曾签订的关于出版两卷本《政治和国民经济学批判》的合同并没有付诸实施。这时他又设想分6个分册来阐述其思想。1859年1月,新写作的《政治经济学批判》一书出版,就是他当时计划的6个分册中的第1分册。在该书序言中,马克思深刻概述了历史唯物主义的基本原理,并明确指出这是他用于指导自己研究工作的原则。其后,在写第2分册时,马克思又改变了计划,决定以《资本论》为全书的正标题,而把《政治经济学批判》作为副标题。从1861年8月到1863年6月,马克思创作了篇幅更为庞大的手稿(《经济学手稿(1861—1863年)》),共23册。这部手稿大部分是对剩余价值学说史的梳理和批判,马克思把商品作为研究的出发点,分析了资本流通和简单商品流通的区别,并详细地分析和阐明了剩余价值的生产过程。1863年至1865年,马克思在《经济学手稿(1857—1858年)》《经济学手稿(1861—1863年)》的基础上又写出了新的手稿(《经济学手稿(1863—1865年)》),内容分为三部分,基本上相当于后来《资本论》的

第1、2、3卷。这时马克思逐步形成了《资本论》四册（理论三册、理论史一册）结构的计划，1866年10月，三卷四册结构计划得以最终确定。

至此，经过近十年的艰苦工作，马克思写出了篇幅浩繁的三部手稿，对政治经济学的一系列重要问题几乎都作了属于自己的独特而详尽的研究和阐发。

(三)1867—1883年：《资本论》出版、整理和研究阶段

1866年到1867年，马克思把此前完成的庞大的手稿加工改写成《资本论》第1卷付印稿，即《资本论》第1卷德文第1版，于1867年9月14日在德国汉堡出版，这是具有划时代意义的事件。正如恩格斯所说："自从世界上有资本家和工人以来，没有一本书像我们面前这本书那样，对于工人具有如此重要的意义。"①

从1868年起，马克思在身患多种疾病、生活更加贫困的艰苦条件下，不仅坚持对第1卷的其他语言版本进行了精心的修订，还孜孜不倦地对《资本论》第2、3卷的手稿进行了不同程度的加工和整理，继续进行深化、拓展的研究工作，其中在《资本论》第1卷出版后就写过7份第2卷主要手稿。但遗憾的是，马克思最终未能完成《资本论》第2、3卷理论部分和第4卷理论史的整理工作，于1883年3月离开了人世。

马克思逝世后，恩格斯毅然放下自己手中的研究工作，肩负起整理、编辑和出版《资本论》遗稿的艰巨任务。1885年7月，经过恩格斯整

---

① 恩格斯：《卡·马克思〈资本论〉第一卷书评——为〈民主周报〉作》，见《马克思恩格斯选集》第2卷，70页，北京，人民出版社，2012。

理、编辑的第 2 卷在德国汉堡出版。而第 3 卷就马克思留下的手稿看"只有一个初稿,而且极不完全"①,因此,恩格斯面临的工作的难度更大。为了使原稿更加完善,恩格斯作了艰巨而繁杂的修订、增补和注释等工作,1894 年 12 月,这一卷也在德国汉堡出版。需要指出的是,恩格斯在从事上述工作的过程中,还同那些歪曲、诽谤《资本论》的形形色色的资产阶级学者进行了坚决的斗争,捍卫了这一巨著鲜明的立场和科学的价值;同时根据新的情况和新的研究,充实了马克思的手稿,为《资本论》增加了新的内容。可以说,《资本论》这座雄伟的理论大厦的建立,是由马克思和恩格斯共同完成的。

《资本论》第 4 卷即《剩余价值理论》,是《资本论》的"历史批判部分"。恩格斯考虑到自己年事已高,便把整理和出版这一卷的工作委托给考茨基。考茨基于 1905 年到 1910 年以《剩余价值学说史》为书名,分 3 册出版。

以下我们梳理一下《资本论》叙述结构的具体演变过程。

《资本论》所要研究的,"是资本主义生产方式以及和它相适应的生产关系和交换关系"②。但问题的关键在于,它们从来都不是显性地摆在研究者面前的实体性存在,而是一个非常复杂而又不断变化的结构。如何准确、全面而深刻地理解、揭示这一结构及其变动过程,马克思可以说费尽心思,《资本论》的理论结构的形成过程,实际就是他的这种探

---

① 恩格斯:《〈资本论〉第三卷序言》,见《马克思恩格斯文集》第 7 卷,4 页,北京,人民出版社,2009。

② 马克思:《〈资本论〉第一卷 1867 年第一版序言》,见《马克思恩格斯选集》第 2 卷,82 页,北京,人民出版社,2012。

索的忠实记录。

早在 1844 年，开始将自己的研究由对社会的"副本"批判转向"原本"批判的马克思，在研读古典经济学和社会主义著述的基础上，最初产生了创作两卷本著作《政治和国民经济学批判》的计划，并且还与出版商签订了合同。这是《资本论》结构最早的设想，但这一计划没有实现。1851 年他又计划写三本书，一是批判资产阶级政治经济学的理论，二是批判空想社会主义，三是论述政治经济学史，也没实现。在《经济学手稿(1857—1858 年)》中，马克思拟定的政治经济学理论体系为五篇：

(1)一般的抽象的规定，因此它们或多或少属于一切社会形式，不过是在上面所阐述的意义上。(2)形成资产阶级社会内部结构并且成为基本阶级的依据的范畴。资本、雇佣劳动、土地所有制。它们的相互关系。城市和乡村。三大社会阶级。它们之间的交换。流通。信用事业(私人的)。(3)资产阶级社会在国家形式上的概括。就它本身来考察。"非生产"阶级。税。国债。公共信用。人口。殖民地。向国外移民。(4)生产的国际关系。国际分工。国际交换。输出和输入。汇率。(5)世界市场和危机。①

随后在 1859 年《〈政治经济学批判〉序言》中，马克思又将理论结构

---

① 马克思：《经济学手稿(1857—1858 年)》，见《马克思恩格斯全集》第 30 卷，50 页，北京，人民出版社，1995。

修改为 6 册计划：

> 我考察资产阶级经济制度是按照以下的顺序：资本、土地所有
> 制、雇佣劳动；国家、对外贸易、世界市场。在前三项下，我研究
> 现代资产阶级社会分成的三大阶级的经济生活条件；其他三项的相
> 互联系是一目了然的。①

在《经济学手稿（1861—1863 年）》中，马克思再次将以前拟定的理
论体系加以改变，即九项内容：

(1)导言。商品。货币。

(2)货币转化为资本。

(3)绝对剩余价值：(a)劳动过程和价值增殖过程；(b)不变资
本和可变资本；(c)绝对剩余价值；(d)争取正常工作日的斗争；
(e)同时的各工作日(同时雇用的工人人数)。剩余价值额和剩余价
值率(大小和高低?)。

(4)相对剩余价值：(a)简单协作；(b)分工；(c)机器等等。

(5)绝对剩余价值和相对剩余价值的结合。雇佣劳动和剩余价
值的比例。劳动对资本的形式上的从属和实际上的从属。资本的生
产性。生产劳动和非生产劳动。

---

① 马克思：《〈政治经济学批判〉序言》，见《马克思恩格斯选集》第 2 卷，1 页，北
京，人民出版社，2012。

（6）剩余价值再转化为资本。原始积累。韦克菲尔德的殖民理论。

（7）生产过程的结果。

（占有规律的表现上的变化可以在第 6 点或第 7 点中考察。）

（8）剩余价值理论。

（9）关于生产劳动和非生产劳动的理论。[①]

后来的《资本论》就是按照《经济学手稿（1861—1863 年）》中制定的架构而展开的。马克思将其手稿分为两大部分，一部分是"理论部分"，另一部分是"理论史部分"或"历史批判部分"，计划分开出版。马克思在《资本论》第 1 卷第 1 版序言中概括为三卷四册："这部著作的第二卷将探讨资本流通过程（第二册）和总过程的各种形式（第三册），第三卷即最后一卷（第四册）将探讨理论史。"[②]恩格斯按照这个体系编辑，将原稿第 2 册整理改编为《资本论》第 2 卷，题名为"资本的流通过程"；将原稿第 3 册整理改编为《资本论》第 3 卷，题名为"资本主义生产的总过程"。《资本论》的全部体系共分四卷结构，前三卷是关于政治经济学的理论部分，后一卷是关于政治经济学学说史部分。

以上叙述框架由两卷本著作—三本书计划—五个分篇—六册计划—九项内容—两大部分—三卷四册结构—四卷内容的曲折变迁，浸透了一

---

① 马克思：《经济学手稿（1861—1863 年）》，见《马克思恩格斯全集》第 36 卷，313 页，北京，人民出版社，2015。

② 马克思：《〈资本论〉第 1 卷 1867 年第 1 版序言》，见《马克思恩格斯选集》第 2 卷，84 页，北京，人民出版社，2012。

个思想巨匠整整 40 年的殚精竭虑的探索过程。在过去的《资本论》研究中，论者的关注点主要集中在对其成型、定稿部分（恩格斯整理的三卷本）的思想观点的概括和把握上，现在丰富的文献材料的刊布必然要求我们将这种研究转向思想史的探究、转向对马克思曲折的探索历程背后思想视野和嬗变的理解和分析，这将大大拓展《资本论》研究的视野，深化对其思想复杂性的认识。

二、《资本论》的主要版本及其目录对照

就版本学研究来说，《资本论》有"独立价值"的版本主要包括：第 1 卷德文第 1 版、德文第 2 版、法文版、德文第 3 版、英文版、德文第 4 版，第 2 卷德文版，第 3 卷德文版。以下笔者作简单介绍。

(一)第 1 卷德文第 1 版

该版于 1867 年 9 月由位于汉堡的奥托·迈斯纳出版社（Verlag von Otto Meissner）出版。现收入《马克思恩格斯全集》"历史考证版第 2 版"（MEGA2）第 2 部分第 5 卷，由柏林迪茨出版社（Dietz Verlag）于 1983 年出版；收入《马克思恩格斯全集》中文第 2 版第 42 卷，由人民出版社于 2016 年出版。

这是《资本论》第 1 册（Buch）的首版。除"序言"外，包括 6 章（Kapitel）22 节以及"附录"，其目次如下：

序言

第一册 资本的生产过程

第一章 商品和货币

第二章 货币转化为资本

第三章 绝对剩余价值的生产

第四章 相对剩余价值的生产

第五章 对绝对剩余价值和相对剩余价值生产的进一步考察

第六章 资本的积累过程

第一册注释的增补

第一章第一节附录 价值形式

　　这是凝聚马克思多年探索和思考的心血之作的首次亮相。就整个叙述逻辑和思想体系来说，马克思"采取了完满的处理方式"，"把错综复杂的经济学问题放在恰当的位置和正确的联系之中"，"完满地使这些问题变得简单明了"，特别是"非常出色地叙述了劳动和资本的关系，这种关系在这里第一次得到完满而又相互联系的叙述"。①

　　但是，由于长期浸润于高深的哲学华章和浩瀚的经济学文献中，这一版在叙述和篇章结构的划分方面存在一些问题。马克思自认为属于常识性的东西或比较顺畅的逻辑，对一般读者来说是较难理解和接受的。在写作时他并没有过多地考虑读者的知识结构和理论水准，而是按照自

---

　　① 恩格斯：《恩格斯致马克思(1867 年 8 月 23 日)》，见《马克思恩格斯文集》第 10 卷，267 页，北京，人民出版社，2009。

已论述的逻辑布局谋篇的，这样大部头的著述只设计了 6 章，而第二、三、四章有"节"而无"目"，特别是第四章，中文版总共 205 页①，只分了 4 节——平均 50 页一节。如果没有足够的耐心和毅力，特别是对此议题不熟悉或者不感兴趣的读者是很难阅读下去的。实际上这一篇最后定稿时就已经意识到这一问题，并做了一定程度的补救，这就是要增加一个附录的原因。因为在正式出版之前，恩格斯和库格曼看了校样，认为马克思关于第一章"价值形式"的论述不够通俗，他们建议再写一个通俗易懂的说明附在这一卷的末尾。

(二)第 1 卷德文第 2 版

该版于 1872 年仍由奥托·迈斯纳出版社出版。现收入 MEGA2 第 2 部分第 6 卷，由柏林迪茨出版社于 1987 年出版；没有中文版。内容划分由原来的"章—节—目"改为"篇（Abschnitt）—章—节—目"结构，其目次如下：

第一版序言

第一册　资本的生产过程

第一篇　商品和货币

　　第一章　商品

　　第二章　交换过程

---

① 马克思：《资本论》第一卷（根据德文第一版翻译），见《马克思恩格斯全集》第 42 卷，316～520 页，北京，人民出版社，2016。

_____

① 这是后来通行的《资本论》第 1 卷德文第 4 版的中文表述，下同。德文原文为 Arbeitsprozeß und Verwertungsprozeß，直译是"劳动过程和使用过程"。

② 德文原文为 Teilung der Arbeit und Manufaktur，直译是"劳动分工和手工工场的分工"。

③ 德文原文为 Größenwechsel von Preis der Arbeitskraft und Mehrwert，直译是"劳动力价格和剩余价值的巨大变化"。

　　马克思在第 2 版中首先解决了篇章结构的划分问题，将第 1 版中的 6 章内容扩展细化为 7 篇 25 章，这样无疑有助于读者通过目录把握全书的议题和逻辑。第 2 版增加了很多新的注释和界说，便于读者理解正文所涉及的各个细节及背景。

　　除此而外，表述方面的修改也耗费了马克思很多精力。作为开篇的第一章极为关键，在第 1 版中该章第 1 节只是语焉不详地提到价值实体与价值量之间的联系，没有展开分析，所以在第 2 版中，马克思重新进行了详细的阐发，"更加科学而严密地从表现每个交换价值的等式的分析中引出了价值"①，特别突出了价值量是由社会必要劳动时间决定的论断。该章第 3 节关于价值形式的论述更是全部改写了，这也是他接受库格曼的建议而做的，因为大多数读者对此一无所知。所以要让他们比较准确地理解马克思关于价值形式与价值本质之间深刻关联的意图和见解，就需要一个"更带讲义性的补充说明"②，将价值形式的流变和现实表现通俗地梳理和解释一下。这样《资本论》这部探究资本逻辑的理论著述就要求作者在阐释观点时必须采取"双重叙述"的方式——将自己独特的创新性观点与这个领域内一般理论知识及其变迁融合起来得以呈现。鉴于第一章最后一节"商品的拜物教性质及其秘密"内容上的重要性，第 2 版在第 1 版的基础上大部分都做了修改。第三章第 1 节讨论的是"价值尺度"，在第 1 版中考虑到 1859 年出版《政治经济学批判。第一分册》对此已有说明，所以写得比较粗糙和简略，这之后的《资本论》已经是独立的著作了，当它出版后人们已经不大可能再阅读《政治经济学批判。第一分册》了，所以第 2 版对这节内容作了仔细的订正。至于具体文字，特别是修辞上的修改在第 2 版中各处都有。

(三)第 1 卷法文版

该版于 1872—1875 年分 9 辑(44 个分册)由克劳德-莫里斯·拉沙特尔(Claude-Maurice La Châtre)在巴黎出版，约瑟夫·鲁瓦(Joseph Roy)翻译，经马克思审定。现收入 MEGA 第 2 部分第 7 卷，由柏林迪茨出

---

① 马克思：《〈资本论〉第一卷第二版跋》，见《马克思恩格斯文集》第 5 卷，14 页，北京，人民出版社，2009。

② 马克思：《〈资本论〉第一卷第二版跋》，见《马克思恩格斯文集》第 5 卷，14 页，北京人民出版社，2009。

版社于 1989 年出版；收入《马克思恩格斯全集》中文第 2 版第 43 卷，由人民出版社于 2016 年出版。其目次如下：

马克思对法文版的翻译投入了很多精力。1862 年 12 月《资本论》的初稿还在紧张的写作中,马克思就让夫人燕妮·马克思去巴黎联系出版事宜,他当时的想法是,只要德文版一出版,法文版即刻跟进。但之后事情的进展并不顺利,1869 年 10 月至 1970 年 4 月第一国际巴黎支部成员沙·凯雷曾翻译出约 400 页的译稿,马克思对此做了修改,但此事后因故不了了之。1872 年 2 月马克思的女婿拉法格与克劳德-莫里斯·拉沙特尔签订了合同,计划分 44 个分册出版,共 9 辑,每辑 5 册(最后一辑为 4 册),1875 年出齐。这也是马克思的想法,他认为定期分册出版《资本论》,使它"更容易到达工人阶级的手里,在我看来,这种考虑是最为重要的"①。

---

① 马克思:《〈资本论〉第一卷法文版序言和跋》,见《马克思恩格斯文集》第 5 卷,24 页,北京,人民出版社,2009。

最后找到的是费尔巴哈著作的法文译者约瑟夫·鲁瓦（Joseph Roy）。他于 1872 年年初开始翻译，到 1873 年年底完成。为了保证尽可能准确地传达原文的意思，他是逐字逐句进行的翻译，但导致的后果是整部著作译得过于死板，没有考虑到法国与德国读者之间思维方式、理论素养、理解能力和阅读取向等方面的差异。所以尽管马克思觉得"他非常认真地完成了自己的任务。但正由于他那样认真，我不得不对表述方法作些修改，使读者更容易理解"①。马克思认为，"不仅个别的句子，而且整页整页的译文都得重新改写"②。

与此同时，马克思还加进了原来德文版没有的不少新内容，把第 1 卷德文第 2 版 7 篇 25 章细化为 8 篇 33 章。更为重要的是，法文版的很多修改和新的表达成为准确理解马克思思想的重要依据。诸如，将"资本主义生产方式"改为"资本主义生产"③，有助于从"经济运行"的意义上理解《资本论》的研究对象；将"价值"替换和分解为"交换价值"和"使用价值"，意在使这一抽象范畴的内涵具体化；将"价值的对象性"（Wertgegenständlichkeit）改为"现实性"，使价值作为客观存在而非头脑里的假定的特性展示出来；而关于资本积累对于工人命运的影响，德文版中只有 3 段，到法文版扩大为 21 段，使阐释更为详尽；关于资本在

---

① 马克思：《〈资本论〉第一卷法文版序言和跋》，见《马克思恩格斯文集》第 5 卷，27 页，北京，人民出版社，2009。

② ［德］燕妮·马克思：《燕妮·马克思（女儿）致路德维希·库格曼（1872 年 5 月 3 日）》，见《马克思恩格斯全集》第 33 卷，681 页，北京，人民出版社，1973。

③ 即将德文第 1 版"序言"中"资本主义……生产方式的典型地点是英国"改为"英国是这种生产的典型地点"。参看《马克思恩格斯文集》第 5 卷，8 页，北京，人民出版社，2009；《马克思恩格斯全集》第 43 卷，17 页，北京，人民出版社，2016。

农村剥夺农民的土地，使农民变为无产者，原来德文版认为，在这一点上英国是最具代表性的典型形式，法文版则特别加了一句话："但是，西欧的其他一切国家都正在经历着同样的运动……"[1]意指这样的情形并不包括东方(如俄国、印度和中国)[2]。

(四)第 1 卷德文第 3 版

该版于 1883 年仍由奥托·迈斯纳出版社出版。现收入 MEGA 第 2 部分第 8 卷，由柏林迪茨出版社于 1989 年出版；没有中文版。其目次如下：

第 1 版序言

第 2 版序言

第 3 版序言

第一册　资本的生产过程

第一篇　商品和货币

　　第一章　商品

　　第二章　交换过程

　　第三章　货币或商品流通

第二篇　货币转化为资本

① 马克思：《〈资本论〉第一卷法文版》，见《马克思恩格斯全集》第 43 卷，770～771 页，北京，人民出版社，2016。

② 参看张钟朴：《〈资本论〉第一卷法文版及其他版本——〈资本论〉创作史研究之六》，载《马克思主义与现实》，2016(3)。

---

① 这是后来通行的《资本论》第 1 卷德文第 4 版的中文表述，下同。德文原文为 Arbeitsprozeß und Verwertungsprozeß，直译是"劳动过程和使用过程"。

② 德文原文为 Teilung der Arbeit und Manufaktur，直译为"劳动分工和手工工场的分工"。

③ 德文原文为 Größenwechsel von Preis der Arbeitskraft und Mehrwert，直译为"劳动力价格和剩余价值的巨大变化"。

第 1 卷法文版出版后，马克思参照这个"在原本之外有独立的科学价值，甚至对懂德语的读者也有参考价值"①的版本继续修改德文版，"用他自己精练的德语代替流畅的法语"②。特别是由于第 1 卷引用了很多英文资料和文献，马克思原来的叙述中夹杂着很多英文语气。他感到这是一个问题，所以在世时亲自校订了一些章节，并多次口头提醒恩格斯以后修改时要注意这方面的情况。

马克思去世后，恩格斯在其遗物中发现了他的"自用本"，根据其中的标注开始了第 1 卷德文第 3 版的修改和增补。恩格斯注意到，"资本的积累过程"部分之前各篇马克思都作过比较彻底的修改，只有

① 马克思：《〈资本论〉第一卷法文版序言和跋》，见《马克思恩格斯文集》第 5 卷，27 页，北京，人民出版社，2009。

② 恩格斯：《〈资本论〉第一卷第三版序言》，见《马克思恩格斯文集》第 5 卷，29 页，北京，人民出版社，2009。

这一篇原文却更接近于单纯的初稿，虽然生动活泼，显得一气呵成，但文体上很不讲究，表述上有不明确的地方，逻辑展开的过程也有不足之处，个别重要论点只是提了一下，缺乏进一步的解释和论证，当然还有英文语气问题。恩格斯认真研读了马克思"自用本"中的校订，确立了"一个标准"来解决这些问题，使他能够尽量与马克思已经修改了的地方协调一致。

不过，恩格斯毕竟不是作者，而只是一个编者（der Herausgeber），所以在处理第 3 版时他还是非常谨慎的。按照他的自况，"凡是我不能确定作者自己是否会修改的地方，我一个字也没有改"①。也就是说，他只是严格按照马克思的原始意图、其在世时提出的有待以后处理但最终没有来得及落实的具体意见进行修改，而不是为了使《资本论》的新版本能跟得上时代的步伐，至少在形式上与学术"前沿"保持同调，所以他并没有把当时流行的概念比如德国经济学家惯用的行话搬到《资本论》新版本中来。比如，在作为《资本论》初稿的《经济学手稿（1863—1865年）》中，马克思曾经写道："在今天的德语中，也是把资本家即用来雇用劳动的那种物的人格化，称为劳动给予者［Arbeitsgeber］，而把提供劳动的实际工人称为劳动受取者［Arbeitsnehmer］。"②但后来在《资本论》第 1 卷中，马克思不再使用这对概念。但多年后，特别是 1870—1882年这些术语又被一大批德国经济学家所使用，甚至还出现在《1870 年 6

① 恩格斯：《〈资本论〉第一卷第三版序言》，见《马克思恩格斯文集》第 5 卷，29 页，北京，人民出版社，2009。

② 马克思：《经济学手稿（1863—1865 年）》，见《马克思恩格斯文集》第 8 卷，488 页，北京，人民出版社，2009。

月波恩工人问题大会记录》中。按照当时经济学的解释，资本家是通过支付现金而让别人为自己劳动的，所以应该叫作劳动给予者（donneur de travail），而工人为了工资则让别人取走了自己的劳动，所以是劳动受取者（receveur de travail）。如果从表面上看，既然流行的概念是马克思当年曾经使用过的，现在利用再版机会重新恢复也说得过去，但恩格斯敏锐地看出，法文中 travail（劳动）一词在日常生活中也有"职业"的意思，因此如果把资本家叫作 donneur de travail（劳动给予者），把工人叫作 receveur de travail（劳动受取者），就会让读者感到二者只是从事的职业不同，而没有本质性的差别。假如以此来修改《资本论》中关于资本家和雇佣工人的表述，不仅在法国人那里会被看作"疯子的行为"，更是对马克思《资本论》思想的曲解。因为在"劳动"的意义上将资本家和工人联系起来讨论，认为二者只是"劳动"的不同层面、发挥着不可替代的作用，就会从本质上掩盖"劳动"是劳动者独有的能力和活动，但其成果却被资本家所占有的秘密。因此，恩格斯没有为了赶时髦而在第 3 版中对此做出任何改动。

此外，在第 3 版中恩格斯也没有为了迎合德国读者而把《资本论》中到处使用的英制货币和度量衡单位换算成德制单位。因为在第 1 版出版时，德国尚未统一，德制度量衡种类很多，又极其混乱，所以马克思遵循的是科学研究中通常采用的度量衡方式，即以世界市场上通用的英制度量衡为单位来表述资本的运行。对于一部几乎完全从英国的工业状况中取得实际例证的著作来说，采用这种方式是很自然的。后来尽管德国统一且境内经济发展出现了一体化态势，新的度量衡制度也建立起来，但恩格斯在第 3 版中没有循此进行改动。他的考虑是，德国统一及其变化没有改变世界资本主义的总体格局，在世界市场上英国的强势地位几乎没有什么变化，特别是当时那些有决定意义的工业部门诸如制铁业和棉纺织业中，通用的还几乎完全是英制度量衡。《资本论》是用德文写作的，但它讨论的却是世界性问题，是面向全世界读者的，不可能为了迁就德国人阅读和理解的便利而在"世界性"方面做出"让步"和调整。

(五)第1卷英文版

该版于1887年在伦敦分上、下两卷出版，译者是赛米尔·穆尔(Samuel Moore)和爱德华·艾威林。现收入MEGA2第2部分第9卷，由柏林迪茨出版社于1990年出版；没有中文版。其目次如下：

编者序言

作者序言

Ⅰ. 第1版

Ⅱ. 第2版

第一册　资本主义的生产(Capitalist production)

第一篇　商品和货币

　　　　第一章　商品

　　　　第二章　交换

　　　　第三章　货币，或者商品流通

第二篇　货币转化为资本

---

① 这是后来通行的《资本论》第 1 卷德文第 4 版的中文表述，下同。英文原文为 The general formula for capital，翻译为"资本的一般公式"或者"资本的一般形式"更好，在拉丁语中，"formula"的意思为"形式"，约在 17 世纪 30 年代进入英语词汇。

② 英文原文为 Contradictions in the general formula of capital，可译为"在资本一般形式中的矛盾"。

③ 英文原文为 division of labour and manufacture，直译为"劳动和手工工场分工"。

---

① 英文原文为 Conversion of surplus-value into capital。
② 英文原文为 Expropriation of the agriculture population from the land。
③ 英文原文为 Genesis of the capitalist farmer。

在《资本论》中被引用的著作和作者

1883 年马克思去世后，随着马克思主义的传播，出版《资本论》英文版显得颇为迫切。他和恩格斯共同的朋友、"可能比任何人都更熟悉这部著作"的赛米尔·穆尔同意承担翻译工作，同时商定，由恩格斯对照原文校订译稿，提出修改意见。但是后来穆尔因业务繁忙，不能如大家所期待的那样很快完成任务，于是马克思的女婿爱德华·艾威林提出由他担任一部分翻译，由马克思的小女儿爱琳娜·马克思-艾威林核对引文，"使占引文绝大多数的英文引文不再是德文的转译，而是采用原来的英文原文"①。"译者只对各自的译文负责"，而恩格斯"对整个工作负全部责任"②。他发现有的引文页码弄错了，有的引号和省略号放错了位置，还有某些引文在翻译时用词不很恰当和不确切。更有甚者，恩格斯还甄别出一些引文是根据马克思 1843—1845 年在巴黎所作的旧笔记本抄录的，当时马克思还不懂英语，他所读的英国经济学家的著作是法译本；那些经过两次转译的引文多少有些与原意不符，如引自詹姆斯·斯图亚特、安德鲁·尤尔等人著作的话就是如此。所有这些地方恩格斯都替换成英文原文，其他纰漏处也一一改正了。"只有一段引文没有找到出处，这就是理查·琼斯的一段话"，他猜想"马克思大概把书名写错了"。当然，这些改正并没有使《资本论》的内容"有丝毫值得一提的

① 恩格斯：《〈资本论〉第一卷第四版序言》，见《马克思恩格斯文集》第 5 卷，37 页，北京，人民出版社，2009。

② 恩格斯：《〈资本论〉第一卷英文版序言》，见《马克思恩格斯文集》第 5 卷，32 页，北京，人民出版社，2009。

改变"，相反，恩格斯发现，挚友的著作经得起反复检视，"所有其余的引文都仍然具有充分的说服力，甚至以其现在的确切形式而更加具有说服力了"。①

(六)德文第 4 版

该版于 1890 年仍由奥托·迈斯纳出版社出版。现收入 MEGA 第 2 部分第 10 卷，由柏林迪茨出版社于 1991 年出版；收入《马克思恩格斯全集》中文第 2 版第 44 卷、《马克思恩格斯文集》第 5 卷，由人民出版社于 2001 年、2009 年出版。其目次如下：

卡·马克思　第一版序言

卡·马克思　第二版跋

卡·马克思　法文版序言和跋

弗·恩格斯　第三版序言

弗·恩格斯　英文版序言

弗·恩格斯　第四版序言

第一册　资本的生产过程

第一篇　商品和货币

　　第一章　商品

　　第二章　交换过程

---

① 恩格斯：《〈资本论〉第一卷第四版序言》，见《马克思恩格斯文集》第 5 卷，37 页，北京，人民出版社，2009。

德文第 3 版没有使马克思的要求全部得以落实，于是恩格斯重新整理出第 4 版，主要是想尽可能把正文和注解都最后确定下来，提供一个最权威的版本。于是他又反复对照了法文版和马克思亲手写的笔记，把第 3 版编辑时遗漏了的法文版的一些地方补充到新德文版中，又按照法文版和英文版把一些很长的注解移入正文，还补加了一些说明性的注释，特别是对那些由于历史情况的改变人们已经很少知晓的事件原委和概念变迁，还有一些属于纯技术性的改动。恩格斯所有这些补加的注释都括在四角括号里，并且注出他的姓名的第一个字母 F 或"D. H."①。

(七)第 2 卷德文版

在《资本论》第 1 卷出版以后，马克思继续从事其他各卷的写作、整理工作，打算迅速完成全部著作。但是他没有能做到这一点，只为《资本论》第 2 卷、第 3 卷和第 4 卷留下庞大的准备稿、修正稿、补充稿以及相关的文献资料。这些都留待他的学说的另一位创造者——恩格斯及其后继者来处理。

按照马克思的预想，《资本论》第 2 卷探讨的是"资本的流通过程"。

---

① 德文 der Herausgeber(编者)的缩略词首字母。

从 1863 年下半年开始到 1883 年 3 月马克思逝世，在长达 20 年的时间里，马克思先后为《资本论》第 2 卷写过八个稿本，其中两份是涉及全书的完整手稿，六份是个别章节或片断的修改稿（马克思去世后恩格斯把它们编号为第Ⅰ稿～第Ⅷ稿），此外还有许多较短的计划稿和意见稿。八个稿本各自的情况是这样的：

第Ⅰ稿，可能写于 1864 年下半年至 1865 年春天，它是马克思的《经济学手稿（1863—1867 年）》的一部分。我们知道，《经济学手稿（1863—1867 年）》中对《资本论》所有"理论卷"的问题作了新的系统的梳理，而后集中精力研究了《资本论》第 1 卷和第 2 卷的问题，特别是为了出版而从实质上和形式上完善了这两卷著作的叙述，第Ⅰ稿就是其中制定"资本流通理论"和完整地叙述这一理论的一个草稿。

第Ⅱ稿，可能写于 1868 年年底到 1870 年①。在这一草稿里，马克思第二次打算系统地阐述"资本流通理论"的基本问题。

上述两个稿本，在恩格斯看来，虽然"实质上已经大体完成"，但是"文字上没有经过推敲"，有些地方"是按照作者当时头脑中发挥的思想的原样写下来的。有些部分作了详细的论述，而另一些同样重要的部分只是作了一些提示"②，特别是从手稿中可以看到许多重复的地方，还有大段大段离题的话。因此，恩格斯认为，尽管总的说来这两份手稿思想深刻、内容丰富，却与本书主题"资本的流通"无关，而只是关于资本主义生产过程的一般问题的论述，特别是对于第Ⅰ稿，恩格斯在为出版而准

---

① 在这一著作的扉页上恩格斯注明："大约完成于 1870 年。"
② 恩格斯：《〈资本论〉第二卷序言》，见《马克思恩格斯文集》第 6 卷，3 页，北京，人民出版社，2009。

备《资本论》第 2 卷的正文时，认为它"没有什么可以利用的"①。

第Ⅲ稿，写于 1867 年 9 月，约 17 个印刷页，主要内容有两部分：一部分是引文和马克思札记本的提示汇编，另一部分是有关第 3 卷的材料。恩格斯在编定第 2 卷时没有采用这个手稿②。

第Ⅳ稿，写于 1868 年 4—5 月，共 140 页。这是第 2 卷第 1 部分和第 2 部分前几章的修订稿。恩格斯编定第 2 卷第一篇时，较多地利用了这一稿。

第Ⅴ稿，写于 1877 年 4—9 月，共 193 页。这一稿的"材料与其说经过精心挑选，还不如说只是搜集在一起。但是，这个手稿是对第一篇的最重要部分的最后的完整的论述"③。恩格斯编定的第 2 卷第一篇的一部分内容采自这一稿。

第Ⅵ稿，系根据第Ⅴ稿整理出的一份可以付印的手稿。整理的时间，大约在 1877 年 10 月至 1878 年 7 月。

第Ⅶ稿，写于 1877 年 11 月至 1878 年 6 月，共 62 页。这是把《资本论》第 2 卷第一篇整理付印的第一次尝试。恩格斯编写的《资本论》第 2 卷第一篇的一部分内容采自这一稿。

第Ⅷ稿，注明日期为 1878 年 7 月 2 日，共 232 页。这是第Ⅱ稿的第 3 部分（"社会资本的再生产和流通"）的改写稿。恩格斯指出，"这个

---

① 恩格斯：《〈资本论〉第二卷序言》，见《马克思恩格斯文集》第 6 卷，7 页，北京，人民出版社，2009。
② 恩格斯在《〈资本论〉第二卷序言》中曾提到，对第Ⅲ稿"只好弃置不用"，参见《马克思恩格斯文集》第 6 卷，7 页，北京，人民出版社，2009。
③ 恩格斯：《〈资本论〉第二卷序言》，见《马克思恩格斯文集》第 6 卷，8 页，北京，人民出版社，2009。

手稿也只是对问题的初步考察",其中"逻辑的联系常常中断;有些地方的论述不完整,特别是结尾部分的论述完全是片断的。但是,马克思要说的话,在这里以这种或那种方式都说了"。① 恩格斯在编定《资本论》第2卷第三篇时,广泛利用了这一稿。

这些材料明显具有草稿的性质,除了前面提到恩格斯所说的"在文字上没有经过推敲"外,使用的是马克思写摘录时惯用的语句:"不讲究文体,有随便的、往往是粗鲁而诙谐的措词和用语,夹杂英法两种文字的术语,常常出现整句甚至整页的英文。"②手稿中还有连作者自己有时也未必能辨认出来的字体;而在有些章的结尾,由于急于要转入下一章,往往只写下几个不连贯的句子,表示这里的阐述还不完全;此外,用作例解的事实材料虽然搜集了,可是几乎没有分类,更谈不上加工整理了。这些都为后人的整理增添了很多困难。

马克思逝世之后,恩格斯在上述手稿的基础上,经过精心选择、辨认、修改和编辑,于1885年5月出版了《资本论》第2卷。总的来看,在恩格斯整理的《资本论》第2卷中,第Ⅱ稿大约被利用了三分之一,第Ⅶ稿被利用了大部分,第Ⅴ、Ⅵ、Ⅶ稿几乎利用了全部,第Ⅷ稿被利用了四分之三。恩格斯整理的《资本论》第2卷,第一篇正文,主要采自第Ⅴ稿(86页)和第Ⅳ稿(34页);此外,还有第Ⅶ稿的12页、第Ⅵ稿的5页、第Ⅱ稿的4页。第二篇正文有四分之三采自第Ⅱ稿,另有将近10

---

① 恩格斯:《〈资本论〉第二卷序言》,见《马克思恩格斯文集》第6卷,8~9页,北京,人民出版社,2009。

② 恩格斯:《〈资本论〉第二卷序言》,见《马克思恩格斯文集》第6卷,3页,北京,人民出版社,2009。

页采自第Ⅳ稿。第三篇的正文有四分之三采自第Ⅷ稿，四分之一采自第Ⅱ稿。

此外，据苏联学者 C. M. 格里哥里扬介绍，在苏共中央马克思列宁主义研究院中央档案馆还藏有马克思《资本论》第 2 卷的另外五份手稿。

（1）第一章的手稿，写于 1868—1870 年，篇幅为 8 页（案卷号 2345）。

（2）第 3 部分开头的手稿，写于 1870 年，篇幅为 1 页（案卷号 2753）。

（3）第一章的手稿，写于 1877 年 3 月，篇幅为 25 页（案卷号 2940）。

（4）第一章的手稿，写于 1877 年 4 月，篇幅为 5 页（案卷号 3812）。

（5）第一章的手稿，写于 1877 年 10 月，篇幅为 15 页（案卷号 3865）。

上述这些手稿，恩格斯都未利用。

当然没有利用这些手稿，绝不意味着恩格斯在整理《资本论》第 2 卷时采取了轻率的态度，主要是在对各个手稿所述内容如何作出逻辑安排上，他颇费踌躇。实际上把第Ⅱ稿的正文和恩格斯编辑的《资本论》第 2 卷正文加以比较分析，并且仔细地考虑恩格斯关于在准备出版第 2 卷时如何利用原稿的说明，就可以看出恩格斯整理、编辑时所做的工作是特别谨慎、细致的，他"只是把这些手稿尽可能逐字地抄录下来……仅仅改动了马克思自己也会改动的地方，只是在绝对必要而且意思不会引起怀疑的地方，才加进几句解释性的话和承上启下的字句"[1]。这样，在

---

[1] 恩格斯：《〈资本论〉第二卷序言》，见《马克思恩格斯文集》第 6 卷，3 页，北京，人民出版社，2009。

第 2 卷第二篇里恩格斯除利用第 II 稿以外，只利用了其他草稿的某些页的内容。

《资本论》第 2 卷于 1885 年由奥托·迈斯纳出版社出版。现收入 MEGA2 第 2 部分第 13 卷，由柏林科学院出版社（Akademie Verlag）于 2008 年出版；收入《马克思恩格斯全集》中文第 2 版第 45 卷、《马克思恩格斯文集》第 6 卷，由人民出版社于 2003 年、2009 年出版。其目次如下：

---

① 德文原文为 Der Zirkulationsprozeß des Kapitals，翻译为"资本的循环过程"更为准确。

② 德文用的是 Figure，此处翻译为"图式"更好，以区别于《资本论》第 1 卷把 formeln 翻译为"公式"。Figure 本意有图形、形象的意思。

(八)第 3 卷德文版

《资本论》第 3 卷是马克思用大半生时间撰写的政治经济学巨著的"理论部分的终结"，按照马克思的设想，这一卷探讨的是资本主义生产的"总过程和各种形式"。应当说，对这部分内容的思考和叙述也贯穿了马克思撰写经济学著述的全部历程。从结果看，《资本论》第 3 卷至少存在三份手稿：《政治经济学批判（1857—1858 年手稿）》中"资本章"的第三篇"资本作为结果实的东西。利息。利润（生产费用等等）"是其第一份手稿，而《经济学手稿（1861—1863 年）》中的"资本和利润"一章是其第二份手稿。当然，这两份手稿都不是单独写作的，而是与《资本论》前两卷的内容融合在一起阐述的。

一直到大约 1864 年夏末开始，马克思才把主要精力放在第 3 卷的写作上。从马克思当时写的有关书信中可以看出，这次他是从"利润转化为平均利润"那部分开始写第 3 卷的。这次写作持续到 1864 年年底，那时马克思还没有决定把"商业资本"和"生息资本"分成两章，但由于临时插进一些时事评论的撰写和需要处理一些具体事宜，他暂时中断了第 3 卷的写作。到第二年 6 月，马克思又回到第 3 卷的写作上来。从 1865 年 7 月到 1865 年年底他写成了第 3 卷的后半部分。马克思从 1864 年到 1865 年为《资本论》第 3 卷所写的手稿的基本内容，就是后来由恩格斯整理出版的《资本论》第 3 卷。我们把这部手稿称为马克思为《资本论》第 3 卷所写的第三份手稿。

正是第 3 卷的第三份手稿才使马克思得以完成对资本主义生产关系由抽象分析到揭示其在现实社会中的具体形态的全部研究工程。马克思在《资本论》第 1 卷中揭示了隐藏在直接生产过程之中的资本与劳动的对立以及剩余价值的来源，在第 2 卷中考察了资本在流通过程中所发生的形式变化及其运动规律，而第 3 卷则正如马克思所说：

> 揭示和说明资本运动过程作为整体考察时所产生的各种具体形式……在本册中将阐明的资本的各种形态，同资本在社会表面上，

在各种资本的互相作用中，在竞争中，以及在生产当事人自己的通常意识中所表现出来的形式，是一步一步地接近了。①

马克思在《资本论》第 3 卷的第三份手稿中既吸收了第一、二稿已经取得的研究成果，如剩余价值转化为利润和平均利润，又进一步明确区分了职能资本和生息资本以及职能资本运动和资本所有权运动，把货币经营资本归入职能资本，抽去后者所包含的借贷活动。这样，就初步建立了包括剩余价值转化为利润和平均利润，商人资本、产业资本等职能资本与生息资本的关系，土地所有权的收入——包括地租等在内的关于资本主义经济关系和阶级关系的体系，并直接得出了资本主义生产方式"这个一定的历史形式达到一定的成熟阶段就会被抛弃，并让位给较高级的形式"②的论断，阐明了对资本主义基础上的社会再生产过程的研究的最终结论。正是在这一最终结论形成的过程中，马克思令人信服地解决了使资产阶级经济学家迷惑不解的价值规律与生产价格的"矛盾"问题，科学地论述了商人资本和商业利润、信用制度和虚拟资本，以及银行、地租等一系列政治经济学的难题，发展了他本人创立的劳动价值理论和剩余价值理论。正因为如此，恩格斯对第 3 卷的第三份手稿给予了极高的评价。他在 1885 年 4 月 2 日致贝克尔的信中指出："这个包含着最后的并且是极其出色的研究成果的第三卷，一定会使

---

① 马克思：《资本论》第三卷，见《马克思恩格斯文集》第 7 卷，29～30 页，北京，人民出版社，2009。

② 马克思：《资本论》第三卷，见《马克思恩格斯文集》第 7 卷，1000 页，北京，人民出版社，2009。

整个经济学发生彻底的变革,并将引起巨大的反响。"①同年 4 月 4 日,
他在致倍倍尔的信中写道:"我正在搞第三册。它是卓越的,出色的。
这对整个旧经济学确实是一场闻所未闻的变革。"②4 月 23 日,他在致
丹尼尔逊的信中写道:"这是圆满完成全著的结束部分,甚至使第一
卷相形见绌。"这个第 3 卷"是我所读过的著作中最惊人的著作"③。
6 月 3 日,他在致左尔格的信中说:第 3 卷"第一次从总的联系中考察
了全部资本主义生产,完全驳倒了全部官方的资产阶级经济学"④。

1885 年恩格斯将《资本论》第 2 卷编定、付印之后,即开始着手编辑
第 3 卷。他原先曾以为第 3 卷编辑工作的困难大概只是技术性的,因此
可以较快地完成。但是在以后的工作中他遇到了许多困难和障碍,除了
马克思手稿本身的草稿性质,致使字迹辨认和章节安排难以决断、费时
甚多外,步入晚年的恩格斯的健康状况不佳也是重要原因。多种因素纠
结,致使《资本论》第 3 卷直到 9 年之后的 1894 年才编定、出版,第二
年恩格斯也去世了。

该版于 1894 年由奥托·迈斯纳出版社出版。现收入 MEGA 第 2 部
分第 15 卷,由柏林科学院出版社于 2004 年出版;收入《马克思恩格斯

① 恩格斯:《致约翰·菲力浦·贝克尔(1885 年 4 月 2 日)》,见《马克思恩格斯全
集》第 36 卷,288 页,北京,人民出版社,1975。

② 恩格斯:《致奥古斯特·倍倍尔(1885 年 4 月 4 日)》,见《马克思恩格斯全集》第
36 卷,292~293 页,北京,人民出版社,1975。

③ 恩格斯:《致尼古拉·弗兰策维奇·丹尼尔逊(1885 年 4 月 23 日)》,见《马克思
恩格斯全集》第 36 卷,299 页,北京,人民出版社,1975。

④ 恩格斯:《恩格斯致弗里德里希·阿道夫·左尔格(1885 年 6 月 3 日)》,见《马克
思恩格斯文集》第 10 卷,535 页,北京,人民出版社,2009。

全集》中文第 2 版第 46 卷、《马克思恩格斯文集》第 7 卷，由人民出版社于 2003 年、2009 年出版。其目次如下：

三、如何评价恩格斯对《资本论》手稿的整理工作？

尽管马克思完成了《资本论》大部分的初稿，并于 1867 年出版了第 1 卷，但直到 1883 年去世，他也没有完成第 2、3 卷的定稿工作，这也就意味着他对资本逻辑和体系结构的揭示并未完整地呈现出来，而这一工作是由恩格斯来完成的。《资本论》第 2、3 卷分别于 1885 年、1894 年正式出版时，作者一栏虽然仍单独署着马克思的名字，但就实际情形看，恩格斯并不只是一个单纯的原始手稿笔迹的辨认者和成型章节的编排者，即解决的"只是技术性的"问题；更公允和客观的说法应该是，他也是这两卷所关涉的思想内容和理论体系的阐释者和建构者。

我们知道，在资本的整个运动中，流通过程与生产过程是统一的，生产过程必须由流通过程来补充和完成。因此，在《资本论》第 1 卷对生产过程进行阐释后，第 2 卷紧接着研究的就是资本的流通和剩余价值的实现过程。用恩格斯的话来说，在三卷结构中，第 2 卷是第 1 卷"理论逻辑"的继续，也是第 3 卷内容的"引言"。第 2 卷所讨论的资本的形态变化及其循环、资本周转以及社会总资本的再生产和流通，使人们对资本的理解由抽象上升到具体，由宏观进入到微观，由总体深化到细节。

而第 3 卷作为《资本论》理论部分的终篇，则主要揭示和阐明的是资本主义生产总过程的各种具体形式及其相关问题，诸如资本的一般形式向产业资本、商业资本和借贷资本的转化，剩余价值到利润、剩余价值率到利润率、价值到生产价格的变迁，以及商业资本的由来及其特征和货币资本到生息资本的转化，等等。可以设想，如果缺少对第 2 卷和第 3 卷所涉及内容的探究，马克思的资本批判既不可能建构起作为"一个艺术整体"的关于资本逻辑及其体系结构的理论大厦，更难以准确地体现和反映 19 世纪中叶至 20 世纪初资本社会的变迁并进而给予深刻的透视。

然而，《资本论》第 2 卷和第 3 卷如此清晰的思路、翔实的内容和完整的体系框架，在马克思去世时留下的庞大的手稿中根本不是显性存在，相反，诚如文献专家所感叹的："恩格斯在编辑马克思的手稿时面临的是多么令人沮丧的任务。"[1]根据 MEGA2 第 2 部分"《资本论》及其准备材料"提供的文献，有关第 2 卷的手稿有 19 份，包括第 4 卷第 1 册中的 1 份手稿、同卷第 3 册中的 6 份手稿（其中 3 份属于第 2 卷的内容，另外 3 份既关涉第 2 卷也关涉第 3 卷）、第 11 卷中的 10 份手稿和同卷"学术资料"中刊发的 2 条札记。总之，"留下的文稿很多，多半带有片断性质"[2]，即使其中存在一些经过校订的文稿，大多数也变得陈旧了。有的理论部分作了详细的论述，但是在文字上没有经过推敲，而另一些同样重要的部分则只是作了一些提示。马克思搜集了用作例解的事实材

---

[1]　[美]弗雷德·莫斯利：《马克思〈1864—1865 年经济学手稿〉英文本导言》，曹浩瀚、周思成、张凤凤译，载《政治经济学报》，2018(1)。

[2]　恩格斯：《〈资本论〉第二卷序言》，见《马克思恩格斯文集》第 6 卷，3 页，北京，人民出版社，2009。

料，但几乎没有分类，更谈不上系统地加工整理了。有些章的结尾，往往只写下几个不连贯的句子，而且阐述得还不完整。至于第 3 卷，MEGA2 第 2 部分刊出的手稿有 17 份，包括第 4 卷第 2 册中的 1 份手稿、同卷第 3 册中的 10 份手稿(其中 7 份属于第 3 卷的内容，另外 3 份既关涉第 2 卷也关涉第 3 卷)、第 14 卷中的 6 份手稿。而在这些庞杂的材料中，只有一个贯通全卷内容的初稿，而且极不完全。马克思只撰写并从文字上推敲过第 3 卷每一篇的开头部分，但越往下留存下来的文稿就越是带有草稿性质，还有很多离开论题罗列出的在研究过程中冒出来、其最终位置则需要以后安排的枝节问题。很多表述是按照思想形成时的原始状况写作的，并不是从原理上进行的阐发。此外，马克思笔迹的难以辨别是众所周知的，甚至有"连作者自己有时也辨认不出的字体"①。特别是恩格斯发现，在许多地方，笔迹情形和叙述方式甚至能清楚地显示出马克思当时具体的写作状态，比如由于劳累过度而病情发作乃至加重，使得起先独自进行的工作越来越困难，最后竟至于完全无法正常展开；当然，也会遭遇问题的盘根错节，以及新材料和新情况对既往理解和论证构成的障碍和挑战。

很显然，面对马克思手稿这样的状况，要完成《资本论》的整理和付印工作，使其"既成为一部连贯的、尽可能完整的著作，又成为一部只是作者的而不是编者的著作"②，确实不是一件容易的事情。为此，恩

---

① 恩格斯：《〈资本论〉第二卷序言》，见《马克思恩格斯文集》第 6 卷，3 页，北京，人民出版社，2009。

② 恩格斯：《〈资本论〉第二卷序言》，见《马克思恩格斯文集》第 6 卷，3 页，北京，人民出版社，2009。

格斯披沙拣金，首先将马克思大量的手稿围绕第 2、3 卷的内容和主题
进行归类、编号，接着对所选手稿进行字迹辨认和誊抄，最后进入艰难
的编辑程序——MEGA2 的编辑曾将恩格斯所做的工作总结成 6 大类 19
项，包括：“改变原文的编排”（划分章节、调整位置、把插入部分编入
正文、把脚注变为正文、修改关于结构计划的表述）；“扩展原文”（内容
上的补充、增补新出现的材料）；“删除一些段落”；“处理重复的地方”；
“润色原文”（分段、合并段落或增加铺垫语、取消着重号）；“订正”（订
正内容、统一概念术语、修辞改动、核准计算数字、复核、补充和翻译
引文）。①

当然，最重要的还是对马克思有关思想的理解问题。MEGA2 第 2
部分第 12 卷“学术资料卷”提供了“构成比较”（Gliederungsvergleich）、
“出处一览”（Provenienverzeichnis）和“出入一览”（Verzeichnis der Tex-
abweichungen）三个对照表，罗列和对比了恩格斯刊印稿与马克思原始
手稿之间 5000 余处存在差异的地方。那么，怎么看待这些“改动”和“修
改”的性质呢？恩格斯有“曲解”乃至“篡改”马克思原意的地方吗？篇幅
所限，这里不能对此详细讨论，仅举两个被认为是“重大的修正”的例子
简略说明。《资本论》第 3 卷马克思原稿的标题是“总过程的各种形态”
（Die Gestaltungen des Gesammtprozesses），恩格斯的刊印改为“资本主
义生产的总过程”（Gesammtprozess der kapitalistischen Produktion）。
按照笔者的理解，这里之所以加修饰词“资本主义生产的”，一方面是由

---

① Karl Marx und Friedlich Engels，»Manuskripte und redaktionelle Texte zum drit-
ten Buch das ‚Kapitals‘ 1871 bis 1895«，*Karl Marx/Friedrich Engels Gesamtausgabe*，
Ⅱ/14，Akademik Verlag，2003，S. 407.

于马克思的初稿是简略的表述，将其遗漏了，另一方面是恩格斯综合第1卷"资本的生产过程"和第2卷"资本的流通过程"而将这种生产方式定型为"资本主义的"，这充分体现了第3卷所具有的总结的性质。至于有文献专家认为，"形态"一词是第3卷的关键，恩格斯将其删掉是一种"误导性的改变"①。但鉴于突出"总过程"并不意味着抹杀或无视构成这一过程中的"各种形式"，所以笔者认为这种指责有点过分了。

还有，第3卷第十五章"规律的内部矛盾的展开"中"Ⅰ.概论"的最后一句话"如果没有相反的趋势总是在向心力之旁又起离心作用，这个过程很快就会使资本主义生产崩溃"②，在马克思的原稿中"崩溃"一词用的是 Klappen③，恩格斯将其改为 Zusammenbruch 了④。有的论者认为，前者的意义弱于后者，马克思表达的是尚未达到"崩溃"程度的"动摇"，而恩格斯的改动使其含义强化了。而实际上，就是"德国人对这个短语的理解也不相同"，除了认为二者在强弱程度上有差异外，也有很多人认为两个短语的意义完全一致。⑤ 至于有的论者声称，恩格斯的改

① ［美］弗雷德•莫斯利：《马克思〈1864—1865 年经济学手稿〉英文本导言》，曹浩瀚、周思成、张凤凤译，载《政治经济学报》，2018(1)。

② 马克思：《资本论》第三卷，见《马克思恩格斯文集》第 7 卷，275 页，北京，人民出版社，2009。

③ Karl Marx，»Das Kapital Ökonomisches Manuskript 1863—1865«，*Karl Marx / Friedrich Engels Gesamtausgabe*，Ⅱ/4.2，Text，Dietz Verlag，Berlin 1992，S. 315.

④ Karl Marx，»Das Kapital Kritik der politischhen Ökonomie dritten Band Hamburg 1894«，*Karl Marx / Friedrich Engels Gesamtausgabe*，Ⅱ/15，Akademik Verlag，2004，S. 243.

⑤ 徐洋：《马克思〈资本论〉第三卷主要手稿英译本及相关问题》，载《政治经济学报》，2018(1)。

动"鼓舞了第二国际中主张'崩溃论'的理论家（如考茨基）"①，笔者认为，这样的引申和发挥是太过于联想了。但不论怎样，以上事例都不足以支撑将二人的关系由"马克思和恩格斯"修正为"恩格斯对马克思"，进而得出"对立论"（dichotomy）的判断。

因此，客观的结论应当是，马克思的资本理论"忠实而准确地呈现在恩格斯编辑的"第 2 卷和第 3 卷中，"恩格斯编辑的……应当被看作马克思的"。② 可以说，《资本论》这部巨著最终由恩格斯整理完成，这是资本批判史上划时代的重大事件！这让人再次想起 1867 年在该书第一卷最后一个印张校对完毕后，马克思在给恩格斯的信中所说的话："这本书能够完成，完全要归功于你！没有你为我作的牺牲，我是不可能完成这三卷书的繁重工作的。我满怀感激的心情拥抱你！"③

四、《资本论》的"叙述方法"与"版本学"研究的意义

如前所述，《资本论》是马克思耗费四十余年时光、几乎倾尽全部心力撰写的一部著作，而且在其生前也没有全部完成并定稿。之所以如

① Carl-Erich Vollgraf and Jürgen Jungnickel，"Marx in Marx's Words：On Engels's Edition of the Main Manuscript of Book 3 of Capital"，*International Journal of Political Economy*，2002，32(1)，p. 62.

② ［美］弗雷德·莫斯利：《马克思〈1864—1865 年经济学手稿〉英文本导言》，曹浩瀚、周思成、张凤凤译，载《政治经济学报》，2018(1)。

③ 马克思：《马克思致恩格斯(1867 年 8 月 16 日)》，见《马克思恩格斯文集》第 5 卷，4 页，北京，人民出版社，2009。

此，一方面是由于观察和把握资本时代的社会状况及其变迁、探索超越资本的未来出路的工作具有极大的难度，甚至对于人的思维能力来说，构成一种巨大的挑战；另一方面，马克思还必须建构一个既与资本社会相关，又不能机械复制和简单描摹，而是与其复杂性相对照、相匹配，同时又具有独立、自洽的框架和逻辑的理论大厦，进而完成对资本本质的揭示和命运的透析，较之于前者，这是更为艰难的思想创造。马克思将这两方面的工作称为关于资本的"研究方法"（Forschungsweise）和"叙述方法"（Darstellungsweise）。既然都是围绕资本而展开的工作，二者当然是有联系的，但其路径和形式却是不同的。"研究"的基本路径是，充分地占有材料，然后分析资本的各种发展形式，探寻这些形式的内在联系，进而揭示资本演变的规律。而"叙述"却是在研究工作完成之后才展开的；作为一种思想建构，它的概念框架、逻辑推演的方式也异于实践发展和研究过程。而在马克思漫长的政治经济学研究和《资本论》及其手稿的撰写中，他在后一方面所花费的时间和精力一点也不比前者少，他极其周全地考量了理论建构中的各种问题和细节，逐步形成和完善了关于资本的"叙述方法"。

那么，《资本论》的"叙述方法"具体涉及哪些方面呢？马克思对此并没有作出非常明确和系统的阐释，只在《资本论》各个版本的"序言"和"跋"中有所论及，而学界过去在这方面也几乎没有进行过细致的清理。为此，这里基于对《资本论》复杂的创作史、传播史的考察，尝试作出八个方面的归纳和概述①。

---

① 这八个方面的称谓均来自《资本论》中的概念或用语。

1. 结构（Konstruktion）

就《资本论》来说，它所要研究的资本主义生产方式和关系并非显性地摆在研究者面前的实体性存在，而是一个非常复杂而又不断变化的结构。为了准确、全面而深刻地理解、揭示这一结构及其变动，马克思先后尝试提出过两卷本著作—三本书计划—五个分篇—六册计划—九项内容—两大部分—三卷四册架构。这种结构的曲折变迁和调整，不是主观随意所为，而是与所探究的对象和问题之间逻辑关系的展开是否顺遂、对其进行宏观和总体上的统摄是否有效紧密相关，因为总框架上的设计是否合理是著述成功与否最关键的因素。诚如马克思所指出的，像《资本论》这样的著作"细节上的缺点是难免的。但是结构，即整个的内部联系是德国科学的辉煌成就"①。

2. 术语（Terminologie）

结构之外，核心范畴也就是"术语"对于理论建构来说也是很关键的。因为"一门科学提出的每一种新见解都包含这门科学的术语的革命"②。马克思的《资本论》虽然与古典经济学讨论是同样的议题，然而对于术语内涵的重释、拓展和创新却是非常明显的，而这种"术语革命"更深层的意涵在于思维方式的变化，这是马克思的政治经济学超越古典经济学最根本的原因。诚如恩格斯所言："把现代资本主义生产只看做是人类经济史上一个暂时阶段的理论所使用的术语，和把这种生产形式

---

① 马克思：《马克思致恩格斯（1866 年 2 月 20 日）》，见《马克思恩格斯文集》第 10 卷，236 页，北京，人民出版社，2009。

② 恩格斯：《〈资本论〉第一卷英文版序言》，见《马克思恩格斯文集》第 5 卷，32 页，北京，人民出版社，2009。

看做是永恒的、最终的阶段的那些作者所惯用的术语,必然是不同的。"①

3. 引证(Anführung)

《资本论》在进行纯原理的阐释的同时,既有理论史的梳理,又有现实材料的甄别和官方档案的征引,它还特别注重统计数据。就是说,一方面政治经济学研究当然要有形而上学基础,需要关注影响经济运行的社会环境包括政治因素,另一方面更需要注意经济本身的规律和科学性。为此《资本论》在引证经济学著述和观点时,从时间和首倡者两方面来确定其重要的历史成就,"作为注解以充实正文"②。此外,较之于古典经济学家的著述,马克思在《资本论》中阐发原理时有的地方尝试借助数学公式和方程来进行,更在对《资本论》的后续修改中甚至提出过完全用数学方式重新表述第 1 卷内容的设想。我们知道,20 世纪以降,在经济学研究中数学已经不仅仅是一种外在的手段或工具,而是与所要探究的经济现象内在地联系在一起,应该说,马克思是这种方式的先驱之一。

4. 表述(Erzählung)

1859 年正式发表的《政治经济学批判。第一分册》是马克思按照"六册计划"的结构写作的,权当其政治经济学著述的"导论"部分,但是以后的计划没有顺利进行下去。经过 1861—1863 年对古典经济学的重新梳理和思考,他重新谋划了《资本论》的结构,1863—1865 年按照"资本

---

① 恩格斯:《〈资本论〉第一卷英文版序言》,见《马克思恩格斯文集》第 5 卷,33 页,北京,人民出版社,2009。

② 恩格斯:《〈资本论〉第一卷英文版序言》,见《马克思恩格斯文集》第 5 卷,33 页,北京,人民出版社,2009。

的生产过程""资本的流通过程"和"总过程的各种形式"起草了《资本论》理论部分的初稿，然后从中整理出《资本论》第 1 卷。但这时，他并没有改变《政治经济学批判。第一分册》的观点，为了前后内容上的"连贯和完整"，他在第 1 卷第一章的开头重新对第 1 分册的内容做了概述，也变换了具体的表述方式:《政治经济学批判。第一分册》中简略提到的论点，在第 1 卷中他作了进一步详尽的阐发和论证；而《政治经济学批判。第一分册》已经详细阐述的论点，在第 1 卷中他只是简略提及。鉴于理论史部分要单独成卷，所以讨论价值和货币理论后的历史叙述就全部删去了。

5. 修订(Ändern)

"文章不厌百回改。"《资本论》的修改是马克思从第 1 卷出版到他去世最重要的工作之一，之后恩格斯又将其接续下来，直至推出最可靠、完善的版本。《资本论》第 1 卷德文第 1 版出版后，马克思就不让重印这一版本了，而是立即开始了修改工作。1872 年 7 月，马克思推出了该卷的德文第 2 版第 1 分册，并于次年 5 月在出版商的催促下以一卷本的方式完整推出该版本。此前他还与《资本论》的第一个外文译本——俄文版的数个翻译者之间进行了多年通信和交流，应约补写了大量注释和重写了部分章节，并发表了很多重要意见。马克思更是花比较大的精力加工、改写并参与翻译了法文版，使其于 1872—1875 年以 9 辑 44 个分册的形式陆续推出。需要强调的是，马克思的这些修改不仅在字词、段落上有非常多的改动，更涉及该卷布局谋篇的调整（如恩格斯、库格曼等在审阅德文第 1 版校样后提出的章节、标题划分和"外部结构"等问题）、表述方式的重新处理（如阐发"价值形式"部分的过分"黑格尔化"特征）和新的内容的补充，更有对"资本的生产过程"所涉及的其他方面的反复探究和对既有论断的审慎态度。用马克思评论法文版的话说，这些不同的版本都具有"独立的科学价值"①。

6. 翻译(Übersetzung)

翻译是重要著述及其思想传播的重要途径。还在写作德文初稿时，马克思就开始考虑用多种外文进行翻译的问题了。《资本论》第 1 卷出版后，由于篇幅巨大、思想复杂，对译者提出了严苛的要求和极大的挑战，马克思不仅关注进展，更与译者进行广泛而深入的交流，花费了很多心思，付出了艰巨的劳动。可以说，在不同语种之间如何实现思想的准确转换也成为《资本论》叙述方法的重要组成部分。

7. 辩驳(Widerlegung)

作品的命运总是曲折而多变，作者的苦心及其复杂的思想、严密的论证不可能获得相应的理解和回应，相反，"被攻击或辩护，被解释或歪曲"②的情形却经常会发生，《资本论》也不例外。每当出现这种状况，马克思、恩格斯在进行深刻的自我反思和认真的修正的同时，对于误读、曲解特别是恶意的歪曲毅然据理力争，展开翔实的辨析、说明和反击，这方面的工作也构成《资本论》叙述方法的一个环节。

8. 理解(Verstehen)

马克思当然希望耗费了自己大半生心血的代表性著述《资本论》在

---

① 马克思：《〈资本论〉第一卷法文版序言和跋》，见《马克思恩格斯文集》第 5 卷，27 页，北京，人民出版社，2009。
② 恩格斯：《〈资本论〉第一卷英文版序言》，见《马克思恩格斯文集》第 5 卷，31 页，北京，人民出版社，2009。

"广大范围内迅速得到理解"，认为这才是对他的"劳动的最好的报酬"。① 然而，这是一部典型的"德国式"的作品，如果没有相应的知识储备、思维能力和价值立场，那么理解起来将非常困难。为此一方面如前所述，马克思不断地进行解释、补充和说明，尽可能照顾读者的现实状况、思维特点和阅读习惯，做出变通和修订；另一方面他也希望通过阅读这部著作，读者不仅理解其意旨、逻辑和内容，更能提升和改变理论思维的水准、透视社会历史的方法和改变世界的能力。比如法文版《资本论》是分册出版的，对法国人性格非常了解的马克思知道，他们"总是急于追求结论，渴望知道一般原则同他们直接关心的问题的联系"，因此他很担心，法国读者阅读《资本论》时"会因为一开始就不能继续读下去而气馁"，但这是没有办法的事，就看读者是否具有"追求真理"的意愿和勇气，而"追求真理"不是一件轻松和容易的事，"在科学上没有平坦的大道，只有不畏劳苦沿着陡峭山路攀登的人，才有希望达到光辉的顶点"。②

必须指出，版本学的爬梳、考证和甄别工作绝不是单纯的罗列和铺陈文献，而是在此基础上通过内容解读更客观地把握和理解马克思复杂的思想世界及其具体演变，更使《资本论》发表百余年来发生的那些众多的争议据此获得进一步的廓清。诸如：①马克思是怎样由"副本"批判转向"原本"批判的？这对他一生的思想探索意味着什么？②"巴黎笔记"与

---

① 马克思：《〈资本论〉第一卷第二版跋》，见《马克思恩格斯文集》第 5 卷，15 页，北京，人民出版社，2009。

② 马克思：《〈资本论〉第一卷法文版序言》，见《马克思恩格斯文集》第 5 卷，24 页，北京，人民出版社，2009。

"巴黎手稿"、"巴黎手稿"与"穆勒评注"究竟是什么关系？③如何看待"异化劳动"在马克思思想发展中的地位？④"伦敦笔记"对于马克思经济学建构的意义何在？⑤是什么促成了《资本论》结构的不断变化，最后马克思放弃"六册计划"的构想了吗？⑥《经济学手稿（1857—1858年）》与《资本论》的关系是什么，它是不是《资本论》的初稿？⑦《经济学手稿（1861—1863年）》的意义何在？马克思是凭借什么超越古典经济学的？⑧《资本论》第1卷德文第1版、第2版，法文版，德文第3版，英文版和德文第4版，各个版本在内容上有何差别，如何评价这些差别？⑨《资本论》第2、3卷马克思手稿，恩格斯修改过程稿和恩格斯出版稿之间的差别说明了什么？对5000多处不同作怎样的界定？如何评价恩格斯在《资本论》理论建构中的地位？⑩马克思为什么没有完成《资本论》的整理工作？他的晚年笔记与《资本论》究竟是什么关系？等等。

强调版本梳理是必要的，但仅止步于此又是不够的，因为对文本的解释、分析和判断非有总体性思考和哲学视角的透视不行。比如，由于《资本论》第2、3卷恩格斯整理稿与马克思原始稿之间的差异，引发了《资本论》研究中关于"马克思—恩格斯思想关系"的讨论。但在过去它并未成为一个突出的问题，原因是长期以来我们基本上认为这是不需要多加讨论的，作为马克思主义经典作家，马克思、恩格斯是连为一体、完全一致的，他们的著述、思想和观点可以不分彼此或者相互替代。现在看来，这种观点和方式值得反省。长期以来我们的马克思主义专业研究成果之所以相当有限，与这种大而化之、不求甚解、缺少细节考证和个案支撑的方式绝对有关。特别是对于专业研究者来说，必须改变那种只根据教科书的体系、只从原理和教条出发、单凭纯粹的信仰和热情来领会和掌握经典作家及其思想的"反专业""非专业"途径和方式。而随着文本研究的深入，这一问题的理解才会更加全面、客观。但是也要防止走向另一个极端，即由于过分纠缠于细节、个案的讨论而出现"只见树木，不见森林"的情形，根据实证材料作出的结论好像很"客观"，但不同的实证材料引申出的观点彼此间却差别很大甚至正好相反。就同样的材料而言，也可能导致以偏概全的倾向。为什么相同的文献会导致完全不同的解释呢？这就牵涉到实证方式的局限性了。对"马克思—恩格斯思想关系"的判定既需要考证和梳理文献、文本，又需要从宏观和整体上进行把握和理解。研究这一问题的方法应该是，注重实证，但又不"唯实证论"。单个看来，"对立论"与"一致论"者都持有真实而可靠的文献依据，推论上也大都符合逻辑，然而综合地看，这些不同的文献是需要对比、鉴别的，是需要从总体上判定其是否具有代表性、典型性和本质性的。论者不能预设前提，不能按照一种既有的观点、从自己特有的角度，只关注、选择那些与其有关的，有利于说明、证实和论证这些观点的文献，进而作出超越实际情况的论断。

最后，笔者还想指出，奠基于版本考证基础之上的《资本论》研究并没有回避现实性问题，而是把历史原貌的追寻、思想史的考辨与对现实的观照、省思联系起来。虽然我们的研究对象是马克思在 19 世纪写作的文本，特别是在具体研究中为了尽可能客观地再现把握马克思思想的原初状况和整体面貌，我们力戒从当代（目前）发生的那些具体问题甚至事件出发，去马克思的文本中寻找解释、说明和答案。因此在版本考证中的确没有触及这些当代的问题和事件。但马克思的文本本身不是抽象的空论，甚至也不完全是他本人生命历程和人生体味的记录，而是他对自己所属的那个时代重大的社会问题、实践问题和理论问题的反映和剖析，更是他对人类社会发展规律的思考和探究。尽管时序已经过去一个半多世纪，世界确实发生了巨大的变迁，但如果从资本所开辟的"世界历史"的运演看，除社会结构要素增多、社会现象空前复杂等程度和层次差异以外，《资本论》写作的时代与当今全球化境域尚有诸多本质上的相似性、同构性。因此，马克思当年的言说至少仍能诠释当代的部分现实，马克思的文本及其思想不是已走进博物馆的陈列物，不只是记录一段思想史的文献，尽管解决纷繁复杂的时代课题未必会从那里找到现成的答案，但迄今它仍然指导并且参与着对当代现实的"塑造"，发挥着不可忽视的影响。寻找当代社会与马克思当年的思考的内在关联，将会理性而客观地使马克思主义的当代价值"呈现"出来。

第八章 ∣ 马克思文本解读中的五种类型

　　"马克思以后的马克思主义"的发展基于两种合力：一是对经典文献的翻译、出版、阐释和宣传；二是由其后继者特别是政治家所推进的社会主义理论和实践。这二者之间当然是内在关联、不可分割的，但也不能把它们完全看作是一回事从而混为一谈。因此，回顾马克思主义发展的曲折历程，不可或缺的内容之一就是对经典文本研究史的反思。而且，在新的形势下马克思主义文本研究要获得的深化和突破，一定程度上也有赖于对研究历史的清理和方法论的反思。在宽泛的意义上，马克思文本的研究史是由其文本、文献材料的保存、收集、翻译、出版、解读、阐释、宣传的历史构成的；同时作为一个历史人物，当更多的后来者无缘直接面对他本人，甚至在一段特殊的情况下无法直接阅读其文本，而只能通过中间环节和途径了解其思想的时候，出现多重理解和阐释是必然的情形。站在 21 世纪，我们可以将马克思之后对其思想的解读作出客观的梳理与审慎的分析。根据笔者的理解，可以将其分为以下几种类型。

一、马克思的战友和学生的阐释和宣传

由于与马克思的特殊关系(有过直接或间接的交往)，马克思的战友和学生对其文本的写作背景、经过、观点有经验性的实际了解和把握，拥有后来的研究者不可能具有的条件、优先解释权和权威性。这当然首先是指作为马克思主义创立者之一的恩格斯，也包括马克思的亲属以及马克思、恩格斯的战友和学生所做的阐释、宣传和研究。

不言而喻，马克思身后，恩格斯是其文本最权威的解释者，他将自己的余生都用来处理自己的伟大朋友的遗著。他非常清楚自己无可替代的作用，有极为庞大的设想和计划，准备写马克思的传记和1843—1863年德国社会主义运动史以及第一国际史，准备刊印马克思全集，再版马克思发表在《莱茵报》上的文章并为它们写序；特别是在马克思去世后，恩格斯感到马克思主义的完善化和系统化是个相当急迫的任务，因此在一系列著述中开始了这一艰巨的工作。当然恩格斯的上述愿望，只实现了其中很少一部分，天不假年，他也赍志辞世了。

总体上看，恩格斯是通过《反杜林论》《路德维希·费尔巴哈和德国古典哲学的终结》《家庭、私有制和国家的起源》《自然辩证法》等著述和

晚年大量通信，通过整理和出版《资本论》第 2、3 卷和再版第 1 卷来向世人展示马克思思想的。通过恩格斯的论述来了解马克思，是相当多的马克思主义接受者的一条途径。这里核心的问题是，恩格斯是否把马克思的思想完整地呈现出来了？大半个世纪以来，在如何看待恩格斯所做的这些工作问题上，两种评论形同冰炭，有的论者把马克思和恩格斯看作是一体的，认为他们之间不存在任何差别，也不允许人们比较他们的异同；与此相左的观点则认为，马克思主义从马克思到恩格斯的发展在哲学观上是一种倒退，即恩格斯把马克思主义退回到费尔巴哈一般唯物主义的水平上去了。

公允地看，笔者认为，第一，现在没有证据证明恩格斯是有意偏离更不用说歪曲、篡改马克思的思想，相反他在接受亡友的遗嘱编辑整理其遗著的时候，是极为慎重，其至可以说是诚惶诚恐的，他曾经给人写信说：

> 在编辑出版时，我最关心的是要编成一个尽可能真实的文本，即尽可能用马克思自己的话来表述马克思新得出的各种新成果……像马克思这样的人有权要求人们听到他的原话，让他的科学发现原原本本按照他自己的叙述传给后世。①

第二，我们又必须说，从 1883 年马克思辞世到 1895 年恩格斯逝

---

① 恩格斯：《〈资本论〉第三册增补》，见《马克思恩格斯文集》第 7 卷，1005 页，北京，人民出版社，2009。

世，在这 12 年中，恩格斯对马克思的阐释又是在特定的环境和条件下进行的。这就意味着，他只能结合自己的工作，突出那些有现实针对性或他认为非常急迫的部分给予强调，或者从马克思主义学说的完整性去考虑、补充或完善那些马克思生前涉足甚少或论述不够的部分，梳理或系统化那些分散的环节，而不可能面面俱到，也许有些甚为重要的方面，他认为只是常识而没有予以重视。第三，退一步说，即便恩格斯准确地阐述了马克思的文本，完整地表述了马克思的思想，在接受者那里也未必就能形成一一对应的反馈，完全被理解或接受，更不用说，恩格斯的阐释是有侧重的了。

爱琳娜·马克思-艾威林是马克思遗嘱的另一位委托人，她以《东方问题》文集的形式再版了马克思论克里木战争的文章（1897 年，伦敦），首次刊印了《工资、价格和利润》报告，这个报告是 1865 年马克思在第一国际总委员会的两次会议上做的，它和《雇佣劳动与资本》一样是对马克思的经济学说的通俗阐述。此外她还发表了她父亲的一些书信。

马克思、恩格斯之后，对其思想作出传播、宣传、阐释的是他们的一批学生。狄慈根在对思辨唯心主义的批判中就哲学的基本问题、哲学思维的特点和哲学的党性功能作了阐发；梅林则着重阐明了历史唯物主义对哲学社会功能的规定，并在众多的哲学史论著的写作中表述了他所理解的马克思主义的哲学史方法；考茨基则在对资本主义矛盾的分析与对机会主义的批判中力求体现哲学的批判性、本质论；拉法格从认识论上阐明思想观念的起源从而说明哲学观念的发展；拉布里奥拉在对社会有机体系统、对社会意识形态独立性的说明中再三强调了马克思、恩格斯在哲学问题理解上的全面性、整体性；普列汉诺夫更算是颇有"体系意识"的理论家，他的活动涉及马克思主义的方方面面，并试图以自己的理解将马克思主义系统化、条理化，正是在他的著述中首次出现了把"辩证唯物主义"和"历史唯物主义"联系在一起的提法，出现了本体论、辩证法、认识论和唯物史观的分割，当然他阐述得最多的还是唯物史观问题。在这些阐述中他们对马克思的原始文献做了较为通俗、详尽的阐释，扩大了马克思著述的影响，然而无论就对思想体系的全面性分析，还是对马克思主义哲学在有关哲学探究的对象、哲学把握世界的方式和哲学的社会功能等方面内涵的理解，他们都没有达到马克思、恩格斯的水准。

二、政治领袖的理解和推动

由于职业和身份的特殊性质，政治领袖（工人运动的组织者、无产阶级革命的政治家）在现实斗争中突出了马克思文本中那些特别有利于解决当时社会问题的篇章，极大地推进了马克思主义的普及和传播，扩大了它的影响。这包括德国社会民主党对马克思文稿的保存、刊布，列宁、斯大林等政治领袖的理解和推动等。

恩格斯去世后，马克思的手稿和书信由爱琳娜·马克思-艾威林和德国社会民主党共同保管，没几年爱琳娜·马克思-艾威林也去世了，它们便全部落入德国社会民主党手里。由于革命策略上的严重分歧，过去苏联出版的马克思主义史和国际共产主义运动史的著述中对德国社会民主党保存马克思遗稿这段历史颇有非议，特别指责其领导人"拖延"著述的发表或有意"篡改"马克思的原意，"在政治思想性上和技术上都很差"①。现在看来这种指责多是不准确的。1895 年至 1914 年，作为马克思的遗嘱的主要出版者和发表人，德国社会民主党的领导人公布了马克思的许多手稿，以文集的形式再版了一些很少为人知道的著作，翻印了一些最重要的作品。在十月革命之前这些版本都成了各种外文译本的原始资料，并为各国的（包括俄国）马克思主义者广泛利用。他们出版了《新时代》(*Neue Zeit*)杂志，使其成为发表马克思、恩格斯手稿的主要出版物，1895—1913 年在这一杂志上发表了马克思的 10 篇著作和相当多的书信。此外梅林在斯图加特狄茨出版社出版的《卡尔·马克思、弗里德里希·恩格斯、斐迪南·拉萨尔的遗著》是马克思主义创始人的第 1 个文集，其中首次发表了马克思的博士论文，转载了《莱茵报》、《德法年鉴》、巴黎《前进报》、《新莱茵报》以及其他刊物上的一些文章，还翻印了《神圣家族》。

受到诟病最严重的是考茨基整理出版的《剩余价值理论》。在恩格斯生命的最后几年中，他体力已经严重疲惫，整理马克思留下的庞大手稿的任务已经不可能完成，而剩余部分马克思的字迹更为凌乱不堪，这样就急需培养能够辨认马克思手迹的后继者，考茨基就是这样参与到对《资本论》第 4 卷的整理中来的。应该说，经过恩格斯的悉心指导，考茨基本人也花费了相当大的精力和心血，掌握了马克思手迹的规律和特点，就是如此，他也不敢造次，因此在恩格斯去世近 10 年后才陆续推

---

① Л. А. Левин, «Библиография произведений К. Маркса и Ф. Энгельса»，Москва，Государствнное издательство политической литературы，1948，C. 98.

出他所整理的《剩余价值理论》。列文指责考茨基任意挪动原文的某些部分，破坏了马克思的著作的结构，这言过其实了。事实是，在马克思留下的手稿中，有些逻辑结构顺序和自己编的页码不符合，考茨基就调整了页码，并且仅限于几处，还特意加了注解予以说明。列文还指责考茨基对原文"做了重大删节"，并且举例说，在两个地方把马克思的原文删去了大约半个印张，有一章（半个印张）整个被略去，更不用说个别的页码和段落的删节。① 事实上，这两处是马克思手稿中重复的部分，马克思在先写了第一遍后，自己划掉了，后来可能是感到还是保留下来好，就重新写了一遍。

此外，倍倍尔和伯恩施坦还编辑了《马克思恩格斯通信集》四卷本、《马克思恩格斯书信集》（给左尔格和丹尼尔逊）两卷本等，这些都不应当忘记。

列宁的出现是马克思主义发展史上的一个新现象，这就是经典作家的职业和身份发生了变化。马克思、恩格斯虽然注重自己学说的革命性、实践性，也曾参与过共产国际和世界工人阶级的实际运动，但终其一生，就其职业和基本身份来说，始终是学者、理论家。从列宁开始，一直到斯大林、毛泽东和邓小平等，情况不同了，与马克思、恩格斯相比，他们首先是政治家、革命家、社会活动家，他们所思所为更离不开当下的社会现实，这种深切关怀使他们急于探索与寻找到一条社会变革的成功之路。他们的学说与政治活动融为一体，或者说是为政治活动提

① Л. А. Левин，«Библиография произведений К. Маркса и Ф. Энгельса»，Москва，Государствнное издательство политической литературы，1948，С. 101.

供论证和服务的。他们的思想家资格不容怀疑，但他们是归属政治家类型的思想家。他们的理论也显示着一个政治家特有的思路和视角，使马克思主义在他们身上呈现出新特点。他们倾其一生研究自己所处的时代，对时代的鉴定源于对政治经济形势的分析、革命策略的选择和对马克思主义方法论的运用；他们十分注重在普通民众中普及哲学特别是马克思主义哲学的问题（如列宁要求"从外部进行灌输"），号召党员、干部带头学习马克思的重要著作。这种效果和影响是非常巨大的。

三、文本研究中的"苏联模式"

马克思主义在苏联国家政治生活中的特殊地位，使得对马克思文本的研究成为一种"国家行为"，对其文献材料进行了大规模的、系统的收集、整理、考证、翻译、出版和研究，在具体解读和阐发上形成了马克思文本研究的"苏联模式"。

列宁之后，特别是斯大林时代，马克思主义在苏联成为载入国家宪法的"统一的指导思想和共同的世界观"，宣传、出版、普及和研究的规模空前扩大，并且纳入国家发展计划，具有鲜明的目的性、指令性。苏联学者在包括马克思文本在内的马克思主义文献研究中取得很大的成就。

其一，文献资料的丰富性、全面性无可比拟。苏联马克思恩格斯研究院（特别是在梁赞诺夫主持时期）所做的工作，可以说是功勋卓著，不可抹杀。诚如有的论者所说："马克思研究之所以成为一种特殊的科学，首先是因为有了梁赞诺夫的科学工作、编辑工作和组织工作"，"他对19世纪的世界史非常熟悉，对世界各主要国家的历史文献，特别是对工人阶级史的资料极为了解，是他为马克思研究打开了真正无限广阔的历史和国际视野"，他"在了解和再现马克思和恩格斯的著作时力求有条理和尽可能完善"。[①] 20世纪马克思主义的许多文献资料多数是由苏联首次发表面世，然后才流传开来，翻译成多种语言，并出现了多种多样的诠释的。那种一方面利用人家提供的资料，另一方面又肆意非难的做法有悖学术良知。

其二，版本与史实考证方面的大量成果具有"经典"的性质。在马克思、恩格斯的全部文稿中，生前公开发表、成型的著述所占的比例不足三分之一，大量的是未发表、未完成甚至散乱无序的笔记、书信、手稿、札记、批注等。要真正理解经典作家的心灵世界和探索历程，单靠几部成型的大著显然不够，那些卷帙浩繁的未完成稿反倒更具历史价值。苏联学者对此进行艰苦的整理、考证和辨析，取得了大量成果，不能否认其中仍然存在着错误的认识和判断，但相当多的迷雾得以廓清，难题得到解答，为后人的研究提供了重要的基础和参照。

其三，培育和造就了几代马克思主义文献研究的专家队伍。较之其他国家的马克思主义研究者，甚而扩展至世界上整个人文社会科学界，苏联学者的文化素质都是可堪骄人的。他们大都受过长期系统而连续的

---

① 转引自《达·梁赞诺夫和〈马克思恩格斯全集〉历史考证版第1版》，蒋仁祥摘译，见《马克思恩格斯研究》第20期，117页，北京，中央编译局，1995。

教育和专业训练，20 世纪 50 年代以来，相当数量的研究者有博士、副博士学位，精通几门外语，可以直接阅读马恩原著，可以与西方学者直接进行交流与对话。而且马克思主义专业人才的培养纳入了国家发展的规划，这保证了几代人之间的传承、接续与稳定的数量。

其四，形成独特的文本解读和思想分析"模式"。其特点表现在：文本研究具有浓厚的意识形态色彩，往往同社会政治生活直接关联，过分强调其现实作用和意义，夸大其普遍适用性，每当政权制定出新的策略，便从经典文献中寻找依据，从理论上作出论证；过分突出了经典文本的"论战"色彩和至尊地位，强调了斗争性而抹杀了同一性，以"正统者"的姿态，否认异己观点和解释的合理性，长期垄断着对马克思主义文本的解释权；而在具体操作方式和话语系统方面又极为单一化；等等。这些都可看作是社会发展体制上的"苏联模式"在文本研究中的渗透、体现或反映。

四、西方马克思主义的"嫁接"和东欧"新马克思主义"的"发现"

对当代社会发展的特殊境况（两极对峙和制度变迁）和马克思主义的现代命运的思考而引发的对马克思文本中被"遮蔽"的部分、篇章及其思想的重新"挖掘""发现"，突出体现在西方马克思主义的"嫁接"和东欧"新马克思主义""阐释"中。

卢卡奇以其《历史与阶级意识》（1923）开"西方马克思主义"之先河，提出一条既不同于第二国际的"经济决定论"又不同于列宁的唯物主义

"反映论"的"发展马克思主义"的路线。他提出"马克思主义问题中的正统仅仅是指方法"①，力图通过马克思理论中蕴含的"更新和发展了的黑格尔的辩证法和方法论"来"恢复马克思理论的革命本质"。经过柯尔施《马克思主义和哲学》（1923）中关于"理论与实践统一"关系的新解释和葛兰西的"实践哲学"，到 20 世纪 50—60 年代，"西方马克思主义"发展为一种广泛的社会思潮，虽然并没有形成统一的观点，但以其所创立或服膺的哲学去"比附""嫁接""补充"马克思主义成为其共同的特征，出现了诸如"黑格尔主义的马克思主义""弗洛伊德主义的马克思主义""存在主义的马克思主义""新实证主义的马克思主义""结构主义的马克思主义"等派别；而影响颇大的法兰克福学派则把马克思主义解释为一种"社会批判理论"，结合当代实际对现存的资本主义社会从各个角度进行了一系列批判。

东欧"新马克思主义"包括南斯拉夫"实践派"、波兰"哲学人文学派"、捷克"存在人类学派"、匈牙利"布达佩斯学派"等。这些学派虽然对马克思思想的解释以及对现实问题的研究侧重各不相同，但他们所面对的一些共同的问题（包括政治的、经济的、思想的以及社会的问题）又使他们具有相同的特征，这就是都致力于对苏联哲学模式的批评、对马克思的人道主义的阐发和对社会主义"异化"问题的研究以及对"实践"问题的探讨。

南斯拉夫"实践派"的主要代表人物马尔科维奇认为，"实践派"的意

---

① ［匈］卢卡奇：《历史与阶级意识》，杜章智、任立、燕宏远译，48 页，北京，商务印书馆，1992。

义主要在于反对哲学上的教条主义，反对把马克思的历史唯物主义理解成一种"经济决定论""阶级论"和"政治至上论"。按照他的理解，在马克思思想中，中心问题是"人在宇宙中的地位"。马克思主义人道主义也就是历史唯物主义，马克思主义人道主义的基本内容也就是历史唯物主义的基本内容。

波兰的沙夫则在其《马克思主义与个人》(1965)中写道，我们的时代是重新发现马克思的时代，青年马克思是我们时代的一大发现。刻板的马克思主义的理论模式同马克思早期著作的思想是相抵触的，现在到了重新评价青年马克思的著作，用一种新的方式解释马克思的时候了。沙夫认为，"马克思主义的出发点就是把人作为最可宝贵的财产，就是为推翻压制人的社会关系而进行斗争。这个贯穿整个马克思主义思想体系的出发点，决定了马克思主义的人道主义性质"[1]。

"西方马克思主义"更多的是表达了对"列宁主义"的分歧，而东欧"新马克思主义"则更多地表达的是对"斯大林主义"的不满。

五、"马克思学"的归旨和 MEGA 的编纂原则

由于对马克思文本研究中存在的特殊情况("意识形态"歧解[2])的警示而强调手稿的原生形态和唯一价值，致力于文献考证而力图排除甚至

---

[1]　[波]A. 沙夫：《马克思主义的人道主义》，张伯霖译，见沈恒炎、燕宏远主编：《国外学者论人和人道主义》第 3 辑，269 页，北京，社会科学文献出版社，1991。
[2]　马科斯米里安·吕贝尔在创办《马克思学研究》时特别谈到这一点。

索性放弃主观评价，这是以西方"马克思学"和 MEGA 的编纂原则为代表的文本研究类型的做法。

西方"马克思学"专门以马克思的生平和著述作为研究和阐释对象，力图不抱意识形态的偏见和学科上的局限性，吕贝尔在创立这一学派之初，就自命要继承卡尔·格律恩主编"社会主义和工人运动历史文库"和梁赞诺夫主持苏联马克思恩格斯研究院工作时所形成的研究规范和传统：不受任何意识形态的影响，完全是独立的。他所主编的《马克思学研究》所刊载的研究文章基本上都是文本研究，尤其是其中的纪念第一国际 100 周年专辑、纪念《资本论》发表 100 周年专辑、马克思和恩格斯论沙皇制度和俄国公社专辑、论共产主义专辑等和由吕贝尔本人或其他人写的有关马克思的各种文章或专论，紧扣马克思原始文本的论述梳理线索，概括观点，澄清了许多不符合马克思思想而由后来者附加上去的见解。由于有大量文献材料做佐证，论点确实令人信服。此外，吕贝尔长期致力于重新编辑出版他认为能反映马克思"本来面目"的《马克思文集》，厥功至伟，特别是 1946 年由他编辑的《卡尔·马克思关于社会主义伦理的论述》、1956 年与他人合编的《卡尔·马克思的社会学和社会哲学著作选》，以"马克思文集"为书名的大型法文版丛书（1963 年出版了《经济学》第 1 卷，1968 年出版了《经济学》第 2 卷，1984 年出版了《哲学》卷）等，具有重要的学术价值和学术意义。

MEGA 的编纂原则与"马克思学"的学术取向是一致的，梁赞诺夫组织进行这一工作的初衷就是要按马克思原始文稿刊出全部著作。MEGA2 在 20 世纪 70 年代上马时，学者们也秉承了这一学术宗旨。由于较之第 1 版工作量增大了不知有多少倍，学者们付出的时间、精力和心血也就更大、更多。2001 年 5 月，德国特里尔马克思故居研究所的埃斯纳尔教授在参加由北京大学马克思主义文献研究中心举办的"马克思主义与全球化——《德意志意识形态》的当代阐释"学术讨论会期间，分3 次介绍了他们的研究情况。以新版《德意志意识形态》的编辑为例，为了完整地呈现马克思、恩格斯原始手稿的本来面貌，国际马克思恩格斯基金会针对 MEGA2 第 1 部分第 5 卷（《德意志意识形态》卷）成立了工作小组——《德意志意识形态》工作小组，由德国学者汉斯·佩尔格、英格·陶伯特和法国学者雅克·格朗让组成。他们为了考证《德意志意识形态》的写作过程、原初结构、手稿笔迹等持续不间断地工作了 15 年，对比了数十种版本，才初步拟定了新的纲目。埃斯纳尔教授所进行的"民主国际主义（1840—1848）研究"项目也整整进行了 11 年，才接近尾声。在文本研究中他们确实以文献考证见长，而为了学术则真正到了不计名利的程度。

对马克思文本研究中出现的这些派别和类型我们不应抱一种先定的主观成见，单纯做"善意"维护或"恶意"攻击的定性，而应该仔细甄别情况，具体言说和分析。

以上是对国外马克思文本研究类型的一些初步分析。关于中国的情况，这里只想就其存在的问题概略地指出几点：其一，中国的研究受苏联影响巨大，但没有超过苏联的水准，特别是没有形成一支马克思文本研究专家队伍，没有出现有世界影响的文本研究论著；其二，研究集中在成型的著述中，大多数手稿没有纳入研究视野；其三，过分强调作品的现实意义，在一些研究者那里不同程度地存在着曲解、误读现象；其四，研究者中绝大多数凭依的是中文版，能熟练阅读原始文字和利用第一手文献者还比较少，也没有与研究对象相匹配的知识结构和理论视野。需要指出的是，进入 21 世纪以来，经过学者们艰苦的努力，上述状况得到了相当程度的改善，我们将在第十章展开详细的梳理和分析。

第九章 ┃ 五位"马克思学家"及其对马克思
主义的理解

　　旨在从文本、文献的角度理解和阐释马克思主义
的西方"马克思学",尽管没有产生诸如"西方马克思
主义"思潮那样巨大的社会影响,但它代表着 20 世纪
马克思主义研究中一种特殊的思路和方式。过去,国
内学者对这一派别或所知甚少,或评价过低,甚至把
它与"西方马克思主义"混为一谈,现在是需要改变这
种状况的时候了。为此,本章特介绍法国的吕贝尔、
美国的诺曼·莱文、苏联的奥伊泽尔曼和弗罗洛夫、
美国的汤姆·洛克莫尔五人的情况及他们对马克思主
义哲学的理解。质言之,吕贝尔严格区分了"马克思"
与"马克思主义",认为"马克思"反对"马克思主义";
诺曼·莱文最引人注目的观点则是"马克思恩格斯对
立论";奥伊泽尔曼对马克思主义哲学史和马克思主

义哲学体系进行了探讨；弗罗洛夫的人学研究、生态问题研究及对苏联哲学的反思，体现了苏联和俄罗斯两个不同时期哲学发展的状况及其转型的艰难过程；洛克莫尔则致力于在反思"马克思之后的马克思主义"的基础上，回到文本来重新阐释马克思的思想。对他们做过的工作，我们应当给予全面的理解和客观的评价。

一、吕贝尔："马克思"与"马克思主义"之关系

"马克思学"（Marxologie/Марксоведение）一词是因 1959 年由法国学者吕贝尔主编的杂志《马克思学研究》创刊而流传开来的。

马科斯米里安·吕贝尔（Maximilien Rubel，1905—1996），出生于奥匈帝国的切尔诺夫策市；第一次世界大战之后在罗马尼亚完成大学学习，于 1928 年和 1930 年分别获得法学、哲学学士学位；1931 年到法国留学，1937 年申请移民，成为法国公民。第二次世界大战爆发后，曾被动员加入法军救护队。1941 年，吕贝尔在地下抵抗运动中开始接近法国的马克思主义者，并决心自己研究马克思主义和马克思的著作。在十分困难的条件下，他找到了 1927—1928 年由苏联出版的《马克思恩格斯全集》"历史考证版第 1 版"（MEGA1），并对这些著作进行认真的研究。在这过程中他惊奇地发现，当时没有一本完整的关于马克思著作的版本存在，也没有出版过一个完整的马克思著作的书目。此外，他还发现，当时所存的关于马克思的传记也是不完整的和令人无法满意的，因而人们不得不汇集起许多不全面的信息来试图获得一个关于马克思的智

慧人生和政治生活活动的清晰画面。就这样，他一边作研究一边写下卡片，到战争结束时，这样的工作已经进行了四年。

第二次世界大战结束后，吕贝尔继续教书并继续从事这项研究工作，1946 年他发表了《卡尔·马克思和弗洛拉·特莱斯坦》和《马克思的读书笔记(1844—1845 年"巴黎笔记"片断)》两篇文章。1954 年，他向索邦学院提交了两篇著作作为博士论文，一篇是正论文《卡尔·马克思的思想传记》，另一篇是副论文《卡尔·马克思的著作目录》，吕贝尔被批准答辩并获得通过。以上两部著作分别发表于 1956 年和 1957 年，奠定了吕贝尔在法国马克思研究中的地位。吕贝尔本人认为，他自己的著作填补了马克思及其著作研究的空白，即解决了马克思研究中的知识本身的空缺问题。

吕贝尔毕生学术活动活跃，著述丰富。从 1946 年起直至去世，他的研究成果有八十多种，分别有著作、译著、整理的文本、《马克思学》杂志以及论文等五类，其中主要有：《马克思社会主义伦理学文选》(1948)、《马克思社会学和社会哲学文选》(与博托莫尔合编，1956)、《马克思生平著作年表》(1956，1960)、《马克思思想传记》(1957)、《马克思反对波拿巴主义》(1960)、《马克思经济学》第 1 卷(1963)和第 2 卷(1968)、《马克思批评马克思主义》(1974)、《没有神话的马克思》(与 M. 马纳尔合著，1975，1976)、《论卡尔·马克思：五篇论文》(1981)、《马克思的著作》(1~3 卷，1983)等。

吕贝尔除著述活动之外，还长期主持出版《马克思学研究》丛刊。该丛刊创办于 1959 年，它属于法国国家科学研究中心实用经济学研究院的刊物《经济与社会》(实用经济学手册)的一个分册。也就是说，在一年的时间里，《实用经济学手册》出版四期，其中拨出一期的篇幅由吕贝尔主持出版马克思学的内容。直至 1991 年，总共出版了 32 期。吕贝尔为该杂志倾注了毕生的精力，他自己也在上面发表了大量的作品，同时也吸引了大批马克思学研究者的作品，包括英国、德国和美国等国的马克思学研究者的作品，成为一份法国国内外闻名遐迩的杂志。吕贝尔在发刊词上也承认，他所做的工作不过是卡尔·格林贝格在 1910—1930 年所编辑的"社会主义和工人运动史文库"以及俄国马克思主义研究者梁赞诺夫所做过的那些工作。

吕贝尔一生从事马克思学的研究，就个人的研究而言，他对马克思、马克思主义的阐释是十分独特的，其主要观点表现在如下几个方面。

第一，认为马克思"反对"马克思主义，马克思主义是"不合法性"的。在吕贝尔看来，20 世纪出现的马克思主义是一个神话，这个神话是恩格斯制造出来的。他于 1970 年 5 月正值纪念恩格斯诞辰 150 周年之际，写了一份《关于"奠基人恩格斯"的几点意见》的发言稿，该"意见"第一条就认为："马克思主义并不是马克思的思想方式的最初产物，但是，它是在弗里德里希·恩格斯心中所创立的。到目前为止，'马克思主义'这个术语包含着一个理论上可以理解的主题，这个责任不在于马克思，而在于恩格斯。"吕贝尔认为，"马克思主义"的提出，"使'马克思'成了一种注定要统治 20 世纪历史的神话的教父"。在吕贝尔看来，恩格斯之所以这样做，是因为他搞"个人崇拜"，"在把马克思主义作为对马克思的崇拜的历史上，恩格斯起了主要的作用"。①

---

① ［法］吕贝尔：《关于"奠基人恩格斯"的几点意见》，见《吕贝尔马克思学文集》（上），郑吉伟、曾枝盛等译，45、48、10 页，北京，北京师范大学出版社，2009。

第二，认为马克思主义是"乌托邦主义"，马克思本人也是"空想主义者"。吕贝尔自己专门写作了《社会主义和道德》一文，文中说，马克思"不仅没有废除乌托邦，恰恰相反，却更新并扩展了其内涵"。接着他又指出："由于受到了罗伯特·欧文和查尔斯·傅立叶的影响，早期的马克思卷入了直接的政治活动，并始终没能摆脱空想社会主义的思想情结。"吕贝尔还以马克思晚年对俄国农村公社的看法为例，认为马克思不像建立无产阶级政党那样去考虑问题，很容易看出马克思对欧文的赞誉。因此吕贝尔下结论说：

> 从某种意义上讲，马克思是所有乌托邦主义中最乌托邦的一位。他很少关心未来社会的轮廓，而主要专注于现存秩序的破坏及把革命升级为一种迫使现代雇佣奴隶投身其中的伦理危急事件（ethical exigence）。①

第三，否定列宁和斯大林对苏联社会主义国家的建立及建设的成就。吕贝尔对苏联问题十分关注，有相当多的文章是关于十月革命、苏联社会主义建设以及苏联后期改革问题的。吕贝尔把斯大林主义等同于社会主义，他认为，个人崇拜和专制独裁恰恰是布尔什维克模式的社会主义国家的突出特征。这就把斯大林的历史功绩一笔抹杀。他还把列宁路线说成是歪曲马克思的思想原则的结果，所以他说：

---

① ［法］吕贝尔：《社会主义和道德》，见《吕贝尔马克思学文集》（上），郑吉伟、曾枝盛等译，54、55页，北京，北京师范大学出版社，2009。

列宁颠倒了马克思社会学、政治学的基本原则（工人阶级必须优先于工人政党的原则），从而使执政的共产党能够歪曲马克思所一再说明的无产阶级多数专政的理论。①

对于吕贝尔这样的"马克思学家"，我们应当实事求是地考察他的思想观点，对于他对马克思著作文献的版本考证的贡献，我们应予以肯定，而对于其错误的理论观点，我们也要予以分析和批判。

二、莱文："马克思恩格斯对立论"

诺曼·莱文（Norman Levine，1931—）是美国当代最负盛名的"马克思学"学者之一。20 世纪 50 年代，莱文进入纽约大学，先后攻读英语语言文学、欧洲史、美国史和德国史。1965 年，他以一篇关于 19 世纪德国保守主义历史学家吉哈德·里特尔（Gerhard Ritter）的史学思想的论文获得哲学博士学位。此后，他先后执教于迪堡大学、马里兰大学巴尔的摩分校，并于 1975 年晋升为马里兰大学历史学教授。1988 年，他辞去马里兰大学的教职，以富布赖特高级研究人员的身份前往德国访问研究。1990 年 6 月起任美国国际管理研究院历史学教授，现任美国国际管理研究院国际政策研究所执行主任。

---

① ［法］吕贝尔：《卡尔·马克思》（摘译），杜章智译，载《马列主义研究资料》，1984(4)。

在获得博士学位、走上社会之前，莱文基本上是一个不问政治的学术人。这可以从他的博士论文选题中得到证实。但在走上大学讲台之后，他很快就受到越南战争这个历史事件的影响，在反越战过程中成为一名新左派并转向"西方马克思主义"。为了研究"本真"的马克思主义，1965—1980年，他曾多次前往荷兰阿姆斯特丹国际社会史研究所研究马克思的人类学笔记，并逐渐形成了自己的思想体系。1975年，他出版了《可悲的骗局：马克思反对恩格斯》一书，系统阐发了"马克思主义和恩格斯主义对立论"，在国际学界引起强烈反响。此后，他致力于从辩证法的角度研究马克思的《资本论》及其手稿，并于1985年出版《辩证法内部对话》一书，继续《可悲的骗局：马克思反对恩格斯》一书的基本路线，详尽阐发了马克思、恩格斯、列宁和毛泽东对辩证法的差异性理解。该书被公认为20世纪西方"马克思学"关于辩证法研究的一部力作。

除了"马克思恩格斯对立论"，莱文还曾致力于《资本论》及其诸手稿的结构和方法、苏格兰学派及其对黑格尔和马克思思想发展的影响、马克思主义政治哲学等领域的研究，且都成果斐然。2006年春，莱文出版了新著《不同的路径：马克思主义和恩格斯主义中的黑格尔》，在全面回顾20世纪西方学界关于马克思和黑格尔关系研究史的基础上，系统阐发了作者关于1839—1842年马克思和黑格尔的关系、恩格斯和黑格尔的关系的基本认识。2007年10月7日至22日，莱文来北京大学进行为期半个月的访问讲学。10月7日，他在讲座中介绍了当前国际上马克思主义研究的最新进展和其个人的研究成果，并就未来马克思主义的发展走向等重大问题与北京大学师生作了广泛交流。

莱文在马克思研究领域最引人注目的观点是"马克思恩格斯对立

论"。几十年来他对此作了不遗余力、极其详尽的阐发。

莱文于 1975 年出版的《可悲的骗局：马克思反对恩格斯》一书，综合考察了以往对马克思和恩格斯比较研究的各种论点，把统一的马克思主义区分为两个不同的体系：马克思主义和恩格斯主义。莱文举例说，马克思的古代社会史笔记和恩格斯的《家庭、私有制和国家的起源》之间没有必然的联系，晚年恩格斯背叛了马克思关于人类自身生产在史前社会起决定作用的思想。他指出，马克思认为，在原始时期，"财产并不统治着社会……人的共同体由氏族，由特定的亲属关系决定的"。而恩格斯则相反，"在恩格斯看来，血族团体并不是社会力量，不是原因性的，而只是生产方式发展的某一阶段的功能。血族团体起源于低下的生产率。对恩格斯来说，原因性因素是生产方式"。① 可见，在他看来，恩格斯的两种生产理论是与历史唯物主义相对立的。同时，在《可悲的骗局：马克思反对恩格斯》中，莱文认为，马克思是社会发展多元论者，而恩格斯在分析俄国农村公社的发展前景时，认为俄国只能照抄西欧资本主义的发展路线，提出了形而上学的单线发展模式。

在 1985 年出版的《辩证法内部对话》中，莱文更进一步谈到了马克思、恩格斯三个方面的区别。一是马克思把辩证法看成社会分析的方法和人类行动的指南，而恩格斯则把辩证法与自然界融为一体，承认自然辩证法。二是马克思认为只有历史唯物主义，而恩格斯违背了马克思的思想，建立了辩证唯物主义，把马克思主义歪曲成形而上学的一元论，

———————————

① ［美］诺曼·莱文：《可悲的骗局：马克思反对恩格斯》，载《科学社会主义参考资料》，1981(3)。

成为马克思主义的第一个修正主义者。三是马克思和恩格斯对黑格尔的理解不同，在马克思那里，黑格尔哲学是不可分割的东西，马克思继承了黑格尔的辩证法，即关于行动的方法和理论，但没有接受他的唯心主义（莱文这里似乎有点自相矛盾），而恩格斯则继承了黑格尔的形而上学方面，虽然也抛弃了他的唯心主义。由此莱文引申出了马克思与恩格斯的第四点原则分歧：在马克思看来，唯物主义主张，人类对赖以生产其生存条件的生产方式的需要先于人类的其他需要，即社会存在先于一切思维方式和经验活动；而恩格斯的唯物主义则认为有形物体独立于人而存在，并为外在于人类的规律所支配。莱文申明这两种形式的唯物主义并不互相排斥，但由于它们在某些思想体系中占有不同分量，这些思想体系就大异其趣了。从这些区别中，莱文得出的结论是：恩格斯是马克思主义或者确切说是马克思学说的第一个修正主义者。因此，应该恢复马克思哲学的本来面目。那么，马克思哲学的本来面目是什么呢？

在莱文看来，马克思的唯物主义只能停留在社会存在决定社会意识上，他说：“马克思认为，既肯定思维来源于存在（感觉和社会先验），又肯定外部世界由概念构成，这二者是不矛盾的。”[1]莱文认为：“通过打破精神的客观性和物质的客观性的统治，马克思主义将重新和它原来的思想结合，这个思想就是：世界是人类活动的结果。”[2]正是从这样的观点出发，莱文认为：“一方面用辩证法的观点看待自然界，同时又不

---

① ［美］诺曼·莱文：《辩证法内部对话》，张翼星等译，15 页，昆明，云南人民出版社，1997。

② ［美］诺曼·莱文：《辩证法内部对话》，张翼星等译，6 页，昆明，云南人民出版社，1997。

认为自然界的运动法则本身是辩证的，这是可以做到的。"①莱文的观点确实是很彻底的基本分离派观点，而基本分离派观点与基本一致派观点的分歧又进一步涉及否定唯物主义与坚持唯物主义的分歧，这就超出马克思主义哲学范围而进入了一般哲学领域。

在"马克思与恩格斯"的关系问题上，莱文的观点当然是我们所不能接受的，但它也从另外一个方面提醒我们，过去那种单纯强调二人之间的完全一致，不对其具体差异性进行比较和分析，甚至不允许别人比较和分析这种差异性，或者根本不承认存在这种差异性，也是值得考虑并且必须改变的，因为实际上它不利于深化对马克思主义具体思想内涵的理解。

三、奥伊泽尔曼：马克思主义哲学史和哲学体系

奥伊泽尔曼（Теодор Ильич Ойзерман，1914—2017）是苏联和俄罗斯最重要的哲学家之一，1938 年毕业于莫斯科历史和哲学学院哲学系，1941—1946 年在苏联红军中工作，1951 年获哲学博士学位，1953 年起担任莫斯科大学哲学系教授，外国哲学史教研室主任，1965 年起任《哲学问题》杂志编委，1966 年当选为苏联科学院通讯院士，1971 年起任苏联科学院哲学研究所西欧—美国哲学史研究室主任，1981 年当选为苏

---

① ［美］诺曼·莱文：《辩证法内部对话》，张翼星等译，36 页，昆明，云南人民出版社，1997。

联科学院院士，1984 年起担任哲学研究所哲学史部主任，曾任苏联哲学协会副主席。其主要研究领域为哲学史、哲学史方法论。

苏联时期，奥伊泽尔曼对马克思主义以前的世界哲学史、马克思主义哲学史和现代西欧哲学史以及关于哲学史发展过程的理论、认识论、科学方法论都作过深入的探讨。其主要著作有《马克思主义理论在 1848 年革命经验中的发展》(1955)、《马克思主义哲学的形成》(1962)、《哲学史科学诸问题》(1969)、《哲学的基本派别》(1971)、《辩证唯物主义与哲学史》(1979)、《哲学史过程理论原理》(与博戈莫洛夫合著，1984)，主编《辩证法史：德国古典哲学》(1978)。在《马克思主义哲学的形成》(1962、1982、1986)中，奥伊泽尔曼较早提出马克思主义是统一的完整的学说，它的各个组成部分不仅彼此协调一致，而且互相论证；他批判地分析古典政治经济学和空想社会主义，抽出包含于其中的合理的原则，认为这些同样是马克思主义哲学形成过程中的必要因素；马克思和恩格斯制定的历史唯物主义和辩证唯物主义是结合在一起的，两者是同一个过程。他还认为，科学的哲学史的对象是哲学的发展，哲学的发展有自己的特殊性，除了进步以外，还经常向过去的历史阶段回归。他不同意日丹诺夫的哲学史定义，认为哲学史不只是唯物主义的历史，还应该研究形形色色的哲学学说，指出研究哲学史的历史方法和逻辑方法虽有差异，但又有内在联系。

苏联解体以后，奥伊泽尔曼虽已 80 岁高龄，但仍然充满活力，勇于探索，从 1991 年起发表了一系列反思马克思主义的论文，在俄罗斯哲学界产生了重大影响。这些文章主要有：《马克思主义与 20 世纪的非马克思主义哲学》(《哲学科学》1991 年第 7 期)、《哲学学说多元化的历史命运》(《哲学问题》1991 年第 12 期)、《马克思主义自我批评的原则基础》(《自由思想》1993 年第 7 期、1994 年第 11 期)、《论列宁对马克思主义的解释》(《自由思想》1996 年第 4 期、第 6 期)、《马克思主义与空想主义》(《自由思想》1998 年第 1 期)、《作为意识形态的马克思主义》(《自由思想》1999 年第 3 期、第 5 期)、《对辩证唯物主义的批判思考》(《哲学问题》2000 年第 2 期)、《对历史的唯物主义理解：优点与不足》(《哲学问题》2001 年第 2 期)。这些重要论文是苏联解体以来俄罗斯哲学界为数不多的对辩证唯物主义、历史唯物主义进行深入反思之作，提出了对整个马克思主义哲学的新的理解。①

　　奥伊泽尔曼对辩证唯物主义和历史唯物主义的反思，有一个共同点，这就是，他认为两者都还不是成熟的理论。在这个问题上，有两个基本事实必须承认：其一，马克思和恩格斯本人从来没有提出过完整的辩证唯物主义和历史唯物主义理论体系，即使是恩格斯最具系统性的哲学著作——《反杜林论》哲学编，也只是遵循杜林的思路对他的哲学观点进行驳斥，略具系统性而已，远远称不上是系统成熟的理论；其二，苏联时期的辩证唯物主义、历史唯物主义理论，是在 20 世纪 30 年代由米丁等人在前人成果的基础上提出并经斯大林审定而成为官方哲学流行于世的，由于成为苏联的官方哲学，辩证唯物主义、历史唯物主义理论直至苏联解体，未得到严肃、系统、着重从学术的角度进行的反思和研究，其"科学性"在很大程度上是靠政权的力量维系的。在苏联解体之后，俄罗斯哲学家，例如奥伊泽尔曼，才有可能对马克思主义哲学进行

---

① 安启念：《奥伊则尔曼论辩证唯物主义（上）》，载《哲学动态》，2003(1)。

科学的探讨。从这个意义上看，建构成熟的马克思主义哲学体系还是当代马克思主义者面临的一项历史性的艰巨任务。

四、弗罗洛夫：人学、生态问题研究及对苏联哲学的反思

伊万·季莫费耶维奇·弗罗洛夫（Иван Тимофеевич Фролов，1929—1999）是苏联时期著名的哲学家、苏联科学院院士，后来成为戈尔巴乔夫的理论助手，先后担任《共产党人》与《真理报》的总编辑以及苏共中央书记、政治局委员，是苏联哲学人道化最具代表性的人物。苏联解体后，任俄罗斯哲学学会会长。

弗罗洛夫的马克思主义哲学研究领域的工作体现在以下几方面。

1. 对人的问题的综合研究

弗罗洛夫可以说是作为人的问题综合研究的一个杰出的研究者、苏联时期马克思主义哲学人学的开创者，为俄罗斯的人学研究的发展也作出了巨大的贡献。20世纪60年代以来，他开始专门研究马克思主义哲学人学，一经投入，锲而不舍，直到生命的最后。他倡导了"对人的多方位综合研究"的方法论原则，写下了大量的论著和学术论文。自1991年3月成立人学研究所以来，他一直领导这个所开展对人的综合研究。他在1990年创刊《人》杂志，亲任主编。他还主持编写了一部《人》词典，这部词典不仅反映出俄罗斯人学研究的历程和现状，而且也对世界人学研究成果进行了全面的介绍。弗罗洛夫认为，组建人学研究所的主要目的，是起到综合研究人的问题的协调、组织作用，把不同专业和学科的

专家、学者团结起来，进行统一的人学科学研究，即从人的一切方面对人进行研究，比如从生物学、社会学、遗传学、生态学等角度出发，研究人的各种本质规定。当今人学研究的主题应该是：人与全球化问题、人的发展过程中自然因素和生物因素的作用、社会关系中的人、生物伦理学技术系统中的人、文化系统中的人以及对人的跨学科研究中的哲学和方法论问题等。《人》杂志全面反映了这些方面的研究成果。弗罗洛夫所领导的对人的综合性研究作为一门学科，不是在纯哲学领域对人的问题进行研究，而是在自然科学和人文科学的结合点上，对人进行的一种多方位的整体探讨，相对于纯哲学而言，更贴近现实的、具体的人。20世纪80年代，以"人、科学、社会"为主题，苏联科学院的24个研究所，教育部、科学院以及卫生部等50多个研究机构参与的大规模研究，是对这种从多方位展开对人的问题的研究的肯定。

2. 生态学和全球化问题的研究

弗罗洛夫是世界上最早从马克思主义哲学的角度介入对生态问题进行探讨的哲学家之一。他将社会生态学研究的主要问题归纳为：

生态学问题在当代全球问题的总体中的位置；生态学模型的方法论基础；科学和人类需要的发展；自然科学、技术科学和社会科学的整体化；社会和自然相互关系的社会哲学问题。①

---

① ［苏］И. Т. 弗罗洛夫主编：《辩证世界观和现代自然科学方法论》，孙慕天、李成果、张景环等译，376 页，哈尔滨，黑龙江人民出版社，1990。

　　他认为，研究生态问题的本质，至少应当考虑到生态问题具有的三个因素：其一，与危及自然资源枯竭有关的技术经济方面；其二，在世界性环境污染条件下有关人类社会同自然界的生态平衡；其三，社会政治方面的因素。他认为，这些问题不仅仅在各国、各地区范围内，而且在包括整个人类在内的全球范围内都有解决的必要性，因此恰恰是社会政治因素在解决生态问题当中具有决定性作用。他还认为，如果只把生态问题看作某些协调人与自然相互作用的技术措施的评价或筛选，是极其狭隘的。

　　在我国曾经引起很大反响的弗罗洛夫所著的《人的前景》一书，就是在批判吸取世界人学精华的基础上，对影响人类发展的社会因素、自然-生物因素和个性因素及其关系作出的出色探讨，尤其是对影响巨大的社会生物学进行了剖析。他主张，社会生物学家的"一些观察和假设应该得到认真注意和客观评价"，如特里维尔的断言："政治科学、法律学、经济学和人类学或迟或早总要成为社会生物学的组成部分。"他认为人是理智和非理智的统一，并向往未来的人是"完整的、全面发展的"人。[①] 可以说，人的生物性论证是科学和人学的前沿问题，中国学界若有能力对这一难题作出合理论析，就可进驻当代世界人学的制高点。

　　弗罗洛夫还具有前瞻性地思考了全球性问题。他认为，全球性问题包括三种类型：其一，国际社会方面的全球性问题，涉及社会经济体系、国家等社会共同体的相互作用，如和平与裁军问题、南北问题等；

---

　　① ［苏］弗罗洛夫：《人的前景》，王思斌、潘信之译，94 页，北京，中国社会科学出版社，1989。

其二，社会人类学方面的全球性问题，涉及人同社会的关系，如人口问题、教育和文化问题、妇女问题等；其三，自然—社会方面的全球性问题，涉及人与社会同自然的相互作用，包括资源问题、能源问题、粮食问题、环境问题等。所有这些问题都在某种程度上影响着人类文明的未来。全球性问题归根到底是人的问题，不仅仅是由于人是整个社会最基本也是终极性的因素，而且还因为人创造了科技文明，所以人是科学技术的主体。

3. 对苏联哲学的反思和俄罗斯未来哲学前景的展望

苏联解体给哲学也给苏联哲学带来了剧变。怎样评价苏联哲学的历史发展？俄罗斯哲学界的现状如何？马克思主义哲学在当今俄罗斯的境况如何？未来将会怎样？这是弗罗洛夫晚年集中思考的问题。[①] 他多次访问中国，试图在与中国的对比中寻找出答案，最终客死于杭州。

关于苏联哲学的得失，弗罗洛夫认为，苏联 20 世纪 20 年代初驱逐了一批杰出的哲学家和思想家，禁止那些不同于官方意识形态的哲学流派的存在和发展，30—40 年代斯大林在《联共（布）党史简明教程》第四章第二节中对马克思主义哲学的庸俗化理解占据了统治地位，这些给苏联哲学和思想界造成很大的损害。如果当时允许非马克思主义哲学派别的存在，允许不同学派的争论和对话，那么马克思主义哲学就不会被如此庸俗化、简单化，而会更丰富、更有意义。从 20 世纪 50 年代中期开始，主要是在 60—80 年代，苏联哲学的发展虽然也存在某些弊端，却

---

① 徐凤林：《俄罗斯哲学的历史、现状与未来——俄罗斯哲学家弗罗洛夫访华一席谈》，载《北京大学学报（哲学社会科学版）》，1993(3)。

取得了许多积极的成果。当时年青一代的哲学家是从研究和掌握在官方哲学中所没有的某些问题开始其哲学生涯的。通过对当代科学、哲学史和现代资产阶级哲学的深入分析，许多哲学问题的内容和范围获得了很大的丰富和扩展，如科学哲学和方法论、人的综合研究和人道主义问题、价值问题和对科学知识的评价等，就是从那时开始得到深入广泛的研究的。这些都是苏联哲学取得较大成就的方面。这些方面也得到了国际上的承认和重视，并且带来了某些实践结果，如人道主义问题和伦理学的研究导致了生物伦理学的建立，而这门学科又是对器官移植、死亡确定和人体实验等当代迫切问题进行立法调节的基础。

弗罗洛夫认为上述成就是马克思主义哲学的丰富和发展。但叶利钦上台后苏联哲学界发生了重大变化，苏联解体后变化尤大。当今俄罗斯哲学界状况有两个显著特点。一个特点是对马克思主义哲学的压制。所谓民主和多元论只是对一切非马克思主义流派而言的，对马克思主义哲学则只有压制。虽然没有官方的明文禁止，但已形成了这样一种社会气氛，使各大学和研究机构都停止了马克思主义哲学的教学和研究，而代之以非马克思主义哲学流派；报社、杂志社和出版社不发表或不出版具有马克思主义观点的文献和著作，或者把有关部分予以删除后发表；许多先前的马克思主义哲学家纷纷改变了立场，一些仍然坚持马克思主义观点的哲学家受到来自多方的压力。另一个特点是哲学研究的意义不如从前大了。苏联哲学的研究是在意识形态背景下进行的，放在首位的是与当时政治任务密切相关的哲学问题，现在最热门的则是宗教哲学、哲学史及现代西方哲学问题，而对此只有少数知识分子才感兴趣，因此哲学的影响变小了。

弗罗洛夫认为，当今俄罗斯哲学正处于不幸的时代，处于缺乏哲学问题的时代。但他确信这一时期不会永远持续下去。苏联哲学在 20 世纪 60—80 年代所取得的重大成就不会马上被消灭，一些在这一时期积极参与哲学创造的哲学家现在也未急于改变立场，他认为这就是俄罗斯哲学未来的希望。当然他并不主张回到过去，这是不可能的，也是不必要的。但是通过那些优秀的知识分子的积极努力，苏联哲学的成就将会得到广泛接受。弗罗洛夫认为，经过人们的科学研究和冷静思考，大部分人还会选择马克思主义哲学并使其获得进一步的发展。

弗罗洛夫可以说是苏联时期成长起来的一代哲学家，又经历了俄罗斯转型时期哲学变革的阵痛，他最终还不能说已经为自己的民族，从而也为自己找到了答案，但他的整个哲学生涯、哲学思想，对于处于建构新的马克思主义哲学形态过程中的我们来说，确实是值得好好研究的。

五、洛克莫尔：“马克思主义之后的马克思”

发生于 20 世纪 90 年代的东欧剧变、苏联解体不仅昭示了世界共产主义运动实践的巨大转折，而且引发了国际马克思主义研究界对传统的马克思思想的理解方式和阐释方式的深刻反思。多年后，在起初的“危机论”“过时论”的喧嚣归于平淡与沉寂的同时，一种旨在从学术层面上避开先定“框架”、情绪化“评判”和中间“环节”，“直接而全方位”地面对原始文本，回到马克思当年的历史语境，重新阐释其思想的研究趋向初露端倪。“马克思主义之后的马克思”（Marx after Marxism）的提法就是这一趋向鲜明的表征。

(一)马克思与马克思主义

明确提出"马克思主义之后的马克思"的是美国的汤姆·洛克莫尔，他在《哲学与社会评论》杂志 2000 年第 4 期上发表了《论在马克思主义之后恢复马克思》的论文，认为：

> 马克思一直是通过马克思主义的途径来被认识和理解的，如此一来，深深地曲解了他的哲学思想。如果把"马克思主义"这个过滤器移开，我们就会看到一个完全不同的更具哲学意味并更能引起人们哲学兴趣的思想家。①

时隔两年之后，他又出版了详细阐述自己观点的专著，书名就叫《马克思主义之后的马克思——卡尔·马克思的哲学》②。洛克莫尔的这种看法，在英国的马克思研究界得到了一些学者认同和呼应。2002 年，伦敦经济学院的美格纳德·德赛出版了《马克思的报复》一书，同样认为长期以来马克思的学说遭逢被误解的命运，认为东欧剧变、苏联解体并不意味着马克思主义的失败，相反，是马克思本人对由他那些被误解了

---

① Tom Rockmore, "On recovering Marx after Marxism", *Philosophy & Social Criticism*, 2000, 26(4), pp. 95-106.

② Tom Rockmore, *Marx after Marxism: The philosophy of Karl Marx*, Malden, Blackwell Publishing, 2002.

的思想所导致的社会后果的一种"报复"。^① 同年 8 月，牛津大学出版社出版了沃尔夫的《今天为什么要读马克思？》一书，也表达了与此相近的看法。^② 尤其值得提到的是，2002 年 12 月 19 日英国著名的《经济学人》周刊发表了题为《共产主义之后的马克思》的文章，从对"离谱的苏联式的共产主义"的实践的反思中支持了上述观点，"共产主义之后的马克思"与"马克思主义之后的马克思"的提法具有非常相近的意旨。^③

(二)马克思主义的三种类型

众所周知，戴维·麦克莱伦在梳理马克思去世后其思想的传播、影响和演变的时候，提出了"马克思之后的马克思主义"的概念^④，那么在走过一个多世纪的历程后，为什么要提出与此相对的另一个范畴"马克思主义之后的马克思"呢？显然，这里暗含的一个观点是，"马克思主义"远离了"马克思"，或者说，马克思主义所阐释的马克思的思想与其本人的思想不是一回事。洛克莫尔等人把"马克思主义"分为只能在相对意义上才可以区别开来的三个方面：归属政治家类型的马克思主义经典作家的理论、大体上可以算作学者的马克思主义研究者的思想、"苏联式的马克思主义"指导下的共产主义实践。这三者与马克思的思想之间

---

① Mgnard Dersay，*Marx's Reprisals*，London and Basingstoke，Macmillan and Co. Ltd.，2002.

② Jonathan Wolff，*Why Read Marx Today*，Oxford，Oxford University Press，2002.

③ Marx after Communism，*The Economist*，Dec 19th 2002.

④ ［英］戴维·麦克莱伦：《马克思以后的马克思主义》，余其铨、赵常林等译，北京，中国社会科学出版社，1986。

的关系表现如下。

其一，马克思主义经典作家与马克思思想的差别。洛克莫尔指出，由于众所周知的政治原因，恩格斯、列宁，斯大林和毛泽东等都无一例外地被说成是世界级的哲学家，但他认为这是错误的。"这种过分的做法，不仅使得人们的想象力变得贫乏，而且很难把马克思主义研究严肃地作为一个学术活动"①。他还指出，由于诸多原因马克思主义直接依赖于恩格斯，只间接依赖于马克思。恩格斯的著作具有广泛的影响，而马克思的著作并未如此。马克思的重要著作，诸如《1844 年经济学哲学手稿》《德意志意识形态》《经济学手稿（1857—1858 年）》等在他在世时并未出版，这就意味着当理解马克思理论的决定性著作最终出版时，马克思主义已经形成了。洛克莫尔认为，马克思与恩格斯的差别是"深刻的、可证实的"：马克思拥有哲学博士学位，受过正规训练，而恩格斯则至多能算一个有点天分的哲学自学者；马克思对哲学上的细微差别有着无比卓越的敏感，而恩格斯主要缺乏这一特质；二人哲学上的差异关键在于他们对黑格尔的不同理解，马克思少年时就通读了黑格尔的著作，恩格斯尽管谈到黑格尔，但似乎从未理解黑格尔。因此，马克思是一个黑格尔主义者，他的哲学属于德国主体性哲学的范畴，而恩格斯坚持一种与实证主义相当接近的反主体观点。马克思 1883 年去世时，以他的理论为基础的共产主义运动的前景还很不明朗。但在仅仅 12 年之后，恩格斯去世的时候，导致了俄国革命的共产主义运动已经初具规模。投身

---

① 　Tom Rockmore，"On recovering Marx after Marxism"，*Philosophy Social Criticism*，2002，26（4），p. 98.

革命的这批人当然对实际政治比仔细阅读马克思的著作更感兴趣。列宁在布尔什维克党期间对马克思主义的发展有决定性的影响，他在自己的权威著作中主要依赖恩格斯而不是马克思。包括像斯大林这样的政治家以及像奥泽伊尔曼这样苏联官方哲学的代表详尽表述了马克思主义的发展主线。而这种表述是基于列宁就俄国状况而对恩格斯的思想所做的阐释和修改。

其二，其他马克思主义研究者，比如科尔施、卢卡奇、科拉科夫斯基、沙夫、彼得罗维奇、科耶夫、阿尔都塞、晚期萨特和葛兰西等与马克思的思想之间也有不小的距离。洛克莫尔详尽地分析了卢卡奇对马克思思想的理解。尽管就对马克思与黑格尔的真实关系的理解而言，卢卡奇可以说是达到了顶峰，他的文学、政治和哲学著作极大地依赖于他对马克思而非马克思主义哲学传统的关系的理解，与正统的马克思主义的学说是相抵触的。但较之于本真的马克思来说，他的理解仍有局限性。他的要害是"既忠实于马克思，又想忠实于马克思主义"，这就产生了无法克服的矛盾。比如，卢卡奇"正确地拒斥了恩格斯由于未能充分认识而形成的对康德的理解，却错误地接受了恩格斯同样未能充分认识而形成的对黑格尔和德国古典哲学的理解"。洛克莫尔注意到卢卡奇也发表过对诸如自然辩证法等思想的质疑，但他认为卢卡奇对恩格斯是"细节上反对，总体上认同"。①

其三，"离谱的苏联式的共产主义"对马克思主义的背离。在洛克莫

---

① Tom Rockmore，"On recovering Marx after Marxism"，*Philosophy & Social Criticism*，2000，26(4)，pp. 95-106.

尔等人看来，在苏联、东欧，一提起平等、自由和正义等共产主义自称
的目标，人们只有苦笑。实际上，苏联和东欧实行的共产主义是对马克
思思想的扭曲。在那片土地上发生的一切会使马克思本人惊骇不已，这
一切与他的思想的正确与否毫无关系。马克思在许多方面正确的思想，
比如，对资本主义许多问题的揭露、关于全球化和国际市场、经济周期
和经济决定思想的方式等，都被丢弃了。最要害的是苏联在社会发展进
程中"抢跑"了：

> 根据马克思提出的社会运动定律，社会应该在封建制度束缚生
> 产力发展时（而不是促进生产力发展时）过渡到资本主义制度。然
> 后，资本主义制度又以大致相同的方式让位于社会主义制度（无产
> 阶级革命），即在资本主义生产潜力完全发挥出来，资本主义制度
> 的继续存在对物质的充足起阻碍而不是促进作用的时候。但是，苏
> 联直接从封建制度迈进社会主义。①

这就"快"过头了。

很显然，上述分析有些我们是不能接受的，洛克莫尔等人意在消除
"成见"和"偏见"，恢复马克思思想的本来面目，但他没有注意到马克思
之后社会历史环境的变迁必然要求马克思的后继者作出新的理论建树和
实际发展。当然，他的分析也提醒我们，在对马克思主义进行研究的时
候笼而统之地进行阐发而不对具体人物、具体情形作仔细甄别与辨析同

---

① 转载自《参考消息》2003 年 1 月 6 日第 3 版。

样是有缺陷的。

(三)"马克思主义之后的马克思"

至于"马克思主义之后的马克思"到底是个怎样的面貌和情形，学者们的见解并不一致，比如洛克莫尔认为，马克思是黑格尔最重要的学生，德国古典哲学的正式成员，他比其他人更能抓住现代工业社会的本质，提供了对于这种社会的最佳把握，这是今天也还有效的关于"我们是谁"的最好阐释。"'马克思主义'业已过时并且应予抛弃，但是只要先进工业化社会继续存在，马克思今天并将永远与时代同行。"①德赛则认为，尽管 20 世纪出现的一个又一个专制政权歪曲了马克思的本来思想，马克思作为一个哲学家、社会科学家、历史学家和革命者所取得的成果在今天仍然得到学术界的尊重。②《经济学人》刊发的《共产主义之后的马克思》一文更指出，就马克思的思想来说，有四点至关重要。第一，马克思认为社会将遵循某些既简单又包容万象的运动定律，因而可以对其发展方向做长期的预言。第二，他认为这些规律无一例外都是经济性质的规律，塑造社会的唯一力量就是"物质生产的力量"。第三，他认为这些规律的表现形式始终是残酷的阶级斗争，直至历史的终结。第四，他认为，在历史终结时，阶级和国家必将消亡，地球上将出现一个人间天堂。③ 沃尔夫则认为，我们可以把马克思对现实的批判与其对未来社

---

① Tom Rockmore, "On recovering Marx after Marxism", *Philosophy & Social Criticism*, 2000, 26(4), pp. 95-106.

② 参见[英]梅格纳德·德赛：《马克思的复仇——资本主义的复苏和苏联集权社会主义的灭亡》，汪澄倩译，北京，中国人民大学出版社，2016。

③ Marx after Communism, *The Economist*, Dec 19th 2002.

会的预测区分开来，从这点上看，他仍然是对自由、资本主义社会和资产阶级等问题最重要的批评家。

应当看到，这些异彩纷呈的言说还不完全是基于对马克思原始文本的悉心探究而进行的抽象、概括和评论，这正是"马克思主义之后的马克思"这一范畴所表征的学术趋向还处于起步阶段的体现。提出一个口号是容易的，口号所展示的前景要变为现实，就不容易了。就马克思研究来说，要在新的境域和氛围中推出超越前贤的大的学术成果非得有长期而执着的努力不可。不过就目前而言，前景还是比较乐观的。一方面，越来越多的学者认识到必须把马克思作为一个客观的学术研究对象来看待，避免急功近利的干扰，理性评判其思想的功过；另一方面，作为马克思原始著述权威版本的 MEGA2 尽管出版速度缓慢，但毕竟还是在陆续问世，这使研究者可以更多地接触到第一手材料，为深入探讨马克思的思想提供了扎实的基础。

需要指出的是，"马克思主义之后的马克思"的提法与国内学术界近年流行的"回到马克思""重读马克思"的口号在动机、意旨上也颇有一致处。应该说，长期以来，我国的马克思主义研究与国际相关领域的前沿趋向是不对接的；现在历史提供了我们在共同反思基础上建立起来的同一时代场域，作为专业研究者我们没有理由不充分利用这一契机把研究水准推进到一个新的更高的层次。

第十章 ｜ 国内马克思文本研究的回顾与省思

进入 21 世纪以来，文本解读逐渐成为国内马克思主义哲学研究总体格局中的一个重要领域和研究路向。特别是经过近几年学者们的努力，涌现出一批成果，取得一些进展，呈现出比较好的发展态势；当然，与国际学术前沿和元哲学理论建构的要求相比，仍然有不小的差距。特借此机会作一番回顾和省思，以引起国内同行的关注。

一、文本研究的缘起

文本研究在国内马克思主义哲学界兴起，在我看来，有两方面的缘由：一是对马克思主义哲学进行重新理解和阐释的内在要求,二是顺应了马克思主义哲学研究方式转换的趋势。

延续 20 世纪 80—90 年代对传统的马克思主义哲学教科书体系所进行的反思,人们发现,原来所理解的马克思主义哲学无论是基本范畴、观点、命题,还是原理、体系和结论,相当一部分缺乏原始文本的依据和本初意义的支持。当然,这不是说学者们在研究中没有引用过经典文本中的话语,的确也引用了,但大多情况下却是将不同时期、不同文本和不同语境中的论断不加分析地直接引用,结果在很多方面曲解了经典作家原初的意思,并没有呈现其思想的真实面貌。而且考虑到便于思想概括和课程讲授,过去多选择《反杜林论》《路德维希·费尔巴哈和德国古典哲学的终结》《唯物主义和经验批判主义》等文本,当然不能说这些文本不重要,但它们能代表马克思主义哲学的最高成就吗?从逻辑上说,马克思主义哲学所阐释的主体应该是马克思的哲学思想,但这一点在传统的马克思主义基本原理研究和教学中并没有凸显出来,引用马克思的著作和论述非常之少,而且很不完整。诸如马克思"博士论文"中所阐释的主体自我意识论,《〈政治经济学批判〉导言》中所论述的观照世界的艺术、宗教、实践、哲学方式论,《德意志意识形态》中所建构的历史的本真存在与对历史的观念把握、文本"编纂"之间的关系论,《资本论》及其手稿所阐发的"普照光"方法、"人体"解剖方法、"从后思索"方法、抽象—具体方法,等等,并没有进入马克思主义基本原理体系,或者语焉不详甚至皆付阙如。此外,关于马克思主义哲学的实质与称谓,诸如"辩证唯物主义""历史唯物主义""实践的唯物主义""新唯物主义""现代唯物主义"等,也曾引起了非常激烈的争论，其实如果回到文本中去，结合概念、范畴的考证再进行总体上的分析和提炼，是不难达成大体一致的判断的。这些情形表明，离开文本无法理解马克思主义哲学的实质和内容，并进而推进对其的深入研究。

进入 21 世纪以来，学界由对马克思主义哲学的重新理解进入对马克思主义哲学研究方式的反思。我们看到，改革开放以来一直在进行着艰难转型和变革的哲学所属的各个门类和学科中，马克思主义哲学的处境尤其显得独特甚至可以说有些尴尬。我认为，这一学科的研究之所以呈现出这样一种局面，原因很复杂，有些因素是作为学者很难左右或单靠其力量难以根本改观的；但从自身的角度检讨，学术性不强确实是中国马克思主义哲学研究最致命的症结。很多文章和著作不遵循学术研究的一般原则、路径和规范，选题与流行的政策和见解趋同，有些论者的所谓"研究"也很难说是学者的作为，其成果经不起时间和学理的检视。这些都影响着中国马克思主义哲学研究的学术声誉。还应该指出，长期以来马克思主义哲学界崇尚思辨，相形之下，特别不屑做一些梳理、考证的工作，认为那是一种经院哲学的做法，不会有什么"创新"。其实大而无当的探讨既无助于学术本身的积累，也谈不上对现实问题有深刻的见解。我这里所说的马克思主义哲学研究严重的"不规范"，还不仅仅是指为文著述时无视诸如注释、索引等操作层面的格式、步骤和规则，更主要的是由于丧失对学术研究的敬畏态度而采取的随意行为，课题选择多是一些大而无当的"宏大叙事"，其他学科提倡"小题大做"，而我们则是"大题小做"。可以说，正是人文社会科学重建学术规范的呼唤，把马克思主义研究中文本的基础意义凸显出来了。因此，我的看法是，文本研究虽然不构成马克思主义研究的全部内容，但它是这种研究的永恒性基础。

二、文本研究新进展

正是在上述考量的驱动下，近年来的马克思文本研究在如下方面取得了比较大的进展。

1. 文本研究方法的讨论

21世纪，在与过去不同的际遇与氛围中，作为一名学者，我们应该带着怎样的态度和规范去对待作为研究对象的马克思主义？具体说，在马克思主义研究中，应该怎样处理"文本研究""比较研究"与"现实研究"的关系？如何在历史性与现实性、学术性与思想性、本真性与主体性、公度性与个性化等矛盾之间既保持融通与提升，又保持合理的区分与"必要的张力"？马克思主义研究到底是一种什么性质的研究？应当遵循以历史性为基础再延伸出其现实意义的路径，还是以现实问题与观点为坐标去观照和定位其历史镜像和思想体系？这是这些年文本研究中讨论的焦点问题。

最引人注目的是对"回到马克思"这一提法的理解。国内学术界在新时期重提这一口号，原本寄希望于文本研究的学术转向以及通过学者们数年埋头治学、扎实努力，廓清笼罩在马克思身上的迷雾，还原他以及他的学说作为人类思想史上的一个重要阶段的真实。前面的分析也表明，这一口号的重新提出就其动机、意旨来说，其实并没有太过复杂的、容易产生歧义的涵义。但后来这一口号被很多论者看作或解释为与体现"马克思的当代性"相对立的研究方式，认为回到文本，努力呈现马克思文本和其思想发展历程的原像，必然导致对其现实价值和意义的忽视。我认为，后一种理解是对"回到马克思"这一意向原初动机的曲解，它把不同层面上的问题混在一起讨论，并根据己意作了推断和延伸，把并不矛盾或可以互补的研究方式对立起来了。

解释学流行以来，我国学界又引入"视域融合"的说法。多数人形成这样一种观点，即认为文本不单是由作者完成的，文本的解读者也参与到写作情境之中，可以说作品是二者合作完成的；文本解读则是解读者与作者之间就相同问题进行的一种对话。比如，张一兵在《方法的前置与自觉：马克思何以呈现》（《学术月刊》2002 年第 6 期）一文中就指出，马克思学说本身的意境必然随着不同的方法、每个研读者的不同成见而呈现为特定的解释话语。人们以为是马克思的东西，恰恰是由一定的先见所决定的，并且这种先见发生作用的途径是在"读"和"写"的过程中被双重重新建构的。而笔者在《马克思文本研究方法再省思——一份清理与辨析》（《学术研究》2003 年第 9 期）一文中则认为，"视域融合"论如果旨在提醒和警示解读者注意作者及其文本的丰富内涵和多重意义，进而避免单一化、片面性的理解，那么是有积极意义的。但是严格说来所谓"对话"却是说不上的，因为解读者与作者并不处于同一时空情境中：作者的写作时间在解读者介入阅读之前就已经结束了，过去了，这里显然有一个时间距离差；作者与解读者又置身于不同的物理空间状态与精神文化氛围，这又是一个空间距离差。在通常的意义上，对话是一种交流，一种互动，但时空的距离把作者与解读者隔开了，无法进行面对面的倾谈，只有解读者对作者思想的接受，作者却无法接受解读者的反馈。我们不能把形象化的比喻与夸张奉为学术研究的原则甚至圭臬。

此外，文本研究与现实问题研究的关系问题也引起了争论。丰子义在《如何看待文本研究与现实问题研究》（《学术月刊》2003 年第 1 期）中指出，尽管经典文本不可能给我们提供当代社会发展现实的现成理论，但其基本的立场、观点和方法还是深藏于经典文本之中的。离开了文本，不可能真正理解和把握马克思主义哲学的真精神和基本的理论与方法。由此说来，文本研究无疑是重要的；但如何有效地进行这一研究，这就不可避免地涉及现实问题的研究。同样的文本，在不同的时代往往会产生出不同的研究旨趣、不同的研究特点和方式。研究主题的确定、研究问题的提出、研究视野和视角的形成、研究方式的确定都与现实有关。总之，只有把文本研究与现实问题研究有机地结合起来，才能既推进文本研究，又使现实问题研究得到坚实的理论支撑，二者积极互动，无疑会促进马克思主义哲学繁荣与发展。就这一问题笔者也特别撰写了《重新思考马克思主义哲学研究中的"现实视角"和"问题意识"》（《哲学动态》2006 年第 12 期）一文，从另外的角度进行了分析。笔者认为，长期以来通行的研究路数不是从文本本身出发去勾勒问题，而是从问题出发去观照文本。在这里，作为研究出发点的问题，并不自文本中来，而是在研究者介入文本之前就摆在那里了，它们一般主要来自三个方面：一是当代社会实践中的所谓重大问题；二是目前流行的社会思潮或哲学观念；三是研究者个人感兴趣的问题或者自己创设的观点。由于解读者研究马克思主义不是为了或者不仅仅是为了弄清其文本及其思想的原始状况，而首先是想寻找对现实问题的说明、解释和论证。因为动机是功利的，所以解读者在解读时就会省略文本研究的许多必要步骤。按照这样一种解读思路，文本本身就只能被置于工具或者手段的地位。基于这种看法，笔者认为，对于专业的马克思主义研究者，特别是文本研究者来说，需要采取另一种思路，就是说，要以文本为本位、从文本出发，先对其产生背景、写作过程、版本渊流、文体结构、思想内容、理论体系、研究历史与最新动态等多个方面一一进行翔实的梳理、考证、分析和阐发；在此基础上我们再从文本中抽象、提炼出重要思想与问题。这样一种马克思主义的研究方式并没有回避现实性问题，而是把历史原貌的追寻、思想史的考辨和对现实的观照、省思联系起来，凸显出专业研究者的研究与其他社会群体的考量之间的适当区分。

2. 文本研究史的清理

在当代新的境域下对马克思的文本的重新解读并不是在一片"废墟"中起步的，并不需要一切从头开始。相反，应当首先考虑的是，这种研究已经有了 100 余年的历史，在这过程中诚然有种种误读、曲解，但毕竟也积累了相当多的成果和经验；对于前者，我们当然要批评，而且必须纠正和超越，而对于后者，一个诚实的研究者必须有足够的了解，应当保持应有的尊重。正因为如此有的学者花很大精力进行文本研究史的清理工作。

王东所著的长达 67 万字的《马克思学新奠基——马克思哲学新解读的方法论导言》（北京大学出版社 2006 年版）系统回顾了马克思主义史上的三个五十年的历程，分析了三种流行的主导解读模式：19 世纪后期，主要流行"以恩解马"的解读模式——通过恩格斯的通俗性、论战性著作来解读马克思哲学；20 世纪前期，主要流行"以苏解马"的解读模式——根据苏联模式下的哲学教科书体系的理论框架来解读马克思哲学；20 世纪后期，主要流行"以西解马"的解读模式——依据近现代西方哲学框架来解读马克思哲学。王东认为，应当具体地、历史地分析这三种解模式的历史贡献与历史局限，同时提出创造富于 21 世纪时代精神与中国特色的"马克思学"的主张。

笔者所写的《清理与超越——重读马克思文本的意旨、基础与方法》（北京大学出版社 2005 年版）一书利用丰富的文献资料对马克思手稿、笔记、藏书的保存、流传情况进行了梳理，选择不同时代有代表性的 12 种关于马克思著述的"书目志"，特别是几个语种的马克思恩格斯全集编辑过程中的书目统计，再对比荷兰阿姆斯特丹国际社会史研究所收藏的《马克思手稿、笔记目录》和"历史考证版"已经出版部分的收文情况，从"书志学"方面对马克思一生撰写的著述和书信进行了统计，然后，从中选取了 53 部最能表征马克思思想特质、内涵以及发展历程的重要著述，对其写作与出版情况进行了考证。此外，本书还对"通行本"研究中的遗漏、经典研究中的空白、马克思文本研究中的几种类型，以及西方马克思研究界有关"马克思主义之后的马克思"的提法所表征的新的研究动向和中国马克思文本研究的现状和趋势作了分析。虽然随着马克思新的文献材料的刊布，这种统计和梳理可能只具有阶段性的价值，但上述工作对于我们从宏观上鸟瞰马克思的文本世界，进而在比较的意义上撷取其中最重要的篇章进行悉心解读，以便尽可能客观地把握马克思思想的原初状态、时代特质和精神风貌，仍然具有基础性的意义。

3. 国外"马克思学"研究

近年国内文本研究者普遍形成的一个共识是，这种研究必须深入了解国外"马克思学"界的研究动态。这种了解还不仅仅是满足于关注那些对马克思思想当代影响的总体评价，更重要的是紧密跟踪西方学界在具体文本、问题的探讨中所做过的工作及其最新进展，特别是马克思著作最权威的 MEGA2 新的编辑、研究状况，结合我们自己的分析和判断，作出新的梳理和评价。

在这方面鲁克俭的《国外马克思学研究的热点问题》（中央编译出版社 2006 年版）和赵玉兰的《从 MEGA1 到 MEGA2 的历程：〈马克思恩格斯全集〉历史考证版的诞生与发展》（中国社会科学出版社 2013 年版）值得关注。前者广泛收集了 20 世纪 80 年代以来英语世界马克思主义研究的新文献，以此为基础分专题对国外学者关于马克思思想来源、关于马克思与黑格尔的关系、关于马克思与恩格斯的"学术关系"、关于马克思一生思想发展的内在逻辑、关于马克思的共产主义思想、对马克思意识形态理论的重建、对马克思唯物史观的研究及争论等问题，一一给予详尽的介绍，资料权威，叙述全面，持论公允。后者一一清点了"MEGA1 的前史（马克思和恩格斯出版全集的努力）""《马克思恩格斯全集》历史考证版即 MEGA1 的历史性诞生""MEGA1 的重大挫折（梁赞诺夫时代的终结）""MEGA1 在后梁赞诺夫时代的短暂继续与最终夭折""MEGA2 的历史性诞生""MEGA2 的编辑理念与编辑准则""MEGA2 的出版情况及第Ⅲ、Ⅳ部分已出版卷次的内容"等问题，全面展现马克思主义文献学史上的这段极不寻常却又极为辉煌的历程，客观地评价其成败得失。

此外，《马克思主义与现实》等期刊专门开辟了有关"马克思学"研究的栏目，系统介绍了国外马克思学的前沿动态，曾枝盛的《重建马克思学——〈吕贝尔马克思学文集〉导言》（《马克思主义与现实》2007 年第 1

期），鲁克俭的《国外马克思学概况及对中国马克思学研究的启示》(《马克思主义与现实》2007 年第 1 期），鲁路的《结合 MEGA2 谈历史考证版的编辑准则》(《马克思主义研究》2006 年第 4 期)、《〈马克思恩格斯全集〉历史考证版(MEGA)的异文处理方法》(《马克思主义与现实》2006 年第 1 期)等都是有相当资料价值和分析深度的论文。

当然，上述对国外"马克思学"成果的介绍和研究也引起了一些争论。时至今日，国内还有论者把"马克思学"界定为"一个意识形态的概念"。殊不知，这一学派和研究路向的宗旨就是不抱意识形态的偏见或学科上的局限性，追随马克思去探索他所接触过的一切问题，继续马克思的思想历险；但同时它对把马克思的地位提到无以复加、终结真理的地步的评价也不以为然。我觉得，这是一个学者应有的公正态度。

4. 文本个案的研究

这方面最显著的成果是对《德意志意识形态》的研究。张一兵主持翻译了其中的"广松涉版"(《文献学语境中的〈德意志意识形态〉》，南京大学出版社 2005 年版)并撰写了题为"文献学语境中的广义历史唯物主义原初理论平台——评广松涉的《文献学语境中的〈德意志意识形态〉》"的长篇译序，魏小萍发表了《〈德意志意识形态〉的文献学问题讨论》(《哲学动态》2006 年第 2 期)、《〈德意志意识形态〉研究的两个方向》(《光明日报》2006 年 12 月 11 日)、《〈德意志意识形态〉未定稿部分的内容及其相互关联》(《马克思主义研究》2007 年第 5 期)等论文，鲁克俭发表了《关于〈德意志意识形态〉"费尔巴哈"章的排序问题》(《哲学动态》2006 年第 2 期)、《"马克思文本解读"研究不能无视版本研究的新成果——评张一兵

"〈文献学语境中的《德意志意识形态》〉代译序"》（《马克思主义与现实》2006 年第 1 期）、《〈费尔巴哈〉章的排序以及文本研究的方法论问题》（载韩立新主编《新版〈德意志意识形态〉研究》，中国人民大学出版社 2008 年版）等论文，韩立新发表了《〈德意志意识形态〉的文献学研究和日本学界对广松版的评价》（《中国社会科学》2006 年第 2 期）、《〈德意志意识形态〉中的市民社会概念（上）》（《马克思主义与现实》2006 年第 4 期）、《〈德意志意识形态〉研究的四个问题》（《学术月刊》2007 年第 3 期）、《〈德意志意识形态〉的编辑问题》（《光明日报》2007 年 10 月 12 日）、《〈德意志意识形态〉编辑问题的新进展》（《马克思主义与现实》2007 年第 6 期）等论文，笔者也先后发表《思想的传承、决裂与重构——〈德意志意识形态〉创作前史研究》（《河北学刊》2006 年第 4、5 期）、《未完成的文本如何表述思想？——对《德意志意识形态》写作过程的考察》（《现代哲学》2006 年第 6 期）、《〈德意志意识形态〉研究中的"赫斯问题"》（《学习与探索》2006 年第 5 期）、《〈德意志意识形态〉——在文本学研究的视野内》（《光明日报》2006 年 8 月 14 日）、《离开思辨的基地才能解决思辨的矛盾——〈德意志意识形态〉中的"圣布鲁诺"章解读》（《学术月刊》2007 年第 2 期）、《〈德意志意识形态〉对"真正的社会主义"思潮的批判》（《马克思主义研究》2007 第 3 期）、《文本的命运——〈德意志意识形态〉手稿保存、刊布与版本源流考》（《河北学刊》2007 年第 4、5 期）等一系列论文，姚顺良发表了《论马克思在〈德意志意识形态〉写作中的主导作用——析广松涉"恩格斯主导论"的文献学依据》（《马克思主义研究》2007 年第 5 期），夏凡发表了《〈德意志意识形态〉第一卷第一篇的文本结构问题——西方马克思学实证方法与思想史科学方法的根本对立》（《学术月刊》2007 年第 1 期）等论文。即将出版的著述有：魏小萍撰写的《〈德意志意识形态〉原文文本的解读与分析》、韩立新主编的《新版〈德意志意识形态〉研究》和聂锦芳撰写的《批判与重构——〈德意志意识形态〉的文本学研究》。

上述研究对《德意志意识形态》这一文本的产生背景、写作过程、版本渊流进行了翔实的梳理和考证，特别是对其中"费尔巴哈"章的"梁赞诺夫版"(1926)、"阿多拉茨基版"(1932)、"巴加图利亚版"(1966)、"新德文版"(1966)、"MEGA2 试编版"(1972)、"广松涉版"(1974)、"英文版"(1976)以及 MEGA2 新的编排设想和顺序有了更深入的了解，使这种研究奠基于国际学术前沿的基础之上。

此外，鲁克俭通过《马克思晚年为什么要写作〈历史学笔记〉》(《理论前沿》2006 年第 2 期)、《再论"马克思文本解读"研究不能无视版本研究的新成果——从〈巴黎手稿〉的文献学研究谈起》(《马克思主义与现实》2007 年第 3 期)，韩立新通过《〈巴黎手稿〉的文献学研究及其意义》(《马克思主义与现实》2007 年第 1 期)、《〈资本论〉编辑中的"马克思恩格斯问题"——马克思〈詹姆斯·穆勒《政治经济学原理》一书摘要〉研究》(《光明日报》2007 年 4 月 10 日)、《〈穆勒评注〉中的交往异化：马克思的转折点——马克思〈詹姆斯·穆勒《政治经济学原理》一书摘要〉研究》(《现代哲学》2007 年第 5 期)，笔者通过《神性背景下的人生向往与历史观照——马克思中学文献解读》(《求是学刊》2004 年第 2 期)、《经典的地位是如何确立的？——〈共产党宣言〉创作史、传播史新探》(《学术研究》2004 年第 12 期)、《如何解读〈关于费尔巴哈的提纲〉》(《光明日报》2005 年 10 月 18 日)、《理论史对于理论而言意味着什么？——从〈剩余价值学说史〉的写作看马克思如何处理史论关系？》(《学术月刊》2006 年第 1

期)、《一段思想因缘的解构——〈神圣家族〉的文本学解读》(《学术研究》
2007 年第 2 期)等对"巴黎笔记"、"巴黎手稿"、《共产党宣言》、马克思
晚年笔记的研究较之前有了新的分析角度和新的理解。

2018 年是马克思诞辰 200 周年，涌现了一大批研究成果，比较突出
是由笔者主编的丛书"重读马克思：文本及其思想"(中国人民大学出版
社)。这套丛书包括 12 本专著：第 1 卷《滥觞与勃兴——马克思思想起
源探究》、第 2 卷《"苦恼的疑问"及其解决——〈莱茵报〉—〈德法年鉴〉时
期"马克思文献及思想再研究》、第 3 卷《思想的传承与决裂——以"犹太
人问题"为中心的考察》、第 4 卷《异化的探寻与扬弃——"巴黎手稿"再
研究》、第 5 卷《思想的剥离与锻造——〈神圣家族〉文本释读》、第 6 卷
《在批判中建构"新哲学"框架——〈德意志意识形态〉文本学研究》、第 7 卷
《政治经济学的形而上学——〈哲学的贫困〉与〈贫困的哲学〉比较研究》、第
8 卷《"革命"的非模式化解读——1848—1852 年马克思恩格斯政治文献研
究》、第 9 卷《政治经济学批判的逻辑建构——"1857—1858 年手稿"再研
究》、第 10 卷《"资本一般"与政治经济学批判——"1861—1863 年手稿"再
研究》、第 11 卷《资本社会的结构与逻辑——〈资本论〉议题再审视》、第 12
卷《求解资本主义的史前史——"人类学笔记""历史学笔记"的思想世界》。

在对马克思上述最重要的文本、文献及其思想展开深入研究时，作
者力求把版本考证、文本解读、思想阐释与现实意义重估紧密结合起
来，在困扰马克思主义史研究的诸多难题的解决上取得了重要进展，诸
如对马克思思想起源与西方文化传统之间复杂关系的梳理、对马克思思
想转变的逻辑线索及其实质的揭示、对马克思与其先驱之间思想的传承
与决裂过程的辨析、对异化及其扬弃路径的探究、对异质思想的剥离对

于新思想培育和锻造意义的甄别、对在批判中建构"新哲学"的框架思路和意旨的厘清、对"政治经济学的形而上学"意义的辨析、对"革命"的非模式化解读、对政治经济学批判的逻辑建构、对"资本一般"与政治经济学研究的推进、对资本社会的结构与逻辑的审视、对资本主义史前史的求解及其意义等。丛书出版后在社会和学界引起很大的反响。国内多家报刊纷纷刊登文章、通讯予以介绍和评论。其英文目录和提要介绍到国外后，德国特里尔大学、马克思故居博物馆、MEGA 编辑部和艾尔伯特基金会、荷兰阿姆斯特丹国际社会史研究所的专家给予了高度评价。详细情况介绍请参看长篇报道《一部中国学者研究马克思的著作在德国的反响》(《中华读书报》2019 年 11 月 6 日第 9 版)。

5. 专题史研究

文本研究的另一种方式是通过对不同文本中同一思想的梳理，再现思想家思考的曲折过程和思想的复杂内涵，这就是专题思想的研究。

在这方面赵家祥、丰子义合著的《马克思东方社会理论的历史考察和当代意义》(高等教育出版社 2002 年版)一书紧密地依据文本和逻辑，对马克思理论视野中的东方社会问题，特别是对引起学界较大争议的"亚细亚生产方式""跨越'卡夫丁峡谷'"等问题作出了符合原意的梳理和甄别，并阐明这些思想所具有的当代意义。而魏小萍的《追寻马克思——时代境遇下马克思人类解放理论逻辑的分析和探讨》(人民出版社 2005 年版)一书则对时代境遇下马克思"人类解放理论"的逻辑进行了深入分析和探讨。

此外，丰子义对马克思的"现代性"思想做了梳理和阐发①，魏小萍

---

① 丰子义：《马克思现代性思想的当代解读》，载《中国社会科学》，2005(4)。

对"资产阶级权利"与"市民权利"的关系①、"所有制"和"财产"关系概念与实体概念的差异②做了梳理和阐发，杨学功对"世界观"的概念和马克思的"现实生活"世界观③、恩格斯对"马克思哲学"的解释和贡献④做了梳理和阐发，赵家祥对"古代生产方式"与"奴隶社会"的关系做了梳理和阐发⑤，鲁克俭对"古典古代"是否等同于"奴隶社会"的问题做了探究⑥，韩立新对马克思的"自然的支配"⑦及从"市民社会"到"自由人的联合"的演变⑧做了梳理和阐发，这些研究深化了学界对这些问题的认识和理解。

6. 不同语种翻译过程中的重要概念辨析

包括马克思文本在内的人文社会科学作品的翻译，不像自然科学著作那样，能够做到在不同语种之间实现词语含义的一一对应的转换，甚至有时在另外的语种中根本找不到完全匹配的词语，或者勉强用了一个词但二者各自又有多重含义，当然有时也会因译者本身有特定的意识形

---

① 魏小萍：《资产阶级权利与市民权利：同质与否？〈马克思恩格斯全集〉历史考证版MEGA2 词汇问题研究》，载《马克思主义研究》，2005(5)。

② 魏小萍：《"所有制"与"财产"：关系概念与实体概念的不同——马克思和恩格斯原文本阅读带来的初步释疑》，载《哲学动态》，2007(10)。

③ 杨学功：《世界观的概念和马克思的现实生活世界观》，载《河北学刊》，2004(2)。

④ 杨学功：《论恩格斯对"马克思哲学"的解释和贡献——以文献为基础的分析》，载《南京大学学报(哲学・人文科学・社会科学)》，2005(1)。

⑤ 赵家祥：《也谈"古代生产方式"与"奴隶社会"——与鲁克俭同志商榷》，载《哲学动态》，2007(7)。

⑥ 鲁克俭：《"古典古代"等于"奴隶社会"吗？——重新解读马克思的"古代生产方式"》，载《哲学动态》，2007(4)。

⑦ 韩立新：《马克思的"对自然的支配"——兼评西方生态社会主义对这一问题的先行研究》，载《哲学研究》，2003(10)。

⑧ 韩立新：《从市民社会到自由人的联合》，载《光明日报》，2006-12-11。

态或文化观念上的考虑而造成歧解，这些都为准确地理解原文的思想增添了很多难度。笔者在《确立对学术的敬畏与尊重——论当代中国马克思主义哲学研究方式的转变》(《天津社会科学》2005 年第 5 期)一文中指出，目前对照马克思著述的中、俄、德三种文本，发现因一个词的翻译而导致理解上的差异的现象越来越多，诸如把 Recht 译为"法""法权"和"权力"，把 Eigentum 译为"所有""所有制""所有权"和"财产"，把 Verhaeltnis 译为"制度""状况"和"关系"，把 Idealismus 译为"理想主义"还是唯心主义，把 aufheben 译为"消灭"还是"扬弃"，把 Ausgang 译为"终结"还是"出路(口)"，把 bürgerliche Recht 译为"资产阶级权力"还是"公民权利"，等等。笔者认为，诸如此类的词意辨析，绝不是咬文嚼字的书生自娱，它涉及对马克思思想的不同解释，有些是内涵很不相同的理解。可以说，这方面研究的拓展和的深入挖掘，必将为马克思主义哲学研究开辟一个新研究方向和领地。

在这方面进行了最深入研究的国内学者是魏小萍。她连续发表了《MEGA2 研究中的词汇理解问题》(《哲学动态》2003 年第 11 期)、《外化、异化与私有财产：并非产生于翻译的概念理解问题——〈马克思恩格斯全集〉历史考证版 MEGA2 概念背后的理论问题研究》(《哲学动态》2005 年第 8 期)、《资产阶级权利与市民权利：同质与否？——〈马克思恩格斯全集〉历史考证版 MEGA2 词汇问题研究》(《马克思主义研究》2005 年第 5 期)、《异化劳动与私有财产、分工与私有制：非同质的问题——〈德意志意识形态〉相关问题分析》(《南京社会科学》2006 年第 2 期)、《"所有制"与"财产"：关系概念与实体概念的不同——马克思和恩格斯原文本阅读带来的初步释疑》(《哲学动态》2007 年第 10 期)、《词汇选择与哲学思考：财富的来源、性质与功能——〈德意志意识形态〉中马克思、恩格斯与施蒂纳分歧的原文本解读》（《哲学研究》2008 年第第 2 期）等文章，通过各个语种文本的对照和词义辨析，廓清了马克思主义跨语种研究中的很多问题。

此外，张立波在《翻译与马克思主义在中国的接受》（《云南大学学报（社会科学版）》2007 年第 4 期）等文中提出的观点也值得深思。他认为，翻译作为两种语言符码之间的转换，牵涉到一系列错综复杂的思想。从翻译和政治性入手，我们可以认识到，关于马克思主义在中国的翻译和接受，首先应当关注的是历史契机和具体环节。这种探讨将有助于马克思主义中国化议题的深化。

通过上述扎扎实实的研究，目前国内已经形成一支比较稳定的文本研究队伍。中央党史和文献研究院、中国社会科学院、北京大学、清华大学和南京大学等单位都有学者在自觉地从事这一领域的研究。特别需要提及的是"马克思学论坛"和"中国马克思主义哲学史学会马克思恩格斯文本文献研究分会"的组织、推进工作。2007 年上半年致力于马克思文本解读研究的中青年学者在北京共同发起成立了"马克思学论坛"，旨在倡导"建立在扎实文献学基础上的马克思文本解读研究"新理念，推动中国马克思学研究者之间的学术交流与对话。学者们每次围绕一个文本或问题进行认真的讨论，议题专业，讨论深入，取得很好的效果。2021 年 6 月 19—20 日，中国马克思主义哲学史学会马克思恩格斯文本文献研究分会成立，这一组织汇集了国内一大批更为年轻的马克思主义研究者，思想活跃，活动频繁，定期推出科研成果，与国外相关学术界建立了密切的联系，展示了新的研究气象。

三、文本研究存在的问题

当然，以上对近年文本研究成绩的梳理，并不表明这一研究不存在问题，相反，从中国的哲学研究现状、世界相关研究的学术前沿、元哲学理论创新等角度讲，目前的研究状况还是不能令人满意的。概而言之，笔者觉得以下几点值得特别注意。

1. 国内学界对文本研究仍然存在诸多误解

或许是过去研究方式和路径的惯性使然，从总体上看，文本研究目前在国内马克思主义研究的整体格局中仍然处于边缘化的状态，论者言说其重要性的多，但真正实际介入这方面研究的少，很多人并没有把这种研究看作整个马克思主义研究的基础、理解马克思思想最重要的途径，因而看作每个马克思主义研究者的分内之事，反而把它看作少数学者的特殊兴趣和研究路向；更令人不解的是，这一方面的研究才刚刚取得一定的进展，涌现出一些成果，就已经引发出了不少负面议论，有的还颇为尖刻。比如，有的论者指责目前的文本研究是在搞缺乏"思想"的"伪文献学考据"；还有的认为较之原理研究和现实问题探讨，文本研究只是复述原著的思想，谈不上研究者个人的见解和创造，因而属于"次一层次"乃至"低一档次"的研究；更有甚者认为文本研究有意回避现实问题因而已经背离了马克思主义的宗旨。这些误解的存在实际上不利于文本研究的进一步推进。

2. 文本研究的"国际化"水平还比较低

这体现在三个方面。一是研究者的外文水平不理想。这里绝不是说马克思文本研究根本不能以中译本为基础，但最理想的状态应该是从研究对象的原始语言出发展开研究。而现在国内的研究者中，第一外语大多数是英语、俄语或日语，一部分研究者借助辞典及其他资料可以阅读马克思原著和相关文献，但水平明显不够；而国内第一流的德语、法语专家并不从事马克思研究。二是研究成果向外译介得很少。近年来通过与国外马克思研究界的交往，国际同行已经知道有中国学者在从事这一方面的研究，但也仅仅限于"知道"而已，他们对我们的具体工作并不了解，原因是我们的成果被翻译成外文发表得很少。三是参与国际马克思文献的编研工作任务急迫。目前 MEGA2 已经出版的部分才到计划中的114 卷的一半多，绝大多数马克思摘录笔记部分的编辑工作还没有着手，能够识别马克思手稿字体兼具专业素质的编辑人才奇缺。在这一问题上，除了中国对国际社会所应承担的责任之外，如果不参与这一事业，实际上我们现阶段将无法直接面对和利用原始手稿，因为要利用原始手稿需要国际马克思恩格斯基金会（IMES）的授权，而不参加编辑工作往往没有这种机会；如果不接受辨别马克思、恩格斯字体的训练，缺乏认识原始手稿的能力，我们还是无法直接地面对手稿来研究，我们还只能跟在人家的后头跑，当然也就更谈不上赶超国际先进水平了。

3.《资本论》研究仍是比较薄弱的环节

《资本论》无疑是马克思一生最重要的著述，是诠释马克思思想最重要的文本依据。在当代新的境遇下要把马克思研究推向新的高度和层次，仍然绕不开的这座"思想高峰"。进入 21 世纪以来，国内的马克思主义研究，特别是在哲学界，很关注《资本论》，但基于新刊布的文献所进行的扎实研究依然欠缺，该领域的实质性进展不大。而现在是必须加强这一文本研究的时候了。其一，我们必须站在世界学术研究的前沿领域，以权威、完整和全面的文献资料和版本作为重新研究《资本论》的基础。MEGA2 第 2 部分 15 卷已出齐，它再现了马克思写作、修改、整理的完整过程，为重新研究《资本论》提供了最权威和最全面的文献基础。其二，必须突破过去那种把《资本论》仅仅看作单纯的政治经济学著作和哲学上只是对唯物史观的证实的传统而狭窄的研究思路，要在扎实的文本、文献解读基础上将其宽广的思想视野、历史意识和理论构架全面地体现、展示出来，将其完整的资本理论和对资本逻辑的批判准确地概括、提炼出来，将其深刻的哲学意蕴和思想史价值客观地揭示、凸显出来。其三，《资本论》文本的研究要与对 20 世纪资本批判史的梳理、对资本与资本理论的当代发展的重新思考结合起来，以体现马克思完整的资本理论与对资本逻辑的批判的当代价值。

4. 文本研究与比较研究、元理论建构存在脱节的现象

文本研究绝不是为文本而文本。我们立足马克思的原始文本研究，同时应有更为展宽的视野、丰富的内容以及融会历史与现实为一体的深刻分析。因此，应将马克思及其文本置于人类思想史的进程和图景中，通过与其他流派、人物、文本的比较，凸显其内涵与特点；放在历史变迁与当代社会的格局中，通过理论与实践的比照，阐发其现实价值与意义。

比较研究方面欠账很多。一是与马克思发生过直接关系的思想家及其派别，诸如恩格斯、布鲁诺·鲍威尔、费尔巴哈、施蒂纳、海涅、魏特林、威廉·沃尔弗、赫斯、卢格、格律恩、蒲鲁东、拉萨尔、福格特、巴枯宁等人，以及空想社会主义、古典政治经济学、青年黑格尔派、哲学共产主义、真正的社会主义、共产主义者同盟、德国社会民主党等思潮或党派的复杂纠葛及思想差异。二是马克思与作为马克思一生

思想背景或阴影的黑格尔思想的关系。可以说，迄今为止，就马克思与黑格尔的关系而言，无论是对二者关联的具体细节和演变轨迹的探询，还是从整体上对后者的实际影响作出程度上和实质性的判定，都有很大的研究空间，这也直接关乎马克思思想与旨在全面颠覆黑格尔哲学的现代西方哲学的关系。此外，还有一个比较的层次是为人们所忽略的，那就是与马克思处于同一时代、同一思想传统和社会环境，但思想意旨却迥然不同的思想家，诸如叔本华、克尔凯郭尔等。相同的时代、相同的文化氛围和社会现实为什么会塑造出、怎样塑造出这些思想"另类"？这是耐人寻味的问题。这些比较和分析，可以凸显人类哲学和思维探索的多元进路，以及在这杂色斑斓的图景中马克思的思想处于一种怎样的地位。

更重要的是元理论的传承和创新。就马克思当年的论域而言，在当代新的时代境域下他所涉及的很多议题，都需要作出重新思考、深化和发展。"实践"范畴地位的彰显不必说了，与其紧密相关的劳动、生产、阶级、剥削、国家、市民社会、革命等在新时代都需要赋予不同的新意。不仅如此，对马克思的思想还应作出新的拓展，增添原来理论体系中没有的内容。诸如，从本体论的角度对马克思哲学的提升，把马克思零散的对社会的分析和批判发展成一种系统的社会批判理论和方法，从个体角度、心理层次对人性做出深度探索，而在马克思的社会结构学说中更要增加复杂的因素，等等。只有这样才能最终提升文本研究的思想深度和水准。

这样说来，目前国内的马克思文本研究还处在一种"在路上"的阶段，成绩与问题并存，我们确实是任重而道远！

四、澄清对文本研究的三重误解

认真清理 100 多年来的马克思主义研究史，我们可以看到，那些随着时代问题的凸显和转换而生发出来的对马克思思想形形色色的解释，大都已经成为"过眼云烟"，反而是那些基于扎实的文本基础和严谨理性的研究态度而作出的理解，仍然具有恒久的价值。国内马克思主义的专业研究，曾经受到苏联的巨大影响，但实事求是地说，我们并没有超越苏联的水准，特别是没有形成一支马克思文本、文献研究的专家队伍，没有出现有世界影响的文本研究论著，反而文本、文献研究成为我国马克思主义研究中最薄弱的环节。笔者作为这一研究领域的一员，经常对照大家的评论，反省自己的研究工作。同时为了保持文本研究的良好态势和应有生机，笔者想在这里澄清一些误解。

1. 误解之一：文本研究只是作版本考证而不研究思想

或许是受到一时表面现象的影响，新近国内发表的马克思文本研究成果中，考察和清理马克思著述的总体状况及其流传情形，介绍和评论国外"马克思学"界的研究成果以及 MEGA2 编辑的最新动态，梳理和甄别某些文本个案(如《德意志意识形态》)的写作过程和版本源流等方面的著述占了比较大的比重，引起论者的关注，同时也给人们造成一种印象，即文本研究只是作版本考证而不研究思想。这种看法甚至引发了几年前率先在国内开始系统地研究马克思文本的学者的"反叛"，指责我和同道只作缺乏"思想"的"伪文献学考据"。

究其实，上述看法的形成可能是由于不了解我们对马克思文本研究工作的通盘考虑、阶段设计和完整构思所致。正是痛切地感受到马克思主义研究中迄今为止依然十分盛行的寻章摘句、断章取义的方式的恶劣后果和影响，受过严格学术训练的新一代研究者特别期望通过扎实的文本研究体现或建构起马克思主义研究的学术规范和通行规则。按照我自己的理解，完整的文本研究应该包括前后相续、层层累积而又相互支持和融通的三个步骤、三个阶段：版本考证、文本解读和思想研究（每一个阶段又包含很多环节）。从中可以看出，版本研究只是文本研究工作的一个部分，并不是文本研究的全部内容，毋宁说，它只是更为重要的文本解读和思想阐释的前提性、基础性的条件，文本研究的意旨和归宿仍然是思想研究。但与过去的研究路径不同的是：马克思原始思想的理解和把握绝不能再靠思辨和想象，不能离开对具体文本写作过程、刊布情形和版本源流等方面的考察和梳理；不能离开对构成文本的各个具体章节所进行的翔实的剖析和解读，而单纯依据作品中的片言只语便对马克思的观点进行无限的概括和提炼；不能对其思想作出随意的阐释和评论，更不能天马行空地"制造"出一个"没有马克思的马克思主义"。笔者认为，不论研究者的个性多么独特，在介入某一项具体研究时，必须遵循这样一种严格的步骤和程序。

版本考证的成果将为客观地理解和把握马克思的思想提供扎实的文献基础，解构长期以来存在的"过度诠释"现象。以在我国影响巨大、被约定俗成地命名为《1844 年经济学哲学手稿》的研究为例，迄今为止我们基本上都是根据《马克思恩格斯全集》中文第 1 版第 42 卷、第 2 版第 3 卷（与2000 年单行本一致）来阐释其思想的。这样的结果是，将只在其中第 1 部分手稿中阐发的"异化劳动"的观点抬升到这一文本的核心思想的地位，进而认为这是马克思思想发展的"巴黎时期"（1843 年 10 月至 1845 年 1 月）的主旨思想。然而通过版本考证的新成果就会发现，这种概括所依据的文献学信息是不全面的，因而在此基础上作出的结论也靠不住。

其一，流行的研究没有还原马克思当时实际的写作情境。作为我们研究基础的文本，只是一部被后人将并不是连续写作的 3 部分手稿集中在一起的所谓"著述"。其实这一时期，除了这些手稿，马克思还穿插着写有 9 册经济学笔记。不仅如此，马克思当时还有一个"编纂一套社会主义史的资料汇编，或者毋宁说是一部用史料编成的社会主义史"[1]的计划，因此，他当时直接阅读了与其思考的主题有关的法国的文献，并且通过德译本或法译本了解了英国社会主义者的著作，并且都做了摘要。因此，研究巴黎时期马克思的思想，单独把《1844 年经济学哲学手稿》从众多材料中撷取出来，不能完整地呈现马克思当时的理论视域，由此所进行的概括必然是片面的。实际上马克思思考的议题很多来自他自己阅读和摘录的书籍和文献，"异化劳动"的思想不过是其中之一，只有把这些书籍和文献中所涉及的思想进行通盘考察，才能厘清马克思思想的实际状况，从而避免作出"过度诠释"。

其二，《1844 年经济学哲学手稿》名称中所谓"经济学""哲学"的提法割裂了马克思当时理论活动的整体状况。实际上，在马克思的研究活动中，没有我们后来习惯了的作为现代学科分类的"经济学"和"哲学"的分野。第 1 部分手稿中所论述的"工资""资本的利润"和"地租"，是经济学议题吗？其实，马克思把它们看作当时的工人、资本家和土地所有者

---

[1]　恩格斯：《恩格斯致马克思（1845 年 3 月 17 日）》，见《马克思恩格斯全集》第 27 卷，29 页，北京，人民出版社，1972。

三个阶层不同的三种收入形式，由此描述出他们悬殊的社会境遇，以透视当时森严的社层结构、相互关系及未来命运，这分明属于哲学和社会学研究的题中之义。若固守马克思巴黎时期研究的所谓"经济学"领域，而把它与马克思当时正在为甄别和了断与青年黑格尔派思想渊源的关系而写作的《神圣家族》和随后的《关于费尔巴哈的提纲》和《德意志意识形态》分开，怎么能完整地勾勒出当时马克思思想的原貌呢？

强调文本研究中版本考证的意义，极容易被指责为"唯文本至上"，搞"本本主义"。然而，从以上的叙述中不难看出，研究者之所以下如此大的功夫梳理和甄别作者的写作情形、作品的版本源流，正是认识到，我们把文本看成作者思想的表达，同时又必须保持警觉，即文本与原始思想之间其实不可能是完全对应的关系。也就是说，作者的思想未必已经完全通过文本本身表达完成了。文本本身其实只是作者表述其思想的一个载体，因而它的表述就有可能不恰当、不完备。按照文学理论中的"冰山原理"，作者的思想只有六分之一露出水面（是其自觉意识到的），六分之五则是处于形成过程中的或混沌状态的水下部分（自己也不明所以）。如此说来，文本只能是对其六分之一部分的描摹和表达。文本与这些确定性的思想之间是否达到了自洽？作者的思想状态、写作心理与文本的表述方式之间是否存在差池？这些问题要求研究者借助文本之外的佐证、作者同时代的文献研究以及同一文本的不同版本作出分析、判断、推理和构想。这是文本思想研究中极其重要的前提步骤。

甄别思想与文本之间复杂关系的工作，对于作为我们研究对象的马克思本人的情况来说，显得尤其必要。尽管他从少年时代便开始写作，毕生最善于用文字表述其对世界的理解和看法，但回到他的文本世界就会发现，其生前发表过的论著不到其全部著述的三分之一，在他的著述中，已经完成的定稿也很少，大部分是成型稿之外的准备材料、先行稿、最初草稿、过程稿、修改稿、誊清稿、刊印稿、失佚稿以及其他相关材料。因此要理解马克思、把握他的思想，单纯从那些现成的著述中概括是最方便的，但也是最不可靠的，因为马克思很多重要的思想就保留在那些杂乱的材料中，需要我们悉心梳理，还有一部分思想甚至没有形诸文字，需要我们借助他阅读过的书籍、与人的交往情况、当时人的回忆等材料作出推断。

特别需要指出是，马克思著述的原始手稿的复制件我们基本上没有收藏，于最新文献的掌握上很容易出现纰漏甚至差距，在具体研究中我们不占有优势，长期以来又不重视文本、文献材料的收集和研究，这些方面欠账很多。但这绝不意味着我们中国的马克思主义研究者必须放弃这一基础性的研究环节，可以凭空抽象马克思的思想。科学的态度要求我们必须深入了解国外"马克思学"界在马克思具体文本、问题的探讨中所做过的工作及其最新进展，结合我们自己的分析和判断，作出梳理和评价。我们喜欢强调马克思主义研究的中国特色，但我认为这种中国特色应当是建立在具备国际视野、把握学术前沿动态的基础之上的，而不是另辟蹊径，与国际马克思研究界互不了解、互不往来。

2. 误解之二：文本研究只是复述原著的思想而没有理论建树

很多马克思主义哲学的研究者不愿意介入文本研究，还有一个观点作支持，就是较之原理研究和现实问题探讨，文本研究只是复述原著的思想，谈不上研究者个人的见解和创造，因而属于"次一层次"乃至"低一档次"的研究。

其实，通过对经典文本的解读来建构了新的思想体系，在中外思想史上都不乏其例。在中国古代思想发展史上，"注经""解经"可以说是思想家、哲学家们表述和阐发其思想最普遍的方式之一。大多数思想形态的建构是通过注释经典来完成的。比如，王弼通过为《道德经》和《易经》撰注而成为魏晋一代玄学大家，朱熹更是通过《四书章句集注》而成宋代理学的集大成者。在西方，柏拉图以苏格拉底的名义进行对话以阐述其思想观点而开辟了古希腊哲学的新阶段，中世纪一大批《圣经》解读者建立起经院哲学的宏伟大厦，康德、黑格尔的后继者更是通过对先贤著述的解说、对其思想实质的揭示以及对其与时代关系的思考而提出"回到康德""回到黑格尔"等口号，实际上发展出新康德主义、新黑格尔主义等流派。不仅如此，在现代西方哲学的发展中这种情况也相当盛行。

就马克思文本的解读而言，笔者这里特别想提醒国内的研究者不要低估了文本解读的难度。以《德意志意识形态》研究为例，过去我们一般都以《马克思恩格斯全集》中文第 1 版第 3 卷为蓝本，而在具体概括其思想时又仅仅以其中正面阐述自己见解的"费尔巴哈"章为依据。按照这样的选择所进行的解读，读出了什么？充其量是对传统哲学教科书体系及其原理的一种领会和证明。现在可以说，这种理解远没有达到《德意志意识形态》中马克思本人的思想高度，而是处于"前马克思"的思想水准。理由是，《马克思恩格斯全集》中文第 1 版第 3 卷是根据《马克思恩格斯全集》俄文第 2 版翻译的，而这一版本由苏联的维列尔准备，阿多拉茨基编辑，它根据当时苏联流行的对马克思主义哲学的理解，把马克思原始手稿中的编码打乱后重新进行了编排，"建立"起"费尔巴哈"章的结构；不仅如此，他们还把一部事先并没有经过十分严密的通盘考虑和筹划，而是由多个事端引发，写作计划和框架结构几经变动、更改，由若干写法不同、篇幅长短不均的章节所组合而成的相当松散的并且最终也没有全部完成并出版的著述，编辑成一部俨然是"完整"的著述。根据这样的版本所进行的解读怎么能不造成误读和歧解呢？

根据笔者的研究，《德意志意识形态》的思想结构并不能仅仅靠"费尔巴哈"一章来支撑，其中全书最难解读的是占了其中十分之七篇幅的"圣麦克斯"一章。不算《德意志意识形态》的"先行稿"和第 2 卷中遗失的两章，只按照《马克思恩格斯全集》中文第 1 版的版式，《德意志意识形态》有 620 多页，而"圣麦克斯"一章就占 424 页，不仅篇幅巨大，就其思想容量和深度来说，这一章阐述的很多观点也是"费尔巴哈"一章替代不了的。

"圣麦克斯"章是马克思、恩格斯对作为青年黑格尔派重要成员，其实在这一群体中显得非常另类的麦克斯·施蒂纳当时引起轰动的一部书《唯一者及其所有物》所进行的极其详尽的考察和分析。他们基本上是按照施蒂纳原书的结构来进行论述的。这一部分思考路向看似逻辑清晰，实则散乱，叙述方式经常转换，条分缕析的解剖和淋漓酣畅的揭露杂糅在一起。迄今为止，苏联和西方马克思研究界，都没有详细解读和研究"圣麦克斯"章的著述发表，由此可见解读的难度。总括地看，《唯一者及其所有物》所阐述的见解与马克思、恩格斯对它的解读和批判，可以说是观照和把握世界的两种方式的交锋和驳难，常常因为思考的起点、过程、倾向、意旨诸多方面的不同，很容易将对方的观点看作充斥荒诞的谬见。现在可以这样说，如果我们承认世界不是一种存在、一种理解、一种诠释，那么就需要站在比论争双方更高的层次来分析他们之间的驳难逻辑与观点得失。可以说，这样一种不适宜于简单作出肯定或者否定的判断的解读，也正是考验新一代文本研究者耐心、见识的地方。

篇幅所限，我这里只举贯穿这一章始终的一个重要问题：究竟该如何把握精神世界？

施蒂纳声称他的书意在"书写人生的历史"。那么，对人而言，什么最重要呢？他认为是精神。他特别注意到，对精神的追求和理解是一个非常复杂、艰难的过程。因为同样是精神，其中有层次、境界等方面的区分，诸如贫乏的精神还是丰富的精神，不完善的精神还是完善的精神，类的精神、某个个体的精神还是"真正的和真实"的精神、"理想的、彼岸的"精神等，都是有差别的。精神探索史、追求史不可避免地就成为前者向后者嬗变、转换的历史。由此他认识到，任何世俗存在都没有力量驾驭精神，寻找这万能的精神的引导者、征服者——"唯一者"就成为人生的最高目标和归宿。对施蒂纳关于人的发展及其精神历程这样煞费苦心的追求，马克思、恩格斯以极端挖苦的口吻称之为"思维的绝技"和种种"花招"，认为他探讨精神但根本没有触及精神本质，研究思想但"根本还没有触及这些思想，因为这些思想是表达现实关系的"①。

那么，能不能据此就说施蒂纳的探索完全没有必要和价值了呢？恐怕不能下如此决然的断语。我们知道，精神、观念、思想诚然有现实的根基或依据，但同时它们的奥妙、奇异、诡谲确实又是超现实的、非逻辑的和非常规的。正因为如此，它们才值得人们去苦苦追索和反复深

———————————
① 马克思、恩格斯：《德意志意识形态》，见《马克思恩格斯全集》第3卷，128页，北京，人民出版社，1960。

究。如果用一种外在于精神、观念、思想的规则、尺度、标准来衡量和探究精神、观念、思想，确实可以看到这一世界的荒诞和离奇，但据此而舍弃了对纯粹精神、观念、思想的研究，也将是极大的错失和遗漏。我们必须说，施蒂纳对精神世界探索的价值不是体现在本体论意义上的（这方面他的观点和推论确实有荒谬之处），但他以自己特有的方式和思路推进了人对精神世界无穷奥妙的理解，这是不能一笔抹杀的。施蒂纳正是痛切地感到，"现在我们才知道，我们迄今根本没有用精神来观察世界，而只是对它呆望而已"①。于是他做了非常曲折的思考和探索，他的错误在于走到了另一个极端，对世界的探索陷入纯精神的领域而离开了与现实的关联。恰如马克思、恩格斯所说，他"没有经过考虑和清点"②。他不知道，精神离不开它之外的现实，不仅是根源上离不开，过程和归宿上都离不开，它们是一体两翼，共存于一个世界系统中，相互规定，相互表证，相互否定，相互提升。

以上这样一种解读，能说只是在复述思想吗？

3. **误解之三：文本研究有意回避现实问题因而体现不出马克思主义的当代性**

这里首先需要对什么是"现实问题"作些分析。其一，社会上存在的所有形形色色的现象和事件，彼此之间差异很大，重要程度各不相同，有的表征着时代的特征及其发展趋向，有的则与此关系不大甚至没有关

① ［德］麦克斯·施蒂纳：《唯一者及其所有物》，金海民译，9页，北京，商务印书馆，1989。

② 马克思、恩格斯：《德意志意识形态》，见《马克思恩格斯全集》第3卷，128页，北京，人民出版社，1960。

系。因此，"现存的并非都是现实的"。其二，每一个时代都有属于该时代自己的"现实问题"，并不是说只有当代的甚至目前的问题才是"现实问题"。其三，不仅社会物质活动和实践领域的事件是"现实问题"，重要的思想潮流和理论动向也属于"现实问题"。

循此，我们看文本研究。由于我们选择的研究对象是马克思在19世纪写作的文本，特别是在具体研究中为了尽可能客观地再现和把握马克思思想的原初状况和整体面貌，我们力戒从当代（目前）发生的那些具体问题甚至事件出发，去马克思的文本中寻找解释、说明和答案。因此在文本研究的第一阶段即版本考证中，的确没有触及这些当代的问题和事件。但马克思的文本本身不是抽象的空论，甚至也不完全是他本人生命历程和人生体味的记录，而是他对自己所属的那个时代的重大社会问题、实践问题和理论问题的反映和剖析，更是他对人类社会发展规律的思考和探究。因此，在文本研究中，特别是第二、第三阶段的文本解读和思想研究中，我们从来没有也不可能回避那个时代的"现实问题"。我们不得不一再回溯当时的社会现实和发展状况，厘清什么是那个时代处于重要地位的社会问题，再将我们所解读的文本所论述的问题与此相对照，以判别作者是否准确地把握了自己时代的脉搏，是否客观地反映出问题的视域，是否到位地考虑到问题的症结，有没有独特的解决思路，等等。

前文已指出，文本研究需要寻找评价参照系和在当时杂色斑斓的理论图景中进行比较；其实，这种比较方式还可以进一步延伸下去，即梳理马克思文本中提出的思想或问题在后来哲学史、思想史演进中的传承与变迁，辨析这些思想或问题在当代社会实践中的表征或地位。不理解这些传承与变迁，很容易把在马克思那里还处于19世纪特定时代诠释的思想，无界域地与后来所获得的新的内涵混同起来。而把马克思的原始思想提升为当代的思想，实际上无助于确立其客观的历史地位。当然，这不意味着否定马克思的时代与当代社会的本质关联。尽管二者已经有了多于一个半世纪的时间距离，世界确实发生了巨大的变迁，但如果从资本所开辟的"世界历史"的运演看，除社会结构要素增多、社会现象空前复杂等程度和层次差异以外，二者尚有诸多本质上的相似性、同构性。因此，马克思当年的言说至少仍能诠释当代的部分现实，马克思的文本及其思想不是已走进博物馆的陈列物，不只是记录一段思想史的文献，尽管解决纷繁复杂的时代课题未必会从那里找到现成的答案，但迄今它仍然指导并且参与着对当代现实的"塑造"，发挥着不可忽视的影响。寻找当代社会与马克思当年思考的内在关联，将会理性而客观地使马克思主义的当代价值"呈现"出来。

而文本研究的目的、主旨和当代性不也正在于此吗？

第十一章 | 文体、文本及其相关问题

重新研究和探讨马克思的文本，需要对文本、文体的一般问题进行审视；其主旨在于，充分考虑到文本与文体、文本与思想、作者与解读者之间非常复杂的情形与非对应关系[①]，进而探究它们之间相互沟通的环节和机制，以有助于尽可能客观地把握作者、文本的思想。应该说，这也是一个相当重要但研究又很薄弱的问题，尤其是更少有论者来专门探讨哲学文体问题。就后面的情况而言，一种可能的解释是，大概学者们认定不存在什么哲学文体问题，即使存在，也不足论（比如说，认为它属于表达哲学内容的形式问题，不及文学文体、宗教文体那般重要）。而笔者基

---

① 笔者认为，它们彼此之间呈现一一对应的关系只是一种非常少见的例外。

于对我国目前哲学研究现状的反思，以及对西方文体学理论及其相关问题研究的梳理、甄别和分析，却得出与上述观点迥然不同的判断。因此，在本章中，笔者将在比较广阔的视野内对此作出探讨，提出自己的一些看法和见解，以利于以后更进一步研究马克思文本的解读方法问题。

一、目前我国哲学研究中的文体问题

哲学文体关涉的是对哲学思想、观点以及理论体系进行表述的问题，是对哲学"文本"写作的一种检视与省察。然而，在哲学界普遍对哲学研究的历史和现状进行反思与总结的时候，这一方面却是一个明显的阙漏。我们仍然习惯于重内容而轻形式。可是，如果仔细翻阅这么多年来发表过的众多的哲学论著，客观地做些分析，就不得不承认这方面存在的问题是多么不容忽视。

首先是哲学表述形式的单一。现在我们的哲学见解主要通过论文与专著两种形式来表述；究其实，它们本身也可合而为一，因为在一定程度上专著往往是论文篇幅上的延长，绝大多数专著的核心观点差不多完全可以用论文来表达清楚；很多专著内容又分章、分节发表为论文。除此之外，其他类型的哲学作品非常少。这里并不是否认论文、专著作为哲学作品主要体裁形式的合法性；但同样应当承认的是，哲学的表述方式绝不应仅限于此。在哲学家复杂的思想结构中，哲学意识、见解、观点和理论体系是不尽相同的层次，对哲学家来说，它们并不都是十分明确、不存在疑惑的，很可能大多数情况下只是一种意念、一种理解，不是最终结论，而是处于过程中的一种探索，不是定型的框架，而是分散的见解。面对这些复杂的情形，都用论文、专著来表述并不合适，为什么就不能采用诸如通信、对话、哲理小说、哲理诗、散文、随笔、日记等多种体裁来表述和探讨呢？况且哲学家也不都是孤傲冷峻、缺乏热情的人，为什么就非得用严肃的论文、专著来表达其见解，而不能通过多种渠道表达其情感呢？征之以哲学史，情况往往不是这样。哲学繁荣的时代，哲学作品的形式也是多种多样的。近年来我国部分学者已开始意识到这一点，并有所开拓，但情况并未根本改观；而且在现行科研体制下，前景也不见得乐观，比如有的单位统计科研成果就只计论文、专著，其余一概不算。

就是在同一种表述方式中，比如论文中，写作结构上也存在程序化的问题。比如，哲学原理论文写作的一般程序是：提出一个新观点（或树立一个商榷意见）—作出若干论证（材料按篇幅需要可多可少）—引申出意义或重申论点。哲学史论文中关于人物论文写作的一般程序是：引出一个或几个人物（用语多是"长期没有引起注意""研究不够"等）—概述、分析其思想内容（可多可少）—给予宏观背景下的定位。关于思想的论文写作的一般程序是：被忽略的思想—内容、特征等—结论或意义和价值。公允地说，这种写作程序也有合理性，但问题在于一旦普遍应用，并作为一种写作方式予以推广，长期积淀，极易形成一种思维习惯和模式，我们不妨称之为"套子思维"，即在套子里找问题、想问题并企图进一步解决问题。我们好多学者的见解，绝大部分不是来自对生活、实践的体察与感悟，而纯粹是对书本材料的演绎、排列，是不是与这种"论文情结"有点关联？这里可能还有一个问题没有解决好，即思想的形成过程与对这种思想进行表述的顺序的关系，过去总认为二者方向正好相反，前者是从材料到思想，后者则是从观点找材料；但作为企望通过对哲学作品的阅读以引发更深层次思考的读者来说，好像更渴望了解思想的探索路径，而并不仅仅只是接受论断。

较之上述两方面，最触目的还要数语言。个性化语言，仿佛是文学作品的专利，哲学只能操同一声调和语气。常常会出现这样的情形，抹去题目下面作者的名字，就很难分辨出论文出自谁之手，或者竟以为都是同一作者所为。而且，就这同一声调和语气而言，也存在很大的问题。那是一种对问题全知全能的理解的话语系统，作者俨然是世界规律的宣布者，问题分析得头头是道，原因说得一清二楚，诸如"大概""可能""还未想通""我不大理解"等词和语句很少或是根本不会出现在行文中，大多是作斩钉截铁状。也许论文写作者颇为自信，但就笔者的阅读经验而言，每每读到这种文字，佩服之余总生疑窦：为什么这个问题要分三点而不是两点或四点阐发？为什么原因竟是这样而不是另外的情形乃至相反？进而想：这里是不是把哲学的问题当作科学来看待了呢？在笔者看来，在所有的哲学问题上，下如许坚定的断语并不符合哲学的本性。以探索人与世界的复杂关系、人生和社会复杂问题为意旨的哲学，说不清的问题，或者说需要继续探索的问题，远远比能说得清楚、能获得最终结论的要多，因此，不能在想不清楚的问题上声称或充当"说清楚派"。

而在所有这些问题中，笔者认为，最为严重的还是思想与文本的分离。就是说哲学作品并不都是作者心态与思想的真实表露，或者说它们之中论述的问题在作者生活、实践思考的范围内根本就占不上什么重要位置。我们当然不排除总体上"文"为"心"声、呕心沥血、严肃认真的探讨，但是不容忽视的是另外一种情况的存在，即在哲学成为职业、从事哲学研究成为个人谋生和发展的手段之后，一部分作者炮制了很多言不由衷的"大著"与"宏论"：本来对马克思主义不以为然者，却声称自己是站在马克思主义的立场上探讨问题与撰写论文；在现实生活中傲气十足、难以容人，却连篇累牍地阐释中国古典哲学中的"忠恕"之义、"仁义"之道；更不用说那些内心十分向往发达国家优越的生活环境，却装出一副公正相，要"辩证地"评论西方文化缺陷的论者了。社会是空前复杂的，人心与文心的分离不为哲学界所独有，但缺乏真诚的投入与深邃的思考，对哲学的发展来说却是十分致命的。大浪淘沙，从时间延续的最终结果看，真正推进哲学的肯定不是这些"文章是文章、人是人"的论者及其作品。

二、西方文体学理论在本质上并不排斥哲学文体

我国哲学研究中存在的诸多问题，警示我们必须重视对哲学文体的研究；那么在西方学术界，特别是在其文体研究中为什么也没有将此列为单独的研究对象呢？很少有文体学理论著述专门讨论哲学文体，是不是意味着它在西方文体学理论中不占一席之地？

对这种质疑，这里笔者不打算根据文体学家所概括的"文体"定义予以推断，因为，尽管文体研究在西方学术界尚属新潮，卓见迭出，流派纷呈，但有关"文体"的概念、内涵的界定却很不一致。在这种情况下，

仔细甄别一下几位重要的文体学家的实际研究情形，可能有助于寻找问题的答案。

我们首先看看被称为现代西方文体学理论开创者、瑞士学者查尔斯·巴利(Chareles Bally)的情况。巴利是比他名气更大的结构主义语言学家弗迪南·德·索绪尔(Ferdinand de Saussure)的学生，他追述自己的学术经历时认为，他所做的工作在于借用老师的结构主义语言学对传统的修辞学进行反思；因为在巴利看来，西方文体学研究的渊源虽可追溯到古希腊、古罗马时代的修辞学，但一直到 20 世纪，修辞学研究还只是处于一种"潜文体"研究状态，多是一些主观印象式的评论，谈不上系统的文体学理论建构；因此巴利力图通过反思，将文体学作为语言学的一个分支建立起来。他在阐释文体研究的功能时说：文本既可表达思想，也带有情感色彩，"文体研究的目的就是要探讨情感特征的种种语言手段以及它们之间的相互关系，分析语言的整个表达方式系统"[①]。而在对文体的实际研究中，巴利选择口语中的文体为研究对象。

这里就出现了一个问题：如何看待巴利在文体研究中的"开创之功"？有的论者认为主要在于他选择了口语文体。但笔得认为，这里恐怕有将具体的研究活动与研究活动的目的、实际的研究对象与理论研究的多种蕴涵作适当区分的必要；就是说，对于一个具有创新意识的理论家而言，他的研究活动所要达到的目的可能只有一个，但达到这一目的的手段却可能有多种；与此相关，在其理论设想中要完成某一建构可能

---

① 转引自申丹：《叙述学与小说文体学研究》，2 页，北京，北京大学出版社，1998。

包括了许多方面，但在实际研究中他只可能依托在一个或几个具体对象上。如果这种分析有道理，那么，笔者认为，巴利在文体学研究中的开创之功，与其说在于他选择了口语文体，还不如说在于他对文体学学科建构的理论自觉，特别是他深刻阐明的文体研究的目的、功能和意义。因为表达思想、探讨情感特征，口语文体可以，书面文体也可以，自然也不排除哲学文体（不管是口语的还是书面的）。而事实上，巴利在实际研究中，的确探讨过柏拉图对话录。我们知道，柏拉图对话的主角是苏格拉底。柏拉图声称，任何"事性都不会成为柏拉图著作的内容，而现在所谓柏拉图著作实际上就是经过修饰的、现代化了的苏格拉底的著作。"①那么在柏拉图对话录中到底如何甄别其思想的所属呢？它到底只属于苏格拉底或柏拉图，还是二者兼有？的确耐人寻味，而文体研究的魅力也就正在这里。显然，柏拉图对话录是古希腊时代的口语记录，也是哲学文本（作为哲学文体的一个因素），巴利以此为例，说明他心目中没有排斥哲学文本的意图。

被誉为西方"文体学之父"的是德国学者莱曼·斯皮泽（Lyman Spitzer）。作为一个文学批评家，斯皮泽文体研究的对象倒不是口语，而是文学作品。这是许多论者把广义的文体归纳为狭义的文学文体而排斥包括哲学文体在内的其他文体类型的重要依据。但是对于斯皮泽，同样也存在一个将其具体的研究活动与理论建构的目的相区分的问题。在阐释其"文体观"时，斯皮泽指出：他的工作旨在通过文体特征的研究来"考

---

① ［古希腊］柏拉图：《书信（第2封）》，见《柏拉图全集》第4卷，王晓朝译，68页，北京，人民出版社，2003。

察作者的心灵以及民族文化和思想嬗变的历史"①。这就意味着，文学作品同样只是他达到文体研究目的的一种媒介。而对于揭示"民族文化和思想嬗变的历史"的任务而言，文学作品显然难以单独承担，各种类型的精神产品都具有不可替代的价值和意义；表征"时代精神的精华"的哲学文本更不可忽视。而且笔者注意到，作为一个德国学者，斯皮泽的文学理论深受德国哲学的影响；他不是专门的哲学研究者，也就不可能详细地专门研究哲学文本和哲学文体，但从中绝对得不出结论，认为他拒斥哲学文体"入围"文体研究。

对文体分类理论影响较大的要数 1989 年罗纳德·卡特（Ronald Carter）和保罗·辛普森（Paul Simpson）主编的《语言、话语和文学》一书了。该书区分了六种不同的文体研究，即"形式文体学""功能文体学""话语文体学""社会历史和社会文化文体学""文学文体学""语言文体学"②。此书出版后，西方批评界即以此作为文体类型研究的"规则"区分。在这里，没有诸如哲学文体、宗教文体等的位置，显然概括得不够全面。纰漏之处出在哪里？就在于其区分标准不统一。"形式文体学""功能文体学""话语文体学"的区分是依据文体研究所采用的语言学模式即形式主义、功能主义和话语行为理论作出的；"社会历史和社会文化文体学"涉及的则是研究的目的，即特指以揭示文体的意识形态、权力关系为目的的文体研究；而"文学文体学""语言文体学"则是依据文体学

---

① L. Spitzer, *Linguistics and Literary History*, Princeton, Princeton University Press, 1948, p. 25.

② R. Carter and P. Simpson(eds.), *Language, Diecourse and Literature: An Introductory Reader in Discourse Stylistics*, London, Unwin Hyman, 1989, pp. 1-20.

的分析对象来划分的。① 对后者而言，既然以分析对象来划分，仅列举文学、语言学两项，显然并不完备。这里并不是要求把各种精神产品类型都囊括无遗，而是说，作为一种涵摄普遍的理论，不应该独断地画地为牢；同时，在对特定的理论进行理解和阐释时，也不能认定它没有涉及的便是"不重要的"甚至"不存在的"。

以上辨析表明，尽管西方文体学研究缺少对哲学文体理论体系建构的自觉意识，也没有像对文学、语言学那样专门进行详尽的探讨，但它在本质上并不排斥哲学文体在文体学整个理论体系中所应占有的位置；特别是考虑到哲学和哲学文本在人类精神生活和精神产品中不可替代的作用，可以说，脱离开哲学文体研究，文体学家族是残缺的。

三、现代西方哲学涉及的哲学文体因素及其相互关系研究

以上我们是通过对西方文体学理论的分析为哲学文体研究定位，现在我们转向现当代西方哲学。我们会发现，现当代西方哲学同样缺乏一种对哲学文体理论体系建构的自觉意识，但是，一些流派却不同程度地涉及哲学文体因素及其相互关系的研究，诸如哲学家的思想观念、语言中介、哲学文本和解读者这些文体因素，以及它们相互之间选择、表述、呈现、理解的关系等问题，在语言哲学、哲学解释学和结构主义等

---

① 转引自申丹：《叙述学与小说文体学研究》，82～83页，北京，北京大学出版社，1998。

派别中，这些问题或者被纳入研究视野，或者有了较为深入的探究，或者以另外的方式突出、变通了思考路径，有的还提供了新的诠释框架，这必须引起我们的注意。

对文体问题的关注首先表现在对语言的探讨上。哲学家对语言的研究，也是一个源远流长的话题，在此不能详述。我们只想概略地指出，源自古希腊哲学家，诸如柏拉图、亚里士多德对语言表述的观点已构成其各自学说的一部分；到中世纪经院哲学内部唯名论与实在论关于上帝存在的证明，也涉及对宗教语汇与教义的不同理解；在近代，霍布斯、洛克探讨过语言、文体的意义，比如洛克就把"字"看作是心中观念的记号，而"心象"自身又是用"字"来意指的心外世界中的记号；到 19 世纪末 20 世纪初，由于数理逻辑和实验科学的迅猛发展，哲学家们开始突出强调对哲学观念的表述方式即语言的结构、形式和意义的研究，并把这一研究作为哲学的主要任务。

1878 年皮尔士发表了《怎样弄清我们的观念》的著名论文，标志着文体研究有了新的突破，它不再是对事物与观念之间关系的研究，而是着眼于观念与理解者之间的关系，就是说，探讨一个观念是真的，对我们意味着什么，在我们的环境中，在不同的条件下，它们的意义是什么。弗雷格则在 1884 年出版的《算术基础——对于数这个概念的一种逻辑数学的研究》一书中提出其思想的三条基本原则：始终要把心理的东西和逻辑的东西、主观的东西和客观的东西区别开来；绝不要忘记概念和对象之间的区别；词只有在语言的实际运用中，在语句的上下文中，才能获得意义。[①] 而20世纪语言哲学的集大成者罗素和维特根斯坦都反思了传统哲学，也反思了传统哲学的文体，认为以往哲学中混乱的原因或者在于所选用的日常语言模糊不清，或者在于对语言的误解和对语言的不正确使用。正是基于此，罗素试图在哲学研究中用一种逻辑的理想语言取代日常语言，以求获得语言意义的确定性。维特根斯坦则提出，哲学的任务就应该是"治疗语言疾病"，是为哲学家们澄清语言的混乱提示方向。本着这一主旨，无论是前期把哲学看作一种解释活动，着眼于静态地、单纯地在语言的形式方面采用逻辑分析的方法研究语言；还是后期把哲学看作一种描述活动，着眼于动态地、在语言的实际应用中采用常识的方法研究语言，从而看到了语言的复杂性和意义的多样性，维特根斯坦都是把语言作为哲学研究的唯一对象，坚持通过语言分析解决哲学问题。

语言哲学主要集中探讨哲学文体中语言的表述、使用和意义，而解释学则把焦点投注到哲学文本的解释与理解上。从历史演进看，解释学经过三种形式的嬗变：一是早期解释学或局部解释学，主要是对各种具体领域如《圣经》、法典、寓言等文献材料的文字和寓意的解释；二是一般解释学，它已不局限于具体文献和经典的解释方法和规则，而试图提出适用于各个领域的普遍的理解方法和解释规则，因此它主要是方法论的；三是哲学解释学，它是对理解和解释的各个方面以及对它们所出现的全部领域的反思，它不再宣扬方法论的意义，反而成为对方法论的批

---

① 车铭洲编：《西方现代语言哲学》，李连江译，229页，天津，南开大学出版社，1989。

判、对理解中的意识形态作用的批判、对各种形式解释的前提和限制的批判。

　　首先我们要注意到施莱尔马赫的特殊贡献，他所谓的"心理学的解释"的扭转乾坤之功在于最终把文本的理解看作推测的过程，即把读者自己放到作者心灵之内的过程，这是对一部作品的"内部起源"的解释，是创造活动的再创造。① 狄尔泰则把哲学看成生命对生命的理解，文本的解释被认为是全部历史实在的理解样式，过去的客观文献以及原始材料、著作等都能够在解释中得以复原。在他看来，理解是从生命到生命的运动，因为文本本身就是生命的体现，只有通过全部感受能力的共同作用和被理解者内心中的联系，理解者才能理解全部的联系。② 海德格尔的名言是为大家所熟知的"语言是存在的家"，在它的住处住着人。③ 思想家和诗人是这个住处的看守。他通过他们所说的东西而使存在成为言语，并且在言语中保留存在，就这点而言，他们的看守是存在显现的完成。海德格尔把文本的理解过程看成理解语言进而理解存在的活动，伽达默尔则把这种思想看作一个有力的、统一的理解哲学的基础。伽达默尔认为，理解哲学文本能改变美学、社会学、历史学和语言学中的流行看法；而解释学的不少成果就在于它能够解释各个学科知识的现状，哲学也以这种方式与科学再一次建立了知识的联系。

　　由此看来，语言哲学、哲学解释学主要通过对哲学文本中语言与理解

---

　　①　转引自郑杭生主编：《现代西方哲学主要流派》，258 页，北京，中国人民大学出版社，1988。

　　②　韦尔海姆·狄尔泰：《人文科学导论》，赵稀方译，26 页，北京，华夏出版社，2004。

　　③　《海德格尔选集》上卷，孙周兴选编，405 页，上海，上海三联书店，1996。

的分析来表达其独特的哲学观念；与此不同，结构主义则是将其鲜明的理论构架运用到文体研究当中，作出不同的诠释。同时较之语言哲学家、哲学解释学家的思辨言谈，结构主义者似乎更愿意撷取"典型"去言说，因而也更易理解。这里以阿尔都塞对马克思著作的解读为例以窥斑知豹。

和其他结构主义者一样，阿尔都塞也认为任何事物都由结构组成，而结构则有表层和深层之分。表层结构是看得见、摸得着的经验现象，深层结构则是看不见、摸不着的理论框架。有意识的表层结构是无意识的深层结构的表现，无意识的深层结构则是有意识的表层结构的基础。用这种视角观照马克思的文本，同样可以做出表层结构和深层结构的区分。表层结构就是见之于文字的东西，深层结构则是马克思著作中没有明确说出，但隐蔽在原文中的东西——无意识的"问题式"。阿尔都塞认为，阅读马克思的文本，不能停留在表面的词句上，而应通过对文字的阅读，深入下去，挖掘出它的内在结构来；据此他批评"黑格尔派的马克思主义"只满足于对马克思著作做字面上的理解，却没有看到隐藏在字面后边的东西，从而没有真正掌握这些著作的实质，这就决定了他们的结论是肤浅的、不科学的。

为了真正把握马克思《资本论》等著作的内在结构，避免"黑格尔派马克思主义"的弱点，阿尔都塞提出一种"症候式阅读法"，要求人们像医生依据病人的症状探寻病因一样，通过马克思著作的表层结构，找出它的深层结构。① 这一方法主要通过演绎的方式来具体实施：先设想某

---

① ［法］路易·阿尔都塞、艾蒂安·巴里巴尔：《读〈资本论〉》，李其庆、冯文光译，16 页，北京，中央编译出版社，2008。

一模式，应用这一模式去解释、说明所读的经典著作，如果能圆满地、成功地解释和说明该经典著作，那么就意味着找到了所要寻找的内在结构、内在理论框架；如不能，则设法更改、调换所设想的模式。阿尔都塞认为，他运用"症候式阅读法"研究马克思的文本获得了成功，因为他从中"读"出一个重要观点：在马克思 1845 年以前和以后的著作之间，存在着"意识形态和科学的对立"。"意识形态"意味着受特定阶级利益的支配，具有"实践的和社会的功能"，因而只能是非客观的；"科学"则与阶级利益无关，具有的是"理论的和认识的功能"。据此，阿尔都塞别出心裁地把马克思的著作和思想"四个阶段化"："1840—1844：青年时期；1845：断裂时期；1845—1857：成长时期；1857—1883：成熟时期。"[①]通过对马克思著作的分析再现马克思思想和心灵发展的历程，是一个看似容易实则颇为艰难的工作，较之于我们的马克思主义哲学史教科书平铺直叙、连缀而成的写法，阿尔都塞的这一解读模式和结论，虽是一家之言，却体现了一种原创意识和方向。

我们看到，包括语言哲学、哲学解释学、结构主义在内的西方哲学的一些派别并不是在自觉地或专门地进行哲学文体的理论建构和研究，但它们在阐释其思想观点、理论体系时，第一，离不开对作为哲学文体问题中的重要因素的哲学文本的考察和分析；第二，也相当广泛而深入地涉及哲学文体的其他问题，尽管这些问题并不限于哲学文体。但这些都是我们形成系统的哲学文体理论体系重要的思想资源。

---

① [法]路易·阿尔都塞：《保卫马克思》，顾良译，17 页，北京，商务印书馆，2010。

四、哲学文体问题研究的一般图景

在分析了我国目前的哲学状况，确立了哲学文体在一般文体研究中的地位，廓清了这一问题研究的思想源流之后，至此，我们可以对哲学文体问题涉及的各种因素及其相互关系做一个初步的勾勒。

从文体研究的角度看，哲学研究活动是哲学家在产生了思想观点之后，借助语言中介形成哲学文本表述出来，解读者通过对文本的阅读、达到自己对哲学家观点的把握、理解的过程，如图 10-1 所示。

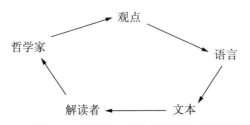

图 10-1　哲学文体问题所涉及的各种因素及其相互关系

这里必然要涉及下列步骤及复杂关系。①

（1）观点表述。主要研究哲学家能否将其思想完整地表达出来的问题，就实际情形看，用中国古代名家"言意之辩"的话说，就存在"言尽意""言不尽意""言不由衷""王顾左右而言他"等多种情况。这些情况是怎么发生的，表现形态有怎样的不同，会产生怎样的后果，等等，都需要我们从浩如烟海的哲学史史料与形形色色的哲学现象中撷取、甄别，然后分门别类，作出概括，用"典型"说话。

（2）语言选择。对于哲学研究来说，如何减少日常语言的歧义性和

---

① 这里没有把哲学家思想的形成过程列入，因为笔者把它归入"哲学社会学"的内容，而不是哲学文体问题。

克服人工语言的不完备性始终是一个没有解决好的问题，还应该提到的是，哲学新词语(概念、范畴)的使用、旧词语的淘汰以及语言的个性化问题和语言中介的多种载体(书面语与非书面语)等。

(3)文本类型。诚如在本章第一部分中所提到的，应当研究各种文本体裁诸如论文、专著、通信、对话、哲理小说、哲理诗、散文、随笔、日记等对表达哲学家思想的适应性，既不陷于单一性，也不流于纯粹的"形式化"。

(4)解读者情形。不能排除带着"白板"式的心灵解读哲学文本的情况，但更多的情况恐怕是属于"我注六经"和"六经注我"这两种极端表现以及二者之间的中间状态。不好说解读者的"思想储备"对理解哲学文本是有利还是有弊，应具体情况具体分析，不能一概而论，但甄别一下上述类型中解读者的解读机制与过程是必要的，对深化哲学史研究也是颇有益处的。

(5)哲学家思想的命运。这指的是在解读过程中哲学家思想能否被理解的问题：有的就被全部理解了；有的则是总体上被接受，具体细节则舍弃了；有的是做了结构化的肢解(一部分被接受，另外的部分没被接受或理解)；有的则属于"理论内核"与"外部表现"的离间(在否弃理论外貌的同时接受了方法和精神)；有的没有被理解；还有的是由同一文本生发出不同的歧解，当然还不能排除有意无意的曲解。

这些是在前文分析的基础上，笔者所思考的关于哲学文体问题研究所涉及的具体问题。坦率地说，这里所列举出的 5 个方面 20 余种具体情形，也许并不完备，有的则可能属于题外之义，但探讨文本的文体因素及其相互关系的重要性却是不容置疑的。

第十二章　｜　马克思文本研究方法省思

一、近年马克思文本研究中的一场争论

随着 21 世纪马克思主义研究的深入，文本问题受到国内一部分学者的关注。目前关于文本研究方法引发了人们较为热烈的讨论和争议，甚至成为目前马克思哲学研究中的一个热点问题。笔者部分地参与了这场讨论，在零星发表的几篇文字中，笔者本着"在相同的学术选择和价值取向内讨论问题"的初衷，不可避免地涉及对国内近年文本研究状况的评论；而笔者的评论引发了被评论者及其同道的再评论，在笔者看来也是再正常不过的事情，笔者甚至把这看作检视和省思自己见解的好机会。作为一个还在成长着的学人，笔者深知自己学术积累的薄弱和视域方面的偏

狭，也不会把自己某一时期的观点凝固化；笔者遵从的只有事实、逻辑和理性。但纵观有的论者对笔者的评论，并不是在真正准确地了解和把握了笔者的观点的基础上作出的，毋宁说带有很大的误解成分；当从文章中摘录一句话便进行随意演绎与发挥的时候，所指称的观点往往也就离开了笔者原本的含义，或者把并不属于笔者的观点加诸笔者头上。比如，认定强调历史性就必然回避现实性，重视版本考证就必然无视方法论自觉，坚信本真状态就必然忽视"视域融合"，强调公度性就必然否定个性化，等等。怎么会产生这种误解呢？原因可能有两个方面：一是错的不是笔者的看法和观点，而是笔者已经作出的这种评论行为本身；二是囿于篇幅、视角或针对性等原因，笔者在已发表的文字中确实没有把自己的见解阐释得很清晰和完整。对于前者，笔者只感到失望；而如果是后者，笔者倒是有再作些申说的必要，比较集中而明确地陈述笔者思考的路径以及对相关问题的看法，真诚地、平等地与同仁们讨论。

首先想说明的是，笔者是在为北京大学马克思主义文献研究中心（2000 年 5 月 5 日成立）系统收集、购买资料和清理已有学术积累的情况下才开始实际介入文本研究的，特别是在有可能将马克思相当数量的原始文献与我们的研究状况进行比照而深刻地感受到二者强烈反差的情形下，笔者形成了自己对马克思研究"当代方式"的理解，即时序推进到 21 世纪，在与过去不同的际遇与氛围中，作为一名学者，我们应该带着怎样的态度和规范去对待作为研究对象的马克思？具体说，在马克思研究中，应该怎样处理"文本研究""比较研究"与"现实研究"的关系？如何在历史性与现实性、学术性与思想性、本真性与主体性、公度性与个性化等矛盾之间既保持融通，又保持合理的区分与"必要的张力"？① 关于前一个问题在下一章做明确阐述，这里只讨论后者所涉及的问题。

二、历史性与现实性

马克思研究到底是一种什么性质的研究？应当遵循的是以历史性为基础再延伸出其现实意义的路径，还是要以现实问题与观点为坐标去观照和定位其历史镜像和思想体系？马克思研究与对其他历史人物的研究（譬如亚里士多德研究、海德格尔研究、孔子研究、朱熹研究等）有着怎样的共性和特殊之处？宽泛意义上的"马克思主义研究"能不能替代狭义的"马克思研究"？这些似乎是不言而喻的问题，现在却极有甄别的必要。在过去，不同职业的研究者在面对同一对象时往往采取相同的、超职业的研究视角、规则和路向，由于强烈的现实关注和意识形态色彩，对马克思思想的阐释已经远远超出19世纪中后期的一个德国思想家思考的视域，而赋予其过多的当代考量；"马克思"如影随形地参与甚至主宰着对当代世界的建构，他的学说"放之四海而皆准"，具有超越时空的绝对意义，可以解释并且解决现实生活中出现的重大问题。正如在政治生活中需要拨乱反正一样，对马克思思想的研究也必须回到文本，正本清源。

---

① 之所以强调保持合理的区分与"必要的张力"，原因在于我们在处理这些成对出现的矛盾时，往往先把矛盾的前后两极不自觉地混同在一起，最后以后者包容甚至替代前者，以致对前者没有给予足够的重视。

正是在上述意义上，笔者对国内学术界在新时期重提"回到马克思"①是非常赞赏的，寄希望于这一学术意向及其伴随着的数年埋头治学、扎实努力，有助于廓清笼罩在马克思身上的迷雾，还原他以及他的学说作为人类思想史上的一个重要阶段的真实。这一口号的提出就其动机、意旨来说，其实并没有太过复杂的、容易产生歧义的含义。但笔者注意到，有的论者在受到不同路向和角度的质疑后，对这一口号的实质作了前后自我矛盾的解释：起初基于对马克思哲学实质的理解远离了其文本的特定语境，而主张回到"原点"，回到文本，"努力呈现马克思文本和其思想发展历程的原像"，突出强调文本研究在马克思总体研究中的基础性地位；而现在又认为提出"回到马克思"关心的却是"马克思如何走向当代"这个问题。笔者希望这种转变只是个别论者的行为，而不会是多数学人的选择，因为学术成就是在长期坚守某种意向和旨趣基础上日积月累而有所建树的，对于中国的马克思研究来说不能再经历一个新的"轮回"。

事实上，国际马克思研究界近年也一直在反思过去对待马克思的态度，形成了"马克思主义之后的马克思""共产主义之后的马克思"等多种新的概念和提法。比如，美国杜肯大学的汤姆·洛克莫尔就认为，如果说过去对马克思思想的阐释经历了一个"从马克思到'马克思之后的马克思主义'"阶段的话，那么现在需要"由'马克思之后的马克思主义'回复

---

① 据笔者查找到的资料，李达在 1921 年 1 月在《新青年》上发表过一篇文章《马克思还原》，文中针对马克思学说理解上的混乱，曾明确提出要"回到马克思"，这可能在国内是最早的了；至于国外的情况，有的论者认为是晚年卢卡奇在《社会存在本体论》中最早使用的，笔者表示存疑。希望以后有机会考证一下这一提法的嬗变。

到'马克思主义之后的马克思'"阶段。[①] "马克思一直以来都是通过马克思主义来研究的"，由于各种复杂的原因，过去"歪曲了马克思的本来思想"，造成多种现实的、"离谱"的马克思主义，而实际上"马克思作为一位哲学家、社会科学家、历史学家和革命者所取得的成果在今天仍然得到学术界的尊重"。[②]

因此，在笔者看来，把作为我们研究对象的马克思及其文本还原为一种历史性存在，把马克思的学说视为人类思想进程和图景中的一个派别、一个阶段，世界哲学家族中的一员，并不是降低或贬抑它的历史地位与当代影响，特别是不意味着笔者主张马克思研究要回避现实性问题。意在表明专业研究者的研究与其他社会群体的考量应当作出适当的区分，从历史性研究中延伸出现实意义，与从现实出发去寻找历史性佐证，是不同的路径；对于学者来说，马克思研究首先是历史研究、人物研究、学派研究，其次才是现实研究、实践研究和时代研究。

三、学术性与思想性

笔者对国内马克思文本研究状况的评论最初是从"学术性与思想性"相关联的角度切入的，笔者认为，基于对 20 世纪 80 年代中国学术发展

---

① Tom Rockmore, "On recovering Marx after Marxism", *Philosophy & Social Criticism*, vol. 26, No. 4, pp. 95-106.

② 参看《共产主义之后的马克思》，英国《经济周刊》2002 年 12 月 21 日，《参考消息》2003 年 1 月 6 日转载。

状况的深刻反思而提出的"思想淡出，学术凸显"这一口号，迄今为止并没有触动马克思主义研究这块园地。我们的思想始终处于井喷、勃发状态，宏论新见迭现，哲学原理的研究远比哲学史研究要热闹；适逢 21 世纪，关于哲学发展宏观走向与前景展望的文章是许多专业刊物的头条；常常会发现一篇不足万字的论文，古今中外广泛涉猎，随便拉出哲学史上的一个人物或一个派别以己度意，妄下断言，常常弄得几十年致力于这一题目研究的专家莫名所以。相形之下，我们特别不屑做那些资料积累、细节考证、条分缕析的爬梳工作。在与国外马克思研究界的接触及其成果的引进方面，我们的选择也反映出这种治学特点。我们熟悉"西方马克思主义"，不熟悉"西方马克思学"，了解卢卡奇、德波林、哈贝马斯，不了解梁赞诺夫、吕贝尔、陶伯特和巴加图利亚。有的学者说，我们"亲近"哈贝马斯，是因为"他决不是一位只满足于在故纸堆中纵横驰骋或只陶醉于概念分析之技巧"的学者，而是一个"做出了开拓性贡献"的思想家①；但是，我们不知道或不愿知道，国外马克思文献专家对哈贝马斯的评价是："他从来就没有对马克思的作品进行过认真的分析，他也不想弄懂卡尔·马克思的'我思'。"②

就学者个体而言，有的偏好文献积累与专题研究，有的长于理论思考与思想建树，这是不奇怪的事。问题在于，当这两种情形中的一种成为群体性的选择，要么造成无主题的思想资料的堆积和文人面壁自娱，

---

①　中国社会科学院哲学研究所编：《哈贝马斯在华讲演集》，206 页，北京，人民出版社，2002。

②　转引自[英]乔治·莱尔因：《重构历史唯物主义》，姜兴宏、刘明如译，13 页，北京，中国社会科学出版社，1991。

要么将是无学术根基的思想的泛滥，特别是"满口震撼世界的词句"的思想家的"呼风唤雨"；后者尤其值得警示。文学界前些年提出"作家需要学者化"，但这句话不能反过来，即认为"学者可以作家化"。哲学社会科学研究不同于文学作品创作，学者写论著不同于作家写随感，任何思想如果没有学术做奠基，就会沦为空论，一部哲学社会科学著作，不管它观点多么新颖，如果在学术积累方面没有进展，它的价值就会大打折扣。不能极力张扬了思想性，却损害了研究的学术性。

这里需要辨析的一个观点是：是不是注重文本研究、版本考证、概念梳理等学术性研究就提不出"开拓性的思想"？笔者的认识恰恰相反。举个例子，马克思的人学思想是这些年我国马克思研究中的热点之一，学者们为建构体系做了许多努力，可谓殚精竭虑，但应该说赢得多数人内心认同的成果并不多。与我们的这种研究路数不同，苏联人学学会负责人之一的阿达那绍夫是从文本出发来阐发观点，作出发展的。他出版过一部长达713页的资料研究集《马克思著作中关于"人"的问题的论述辑录》，该书先从马克思原始文本中提炼出他关于人的问题的24个命题，然后翔实地考察了马克思一生不同阶段的著述中对每个问题的论述。比如，"把人的世界还给人"这一句话，据其考证，在马克思早年写给父亲的信、马克思的"博士论文"、《黑格尔法哲学批判》、《莱茵报》社论、《1844经济学哲学手稿》、《德意志意识形态》、《资本论》手稿、马克思众多的书信甚至晚年"历史学笔记"摘录中都出现过，但伴随着马克思思想的实际进程，这一句话本身的内涵和意义发生了极其深刻的扩展、深化和变迁。阿达那绍夫以此为线索来探究马克思的思想，辨析了这些命题内涵的演变，以及在马克思思想总体中的地位，从而完成了对马克思人学思想的阐释。"以史出论""用材料说话",读过这样的书,我们领略到的马克思的形象是多么立体、真实和可信,书中所阐释的马克思的思想是多么深邃、准确和到位!

究其实,马克思本人的研究方式正是学术性与思想性相结合的范例。不论持怎样的评论,大概没有人会怀疑《资本论》作为马克思最重要的文本在思想方面的原创性意义,但《资本论》的写作是怎样进行的呢?随着 MEGA2 第 2 部分即"《资本论》及其准备材料"对其准备稿、过程稿、正式稿、修正稿及其相关资料的陆续刊印,我们知道,过去《资本论》通行本中作为"理论史"部分的第 4 卷《剩余价值理论》其实不是在前 3 卷写作之后才进行的,而是与其同时甚至有的部分是超前写作的。在马克思的原始手稿中,许多问题的阐释都分为"理论"与"理论史"两个部分,有的甚至在同一页码中也作了这样的划分。在马克思看来,离开对理论史的梳理与分析,不可能形成现有的理论,二者紧密相关,理论史是理论的基础与铺垫,理论是理论史的升华与提炼。特别是针对有的人对理论史的轻视甚至非议,马克思指出,研究剩余价值理论如果不研究剩余价值学说史,就如同研究"发育的身体"而不研究"身体的细胞",研究"资产阶级社会的生产"而不研究"劳动产品的商品形式,或者商品的价值形式,就是经济的细胞形式"一样,"在浅薄的人看来,分析这种形式好像是斤斤于一些琐事。这的确是琐事,但这是显微镜解剖学所要做的那种琐事"。①

---

① 马克思:《〈资本论〉第一卷第一版序言》,见《马克思恩格斯文集》第 5 卷,8 页,北京,人民出版社,2009。

因此，可以说，学术离开思想犹如躯干没有了灵魂，而脱离学术基础的思想则更是一种虚妄。

四、本真性与主体性

把马克思及其文本作为一种对象来进行研究，暗含的一个理论预设与基本信念是，马克思的思想是一个自在性、本真性、确定性的存在。试想，如果我们要研究的是一种虚无缥缈的东西，是一种可以任意界定的存在，那么这种研究有没有必要进行，可能不可能进行？在这方面，自然科学研究没有疑义，人文社会科学亦不例外。当然，思想存在的自在性、本真性、确定性不意味着表述方式、展示过程的系统性、明确性；的确，由于马克思的著述卷帙浩繁，写作跨度长达五十余年，为解读者的概括与体悟增添了难度，从而在对其思想的理解方面容易产生歧义，可以说，我们只能无限接近但很难说完全准确地把握其本真状态。但这是另外一个问题了，这些情况的存在不能构成对其思想存在的自在性、本真性与确定性的否定。解释学流行以来，我国学界引入"视域融合"的说法，多数人形成这样一种观点，即认为文本不单是由作者完成的，文本的解读者也参与到写作情境之中，可以说是二者合作完成的作品；文本解读则是解读者与作者之间就相同问题进行的一种对话。这种看法，如果是旨在提醒和警示解读者注意作者及其文本的丰富内涵和多重意义，进而避免单一化、片面性的理解，那么是有积极意义的。但是严格说来，这算不上"对话"，因为解读者与作者并不处于同一时空情境中：作者的写作时间在解读者介入阅读之前就已经结束了，过去了，这里显然有一个时间距离差；作者与解读者又置身于不同的物理空间状态与精神文化氛围，又有一个空间距离差。在通常的意义上，对话是一种交流，一种互动，但时空的距离把作者与解读者隔开了，无法进行面对面的倾谈，只有解读者去接受作者的思想，作者怎么接受解读者的反馈呢？我们不能把形象化的比喻与夸张奉为学术研究的原则甚至圭臬。

当然，强调作者思想的本真性不意味着否定解读者的主体性，甚至毋宁说，这种本真性能把握到怎样的程度，与解读者主体性运用得是否适当、发挥的效果如何很有关系。解读者是带着特有的解读模式去研究文本的。不过应当明白，文本其实也还是一种中介，解读者的目的在于通过文本把握作者的思想，进而作出自己的评价。这样，解读者的研究就体现为以下这个前后相续的工作流程。

（1）文本表层结构的解读。解读者在根据自己的意向与判断选择了某一文本之后，面对特定的文本体裁，首先要对构成文本的语码、符号（字、词）、段落、篇章等进行认真释读。

（2）文本深层观念的把握。解读者要把此前通过阅读而获得的文本中众多的信息进行思维的过滤、筛选，然后加以整理、综合，经历一个"从完整的表象蒸发为抽象的规定"和"抽象的规定在思维行程中导致具体的再现"的复杂过程，对文本的主要意旨、总体意图、体系框架形成观念上的理解和把握。

（3）文本的自洽性分析。文本本身其实只是作者表述其思想的一个载体，那么它的表述是不是恰当、完备呢？按照"冰山理论"，作者的思想只有六分之一露出水面（是其自觉意识到的），六分之五则是处于形成过程中的或混沌状态的水下部分（自己也不明所以），如此说来，文本只能是对其六分之一部分的描摹和表达，那么它与这些确定性的思想之间是否达到了自洽？作者的思想状态、写作心理与文本的表述方式之间是否存在差池？这些都要求解读者借助文本之外的佐证、作者同时代的文献研究以及同一文本的不同版本作出分析、判断、推理和构想。这是文本分析极其重要的步骤。

（4）对作者思想的理解、概括和阐述。在此前工作的基础上，解读者形成了对作者思想的理解，上述解读与分析的客观程度决定着解读者与作者思想"接近"的程度。同时，根据自己的理解，解读者还要对作者的思想进行勾勒、提炼，并用自己的方式和语言表述出来。

（5）对作者思想的评价与"重构"（reconstruction）。将此前所获得的作者及其文本中的思想置于人类思想史的进程和图景中，通过与其他流派、人物、文本的比较（也包括与同一作者思想演进的不同阶段、不同文本的比较），凸显其内涵与特点；放在历史变迁与当代社会的格局中，通过理论与实践的比照，阐发其现实价值与意义。不用说，解读者的这一阅读历程，对其原有思想也会产生程度不同的触动或影响。那么，是将解读所得纳入自己的思想构架和解释系统，还是在作者思想的基础上进行新的建构，将表征文本与作者思想的最终命运。

解读模式是解读者主体性发挥的重要体现。我们看到，从文本的选择到表层结构的解读直至作者深层思想的概括和把握，都有解读模式参与其中，在发挥作用。可以说，没有它的参与，就没有现实的解读；但是它的作用又不是无限制的，毋宁说是需要制约的，否则就会曲解文本，远离客观，导致谬识。当文本呈现的面貌、发出的信息和显现的思想，与解读者的解读模式相匹配的时候，解读者容易获得对文本的理解与把握；而当二者发生龃龉，不完全匹配或者完全不能匹配①的时候，要紧的是解读者要变通、修正甚至转换自己的解读模式，而不能让文本削足适履地服从、顺应这种模式。因此，解读者解读文本的过程，是其解读模式发挥作用与解读模式获得修正、变更、相结合、相统一的过程。

五、公度性与个性化

本真性与主体性关涉的是作者与解读者的关系，那么面对同一文本，不同的解读者、研究者之间又是一种怎样的关系呢？笔者的看法是，学术研究既然是一项探索性和创新性的活动，那么当然会带有个性化特征；但同样有一种说法，即"学术乃天下之公器"，这说明研究者之间也要讲求公度性。个性化与公度性是相互关联的，没有个性化的公度性，会阻滞学术研究的繁荣与进程；但撇开公度性的个性化，既不能保证研究者之间的学术积累与前后承续，甚至无法判断某项研究所达到的水准，严重的情况下，关于同一对象的研究，在不同的研究者那里，除了称谓相同外，完全风马牛不相及，陷入自说自话，无法通约、交流的境地。

文本研究者之间的公度性，在笔者看来，起码体现在三个方面。

---

① 面对文本，人们有时会觉得"语言晦涩""看不懂"，或者认识字、词，但"不知所云"，甚至有的情况下需要转换语言，索解"典故"，廓清背景，才能有所理解。上述情况都属于这种情形。

（1）态度

不同的研究者面对同一个研究对象应该有一个公正、理性的态度，特别是不能在进行认真研究之前就作出武断的、情绪化的贬斥或褒扬，从某种意义上说，学术研究需要拒斥激情、浪漫与时尚，讲求节制、分寸与执着。马克思对待黑格尔时就做到了这一点，在黑格尔哲学如日中天、其"辩证法还很流行的时候"，马克思非常清醒地"批判过"其"神秘方面"；到写作《资本论》第 1 卷时，德国知识界又把黑格尔"当做一条'死狗'"一样对待了，于是马克思毅然"公开承认我是这位大思想家的学生"①。

而在"马克思之后的马克思主义"的发展谱系中，笔者认为较之其他流派和群体，西方马克思学对待马克思的态度相对来说要更清醒和客观一些。时至今日，国内还有不少论者把"马克思学"界定为"一个意识形态的概念"②，殊不知，吕贝尔创立这一学派的时候，其宗旨就是不把马克思主义当作意识形态看待。按照他的理解，马克思的学说是在人类自我解放历史的漫长"启蒙"过程中产生出来的，马克思不曾拒绝任何东西，相反，他对一切都仔细加以审察和改造，因此，"马克思学"要求继续马克思的思想历险，追随马克思去探索他所接触过的一切问题，不抱意识形态的偏见或学科上的局限性；但同时吕贝尔对把马克思的地位提到无以复加、终结真理的地步的评价也不以为然，在他看来，就马克思的著述看，其理论最多也只是对现存社会主义运动及其发展条件的分析，是一种关于社会主义的科学，而并不是"科学社会主义"。他的这些

---

① 马克思：《〈资本论〉第一卷第二版跋》，见《马克思恩格斯文集》第 5 卷，22 页，北京，人民出版社，2009。

② 叶卫平：《西方"马克思学"研究》，1 页，北京，北京出版社，1995。

观点是可以讨论的，但笔者觉得吕贝尔的态度是一个学者应有的态度。

（2）史实

学术成果不能是"'内心冲动'的结果"，必须从"确切的、无可争辩的事实"出发。① 即使是人文社会科学研究，虽说未必像自然科学研究那般精确和严格，但也不能一味依赖想象和思辨，没有足够的史实同样不能随便做结论。关于马克思主义哲学的实质与称谓在国内曾引起过激烈的争论，其实如果回到文本中去，结合概念、范畴的考证再进行总体上的分析和提炼，是不难达成大体一致的判断的。

其实早在 20 世纪 60 年代，吕贝尔就从文献考证的角度探讨过这一问题，他特别指出，马克思恩格斯著述"通行本"德文版（正卷 39 卷、补卷 2 卷）第 1 卷序言所说的"辩证唯物主义和历史唯物主义是人类思想中的最重要的发现，科学、哲学和世界认识中的真正革命"②和 MEGA1 第 1 卷导言所说的"马克思和恩格斯在创造合作中所制定的辩证唯物主义哲学，同他们的政治经济学和科学社会主义一起，构成一个哲学、经济学和社会政治学说的内在完整的体系"③。"这些话都无法找到足够的佐证以证明其正确性"④。另一位马克思学学者卡弗也做过这样的考证，针对恩格斯在《反杜林论》第 2 版序言中所说的"马克思和我，可以说是唯一把自觉的辩证法从德国唯心主义哲学中拯救出来并运用于唯物主义

① 恩格斯：《〈反杜林论〉三个版本的序言》，见《马克思恩格斯选集》第 3 卷，379、381 页，北京，人民出版社，2012。

② *Marx Engels werke*，Band 1，Berlin，Dietz verlag，1957，S. IX.

③ *Marx Engels Gesamtausgabe*，ebste abteilung band1 zweiter halb band，Berlin 1929，S. IV.

④ 转引自《马克思恩格斯研究》第 3 期，24 页，北京，中央编译局，1986。

的自然观和历史观的人"①，他详尽地考察了马克思的论述，指出：辩证唯物主义在"马克思 1859 年的《〈政治经济学批判〉序言》中找不到，在他的普及性读物《工资、价格和利润》中找不到，在他的大作《资本论》以及相关的手稿中找不到，在他晚年的理论兴趣之作'关于阿道夫·瓦格纳的笔记'中找不到。""保存下来的马克思恩格斯书信也难以证明恩格斯在 1885 年《反杜林论》中所描绘的图景。"②

（3）逻辑

这体现在不同研究者之间应当贯彻相同的原则、规程与方式。比如，不能把文本中没有的思想加诸其身上；不能只依据文本中的只言片语就无限地提炼和演绎；不能离开文本的整体思想孤立地突出其中的某个或某些观点；等等。而在操作规程上，应当是以文本本身为基础、为本位来概括其思想，依据充足的材料，按照一定的规则和严格的逻辑进行抽象，作出判断。这样的规则和逻辑应当具有公理的性质和意义。社会科学研究的过程和结论也应当是可反复检验的，这样才能为关于某一文本和思想的研究提供扎实、可靠的积累，使后来者不必一切从头开始，几代人的研究构成一个前后相续、不断提升和超越的过程。

与公度性相联系的另一个问题是个性化。显然，公度性构成了对个性化某种程度的制约，但不是对个性化的抹杀甚至否定；相反，毋宁说二者是可以而且需要相互融同与支持的。公度性基础上的个性化研究将

---

① 恩格斯：《〈反杜林论〉三个版本的序言》，见《马克思恩格斯选集》第 3 卷，385 页，北京，人民出版社，2012。

② Bob Jessop with Charlie Malcolm-Brown（eds.），*Karl Marx's social and Political thought：Critical Assessments*，vol. 1，London and New York，Routledge，1990，p. 828/824.

在对文本及其思想的表述、评价和重构等方面得到体现。

（1）表述

基于对文本的认真研读而获得的认识和理解可以用不同的方式阐述、表达出来。哲学社会科学思想的陈述不同于对自然科学实验过程与研究结论的描绘，绝大多数情况下无法用人工化的语言（比如字母与公式）表述，而且容易发生歧解；每个研究者都有自己的语汇系统和表达习惯，用不同的方式去表达同一种思想的时候，不可避免地体现出阐述者的个性特征，为人们的多重理解留下广阔的回旋余地。

（2）评价

面对同一文本、同一思想可以生发出不同的评判。这是研究者的动机、目的、视角、知识储备与理解程度不同所致，我们认为对文本及其作者的思想应当有大致相同的理解与把握，但对这种思想本身却可以作出多样的评价，对它的定位、意义与优劣可以有不同的看法，而不能定于一尊，以正统者自居。

（3）重构

可以通过引入一种"严格明晰的方法"消除散见于同一作者不同文本中的"论据的模糊性"；也可以基于原有思想和"学说是以不系统、不集中的形式公布于世的"而尽力"完成使其更严密、更系统的工作"；也可以"把一种理论拆开，然后把它们共同放到一种新的形式中，以便更充分地达到理论本来为自己设定的目标"①；还可以"找到原有理论的断裂

---

① ［德］尤尔根·哈贝马斯：《重建历史唯物主义》，郭官义译，190 页，北京，社会科学文献出版社，2000。

处，以便使它能够或者更替原有理论中各种要素的平衡，或者排除不适合的原有结论"①；等等。

总之，历史性与现实性、学术性与思想性、本真性与主体性、公度性与个性化等是一些相互缠绕、相互交叉的矛盾，对于专业研究者来说，它们构成了马克思主义研究水准进一步提升的内在心理阻障。目前，这些问题愈显突出和棘手，所以我们分别作了上面的讨论。这里并不是要阐发一种让所有人都接受的、"绝对"平衡而公允的见解；笔者认为，对于马克思主义研究，我们专业研究者应当明晰自己应该扮演的角色以及所应起的作用。正因为如此，笔者甚至不惮于也被指责为极端，把本章的宗旨概括为：当过分强调现实性、思想性、主体性、个性化已经成为一种潮流的时候，为矫枉过正，我们何妨呼唤对历史性、学术性、本真性与公度性的重视！

最后笔者想说明的是，清理自己的思路，与鉴于强调文本而给有些论者留下无视方法自觉的印象相反，笔者甚至觉得自己在方法论问题上驻足得有点久了，笔者该暂时告别这一论题（但不是停止这方面的思考），至少不再把它作为头等的、唯一的问题。没有铁马金戈、身经百战的履历，而妄言运兵布阵之法，乃兵家之大忌。如果在文本研究领域，自恃依靠一种外在的、异质的方法，再加上摘录出的只言片语、段落篇目，而不必进入文本内部条分缕析，就可以作出全新的阐释，进而提升文本研究的境界，在笔者看来，那是低估了文本研究的难度。如果

---

① ［英］乔治·莱尔因：《重构历史唯物主义》，姜兴宏、刘明如译，10、11、13页，北京，中国社会科学出版社，1991。

研究马克思的人研读得更多的是其他人的著述，借此谈马克思文本研究的方法论自觉和"解释学前提"，是不是有点外围作战、未入正题的嫌疑？未能免俗的是，笔者也曾走过这么一段路。说心里话，当笔者在北京大学马克思主义文献研究中心写作这一章的时候，驻笔闲暇，望着书架上我们悉心收集来的大批资料，笔者愈加感到这一论题的虚妄与空泛。就马克思文本来说，无论是宏观考察还是微观透视、断代研究还是个案分析，无论是史实考证还是思想梳理，等等，都有那么多的课题需要我们付出时间、精力与心血；自己虽然做了一些初步的积累、梳理和分析工作，但要拿出有分量的东西该是以后的事了。到那时再回首今天的讨论，笔者希望看出自己不过是在重复一些常识性的东西，肤浅之至；那样庶几可以说自己在文本研究方面的确是有些进步了，至于别的宏大的目标在笔者这里是说不上的。

第十三章 | 确立对学术的敬畏与尊重
——论当代中国马克思主义哲学研究
方式的转变

一、自省与申辩

最近 40 年来，随着中国社会进入有史以来发展最为迅速的时期，哲学作为一门古老的学科，以及晚近以来地位非常离奇的社会意识形式，一直在进行着艰难而痛苦的转型和变革。而在哲学所属的各个门类和学科中，马克思主义哲学的处境又是非常独特的。对于我们这一代研究者来说，虽然学术环境、知识背景和思维路向等方面已经与前几代学者有了很大的变化，但在其他学科的同代学人看来，我们仍然显得非常"另类"。这样，在宽容的期待和执着的坚守、理解的渴望与变革的意向之中，我们这一群体所经历的内心的磨难就多一些。

在此情况下，首先应该想到的是自己的不足。从自身的角度检讨，学术性不强确实是中国马克思主义哲学研究最致命的症结。迄今为止，很多人并不是把马克思主义当作一种学术对象来进行探究，而主要是将其视为一种诠释时代问题和解决现实矛盾的策略、手段来考虑；很多文章和著作不遵循学术研究的一般原则、路径和规范，选题趋同于流行的政策和见解；有些论者的所谓"研究"也很难说是学者的作为，其成果经不起时间和学理的检视。这些都影响着中国马克思主义哲学研究的学术声誉。

那么，马克思主义是不是应当退出学术舞台，不再具有研究价值或没有资格成为学术对象？笔者认为，绝不是！在这点上，笔者又对那些看到马克思主义就很反感的论者非常不以为然。不要从很功利的角度说，在人类思想史上恐怕没有一种思想体系像马克思主义这样引起如此广泛而持久的社会影响；就是从弄清作为 19 世纪中下叶对世界社会状况及其未来发展趋向有深邃思考的一个思想家的原始思想的角度，马克思研究仍有非常多的工作，他的作品的全集尚未完全编就，对其文本的研究还很薄弱，对其思想的理解和把握更谈不上客观、全面和准确，怎么能说对他的研究就该结束了呢？孔子的时代距今多少年？朱熹是什么时候辞世的？柏拉图、康德呢？这些人物及其作品、思想的研究一直延续到现在，甚至有复兴之势；马克思辞世才 140 年，他的思想参与甚至一度主宰了 20 世纪世界的变革和发展，为什么从事这一领域的研究就不再具有学术价值了呢？目前国内马克思主义哲学研究的学术水平确实不高，但这不意味着这种状况不可以改变；再者，学者的研究通常是一种个体行为，怎么可以把抱有不同态度、方式和意旨的研究者统统视为"另类"？

当然，还必须看到，即使从学术角度去研究马克思主义，也会有不同的研究方式和方向。最近 40 多年来国内马克思主义哲学专业领域取得了很多成果；但是同时必须注意到的是，我们在对自身研究方式的反省和转换方面却一直比较滞后或缓慢。马克思主义哲学研究界的一大特点是热点问题不断，它确实以这样的方式参与了中国的改革开放进程。但认真梳理一下就会发现，相当多的热点问题的讨论，呈现出一个相同的轨迹，就是起初非常热烈，参与者甚众，但经过一段时间讨论后，就难以持续、深入下去了，最终则不了了之或只停留在原初提出问题的层次上。为什么会这样呢？原因自然也比较复杂，比如说，有的问题本身不纯粹是一个学理问题，而是由社会实践生发出来的，在现实生活中尚找不到解决之径的情况下，理论上的探究不可能走得很远；但是，还必须看到，相当多的问题难以深入下去，还有另一个缘由，即我们研究方式上的陈旧，就是说，面对新问题、新现象我们总是在旧的思维框架和思路中进行探讨。就后一方面而言，现在的马克思主义哲学研究确实到了需要认真反省的时候了；如果没有一种研究方式上的巨大的转轨，将严重制约其所达到的水准和深度，更难产生经得起时间和学理的检视的作品，从而改变人们对它的偏见，继续发挥其广泛而深刻的社会影响。

当然，"研究方式"是一个内涵丰富的所指；着眼于目前国内马克思主义哲学研究的现状，在此，笔者特别想强调的是三个方面，即学术态度、文本基础与比较视野。

二、学术态度

无论马克思主义在我国处于多么特殊的地位，要成为论者的研究对象，对它持一种学术性的态度是首要的前提条件。笔者认为，改革开放后，我们的国家已经进步到这样一种宽容的地步，就是可以对马克思主义特别是其原始形态进行一种学术性的研究和探讨。在这种情况下，保持一种理性而客观的态度和评价是必要的也是必须的。

马克思主义哲学研究的学术态度可能体现在两个方面：一个是对马克思思想的理性定位，另一个是马克思主义哲学研究的学术规范。

研究者对自己的研究对象抱有一定的兴趣甚至好感，这是不奇怪的，否则他就不可能从事这方面的研究；但在具体的研究中又不能听任这种兴趣和好感随意左右自己的最终论断。学者们通常有一种误区，就是有意无意地夸大自己研究对象的价值，认为自己研究的就是世界上最迫切、最重要甚至是唯一值得探讨的。其实这是一种盲目的自信，如果一味坚持下去而缺乏冷静的自省，必然会影响研究的客观性。因此研究者必须对自己的研究工作、研究对象有一个恰如其分的估量，明确其制约和界域。

我们看到，在中国，马克思主义哲学之所以成为众多人的研究领域，有体制方面的缘由、意识形态的因素，也有学科发展的考虑，当然更不能排除个人兴趣使然，情况确实很复杂。上文所谈到的那种对其意气用事、不屑一顾者，持有的不是一种学术性的态度，当然也就不可能对其进行客观性研究；但就马克思主义哲学研究界来说，笔者感到，普遍存在的一种情形是，对马克思思想的实际评价与马克思本人的真实情形存在着不小的错位，因而也很难说是一种理性的态度。

按照笔者对马克思文本的研究，就马克思本人的思维方式而言，从总体上说更多地带有 19 世纪的特征，显现出明显的近代性质。哲学研究与经济学研究在一定程度上具有同构性关系。正如马克思的经济学研究主要是一种政治经济学研究、宏观经济学研究，即着重探讨影响经济的社会环境和政治因素，而较少地涉及经济的内部机制和具体运行；这种研究范围和路向与马克思所处时代的资本主义社会经济形态的状况和特点是相适应的。而当代的经济学则更主要的是一种应用经济学、微观经济学，探讨的是在一个相对稳定的社会结构中经济要素之间的匹配、变化和更迭，这又与当代世界社会经济形态的新状况和新特点直接相关。在这种情况下，当然不能说政治经济学研究、宏观经济学研究已经完全丧失其价值和意义，但较之它从前所主导的经济学研究方向的情形的确有了相当大的变化。在当代的经济学研究中，如果不把研究重点倾注在微观领域与运行机制方面，而老纠缠于影响经济的外在因素和经济行为的政治性质，那么将偏离经济学的主流方向和创获领地。对于哲学来说也是如此，经过 20 世纪哲学的巨大发展，人类思维已经取得了长足的进步，哲学研究的议题、思路等在层次、广度和深度上已经大大超越了先贤。在这种情况下，我们再也不能像过去那样，认为整个哲学史的历程中，马克思主义哲学之前是错误的，之后也充满了谬论，只有马克思主义哲学才是哲学史上的"革命性变革"，是唯一"科学"的哲学形态，独据当代哲学思维的"制高点"。我们注意到，近年我们在马克思哲学的名义上挖掘出它所谓"被遮蔽"的"本体论变革""颠覆形而上学""终结哲学"等与当代哲学接轨的思想，甚至认为他是现代西方哲学的"真正开创者"，其实这些很难说是基于扎实的资料支撑和审慎的分析而作出的一种理性的结论，很多情况下是站在为马克思思想的当代性进行辩护的立场上而生发出的论断。其实，在 20 世纪大多数西方哲学家看来，受黑格尔哲学影响巨至的马克思的哲学仍然属于传统哲学的视域；而我们知道，现代哲学的变革是从批判黑格尔哲学开始的。不可否认的是马克思哲学与现代西方哲学有诸多共同的议题，但即使如此，探讨的范围、层次和方向也发生了一如经济学研究中所实现的那种的巨大变迁。当然这里绝不是说，马克思的思想已经完全没有当代性，而是说应当恰如其分地估价这种当代性，明确它的影响的界域、层次和限度。

如果马克思主义哲学的研究者对马克思主义能持一种学术性态度，那么必须把遵循学术规范当作一件非常重要的工作来做。对于研究者来说，学术规范是他进入课题研究的天然"律令"和前提训练，不能因为研究对象的特殊性就可以任意变更、违反甚至放弃。我们这里有针对性地指出如下几点。

1. 课题选择

在具体的研究领域中，研究题目的选择是很有讲究的，就是说，它不是研究者信手拈来就可以进行探讨的东西，应当是一个熔铸了研究者长期深邃的思考、在一个真正的学术共同体中又获得普遍认可的论题或方向。而中国的马克思主义哲学研究在选题中呈现出的一种现象是，作为研究对象本应探讨的内容触及很少或者存而不论，而不少是以自以为是的"立场、观点和方法"对其他现象进行的解释和评论。每年我们都要批量产生不在少数的硕士、博士学位论文，可是你仔细检索一下马克思主义哲学专业的选题，不少是一些大而无当的"宏大叙事"，一篇十万字左右的论文可以纵论全球化，几个章节就可以贯穿古今中外史。其他学科提倡"小题大做"，而我们则是"大题小做"。马克思主义哲学界崇尚思辨，相形之下，特别不屑做一些梳理、考证的工作，认为那样是一种经院哲学的做法，不会有什么"创新"。其实大而无当的探讨既无助于学术本身的积累，也谈不上对现实问题有深刻的见解。

2. 撰写方式

可能受到过去"领导部署、集体参与、协同作战"方式的影响，马克思主义哲学研究的成果，一方面多文章而少专著，另一方面集体著述的方式又非常普遍。这种情形过去尤甚，现在有所改观，但鉴于近年名目繁多的大型课题或项目，多是一人或几人主持，几人、十几人参与，每人执笔一部分，所以又有复兴之势。这种方式当然也有合理性，但真正的学术研究，特别是人文社会科学的研究是一种个性化很强的工作。实践表明，在我国，集体著书能达到像侯外庐主编的《中国思想通史》那样水准的屈指可数，大量的作品经不起时间和学理考验，马克思主义哲学研究的情况更为明显。

3. 论述思路

按照学术研究的一般步骤，选择一个课题之后，对于这一研究对象必须进行学术史的清理，看与此相关的研究达到了一个怎样的程度，因为我们是站在前人的基础上进行探究的。从这个尺度衡量，马克思主义哲学原理中许多课题的探讨实际上不具当代学术意味。比如，近年很多论者所彰显的马克思的"实践哲学"，一方面，对这样一个现实化、生活化、感性化的议题的探讨已经越来越抽象，更多地体现出我们是按照过去陈旧的研究方式和路数来进行探讨的，这种做法本身就不是现代哲学的提问方式和思考方式；另一方面，就是放在自古以来"实践哲学"形态更迭和谱系流变的进程中，马克思的思考也不像有些论者所认为的那样独冠群雄。黑格尔本人虽然长期以来被国内马克思主义哲学界定性为"唯心主义"哲学家，但抽掉他的思考预设和先在观念，就"实践"问题本身的纵深探究而言，很难说马克思当时就超越了其水准；更不用说在20世纪"实践哲学"的研究中不再拘泥于对主体与客体之间到底谁为决定者的"还原论"思维，而把关注的焦点转向二者的多种样态、表现及更加错综复杂的关联。较之于黑格尔、马克思，这些探讨无疑是更加深化了。如果没有对这种学术思路的清理，当代实践哲学的研究很难提升到更高的水准。

三、文本基础

谈及马克思主义哲学研究方式的改变，还必须把文本的基础意义凸显出来。在其他思想家和思想流派的研究中，特别是对历史人物和哲学流派的研究中，研究者最看重的就是文本了。你不能设想孔子、朱熹的研究者，不读《论语》《中庸》和《四书章句集注》，不能设想康德、维特根斯坦的研究者不去研究"三大批判"和《哲学研究》及其大量手稿和笔记。但在中国的马克思主义哲学研究中，很多自命研究马克思主义哲学的人其实是不怎么阅读马克思的书的，系统研究就更少了。这种状况可能根源于一种普遍的误解，似乎对经典文本的精深研究和探索都必定会导致经院哲学式的烦琐论证，而马克思主义哲学研究只要强调理论联系实际就足够了，因此对马克思文本的考释与基本概念的纯学理分析不应该成为马克思主义哲学研究的重点。但历史告诉我们，正是这种对文本的忽视和对基本理论的误解，导致了实践活动中的巨大偏差，从而给现实生活带来了灾难性的影响。作为对过去这一观念的反拨，笔者还是坚持认为，文本研究虽然不构成马克思主义研究的全部内容，但它是这种研究的永恒性基础。

当然，上述说法并不表明，过去的马克思主义哲学研究中没有涉及文本研究，但即使涉及了，现在看来那种研究方式也必须进行调整和变换。因为那种研究总是以一个或一些现实问题作为切入点去阅读、解释文本，就事论事，或浅尝辄止，或支离零碎，而很少以文本本身为对象去进行完整而详尽的探讨，对基本概念和理论进行认真、深入的梳理。

鉴于此，笔者认为，今天的马克思主义文本研究应在以下方面加以努力。

1. 文献资料的全面收集及其信息化

对于研究者来说，研究资料是其据以作出论断的依凭，应该尽可能地全面而完备，即使不能如此，非常重要的、有代表性的不能遗漏。但在我国的马克思主义哲学研究中，史、论、著之间存在着一定程度的分离，再加上强调哲学的抽象性质，哲学原理的研究者普遍不重视资料的全面性收集，或者仅仅凭借随意找来的一点资料，也不对其价值作出分析就轻率使用，这样，研究结论的可信度就会大打折扣。比如近年有的论著对阿多诺的《否定的辩证法》进行文本学解读，但依据的是被有关专家斥为"每一页都有错误"的译本，这样解读的基础就很不牢靠，即使对阿多诺思想阐释得再新潮和精彩，也很难达到一定的水准。还有的对葛兰西思想的阐释，依据的是《狱中札记》，而没有把其篇幅更为巨大的《狱中书信》作为研究基础，这些都是不全面的。

同时，还应该注意到的是，在今天的信息化时代，充分利用先进技术手段将使收集资料、掌握动态、交流信息变得更为便利和必要。我国的马克思主义研究界普遍不重视这一点。迄今为止马克思主义著作的中文本没有权威的光盘和数据库，重点学科和博士点、重要期刊、知名学者很少有自己独立的网页，即使有，材料也不够全面，而且大多不及时更新，更为复杂的技术处理更是谈不上。计算机和信息网络的意义，还不仅仅在于书写、保存、修改和查找资料方面的便利，其实某种程度上它是对人的思维方式的一种改变和理论视域的空前拓展。在这方面，国外马克思主义研究界已经走在我们的前面了，在德国、俄国、日本，马克思著述都有光盘和数据库可供使用，马克思主义研究网站也很多。更为重要的是，在 MEGA2 的编辑过程中，计算机技术也被广泛采用。比如，《德意志意识形态》工作组的陶伯特教授与法兰克福大学擅长计算机技术的狄村女士合作，以发表在《MEGA 研究》1997 年第 2 期上的《德意志意识形态》新的编辑大纲为依据，把所有手稿、印刷本输入图宾根大学文本编辑处理系统，解决了诸如在出现分栏、边注、缺损等情况时手稿的再现问题，还决定在将来出版的副卷中，特别在处理异文方面，运用更为复杂的文本编辑、传输技术，与此同时，还会把经过编辑、输入的文本与手稿(影印件)再现出来。[①] 因此，2017 年出版的 MEGA2 第一

---

① 　Helmut Elsner, »Über die Arbeit an der ‚Deutschen Ideologie‘ am Karl-Marx-Haus in Trier«, Trier 2001.

部分第 5 卷提供了关乎《德意志意识形态》新的编排方案，但精深的研究仅以此为准还是不够的，只有把全部与此有关的各种手稿（影印件）及其不同编排的版本的数据库作为研究基础，评析和超越现有的定论才有可能。

2. 文本研究的总体性"筹划"和"设计"

长期以来马克思主义的文本研究实际上处于一种零散而无序的状态，缺乏宏观性、总体性的"筹划"和"设计"。不可否认，最近二十多年来，国内有少数学者确实在文本研究方面取得了不少成就，但认真地梳理和分析，会发现这种研究实际上是在"重新理解马克思"的潮流中的一种策略选择和介入方式，就是说，与其他同道相比，只是手段与路径不同而已，还没有把马克思的文本视为一种整体性的存在来进行探讨，这突出表现在对作为其重点解读对象的马克思文本的选择上显得比较随意，很难看出其有什么样的贯穿一致的标准和逻辑依据。而如果把马克思的文本作为一个专门的领域进行研究，那么必须在通盘考虑的基础上，渐次展开如下几个方面的工作。首先是学术基础清理与方法论省思，包括对马克思主义重要著述的手稿、笔记的保存、流传和版本情况进行梳理，从总体上对其著述进行比较清楚的梳理和尽可能准确的统计，对一百余年文本解读史上积累的成果和经验、出现过的种种误读和曲解等状况的了解和分析，同时，还必须注意到，现在的马克思主义文本研究如何迎应包括解释学在内的文本解读模式的变化，以及实现方法论上的自觉和超越。这些属于马克思文本研究的前提性工作。其次是文本的个案研究和微观透视，即在从宏观上把握马克思的文本世界的基础上，从中选取那些最能表征马克思思想特质、内涵以及发展历程的重要著述进行新的解读，对其产生背景、写作过程、版本渊流、文体结构、内容与思想、研究历史与最新动态以及现实价值与意义等多个方面进行翔实的梳理、考证、分析和阐发。最后是对马克思思想的重新概括和评价，即在文本个案研究的基础上对马克思的思想进行贯通梳理和总体把握，并通过与其他流派、人物、文本的比较，凸显其内涵与特点；放在历史变迁与当代社会的格局中，通过理论与实践的比照，阐发其现实价值与意义。这些步骤作为一个前后相续的流程构成了文本研究的一个完整图景。

3. 不同语种翻译过程中的词义辨析

迄今为止，可以说中国的马克思主义研究者使用得最普遍的文本仍然是从俄文翻译过来的中文版，这里绝不是对中文的翻译持否定的态度，相反，笔者认为它仍有相当的利用价值，而且在目前翻译作品水准普遍下滑的情况下，中央编译局的翻译水准应该说是很高的。但是，这里有个问题，就是包括马克思文本在内的人文社会科学作品的翻译，不像自然科学著作那样，能够做到在不同语种之间实现词的含义的一一对应的转换，甚至有时在另外的语种中根本找不到完全匹配的词，或者勉强用了一个词，但它与原文的词各自又有多重含义，当然还有的是因译者本身有特定的意识形态或文化观念上的考虑而造成的歧解，这些都为准确地理解原文的思想增添了很多难度。目前对照马克思著述的中、俄、德三种文本，发现这种因一个词的翻译而导致的理解上的差异的现象越来越多，诸如把 Recht 译为"法""法权"和"权力"，把 Eigentum 译为"所有""所有制""所有权"和"财产"，把 Verhaeltnis 译为"制度""状况"和"关系"，把 Idealismus 译为"理想主义"还是"唯心主义"，把 aufheben 译为"消灭"还是"扬弃"，把 Ausgang 译为"终结"还是"出路（口）"，把 bürgerliche Recht 译为"资产阶级权力"还是"公民权利"，等等，诸如此类的词意辨析，绝不是咬文嚼字的书生自娱，它涉及对马克思思想的不同解释，有些是内涵很不相同的理解。可以说，这方面研究的拓展和深入挖掘，必将为马克思主义哲学研究开辟一个新研究方向和领地。

4. 基于文本写作的原始状况的考证和相关资料的总体把握而对马克思思想的提炼和阐释

在我国马克思主义哲学研究中，断章取义是一个非常普遍的现象。经常有论者离开一种提法的原始语境和意旨，把马克思针对特殊情况而写下的一些想法、论点提升或夸大为他对世界、对哲学的一般理解。最明显的例子要数把《关于费尔巴哈的提纲》抽象地解读为马克思哲学的"理论大纲"，将其 11 条内容集中看作其哲学的旨趣、特征和体系架构。其实通过对马克思遗留下来的"1844—1847 年笔记"里《关于费尔巴哈的提纲》部分前后语境的甄别，表明它的写作与《神圣家族》有关，都是马克思要"编纂一套社会主义史的资料汇编，或者毋宁说是一部用史料编成的社会主义史"①的工作的一部分，而不能把它看作《德意志意识形态》的写作提纲。就其内容而言，它是针对当时德国特定的思想形态而进行的阐述和评论，马克思之所谓"哲学"云云，绝不是指总体上作为社会意识形式的一般哲学，而是特指布鲁诺·鲍威尔、费尔巴哈等以观念

---

① 恩格斯：《恩格斯致马克思(1845 年 3 月 17 日)》，见《马克思恩格斯全集》第 27 卷，29 页，北京，人民出版社，1972。

解释和构建世界的德国青年黑格尔派哲学。

　　除了关注原始文本写作的状况对思想提炼和阐释的制约，强调对相关资料的总体把握也很重要。比如，在新近国内有关恩格斯与马克思哲学思想的差异的争论中，对立论与一致论者都从文本中找到了一些材料佐证其观点。在马克思、恩格斯卷帙浩繁的著述中，在其思想发展的不同阶段，他们各自的确对某些问题既发表过前后一致的意见，也表达过程度不同的甚至相反的看法，这些情况都是存在的；问题在于，从总体上把握，应该能够甄别出哪些论述更具有代表性，更能在比较的意义上体现出他们的思想特征与差别。①

　　上述分析表明，没有文本做基础的研究将会导致一种深刻的误解。因此，在阅读马克思的经典文本时，应该提倡一种"刨根究底"的精神，即"分析的马克思主义"者罗默所说的"探寻基础"（the search for founda-tions）②的工作，尽力探索马克思提出并解答问题时所显露出来的更为始源性的、前提性的理论基础，并通过对这些基础的把握，创造性地理解和推进马克思的思想。

---

　　①　对此，笔者的看法是，虽然不能说恩格斯是有意偏离甚至与马克思的思想对立，但同样作为马克思主义创始人，恩格斯与马克思之间在哲学思维所达及的深度、理论视野所展示的领域以及表述方式的侧重点方面表现出重大的差别。参看聂锦芳：《"马克思—恩格斯思想关系"再辨析——以〈德意志意识形态〉为例》，载《社会科学辑刊》，2012（2）。

　　②　John Roemer，*Analytical Marxism*，Cambridge，Cambridge University Press，1986，p. 1.

四、比较视野

中国的马克思主义哲学研究还存在一个问题，就是研究者长期囿于自己的领域内思考问题，形成了一套独有的话语系统、论证方式和思维惯性，特别是当遭逢新的社会现象和思潮的时候，很多论者会自觉不自觉地用长期流行的观点和体系去衡量，看其符合还是违背了"马克思主义基本原理"，而对那些"另类"的现象和思潮，要么无端地给予指责，要么漠视其存在。

首先，必须走出马克思主义体系内部研究者之间自设藩篱、自我规约和自我封闭的怪圈。

马克思主义作为思想体系本来是一个整体，只是由于恩格斯当年反对杜林的特殊考虑，把它三分化了，即认为在哲学、经济学和社会主义三个领域马克思与杜林都是对立的；换句话说，只是因为作为"社会主义的行家兼改革家"的杜林在"创造体系"时"涉及非常广泛的理论领域"，使恩格斯"不能不跟着他到处跑"。① 但是后来列宁在《马克思主义的三个来源和三个组成部分》中把这种三分法固定下来②，以致成为人们对马克思主义理论结构的通行理解。当时特定情境下思想发展的这一原委及进程并未为更多的人所了解，但它以后造成的后果是，很大程度上割裂了马克思主义体系的完整性，比如，阅读《反杜林论》时，哲学教学者只讲授其中的"哲学"编，而把另外两部分让渡给经济学和社会主义学说

① 恩格斯：《反杜林论》，见《马克思恩格斯选集》第 3 卷，379、380、383 页，北京，人民出版社，2012。

② 列宁：《马克思主义的三个来源和三个组成部分》，见《列宁选集》第 2 卷，309～314 页，北京，人民出版社，1995。

的研究者；同样是基于这样一种划界，马克思主义哲学的研究者过去也没有把占马克思著述很大比重的经济学文本作为研究重点，而总是从恩格斯的著作中寻找对马克思主义哲学的经典表述，这就造成了哲学原理教科书中大量引用的不是马克思本人的表述和论断的情形。

其次，需要认真总结和借鉴西方马克思主义和东欧新马克思主义等派别所做的工作。

在"马克思之后的马克思主义"的发展历程中，其实有两条序列，一条是我们所熟悉的政治家所理解和推进的社会主义理论与实践，另一条则是西方和东欧的知识分子在 20 世纪资本主义和社会主义不同的境域下对马克思主义所作的新的思考和探索。长期以来我们关注的更多的是前一条序列，而把后一条序列视为马克思主义发展中的"另类"，不把其归入马克思主义谱系，或者干脆把这些派别及其人物逐出马克思主义领地。

深长思之，在目前我们试图建构马克思主义哲学的当代形态的时候，我们深切地体会和感悟到上述派别所做的探索的可贵。长期以来，由于这些派别中的人物基本身份是知识分子或大学教授，其思想并没有产生一如政治家那样的影响力，因之他们被称为"学院派"，其实不然。他们是以其理论活动和思想建树的特殊方式表达了对时代发展和社会现实的高度关注和深刻理解，他们的著述实际上是他们对 20 世纪以来发生的一系列重大的社会历史事件所提出的问题的一份份答卷。假如没有对俄国十月革命的胜利并没有引发欧洲其他国家和民族革命的成功这一事实的总结和反省，就不会产生卢卡奇的《历史与阶级意识》、柯尔施的《马克思主义和哲学》和葛兰西的"实践哲学"。假如没有 20 世纪 20 年代末到 30 年代初经济危机之后西方工业国家无产阶级革命的衰退与法西斯主义的兴盛的反差，就不会出现赖希的《法西斯主义大众心理学》、布洛赫的《这个时代的遗产》、霍克海默的《独裁国家》、弗洛姆的《逃避自由》等著作。假如没有苏共二十大上赫鲁晓夫所作的反斯大林的秘密报告所引起的"大地震"，就不会有马尔库塞的《苏联的马克思主义》、萨特的《辩证理性批判》和弗洛姆的《马克思关于人的概念》。假如没有战后科学技术的飞速发展和资本主义社会的新的境况，就不会有马尔库塞的《单向度的人》、哈贝马斯的《作为"意识形态"的技术与科学》和《晚期资本主义的合法化问题》以及列斐伏尔的《日常生活批判》等。如果没有 20 世纪 70 年代以后世界现代化进程中出现的两难困境和发展性危机，也不会涌现"解构主义的马克思主义""后马克思主义"等思潮。西方马克思主义在其发展中之所以保持了顽强的生命力，之所以留下了一连串富于启发性和开拓性的理论著作，因为它从不使自己与现实生活绝缘。

更为可贵的是，西方马克思主义是站在 20 世纪人类思想和哲学发展的前沿来推进马克思主义的。这些派别的名称通常是在"马克思主义"之前加上一种新的哲学思潮名称，过去我国学者常常认为这种嫁接、补充马克思主义的方式表明它们是"不彻底的"马克思主义，或者是对马克思主义的"背叛"，现在看来，这种指责过于武断。如果 20 世纪的马克思主义研究游离于 20 世纪哲学思维之外，只是用 19 世纪的哲学思维模式去解释 20 世纪的社会现实，这是可能的吗？经过 20 世纪的长足发展，现代哲学已经超越了传统水准，如果马克思主义哲学可以无视这些进展，那么怎么做到与时俱进？而且更值得一提的是，西方马克思主义在跨学科研究方面大大推进了马克思主义，举凡在哲学、文化学、经济学、政治学、文学、人类学、心理学诸领域，他们都取得了骄人的成就，以其卓越的作品彪炳于20世纪学术史册。

而就马克思当年的论域而言，西方马克思主义一方面承续了他的某些议题，但在当代境域下都作了深化和发展。"实践"范畴地位的彰显不必说了，对与其紧密相关的"劳动""生产"等概念，卢卡奇、本雅明、高兹等都作了新的诠释和理解。就是对学界争议很大的"辩证唯物主义"体系，赖希以《辩证唯物主义和精神分析》(1928)、列斐伏尔以《辩证唯物主义》(1938)、施密特以《马克思的自然概念》(1962)等也作了与苏联不同的、某种程度上更符合哲学当代进展的反省、诠释和发展；而作为马克思哲学最重要的历史唯物主义部分，马尔库塞的《论历史唯物主义的基础》(1932)、艾蒂安·巴里巴尔的《关于历史唯物主义的基本概念》(1965)、哈贝马斯的《重建历史唯物主义》(1979)等更作了精深的开掘和重建。此外，在马克思著述中耳熟能详的一些思想和概念，诸如阶级、剥削、国家、市民社会、革命等，在他们的著述中都赋予了不同的新意。不仅如此，西方马克思主义还对马克思的思想作了极大的拓展，并且增添了原来没有的很多内容。诸如，从本体论的角度对马克思哲学的提升，把马克思零散的对社会的分析和批判发展成为一种系统的社会批判理论和方法，从个体角度、心理层次对人性做了深度探索，而在马克思的社会结构学说中加了更为复杂的因素，等等。

与西方马克思主义者身处资本主义社会之中进行的探索不同，东欧新马克思主义处于一种完全不同的境况下，即当时的社会主义阵营之中。南斯拉夫"实践派"关于人的实践本质的思考、关于社会主义与人道主义的关系的理解以及对实践哲学的建构，实际上成为南斯拉夫脱离苏联阵营行动的组成部分。而相形之下，始终处在苏联影响之下的国家，仍然产生了匈牙利的"布达佩斯学派"、波兰的"华沙学派"和捷克斯洛伐克的"新马克思主义学派"，产生出诸如科拉科夫斯基、沙夫、科西克等思想巨匠，他们对激进民主和形式民主的分析、对意识形态批判的反思、对资本主义与社会主义关系的洞见、对具体辩证法与总体性的阐发，都是在新的境域下对马克思主义哲学的贡献。

最后，需要深入异质领域，与不同哲学派别进行对话。

对于当代中国的马克思主义哲学研究者来说，除了厘清属于自己这一派别的问题，视野还应当更为开阔，应当积极参与到对其他派别、人物的思想的了解、分析和审视之中，与传统对话，与西方对话，与非马克思主义甚至是反马克思主义的其他哲学派别和思潮对话，面向世界发言。不唯关注自己的问题，也能深入到异质领域，条分缕析，特别是像语言、逻辑、文本、解释以及现代性、后发展国家社会发展理论、文明的冲突与会通等哲学的内外焦点论题，并且有自己的见解。

特别应该注意到的是，马克思主义作为一种来自异域的思潮，如何在文化渊源、思维方式迥异的中国实现本土化，是当代建构中国特色的马克思主义哲学形态的关键。这里的本土化不仅仅是政治层面的主流意识形态的嬗变，更主要的是文化形态、价值取向和思维方式的融合。可是过去激烈的"反传统"的做法和长期形成的偏见，使中国的马克思主义研究者对自己的传统文化普遍采取轻视的态度，很多人没有系统阅读过传统经典，接受过传统文化的教育和训练。这种状况过去认为不是什么重要的问题，现在看来这恰恰是问题的关键。不管这两种形态的文化的最终融合是否可能，或者融合的道路是多么漫长，但作为学术层面的考虑，中国的马克思主义哲学研究者弥补其知识结构中传统文化的缺位已经刻不容缓。

在本章行将结束之际，笔者还想辨析一个观点。有的论者认为，目前突出学术性诉求、强调文本的基础性意义，将导致马克思主义哲学研究的"学院化""形式主义化"，疏离现实生活和规避政治路线。坦率地说，笔者不能同意这样一种见解。实际说来，与"学术性"对立的不是"现实性""政治性"，而是"非学术性"。哲学研究特别是中国的马克思主义哲学研究的确应当关注现实、关注政治、关注现代化建设的实践；但同样是关注，在研究方式上有学术性与非学术性的分野，学术性的关注是把对现实的诠解、反思和引导联系起来进行的深邃思考，而不是流于对政策和流行观念的单纯辩护和庸俗图解。马克思主义哲学在中国一百余年的历程，在学术上教训深刻，现在是它总结经验、潜心研讨、注重积累、多元探索和强化建树的时候了。在这种情况下，需要的是宽容和鼓励。如果中国的马克思主义哲学研究老是停留在像本章一样的外围指点和宏观展望，仍旧缺乏对具体问题、文本、思想等长期而持续的悉心研究和纵深探讨，以致产生不了黄钟大吕式的巨著及思想家，那才愧对时代、愧对历史，是真正的悲哀。

第十四章 | 基于文本、历史和现实为马克思
思想定位

马克思文本研究中还有一项相当重要的工作是在
对其文本的版本渊流、文体结构、内容与思想等多个
方面作出翔实的梳理、考证、分析和阐发的基础上，
进而从总体上对马克思本人的思想及其在思想史、哲
学史的地位作出评判。表面看来，这种评判可以根据
研究者的主体倾向随意作出，因而好像无对错之别、
高下之分，但是真正科学、公正的研究结论应当是一
种规则推演，因而充满逻辑的力量，具有令人信服的
依据和普遍的说服力。因此，笔者我认为，评判和比
较也有个方法论的问题。

关于马克思思想在思想史、哲学史上的地位，是
一个非常有争议的问题；争议不仅体现在不同观点的
歧异上，而且体现在论证观点的思路的差别中。显

然，梳理这些不同的历史定位，廓清它们多样的论证思路，对于理解马克思哲学的当代境域甚为必要。本章拟对关于这一问题的几种不同的情形作出评论，并对"比较研究"与"文本研究""现实研究"的关系阐明自己的看法。

一、关于马克思哲学地位的两种极端的评论

首先是关于马克思哲学地位的两种截然对立的观点。

第一种是称马克思哲学的产生是"哲学史上的一次革命性变革"。

这是苏联和我国的马克思主义哲学原理和马克思主义哲学史教科书中的传统提法。在对这一"变革"的意义进行阐释时，教科书遵循了这样的思考路径：把马克思主义哲学的"来源"概括为德国古典哲学，认为它是对德国古典哲学的批判和超越；又把德国古典哲学的最高成果概括为黑格尔辩证法和费尔巴哈的唯物主义；最后，认为马克思批判了黑格尔的唯心主义，吸取了他的辩证法的"合理内核"，批判了费尔巴哈的人本主义，吸取了他的唯物主义思想，从而创建了自己的哲学体系。不仅如此，坚持这种论证的某些极端论者还暗含了这样一种观点：即当哲学的发展推进到马克思主义哲学阶段的时候，它之前或之后的哲学形态就只具有谬论的性质或反面的意义，这样马克思主义哲学就成为哲学的唯一形态，从而排斥其他思想理论体系进入哲学领地。

现在看来，这种历史定位尚可聊备一格，但该观点对此问题的论证思路却是多有纰漏的。首先，能不能把马克思哲学的"来源"概括为德国

古典哲学？从继承与变革的关系上讨论马克思哲学，只把德国古典哲学当作其来源，是不符合事实的。诚然梳理自己的思想与德国古典哲学的关系在马克思的文本中占了不小的比例，但事实上在马克思的一系列著述中，他极其详尽地评述了源自古希腊直迄他同时代的全部哲学历程。由于多种因素的制约，马克思没有写出完整的哲学史专著，但我们将他文本中的相关论述连缀起来考察，把他对人类思想史上的重大事件、流派和人物的梳理和剖析作一通盘观照，不难看出，实际上他的思想基础是"多源"的，有很大一部分是德国古典哲学所涵摄不了的。比如，作为马克思最初登上德国思想论坛的亮相之作的"博士论文"，给予其思想深刻启迪的是古希腊晚期哲学（包括伊壁鸠鲁学派、斯多葛学派和怀疑论），他对"自我意识"的论证、对自由与"定在"的思考、对"哲学与现实世界"关系的阐释等都超越了当时其他青年黑格尔派成员以致整个德国古典哲学的思想视域。而这只是一个开端，在其后马克思一生思想的发展历程中，他的理论也不是按照德国古典哲学所规约的问题"接着讲"，而是基于对实践的深刻体察和全部思想史的运思而展开的建构，仅仅作为一个特定形态的德国古典哲学是框不住他的视野的。

其次，能不能把博大而深邃的德国古典哲学的最高成果概括为黑格尔辩证法和费尔巴哈的唯物主义？对德国古典哲学的研究曾经是我国哲学史研究中的"显学"，学者们设计了这一哲学形态演进的逻辑进程，认为始自康德，中经费希特、谢林，最后到黑格尔、费尔巴哈，德国古典哲学走过了一条"提出问题—探索思路—形成结论"的发展路径，最后由于在自身框架内不能解决其内在的理论困境而走向了衰落。现在看得很清楚了，这是研究者主观构造的一条逻辑。而当把德国古典哲学的这些代表人物的思想置于现代哲学的进程中予以观照的时候，我们会发现作为德国古典哲学开创者的康德哲学所实现的"哥白尼式的变革"更具有不可超越的意义和深远的影响力；相反，"几乎二十世纪的每一种重要的哲学运动都是以攻击那位思想庞杂而声名赫赫的十九世纪的德国教授（指黑格尔——引者）的观点开始的"①。因此，仅就思想的蕴涵、深度以及对现代哲学的影响而言，绝不能说黑格尔哲学超越了康德；至于费尔巴哈哲学的"颠倒"之功，诚如马克思也已经指出过的，只是"恢复了唯物主义的王位"，而在哲学高度上它处于与 18 世纪法国唯物主义相同的水准，并没有实现唯物主义的现代转换，达到唯物主义的巅峰。

最后，一种哲学只是对既有的两种哲学形态的有机组合，还奢谈什么"革命性变革"呢？经认真检索，我们没有发现马克思用过"辩证唯物主义"这个词，这就是说，把马克思哲学概括为唯物主义与辩证法的结合，从而形成"辩证唯物主义"的提法，没有得到马克思文本的支持。而就马克思思想本身的发展历程来说，也并不是在形成辩证唯物主义之后将其推广到社会历史领域，从而形成历史唯物主义，在形成固定的哲学思想之后将其运用到对资本主义的政治经济学分析，从而形成科学社会主义。相反，它们是浑然一体，交互作用和影响的。更为重要的是，促成马克思思想变革的深层原因，绝不仅仅是理论本身的力量，而是马克思对他所处的时代以及历史发展的体味和理解。就作为社会意识形式的哲学而言，它不同形态的发展诚然构成一个独立的系列（如各种类型的

---

① ［美］M. 怀特编著：《分析的时代》，杜任之主译，7 页，北京，商务印书馆，1981。

哲学史教科书所勾画的线索），但支持这种发展的绝不仅仅是哲学自身的逻辑，更主要的是使具体的哲学形态得以产生的社会环境和时代条件，"哲学之功外在于哲学"，来自非哲学；对于突出强调实践性和革命性的马克思哲学来说，情况更是如此。

第二种情形是把马克思主义逐出哲学的领地，不承认它在哲学史上有一席之地，或者把它看作由黑格尔哲学生发出来的、现代西方哲学之外的另一种思想体系。

罗素在其产生了久远影响的《西方哲学史》中虽然把马克思列为一章来论述，但他认为"马克思的历史哲学是黑格尔哲学和英国经济学的一个掺和体……马克思的唯物论实际上成了经济学"[1]。马克思的同胞对他在哲学史上的创建也不以为然，我们不妨举三部著名的哲学史论著，看其关涉马克思哲学的论述是怎样的。库诺·费舍（Kuno Fischer）所著的两卷本的《新哲学史》中只是顺便提及马克思的名字，所占文字只有两行；而余柏威（F. Ueberweg）的《从 19 世纪初到当代的哲学史纲要》一书中倒是论及马克思的生平及其学说，但篇幅也只有两页；在我们的心目中，把马克思归属到唯物主义哲学家谱系是没有疑问的，连马克思都称其哲学为"新唯物主义"，然而，朗格（F. A. Lange）在其所著的《唯物主义史》中，硬是不给马克思一席之地，只是在脚注中称他是"政治经济学发展史上还活着的最伟大的专家"，而不设专章专节论述。总体上看，这些论者看重的是马克思的经济学家、社会学家身份，而普遍认为他对哲学并没有独立的贡献，这种定位恰好与我们教科书的观点形

---

① ［英］罗素：《西方哲学史》下卷，马元德译，339 页，商务印书馆，1976。

成对照。

一个人在其他领域与专业可以有卓著贡献，同时就不能在哲学领域成为翘楚；或者说，一个人是经济学家、社会学家，同时就不能是哲学家。这是一种什么逻辑？

仔细深究上述这种关于马克思哲学的历史定位，我们会发现，这些论者的论断中其实暗含着一个前提：只有公开打出哲学研究的旗号，从事专业研究，并且在这一领域有重要著述行世者，才有可能被归属哲学家行列，进而进入哲学史；其他领域的研究者则不具备这种优势和条件。其实，这种以所属领域或所从事的职业作为判别某人在本领域或专业中的地位的前提和条件的看法，在现代社会和现代哲学中遇到了强有力的挑战。它没有注意到，较之于古代和近代，在现代进行哲学思考的主体或参与者的数量空前扩大了，不仅专业哲学家有哲学思维，而且各种非哲学专业的社会成员（包括诸如自然科学家、社会科学家、政治家等；不只是有文化知识分子，甚至也包括普通民众）都以各自特有的方式，超越个人一己之功利考虑，生发出对宇宙、人生的一般问题哪怕是非常朦胧、模糊的看法。因此，现代哲学的存在形式或表现形态是多层次的或多样化的。从朴素的哲学意识、分散的哲学见解、固定的哲学观点、由观点连缀而成的哲学思想直至由理论家概括、阐述的哲学理论，由专业哲学家建构的哲学体系等，按照抽象程度由浅到深，表述方式由默想、口述到书面阐发，共同构成了现代哲学的多重结构系统。这种情况下，还把关注的焦点局限于专业哲学家及其著述，而排斥其他形式的哲学存在形式或表现形态，显然是有偏颇的。比如，在诸多关于 20 世纪哲学史的论著中，由于爱因斯坦的自然科学家身份而没有将其归入哲学家行列，但谈及对 20 世纪人类思维方式变革的影响，我们不知道有哪几位专业哲学家的建树可以超越爱因斯坦。作为物理学领域具有里程碑意义的相对论怎么能同时不是哲学领域的一块界碑？马克思哲学也遭逢相同的际遇，但是，如果认为它的意义只局限于具体的经济学、社会学领域，而没有进入更为普遍的哲学层次，那它怎么能成为迄今为止人类思想史上影响最大的思想体系？

二、"比较研究"与"文本研究""现实研究"的关系

除了上述两种极端的评论，还有一种情形，是近年我国有的学者把马克思主义哲学与西方哲学发展的进程联系起来，从"传统哲学（包括古代哲学和近代哲学）"和"现代哲学"的划界中，确立马克思哲学是现代形态的哲学。

从比较哲学的意义上凸显马克思哲学的特点与价值，是马克思研究中的一个重要环节。在笔者看来，完整的马克思研究实际上应包括三个方面。一是基于对马克思文本的悉心研读而再现和把握马克思思想的原始状态和整体面貌，勾勒和提炼其思想发展的曲折进程、丰富内涵和重要意旨，这种研究姑且可以称为"文本研究"，它是马克思主义研究的永恒性基础。二是在这种研究、提炼的基础上将马克思的思想置于世界思想史演进的总进程中，通过与其他形形色色的哲学派别的比较确立它的地位和意义，这可以称为"比较研究"，它体现出：一方面，马克思哲学是哲学的一种形态，它是哲学大家族中的一员；另一方面，它又不是普

通的一员，它观照和把握世界的方式具有不可替代的价值。三是以基于
上述两种研究而把握到的马克思思想的实质、精髓和方法探究当代社会
发展的重大问题，体现马克思主义哲学超越"解释世界"之上的"改造世
界"的情怀、理想和境界，这就是所谓"现实研究"。因此，从总体上看，
马克思研究是"文本研究""比较研究"和"现实研究"的统一，三者都是马
克思主义的应有之义。鉴于文本研究在马克思主义研究中的基础性意义
以及目前这方面研究中的薄弱状况，我们强调了文本研究的重要性，但
并不表明我们将它视为马克思主义研究的全部内容。至于有的论者在
"考据"与"义理"、历史性与现实性、客观性与主体性、"视域融合"与
"解释学循环"、本真状态与"解释"转向之间人为地将我们作了非此即彼
的极端化定性，其实只能算是其一厢情愿的主观发挥。

　　但是，尽管如此，笔者对目前国内少数学者"比较研究"的思路还是
心存疑虑。如上所述，"比较研究"的基础是"文本研究"，如果没有扎实
的文献功夫、悉心的细节考证、准确的总体把握、缜密的逻辑推断、审
慎的概括和提炼，比较研究就成为海市蜃楼，看似新潮和壮观，其实非
常虚幻，而且稍纵即逝。如果单纯根据其某一文本中的只言片语便对其
思想进行无限的概括、提炼和阐发，必然会使其思想形成的曲折历程、
思想体系的不同方面以及对同一思想的反复检视等得不到充分的展示和
到位的分析，结果导致这种研究远离了马克思思想的真实状态，以及不
同研究者面对同一研究对象所形成的见解之间却缺乏公度性。任何研
究，如果不明了其中的界域与限制，不把握客观性原则与科学性标准，
不仅达不到应有的深度和高度，甚至会损害这种研究本身。

三、马克思是"哲学终结论者"吗？

我们注意到，在马克思哲学的比较研究中目前普遍存在着的一种情况是，不在少数的论者动辄用一种现代哲学流行的观念去解读马克思的文本，发现那里有相关词句或观点，于是就认为马克思是现代意义上的哲学家，或者体现了马克思思想的现代意义。把马克思的哲学观诠释为一种"哲学终结论"，把马克思说成是一个"哲学终结论者"，就是这种研究方式的最明显的表现。

在这种观点的持有者看来，"哲学终结论"是 20 世纪西方哲学演进中一个响亮的口号，是体现哲学"现代性"的一个方向，循此路径到马克思文本中寻找依据，发现马克思也有"取消哲学""哲学的虚妄性"等提法，于是就认为马克思也是一个"哲学终结论者"。实际情形果真是这样吗？

仔细地研究马克思的文本，可以看出，马克思诚然说过"消灭哲学"①"哲学同样应当受到谴责"②"须要'把哲学搁在一旁'……须要跳出哲学的圈子并作为一个普通的人去研究现实"③之类的话，但同样对哲学及其功能也表达过许多正面的见解，诸如"没有哲学我就不能前进"④，哲学作为现实的批判是"根据本质来衡量个别的存在，根据观念

---

① 马克思：《〈黑格尔法哲学批判〉导言》，见《马克思恩格斯全集》第 3 卷，206 页，北京，人民出版社，2002。

② 马克思：《1844 年经济学哲学手稿》，见《马克思恩格斯文集》第 1 卷，200 页，北京，人民出版社，2009。

③ 马克思、恩格斯：《德意志意识形态》，见《马克思恩格斯全集》第 3 卷，262 页，北京，人民出版社，1960。

④ 马克思：《给父亲的信(1837 年 11 月 10—11 日)》，见《马克思恩格斯全集》第 40 卷，13 页，北京，人民出版社，1982。

来衡量特殊的现实"①，"任何真正的哲学都是自己时代的精神上的精华……正变成文化的活的灵魂"②，宗教是"来世的智慧"，而哲学是"人世的智慧"③、人类"解放的头脑"④等观点。那么，表面看来互相矛盾的这些观点、意旨怎么得到协调，怎么解释得一致呢？我们知道，一个哲学命题或哲学论断如果不还原为它原初的特定语境，是不能准确地把握它的内涵与意义的；单纯从马克思的文本中抽象出一句话，把马克思不同时期、不同语境中的论断不加分析地直接引用，结果并没有呈现马克思本人思想的真实面貌和原初状态，相反会曲解其本来的意思。认真分析马克思的原意，他所说的"取消哲学""终结哲学"等观点，只是取消或终结哲学的特定形态，比如以观念构建世界的青年黑格尔派哲学，并不是排斥哲学在社会有机体系统和社会意识结构中可以有一席之地，不要哲学了。这与现当代西方哲学中流行的"哲学终结论"具有本质意义上的差别。

　　虽然自哲学产生之日起，对哲学的责难、非议就一直不断，但系统的"哲学终结论"确实是在 20 世纪才形成的。维特根斯坦、海德格尔特别是罗蒂是这种观点的主要代表。纵观他们的论述，可以看出"哲学终

---

　　①　马克思：《德谟克利特的自然哲学和伊壁鸠鲁的自然哲学的差别》，见《马克思恩格斯全集》第 1 卷，75 页，北京，人民出版社，1995。

　　②　马克思：《〈科隆日报〉第 179 号的社论》，见《马克思恩格斯全集》第 1 卷，220 页，北京，人民出版社，1995。

　　③　马克思：《〈科隆日报〉第 179 号的社论》，见《马克思恩格斯全集》第 1 卷，223 页，北京，人民出版社，1995。

　　④　马克思：《〈黑格尔法哲学批判〉导言》，见《马克思恩格斯全集》第 3 卷，214 页，北京，人民出版社，2002。

结论"具有以下一些特征。

第一，对传统哲学的全盘否定。这些论者普遍认为，近代以来西方文化中科学技术突飞猛进，哲学却在老问题上踏步不前，科学的进步和繁荣与哲学的滞后和深受冷落形成十分强烈的反差；科学的巨大成功给人们带来了丰赡的物质财富，而在哲学上追求万物的本原、知识的确定性方面却毫无结果。据此他们认为造成这种状况的根源就在于传统哲学的根本性谬识，因此建构新的思维方式必须从"粉碎传统哲学梦幻"开始。因此他们对传统哲学持激烈的批判态度。

第二，强烈的反本质主义意向。致力于探究宇宙万物的根源，追求能解释一切事物的原因，发现现象背后的本质、寻求超越意见的知识一向是哲学的主要使命和哲学学科的特征，但这种思维路向被"哲学终结论者"归结为"本质主义""基础主义"，认为其症结在于无视现实世界的存在及其对它的认识而追求虚无的本体，因此，必须彻底解构这种思维框架。

第三，相对主义特征。奠基于传统哲学与本质主义废墟之上的"后哲学文化"是一种无标准、无主宰、无体系的文化。哲学在整个文化结构中的地位、功能较以往也必将发生很大的变化。如果说过去哲学在文化体系中独具文化之王的地位，文化的其他部门都以它为基础或方法论原则；那么现在这样的时代结束了，一切理论与学说都应占有一席之地，而且彼此之间并无高低之分、对错之别，谁也不具有真理的绝对占有权，一切都是相对的。这样的情形下哲学就被消解了。

很显然，与"哲学终结论"的这些主张相比，首先，马克思不是一个激烈的反传统主义者。马克思哲学虽然是哲学史上一个重要的变革，但这种变革包含了对传统哲学的继承和超越。在一系列著述中，马克思极其详尽地评述了源自古希腊直迄他同时代的全部哲学历程，对其思想与德国古典哲学的关系的梳理在其文本中更占有不小的比例，在密切关注当时的社会发展与实践之外，传统哲学成了他思想建构的重要源头和起点。比如，作为马克思最初登上德国思想论坛的亮相之作的"博士论文"，给予其思想深刻启迪的就是古希腊晚期哲学，他对"自我意识"的论证、对自由与"定在"的思考、对"哲学与现实世界"关系的阐释等明显受到了哲学史上那些大思想家们的深刻影响，而其整个思想走上"独立发展的道路"的每一进程是基于对实践的深刻体察和全部思想史的运思而展开的建构，可以说他的哲学思想是传统哲学的新的发展和人类思维新的成果。

其次，马克思哲学是一种辩证哲学。特别是在对社会历史领域的复杂现象进行诠释的时候，马克思主义实践论基础上的唯物论与辩证法相统一的哲学方法发挥了其他哲学派别无可比拟的有效性。人类社会是由许许多多按自己的主观意愿行事的人所构成的，它的发展规律和趋势深藏在无数意见、计划、情绪、意志、愿望之中或之后，摆在人们面前的迫切任务是游过这些意见、计划等构成的汪洋大海而达到彼岸。面对复杂的社会历史，马克思主义提出劳动实践以及生产力、生产关系、经济基础、上层建筑、社会存在、社会意识以及社会革命等概念，真实地从理论上再现了各种社会现象之间的内在联系，揭示了社会生活发展、变化的原因、途径、趋向，使得纷繁复杂的社会生活显现出井然的秩序。这是迄今为止历史观上最重要的变革。

最后，马克思主义哲学也不是相对主义哲学。从逻辑上看，相对主义是一种自我否定的，从而在事实上也是不可能的学说。哲学作为理论体系是以哲学层次的概念、范畴系统向人们提供包括人的活动在内的世界图景。尽管不同时代的哲学家对理论体系的态度不同，有的精心构建逻辑框架，有的零星阐发思想，有的则对体系不以为然，然而无论哪种情况，只要是一个成熟的哲学家、一套成熟的哲学思想，它包括的就不仅仅是某一个单纯的见解，而是在对人与世界关系的众多方面的看法上贯彻了相同的原则，从而表现出思想的完整性、明确性与一致性。马克思正是通过《神圣家族》《关于费尔巴哈的提纲》《德意志意识形态》等表达了其"新哲学"的构架，而他的《资本论》更是构建了一个被称为"'大写'的《资本论》的逻辑"。

四、比较的前提、比较的态度与比较的逻辑

需要指出的是，我们质疑把马克思说成"哲学终结论者"，不意味着马克思哲学不能与现当代哲学进行比较；但必须明确，这种比较是有前提的、讲规则的。纵观上述三种观点和思路，笔者认为，比较马克思哲学与其他哲学派别的特征，确立现代哲学图景中马克思哲学的地位，应该注意如下的情况。

一是比较的前提。必须明确，我们进行比较研究的基础和前提是真正把握本属于马克思自己的问题、思路、论证方式、理论架构和思想实质，如果没有这些方面的积累和功夫，就没有条件和资格将马克思与其他哲学形态进行比较。相反，如果我们拿来比较的并不是马克思自己的

思想或者不完全属于马克思的思想，那我们的比较就毫无价值或价值大打折扣，这时即使再赋予马克思哲学多么新潮和现代的字眼，也无助于科学地确立它的当代地位。

二是比较的态度。特别需要指出的是，过去基于政治立场和意识形态考量而进行的情绪化的评判、过分的褒扬或贬抑，是马克思思想长期没有得到公正对待的重要原因。笔者认为，时至今日，像马克思这样的思想家已经不需要我们为他做什么辩护，如果他的思想仍然能诠释时代，他观照和把握世界的方式仍保持着有效性，那么即使再贬低他的价值和意义，他也不会退出思想史的舞台；相反，如果他的思想已经沦为人人皆知的常识或与时代背离，那么就是再为他辩护，也挽救不了其学说衰落的命运。基于过去对待马克思研究的非学术态度，笔者主张今天要"回到学术层面"，真正将其当作一个客观的学术研究对象来进行探究；因为没有这样的一种态度，就不能保证马克思研究的公正性和科学性。

三是比较的逻辑。由于过去马克思研究并不完全是一种真正意义上的学术研究，学术规范就成为今天必须认真对待和亟待解决的问题。在对马克思思想进行阐释、概括、提炼和评价的时候必须遵循严格的逻辑，尽可能详尽地占有文献材料，然后再将在扎实研究基础上抽象出的思想放到现代哲学的总进程和总图景中去和其他哲学形态进行比较，公正地评估马克思学说的价值，为其合理定位。

就我们前文分析过的三种情形看，为什么会在观点与论证之间出现差池或错位，为什么有前景的学术选择却没有取得令人满意的成果？原因很多，但不讲逻辑、轻视学术规范是不是其中的一个原因呢？有一种说法，认为社会科学无定论，可以千人千面，见仁见智。如果在拓展视野、激励探索的意义上讲，那么这种看法有合理性；但如果认为借此可以消解学术规范，为偷懒和随意找借口，那这种合理性就变得不合理了。

参考文献

1. *Karl Marx \ Friedrich Engels Historisch-Kritische Gesamtausgabe*, 1-12, Frankfurt A. M, Marx-Engels-Archiv Verlagsgesellschaft M. B. H; Mocka-Leningrad, Velagsgenossenschaft Ausländische Arbeiterinderudssr, 1927-1935.

2. *Werke Karl Marx \ Friedrich Engels*, 1-39/40/41, Berlin, Dietz verlag, 1957-1968/1973/1974.

3. «Сочинения К. Маркса и Энгельса», 1-4 \ 1-4 \ 1-29 \ 1-50, Москва, Государствнное издательство политической литературы, 1918-1922 \ 1923-1924 \ 1928-1946 \ 1955-1975.

4. *Karl Marx \ Friedrich Engels Gesamtausgabe*, 1-68, Berlin, Dietz verlag; Berlin, De Gruyter Akademie Forschung, 1972-2022.

5. *Karl Marx/Friedrich Engels Papers*, International Institute of Social History, https://search. iisg. amsterdam/Record/ARCH00860/

ArchiveContentList♯A072e534c62.

6. 《马克思恩格斯全集》，第 1～50 卷，北京，人民出版社，1956—1985。

7. 《马克思恩格斯全集》，第 1～3、10～14、16、19、21、25、26、27～38、42～49 卷，北京，人民出版社，1995—2020。

8. 《马克思恩格斯选集》，1～4 卷，北京，人民出版社，2012。

9. 《马克思恩格斯文集》，1～10 卷，北京，人民出版社，2009。

10. 马克思：《马克思古代社会史笔记》，北京，人民出版社，1996。

11. 马克思：《剩余价值学说史》第 1 卷，郭大力译，北京，生活·读书·新知三联书店，1957。

12. Werher Blumeberg，*Marx-Engls Inventar*，日本《立教经济学研究》杂志 1966 年第 20 卷第 3 号，李光谟等译，中文版见《马克思主义研究参考资料》第 30 期，1981。

13. 《列宁全集》，1～60 卷，北京，人民出版社，1984—1990。

14. 《斯大林全集》第 1 卷，北京，人民出版社，1953。

15. 《邓小平文选》第 3 卷，北京，人民出版社，1993。

16. »Karl Marx über Karl Grün als Geschichtschreiber des Sozialismus«，*Die Neue Zeit*，18/1，Stuttgart 1899-1900.

17. Bob Jessop with Charlie Malcolm-Brown（eds.），*Karl Marx's social and Political thought：Critical Assessments*，vol. 1，London and New York，Routledge，1990.

18. Carl-Erich Vollgraf and Jürgen Jungnickel，"Marx in Marx's Words：On Engels's Edition of the Main Manuscript of Book 3 of Capital"，*International Journal of Political Economy*，2002，32(1)，pp. 35-38.

19. D. Rjazanov(hrsg.),»Marx und Engels über Feuerbach. Der erste Teil der ‚Deutschen Ideologie‘«, Marx-Engels-Archiv. *Zeitschrift des Marx-Engels-Instituts in Moskau*, Bd. 1, Frankfurt/M. , 1926.

20. *Dokumente und Materialien der „Bund der Kommunisten"*, Vol. 1, Berlin, Dietz Verlag, 1972.

21. *Etudes de Marxiologie*, Editions Universitaires de France, Premier Numéro en 1959.

22. Inge Taubert,»Manuskripte und Drucke der ‚Deutschen Ideologie‘ (November 1845 bis Juni 1846). Probleme und Ergebnisse«, *MEGA Studien*, 1997/2.

23. Inge Taubert,»Plobleme und Fragen zur Datierung der ‚Ökonomisch-philosophischen Manuskripte‘ von Karl Marx«, in: *Beiträge zur Marx-Engels-Forschung*, 3, Berlin, 1978.

24. John Roemer, *Analytical Marxism*, Cambridge, Cambridge University Press, 1986.

25. Jonathan Wolff, *Why Read Marx Today*, Oxford, Oxford University Press, 2002.

26. Jürgen Rojahn,» Marxismus-Marx-Geschichtswissenschaft: Der Fall der sog. ‚Ökonomisch-philosophischen Manuskripte aus dem Jahre 1844 ‘«, *International Review of Social History*, 1983, 28(1), pp. 2-49.

27. L. Spitzer, *Linguistics and Literary History*, Princeton, Princeton University Press, 1948.

28. Lapin Nikkolay Ivanovich, »Vergleichende Analyse der drei Qullen des Einkommens in den ‚Ökonomisch-philosophischen Manuskripten 'vor Marx «, *Deutsche Zeitschrift für Philosophie*, Heft 2, 17 Jahrgang, 1969.

29. Mgnard Dersay, *Marx's Reprisals*, London and Basingstoke, Macmillan and Co. Ltd., 2002.

30. R. Carter and P. Simpson(eds.), *Language, Diecourse and Literature: An Introductory Reader in Discourse Stylistics*, London, Unwin Hyman, 1989.

31. Tom Rockmore, *Marx after Marxism: The philosophy of Karl Marx*, Malden, Blackwell Publishing, 2002.

32. Tom Rockmore, On recovering Marx after Marxism, *Philosophy & Social Criticism*, 2000, 26(4), pp. 95-106.

33. А. Н. Чумаков, «Философия преподавания философии», Москва, Издательский дом «Эйдос», 2000.

34. В. А доратский, «Карл Маркс, Даты жизнии Деятельности, 1818-1883 », Москва, Государствнное издательсво политической литературы, 1934.

35. Василий Евграфович Евграфов(ред.), «История философии в СССР», Москва, Издательсво "Наука", 1968-1983.

36. Георг Лукач, «Литературные теории XIX века и марксизм», Москва, Издательство "НАУКА", 1937.

37. Л. А. Левин, « Библиография лроизведений К. Маркса и Ф.

Знгельса », Москва, Государствнное издательсво политической литературы, 1948.

38. Н. Ф. Бучило и А. Н. Чумаков, «Философия (Учеюбное пособие)», Москва, Издательсво «Знание», 1998.

39. [波]兹维·罗森：《布鲁诺·鲍威尔和卡尔·马克思——鲍威尔对马克思思想的影响》，王瑾等译，北京，中国人民大学出版社，1984。

40. [德]弗里德里希·李斯特：《政治经济学的国民体系》，陈万煦译，北京，商务印书馆，1961。

41. [德]尤尔根·哈贝马斯：《重建历史唯物主义》，郭官义译，北京，社会科学文献出版社，2000。

42. [德]马丁·洪特：《〈共产党宣言〉是怎样产生的》，金海民译，北京，商务印书馆，1979。

43. [德]弗·梅林：《德国社会民主党史》第 1 卷，青载繁译，北京，生活·读书·新知三联书店，1963。

44. [德]弗·梅林：《马克思传》，樊集译，北京，人民出版社，1965。

45. [德]施蒂纳：《唯一者及其所有物》，金海民译，北京，商务印书馆，1989。

46. [法]奥古斯特·科尔纽：《马克思恩格斯传》第 2 卷，王以铸、刘丕坤、杨静远译，北京，生活·读书·新知三联书店，1965。

47. [法]路易·阿尔都塞：《保卫马克思》，顾良译，北京，商务印书馆，2010。

48. [加]罗伯特·韦尔、凯·尼尔森编：《分析马克思主义新论》，鲁克俭等译，北京，中国人民大学出版社，2002。

49. ［美］M. 怀特编著：《分析的时代》，杜任之主译，北京，商务印书馆，1981。

50. ［美］戴维·麦克莱伦：《马克思以后的马克思主义》，余其铨、赵常林等译，北京，中国社会科学出版社，1986。

51. ［美］弗雷德·莫斯利：《马克思〈1864—1865 年经济学手稿〉英文本导言》，曹浩瀚、周思成、张凤凤译，载《政治经济学报》，2018(1)。

52. ［美］理查德·罗蒂：《后哲学文化》，黄勇编译，18 页，上海，上海译文出版社，1992。

53. ［美］诺曼·莱文：《辩证法内部对话》，张翼星等译，昆明，云南人民出版社，1997。

54. ［美］诺曼·莱文：《可悲的骗局：马克思反对恩格斯》，载《科学社会主义参考资料》，1981(3)。

55. ［苏］B. A. 马利宁、B. И. 申卡鲁克：《黑格尔左派批判分析》，曾盛林译，北京，社会科学文献出版社，1987。

56. ［苏］Г. A. 巴加图利亚：《马克思的第一个伟大发现——唯物史观的形成和发展》，陆忍译，北京，中国人民大学出版社，1981。

57. ［苏］弗罗洛夫：《人的前景》，王思斌、潘信之译，北京，中国社会科学出版社，1989。

58. ［苏］卢森贝：《政治经济学史》第 3 卷，郭从周、北京编译社译，218～219 页，北京，生活·读书·新知三联书店，1960。

59. ［苏］维·维戈德斯基、拉·米西凯维奇、米·捷尔诺夫斯基、亚·切普连科：《论马克思 1863—1867 年写作〈资本论〉工作的时期划分》，载《经济学译丛》，1982(1)。

60. ［匈］卢卡奇：《历史与阶级意识》，杜章智、任立、燕宏远译，北京，商务印书馆，1992。

61. ［英］罗素：《西方哲学史》下卷，马元德译，北京，商务印书馆，1976。

62. ［英］乔治·莱尔因：《重构历史唯物主义》，姜兴宏、刘明如译，北京，中国社会科学出版社，1991。

63. 《费尔巴哈哲学著作选集》下卷，荣震华、王太庆、刘磊译，北京，商务印书馆，1984。

64. 《海德格尔选集》上卷，孙周兴选编，上海，上海三联书店，1996。

65. 《吕贝尔马克思学文集》（上），郑吉伟、曾枝盛等译，北京，北京师范大学出版社，2009。

66. 《马克思主义研究资料》第 12 卷，516 页，北京，中央编译出版社，2015。

67. 《马列主义研究资料》1984 年第 1 辑，北京，人民出版社，1984。

68. 《马列著作编译资料》第 4 辑，北京，人民出版社，1979。

69. 安启念：《奥伊则尔曼论辩证唯物主义（上）》，载《哲学动态》，2003(1)。

70. 王东、丰子义、聂锦芳主编：《马克思主义与全球化——〈德意志意识形态〉的当代阐释》，北京，北京大学出版社，2003。

71. 北京大学哲学系外国哲学史教研室编译：《西方哲学原著选读》上卷，北京，商务印书馆，1981。

72. 车铭洲编：《西方现代语言哲学》，李连江译，天津，南开大学出版社，1989。

73. 陈征、严正编：《〈资本论〉创作史研究——〈资本论〉教学研究参考资料(一)》，福州，福建人民出版社版，1983。

74. И. Т. 弗罗洛夫：《辩证世界观和现代自然科学方法论》，孙慕天、李成果、张景环等译，哈尔滨，黑龙江人民出版社，1990。

75. 黄枬森等主编：《马克思主义哲学史》第 1 卷，北京，北京出版社，1991。

76. 聂锦芳：《"马克思—恩格斯思想关系"再辨析——以〈德意志意识形态〉为例》，载《社会科学辑刊》，2012(2)。

77. 聂锦芳：《马克思著述知多少? 从"书志学"方面进行的清理、考证与统计》，载《哲学动态》，2005(5)。

78. 聂锦芳：《在批判中建构"新哲学"框架——〈德意志意识形态〉文本学研究》，北京，中国人民大学出版社，2018。

79. 申丹：《叙述学与小说文体学研究》，北京，北京大学出版社，1998。

80. 孙伯鍨、张一兵主编：《走进马克思》，南京，江苏人民出版社，2001。

81. 叶卫平：《西方"马克思学"研究》，北京，北京出版社，1995。

82. 张一兵：《回到马克思——经济学语境中的哲学话语》，南京，江苏人民出版社，1999。

83. 张一兵：《马克思哲学的当代阐释——"回到马克思"的原初理论语境》，载《中国社会科学》，2001(3)。

84. 张钟朴：《〈资本论〉第一卷法文版及其他版本——〈资本论〉创作史

研究之六》，载《马克思主义与现实》，2016(3)。

85. 郑杭生主编：《现代西方哲学主要流派》，北京，中国人民大学出版社，1988。

86. 中国社会科学院哲学研究所编：《哈贝马斯在华讲演集》，北京，人民出版社，2002。

初版后记

　　这本书是我对马克思文本研究的学术基础清理和方法论省思。较之于同类性质的论著，它格外注重资料的收集、细节的考证、过程的甄别、类型的划分以及相关问题的辨析，而尽可能把对马克思思想的重新解读、阐发、概括和评价留待我另外的著述来处理。之所以在这本书中采取这种方式，除了题旨本身的要求，也是我有意为之。

　　对于历史，我持一种"温情主义"的态度，特别反对利用"时间上在后"的优势任意臧否前人，或者凭借潮流和时尚全盘否定或颠覆传统。基于这种考量，我觉得，如果把在当代新的境域下对马克思的文本的重新解读看作一种真正的学术性研究，那么它自然就应当是一个积累和创新的过程；就是说，我们不是在一片"废墟"中起步的，并不需要一切从头开始。相反，应当首先考虑到的是，这种研究已经有了100余年的历史，在这过程中诚然有种种误读、曲解，但毕竟也积累了相当多的成果和经验；对于前者，我们当然要批评，而且必须纠正和超越，而对于后者，一个诚实的研究者必须有足够的了解，应当保持应有的尊重。因此，近年来，我利用为北京大学马克思主义文献研究中心购买图书和积累资料的便利，格外用心于已有的学术基础的清理工作，特别是关乎马克思的手稿、笔记、藏书的保存、流传，马克思重要文本的首次刊布，《马克思恩格斯全集》有独立价值的各种版本，马克思文本研究史上的重要事件，马克思著作"通行本"研究中的遗漏，经典研究中的空白，马克思文本研究中的几种类型（诸如战友和学生的阐释和宣传、政治领袖的理解和推动、文本研究中的"苏联模式"、"西方马克思主义"的"嫁接"和"东欧新马克思主义"的"发现"、"马克思学"的归旨与MEGA版的编纂原则），以及近年西方马克思研究界有关"马克思主义之后的马克思"的提法所表征的新的研究动向……我都一一做了梳理和分析，更不用说对目前我国马克思文本研究的现状和哲学总体研究中的文体问题的分析了。

当然，对于马克思文本研究来说，进行学术基础的清理是必要的，但仅限于此又是不够的，清理的目的是超越。我非常清楚，在穿越一个多世纪的风雨征程，已经为数不清的人们所翻译、注释、解析和宣传之后，我们今天仍感到有重新研究这些文本的必要，这里暗含的一个前提是，过去的文本研究方式及其所取得的成就并不能完全令我们满意，或者说它尚有诸多需要改进、添补、转换、突破之处，需要一种全面而深刻的超越。甚至可以说，今天的研究能达到什么样的水准，取决于我们在过去研究的基础上究竟能超越到怎样的程度。这样，我近年在注重资料收集的同时，自然也十分关注文本的阅读和解释方式。我对西方文体学理论以及西方一些哲学派别所涉及的哲学文体因素及其相互关系的研究进行了系统的跟踪，进而勾勒出哲学文体问题研究的一般图景；围绕"马克思研究到底是一种什么性质的研究"这一焦点问题，我对文本研究所关涉的历史性与现实性、学术性与思想性、本真性与主体性、公度性与个性化，以及"文本研究"与"比较研究""现实研究"的关系、比较的前提、比较的态度与比较的逻辑等进行了反省、思考和分析，进而形成我所理解的马克思文本研究的"当代方式"。

把上述清理和思考累积起来，写成文字，于是就有了这本小书。

此外，还想说明的是，按照我自己的研究计划，这种学术基础清理与方法论省思仍然属于马克思文本研究的前提性工作，此后的研究将包括两方面的内容：一是文本的个案解剖或微观透视，二是文本的总体观照和宏观把握。这两项工作我们已经交错展开了。对于前者，我选择了《德意志意识形态》这一文本进行全面研究，依据原始手稿、MEGA2 编辑的最新进展和研究动态，从文献学的角度，运用解释学的方法，对其产生背景、写作过程、版本渊流、文体结构、内容与思想、研究历史与最新动态以及现实价值与意义等多个方面一一进行翔实的梳理、考证、分析和阐发，已经完成了 50 余万字；后者在本书经过悉心梳理而统计出来的马克思 1974 部（篇）文稿，按照年代、思想、类型等归为 53 部（篇）的基础上，我将对这些文本一一进行新的解读，已经完成的包括对马克思中学文献、文学作品、《共产党宣言》创作史、作为《资本论》第 4 卷的《剩余价值学说史》的新的考证与分析等。

对马克思文本的重新解读耗费了近年我几乎全部的科研精力，而且还将持续下去。

尽管近年来在研究中内心产生过不少的波澜与曲折，但我还是受到很多老师、朋友的支持和帮助。在我的阶段性研究成果完成之际，谨表达对他们的感谢之情：

我应当感谢我所在的北京大学哲学系的领导。他们一直公正而热情地支持马克思主义哲学研究，高瞻远瞩地成立了马克思主义文献研究中心。尽管中心成立不过 4 年时间，许多工作仍处于起步阶段或尚待展开，图书资料也远谈不上系统和完备，但毕竟我们有了一个平台，也有了一些基础。我自己只是部分地参与了中心的工作；但离开中心，我的上述研究工作大部分却是无法进行的。

我应当感谢我们北京大学哲学系马克思主义哲学研究群体。来北大工作以来，我一直受到各位老师的关心、帮助和提携。虽然我们这个群体的成员并不都是专门以马克思文本为研究对象的，但在各自不同方向的研究中注重文本的基础意义这一点上却是一致的。我们并不想以所谓"学派"的大字眼来自我标榜，但在多年的研究中，我们的马克思主义哲学研究确实有了一些自己的特点，它不以新潮和时髦取胜，而以扎实的文本功底、平实的研究风格、稳妥的研究观点见长，特别是我们中的部分成员几次联袂发表的笔谈(见《北京大学学报(哲学社会科学版)》2001 年第 6 期、《学术月刊》2003 年第 1 期、《北京大学学报(哲学社会科学版)》2003 年第 4 期、《社会科学报》2003 年 9 月 11 日)向学界展示了我们的观点和意向。

我还应当感谢"青年哲学论坛"的朋友们。这个由在京科研机构和高等院校部分从事马克思主义哲学研究的青年学者共同组织的系列学术沙龙活动，2002年9月正式起动以来，除特殊情况外，大致每月要开展一次活动。朋友们视域宽泛，态度认真，善于自我反省，又充满创新意识。无论是在国内积极参与，还是在国外阅读朋友们通过电子邮件发来新的讨论稿，我都从中获得多方面的教益。

我还应当感谢那些刊登我的论文的期刊、报纸的编辑老师们。本书中的一些内容曾经刊登在《哲学研究》《哲学动态》《中国社会科学文摘》《北京大学学报(哲学社会科学版)》《国外理论动态》《学术研究》《教学与研究》《天津社会科学》《求是学刊》以及《光明日报》《社会科学报》上，编辑老师们的提携使我这些不成熟的肤浅之论有了问世的机会。

本书为我所承担的国家社科基金一般项目"马克思文本研究的历史回顾与方法论反思"(项目批准号02BZX004)的结项成果，同时得到了教育部重点学科基金以及北京大学创建世界一流大学计划的经费资助，责任编辑胡利国先生付出了辛勤的劳动，在此一并表示感谢！

聂锦芳

2004年8月5日于汉城

修订版后记

2000 年 5 月 5 日，北京大学成立了国内高校中最早的马克思主义文献研究机构——马克思主义文献研究中心，我作为中心秘书，参与了中心的酝酿、筹建、创办和后续运行的完整过程，特别是全部文献资料的搜集、购买、整理工作。这项举措旨在传承和发扬北京大学人文学科注重文本、文献和思想史的传统，推动新的时代境域下马克思主义哲学研究水准的提升；无疑，这对于我的研究工作也起了重要的促进作用。《清理与超越——重读马克思文本的意旨、基础与方法》一书就是我在梳理和考辨相关文献、反省既往研究方式的基础上形成的成果，于 2002—2004 年写作完成，2005 年由北京大学出版社出版。时光荏苒，如今近 20 年过去了，仍有研究者提及此书，更有不少学生作论文时会参考、引用书中的材料和观点。由于纸质书在市面上早已经售罄，有人便在网上留言，希望能够再版；北京师范大学出版社顺应读者的呼吁，邀我进行修订。我在寒假期间完成了这一工作，谨将具体情况叙述如下。

20 世纪 80 年代末 90 年代初国际上发生的东欧剧变、苏联解体，以及随后不久便爆发的资本动荡和金融危机，使得"重读马克思"成为一个世界范围内的重大事件。而在国内学术界，进入 21 世纪以来，文本解读逐渐成为马克思主义哲学研究总体格局中的一个重要领域和研究路向，借此打破了与国外马克思文本编辑和"马克思学"研究的隔离状态。最近 20 年来，可以说是马克思文献编辑、出版和研究相当活跃的时期，一大批经过新的考证的文献及研究成果问世，特别是 2012 年 MEGA2第 2 部分"《资本论》及其准备材料"全部出齐、2017 年 MEGA2 第 1 部分第 5 卷《德意志意识形态》以及 2022 年新版《英国工人阶级状况》《神圣家族》等陆续刊布，构成马克思文献编研史上一块块具有标志性意义的里程碑，为马克思思想的重新理解、阐释和评价打开了新的天地。

如此密集的文献材料和大量考证成果使得 20 年前写作此书时我掌握的相关信息或者显得过时，或者存在遗漏，或者过于简单，还有的有明显的错误，更多的则需要进行完善。为此，我将原书第一章"马克思文稿的构成及其命运"中的第三、四节合并为"马克思重要文本的刊布、流传和研究史上的重要事件"，而将原书第二章"马克思著述知多少？"中的第四节"MEGA2 已经出版的卷次及其收文情形"经过大量补充、校订后挪入第一章，成为现在的第一章第四节"'历史考证版'（MEGA2）收文、出版情况"。至于原书第二章的其他内容我均删除了，基本的考虑是，随着新文稿不断被发现，使得当初我试图以"部"或"篇"为单位、从"书志学"（bibliography）方面对马克思著述的总体数目进行清理，既存在技术上的困难，其准确性更容易随时失效，这样，这种统计工作的价值也就不大了。

原书第三章（本书第二章）"马克思的文本世界——53部重要著述写作与出版情况梳理、考证"是篇幅和容量上最大的一章，我从马克思著述中挑选出4个大类、53篇自认为最为重要的文本，对其写作与出版情况进行了梳理与考证。今天回过头来再次审视这些篇目，我感到当初的选择依然是有道理的，比较适当和准确。所以这次修订，除了在"笔记世界"一节中增加了2017年出版的MEGA2第4部分第14卷收入的"危机笔记"外，其他篇目没有做更换。但因原来"写作《资本论》的历程"中《资本论》第1卷德文第1版（1867）和法文版（1872—1875）是作为两部文本介绍的，这次我将有关第1卷的6个版本（1867、1872、1872—1875、1883、1887、1890）统合起来作为一部来看待了。这样，增一减一，总数依旧未变。

但是，这只是选目上的简单考量，这次花费最大精力的修订，是对于这些著述所关涉的文献学问题的重新考察、梳理和完善。我分两种情况来处理：其中的49部（篇）我是在原来的基础上进行的，它们作为原书的第三章，现在作为第二章保留下来，所涉及的文献学信息，过时的替换，遗漏的补充，错误的修正，有的则是重写的；鉴于"巴黎手稿"、《德意志意识形态》、《共产党宣言》和《资本论》在马克思文献学研究中无可替代的重要性，与其他著述混在一起同等对待并不合适，所以我根据自己掌握的最新考证成果，单独设了五章，一一进行了详尽的清理，这是本书最大部分的增补，占了全书近40%的内容。

此外，鉴于最近20年来马克思新文献的刊布促进了文本个案研究的进展，我当年所指称的"'通行本'研究的遗漏"和"经典研究中的空白"的状况都有了一定程度的改善，为此，我删除了原书第四章"马克思文本的研究现状"的内容。原书第八章"目前我国马克思哲学研究中的史论关系"以本书第十章"国内马克思文本研究的回顾与省思"替换。

从今天的视角重新审视旧作，让我感到欣慰的，除了以上提及当初选目的眼光和判断经受住时间的检验，更有我关于重读马克思文本的意旨和方法的阐述，后者构成了此书三分之一的内容。尽管我知道，不仅在那个时期，就是就目前来说，学界对此也有不同的理解和争论，但经过这么多年的研读和思考、磨炼和波折，我依然认为，对于当代中国的马克思主义研究来说，它们是切中肯綮之论，非常重要和关键，在今天并没有过时和落伍。这样，本书对原书涉及这两部分的内容，除了校订注释之外，我没有做修改。不仅如此，为了凸显这种思路和方式的传承和当代性，我增补了"五位'马克思学家'及其对马克思主义的理解""确立对学术的敬畏与尊重——论当代中国马克思主义哲学研究方式的转变"两章，将原书第七章"'马克思主义之后的马克思'：一种新的研究动向"有关洛克莫尔的内容并入前者，而将原书第六章"苏联马克思文本研究的特点"的内容，一部分删除，一部分插入本书第八章"马克思文本解读中的五种类型"（原书第五章）中。借此想表明，现在的我依然执着于20年前形成的关于马克思文本研究"当代方式"的理解，也算是一种"矢志不渝"吧。

但是，当修订完此书，看着桌子上面厚厚的打印稿，我心里并没有满足和轻松之感。严格说来，所谓"意旨""基础""方法"云云，还只属于文本研究的前提性思考和"清理"工作，并不意味着马克思思想研究水准自然而直接的提升和"超越"。尽管 20 年来，经过学者们的努力，涌现出一批成果，取得一些进展，呈现出比较好的发展态势。我自己也和学生通力合作，在马克思诞辰 200 周年之际推出 12 卷本"重读马克思：文本及其思想"这样篇幅比较大的研究丛书。但必须承认，奠基于文献、历史和现实之上的厚重成果依然相当有限。举例说，2012 年 MEGA2 第 2 部分就已出齐，如今整整 10 年过去了，国内外学界切实根据马克思留存下来的庞杂的原始手稿以及文献专家作出的大量考证成果而对《资本论》复杂思想进行新的阐释，并置于 20 世纪资本社会发展、资本批判理论变迁和当代全球化严峻局面的宏大背景中检视其理论价值和现实意义的论著依然鲜见。正是基于这种考量，虽然自知学识和能力均很有限，我近年来一直围绕这一课题勉力深研，希冀与国内外同道一起攻关，力求在这一领域有所推进和突破。

关涉马克思的研究视域宏富，议题众多，仔细清理就会发现，《资本论》之外，尚有很多值得重新探究的方面。再随便举一个例子，这次重新修订书中所涉及的 53 部（篇）著述写作和研究状况时，我注意到一个细节，即马克思曾经想把发表在《纽约每日论坛报》上的所有文章综合成一部有关时事问题的著作。应该说，这是他又一个"未完成"的夙愿。但事实上，马克思、恩格斯在长达 8 年时间里总共撰写的 500 多篇（组）文章大多保留下来了，但可惜的是，现在几乎没有研究者在新的时代氛围和全然变化了的社会境遇下再将其一一认真研读，并在此基础上对他们当时的时政观点、思想状况、与其前后工作的关系以及后续影响作出概括和分析。我们知道，马克思的学说注重现实性和实践性，但错位的是，当代的马克思主义研究者面对现实和实践时，表面上把握得通透和决绝，但实际上却不无困惑和迷茫。那么，马克思当年在特殊的人生境遇和理论探索中撰写的这些文章，不是提供了一个极好的个案和范例吗？它们不仅有助于我们掌握他对当时发生的一系列重要的社会事件的态度和看法，而且体现出一个思考者究竟该以什么样的方式观照、透视、分析和介入现实，怎样才能做到客观、到位、深邃和超越。

如此说来，马克思文本、文献及其思想的研究依然任重道远！

聂锦芳

2023 年 3 月 3 日

图书在版编目（CIP）数据

清理与超越 / 聂锦芳著. —北京：北京师范大学出版社，
2024.7（2024.11 重印）

（走进哲学）

ISBN 978-7-303-29721-4

Ⅰ.①清…　Ⅱ.①聂…　Ⅲ.①马克思主义哲学—研究
Ⅳ.①B0-0

中国国家版本馆 CIP 数据核字（2024）第 007833 号

营　销　中　心　电　话	010-58805385	
北 京 师 范 大 学 出 版 社 主题出版与重大项目策划部	http://www.bnupg.com	

QINGLI YU CHAOYUE:CHONGDU MAKESI WENBEN DE
YIZHI JICHU YU FANGFA

出版发行：北京师范大学出版社　www.bnupg.com
　　　　　北京市西城区新街口外大街 12-3 号
　　　　　邮政编码：100088
印　　刷：北京盛通印刷股份有限公司
经　　销：全国新华书店
开　　本：787 mm×1092 mm　1/16
印　　张：38.5
字　　数：460 千字
版　　次：2024 年 7 月第 1 版
印　　次：2024 年 11 月第 2 次印刷
定　　价：166.00 元

策划编辑：饶　涛　郭　珍　　　责任编辑：刘　溪
美术编辑：王齐云　　　　　　　　装帧设计：王齐云
责任校对：丁念慈　包冀萌　王志远　责任印制：马　洁　赵　龙